Karin Küffmann

Software-Wiederverwendung

Karin Küffmann

Software-Wiederverwendung

Konzeption einer
domänenorientierten Architektur

Mit einem Geleitwort
von Ulrich Hasenkamp

Alle Rechte vorbehalten
© Friedr. Vieweg & Sohn Verlagsgesellschaft mbH, Braunschweig/Wiesbaden, 1994
Softcover reprint of the hardcover 1st edition 1994

Der Verlag Vieweg ist ein Unternehmen der Verlagsgruppe Bertelsmann International.

ISBN 978-3-528-05457-1   ISBN 978-3-322-86226-6 (eBook)
DOI 10.1007/978-3-322-86226-6

Für
Michael,
Achim,
Bernd
und meine Eltern

Geleitwort

Die Softwareentwicklung ist heute durch die Probleme des Anwendungsstaus, verbunden mit einer geringen Produktivität der Anwendungsentwicklung und einer weitgehenden Bindung von Entwicklerkapazität in Wartungstätigkeiten gekennzeichnet. Die Anforderungen an die Anwendungsentwicklung wachsen hingegen stetig. Die Anwendungssysteme sollen die Aufgaben in den Unternehmen effizient unterstützen und hohen Qualitätsanforderungen standhalten. Eine mögliche Lösung stellt die Realisierung der vertikalen domänenspezifischen Wiederverwendbarkeit von Softwarebauteilen dar. Eine Domäne stellt einen Ausschnitt aus der realen Welt dar, der in einem Anwendungssystem abgebildet wird. Es zeichnet sich der Trend zur Wiederverwendung des anwendungsspezifischen Wissens in den Entwurfsprodukten des Anwendungssystems innerhalb einer Domäne ab.

Die vorliegende Arbeit beschäftigt sich mit der Wiederverwendbarkeit in einer domänenspezifischen und integrationsfördernden Architektur. Es wird zunächst der Entwurf wiederverwendbarer Software in den Mittelpunkt gestellt und Entwurfskriterien sowie Anwendungsvoraussetzungen erarbeitet, die die Wiederverwendbarkeit unterschiedlicher Objekte, von spezifischem Wissen über Teile der Spezifikation bis hin zu Modulen, ermöglichen. Durch die Konzeption einer Architektur, die auf diesen identifizierten Entwurfskriterien und Anwendungsvoraussetzungen aufbaut, wird eine Standardisierung der betrachteten Entwicklungsobjekte derart erreicht, daß sie wiederverwendbar, austauschbar und anpaßbar werden. Durch die Entwicklung getesteter, domänenspezifischer Modelle jeder Entwurfsstufe wird neben der Wiederverwendbarkeit der Modelle an sich, ihrer Folgeprodukte und des in ihnen dokumentierten Entwicklungswissens auch die Erhöhung der Qualität und Produktivität der Entwicklung erreicht. Darüber hinaus fördert die domänenspezifische vertikale Wiederverwendung die Integration von Anwendungssystemen in dieser Domäne und auch zwischen verschiedenen Domänen durch die Modellierung auf einer konzeptuellen Metaebene.

Diese Arbeit betrachtet nicht die einsetzbaren Techniken zur Realisierung von Wiederverwendungskonzepten; vielmehr konzentriert sie sich auf den Entwurf von wiederverwendbaren Bauteilen, um zu Aussagen zur Standardisierung des Entwurfs und der Anwendungsvoraussetzungen zu gelangen. Diese Standardisierung macht das Wiederverwendungskonzept praktisch einsetzbar.

Marburg, im Juni 1994 Prof. Dr. Ulrich Hasenkamp

Danksagung

Herrn Prof. Dr. Ulrich Hasenkamp möchte ich für die Betreuung und Korrektur der Arbeit danken. Auch Herrn Prof. Dr. Erich Priewasser sei für die Übernahme des Koreferats herzlich gedankt.
Herr Dr. Michael Syring hat den Part des Diskussionspartners übernommen. Ihm sind seine kritischen Fragen und seine Geduld hoch anzurechnen. Er hat damit zur ständigen Weiterentwicklung der Arbeit beigetragen.
Von Seite des Verlages sei Herrn Prof. Dr. Paul Schmitz gedankt, dessen Hinweise die Arbeit sicherlich verbessert haben.

Marburg, im Juni 1994 Karin Küffmann

Inhaltsverzeichnis

Bilderverzeichnis

1 Einleitung

An die Wiederverwendung von Software werden seit Jahren hohe Erwartungen gestellt. Sie soll idealerweise die Softwarekrise durch signifikante Produktivitätserhöhungen lösen. Leider erfüllten sich die hochgesteckten Erwartungen nicht. Es gab in der Vergangenheit vielfältige Ansätze, die sich mit dem Thema beschäftigten und viele Sichtweisen von Wiederverwendung geprägt haben, so daß der Begriff Wiederverwendung heute eine Abgrenzung nur schwer zuläßt.

Der Begriff Wiederverwendung wurde durch die Vorstellung der "Reuse of Ideas"[1], durch den Einsatz von Transformationssystemen, die Entwicklung spezifischer Klassifikationssysteme für die Speicherung von Bausteinen in Bibliotheken genauso wie durch Modulpakete, Client-Server-Architekturen[2] und den Einsatz spezifischer Sprachen[3] geprägt. In einer weiten Begriffsauslegung kann bereits die wiederholte Nutzung von Anwendungssystemen in Form von Standardanwendungssoftware als Softwarewiederverwendung bezeichnet werden. Auch die Wartung von in Produktion befindlichen Systemen i.S. der Erweiterungswartung wird als Wiederverwendung bezeichnet. Insofern ist Wiederverwendung von Software ein Agglomerat nicht nur verschiedenster Techniken, sondern auch verschiedener Anwendungsformen von Wiederverwendung, was eine Einordnung und Klassifizierung erschwert.

Die Unterstützung durch verschiedene Techniken hat nicht zur erhofften Produktivitätserhöhung geführt. Vielmehr haben nur einzelne Unternehmen Erfolge in kleinen Bereichen erzielt. Zur erfolgreichen Wiederverwendung gehört mehr als der Einsatz spezifischer Sprachen, Methoden, Werkzeuge und Methoden der Künstlichen Intelligenz[4]. Notwendig ist ein zweckorientiertes geplantes Vorgehen, das die Anwendungsvoraussetzungen sowie die methodische Seite und die Techniken betrachtet[5].

1.1 Einführung in das Themengebiet

Wiederverwendung von Software wird seit McIlroys Vortrag "mass produced software components"[6] und seiner Vision eines Marktes für Softwarekomponenten diskutiert[7]. Dieser Markt ist bis heute nicht Realität geworden. Es wurden kleine Erfolge mit den unterschiedlichsten technischen und methodischen Lösungen in einzelnen Firmen in eingeschränkten Einsatzgebieten erzielt, die meist in bezug auf die verwendeten Techniken und Werkzeuge ausgewertet wurden. Es wurden bisher fast alle aus der Informatik bekannten Techniken für die Wiederverwendung eingesetzt. Besondere Auf-

---

1   Vgl. Hall, P. /Software Components/ S. 13.
2   Vgl. Herzog, H.; Stork, B. /Auswirkungen des Standardisierungsprozesses/ S. 19f.
3   Vgl. Franzen, B. /Sprachunterstützung/ S. 31f.
    Vgl. Tracz, W. /Software Reuse Myths/ S. 20.
    Vgl. Jäckle, S. /DRAGON/ S. 66.
    Vgl. Tonndorf, M. /ADA Software/ S. 186.
4   Vgl. Tracz, W. /Software Reuse Myths/ S. 20.
5   Vgl. Endres, A. /Grundlagen der Software-Wiederverwendung/ S. 1ff.
6   Vgl. McIlroy, M. /Mass Produced/ S. 88f.
7   Vgl. Hall, P. /Software Components/ S. 13.

merksamkeit wurde neuen Sprachen und Werkzeugen zur Lösung des Problems gewidmet. Es wurden Werkzeuge wie etwa Generatoren und Transformationssysteme, Systeme der Künstlichen Intelligenz oder auch Werkzeuge zum Speichern und Retrieval eingesetzt.

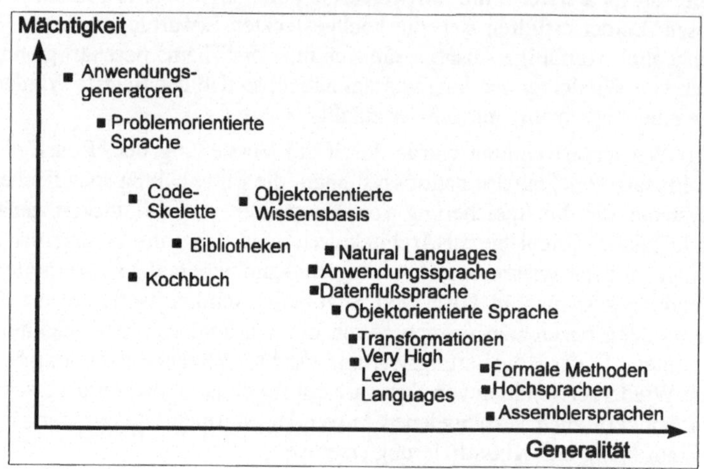

Bild 1.1:   Eingesetzte Techniken zur Wiederverwendung[8]

Bild 1.1 zeigt die Vielfalt der eingesetzten Techniken, nach Generalität und Mächtigkeit in den Anwendungsfeldern bewertet. Generalität bezeichnet die Breite des Einsatzspektrums, Mächtigkeit den Unterstützungsgrad bei der Entwicklung. (Die eingesetzten Techniken sind entsprechend bewertet in den Graph eingesetzt worden und bilden eine in etwa von links oben (große Mächtigkeit, geringe Generalität) nach rechts unten (geringe Mächtigkeit, hohe Generalität) verlaufende Linie.) Die eingesetzten Techniken, die sich zunächst auf die Wiederverwendung von Bausteinen und Code konzentrierten, lösen nicht das grundsätzliche Problem, Komponenten in großem Maßstab wiederzuverwenden. Die alleinige Konzentration auf die verfügbaren Technologien scheint das Problem nicht zu lösen; darüber hinaus ist auf die methodische Seite sowie die notwendigen Anwendungsvoraussetzungen zurückzugreifen.

Die Literatur ist durch eine Vielzahl von Ansätzen, die sich mit Fragen des Einsatzes und der Nutzung der Technologien auseinandersetzen, gekennzeichnet. Es fehlt aber die Betrachtung der Faktoren, die neben dem Einsatz und der Entwicklung von Techniken für das Themengebiet von Bedeutung sind. Zur Ermittlung der sonstigen Einflußfaktoren auf die Wiederverwendung gehören Methoden, Vorgehensmodelle, Standards sowie Einsatzgebiete und -voraussetzungen. Diesen wurde bisher nur wenig Beachtung geschenkt, so daß auch kein Ansatz entstehen konnte, der die Wiederverwendung konsequent fördert.

<hr>

8   Vgl. Biggerstaff, T.; Richter, C. /Reusability Framework/ S. 5.

1.2 Zielsetzung

Zielsetzung dieses Buches ist die Herausarbeitung der Anwendungsvoraussetzungen der Wiederverwendbarkeit und die Konzeption einer integrations- und wiederverwendungsfördernden Architektur. Dazu werden die vielfältigen Ansätze zur Softwarewiederverwendung und die wiederverwendungsfördernden Entwurfsprinzipien aus einer anwendungsorientierten Perspektive betrachtet und die gemeinsamen Anwendungsvoraussetzungen herausgearbeitet. Diese Voraussetzungen sind die Basis für ADONIS, die Architektur zur domänenorientierten und integrierten Wiederverwendung von Software, die im hinteren Teil der Arbeit vorgestellt wird.

Es wird eine ergebnisorientierte Sichtweise zugrundegelegt, die sich von der üblichen prozeßorientierten Fragestellung unterscheidet. Die ergebnisorientierte Sicht fragt nach den Ergebnissen des Softwareentwurfsprozesses, die zur Bildung von Wiederverwendungsobjekten führen. Erstes Teilziel ist somit die Betrachtung der wiederverwendungsorientierten Entwurfsprinzipien in Kapitel 3, die zu wiederverwendbaren Objekten führen. Es wird nach dem Wie des Entwurfs und den daraus resultierenden Objekten gefragt. Die aus dem Wie resultierenden Betrachtungsobjekte sind Gegenstand der Analyse der gemeinsamen Anwendungsvoraussetzungen (Teilziel 2). So werden in Kapitel 4 bestehende Ansätze aus dem Blickwinkel Entwurf und Anwendungsvoraussetzungen betrachtet. Die Auswertung im Hinblick auf die gemeinsamen Anwendungsvoraussetzungen erfolgt in Kapitel 5. Ein drittes Teilziel ist die Formulierung eines Konzepts, das unter Berücksichtigung des unternehmensspezifischen Integrationsbedarfs der eingesetzten Anwendungssysteme zu einer wiederverwendungsfördernden domänenspezifischen Architektur führt. Um die Wiederverwendungsobjekte dem unternehmensspezifischen Integrationsbedarf entsprechend zu strukturieren, zu entwerfen und zu nutzen, wird eine Architektur als Strukturierungskonzept entwickelt. Diese Sichtweise führt zur Entwicklung von voneinander unabhängigen Teilen einer Architektur. Die Architektur dient als Rahmen für die Austauschbarkeit der in ihr konstruierten Teile und ist somit Voraussetzung der Wiederverwendbarkeit und gleichzeitig Objekt der Wiederverwendbarkeit. In Kapitel 6 erfolgt eine Darstellung unterschiedlicher Architekturen, aus denen die für die Wiederverwendung wesentlichen Merkmale herausgearbeitet werden, um dann in Kapitel 7 zu einer Architektur zur domänenorientierten und integrierten Wiederverwendung von Software (ADONIS) zu gelangen.

Den Hintergrund dieser Arbeit bildet die Entwicklung von großen Anwendungssystemen. Es geht um den Einsatz von wiederverwendbaren Bauteilen, um die Softwareentwicklung ökonomisch und qualitativ besser zu gestalten.

2   Begriffs- und Themenabgrenzung

2.1 Definition von Software

Software ist "die Gesamtheit der für ein Informations- und Kommunikationssystem als "immaterielle Güter" zur Verfügung gestellten und dokumentierten Programme und Programmierhilfen"[9]. Man unterscheidet zwischen Systemsoftware als die zum Betrieb eines Informationssystems erforderliche Software und Anwendungssoftware als die auf die Problemlösungsanforderungen der Benutzer abgestimmte Software[10]. Zur Systemsoftware, synonym zur Basissoftware[11], gehören Dienstprogramme, Übersetzer (Interpreter, Compiler) und das Betriebssystem. Dies schließt Datenbankverwaltungssysteme, Data Dictionaries, Abfragesprachen, Accounting-Routinen, Kommunikationssoftware sowie Softwareentwicklungsumgebungen und -werkzeuge mit ein. Software kann auch nach der zugrundeliegenden Anwendung in Realtime-, Ingenieur-, Wissenschafts- und betriebswirtschaftliche Software unterschieden werden[12].

Zu den Softwarebestandteilen gehören sämtliche Programme und die dazugehörigen Dokumentationen[13]. Programme sind Befehlsfolgen für Computer, die eine abgeschlossene Aufgabe erfüllen. Prozeduren, Routinen und Unterprogramme sind Teile von Programmen, die Detailaufgaben erfüllen und deren Ergebnisse Programmen zur Verfügung stehen[14]. Dokumentationen sind alle Niederschriften und Programmteile, die für die Funktion von Software sinnvoll sind, aber nicht vom Computer ausgeführt werden. Dazu gehört jede Art von Dokumentation, die notwendig ist, Software zu installieren, zu entwickeln, zu nutzen und zu warten[15]. Damit sind Entwicklungsinformationen wie Anforderungsdefinitionen, Spezifikations- und Konstruktionsinformationen, aber auch Handbücher für die Nutzung, den Betrieb und die Wartung[16] gemeint. Auch Daten können zur Software gezählt werden[17]. Programme und Daten sowie Dokumentation und organisatorischer Ablauf ergeben ein Anwendungssystem[18]. Software hat spezifische Eigenschaften[19], die die Arbeit mit ihr anders gestalten als z.B. mit Maschinenteilen. Software[20] kann ohne Schwierigkeiten kopiert und dupliziert werden[21].

---

[9]   S. Heinrich, L.J.; Roithmayr, F. /Software/ S. 426f.

[10]   Vgl. Hansen, H. R. /Wirtschaftsinformatik/ S. 354.

        Vgl. Heinrich, L. J.; Roithmayr, H. /Software/ S. 426f.

[11]   Vgl. Seibt, D. /Systemsoftware/ S. 799.

[12]   Vgl. Pressman, R. /Software-Engineering/ S. 12.

[13]   Vgl. Alten, W. /Industrielle Software-Produktion/ S. 15.

        Vgl. Boehm, B. /Software Engineering Economics/ S. 13.

[14]   Vgl. Alten, W. /Industrielle Software-Produktion/ S. 15.

[15]   Vgl. Sommerville, J. /Software Engineering/ S. 3.

[16]   Vgl. Hausen, H.; Müllerburg, M; Schmidt, M. /Prüfen, Messen und Bewerten/ S. 124.

[17]   Vgl. Schulz, A. /Software-Entwurf/ S. 16.

[18]   Vgl. Lehner, F. /Nutzung und Wartung von Software/ S. 3.

[19]   Vgl. Pressman, R. /Software-Engineering/ S. 5-11.

[20]   Vgl. Pressman, R. /Software-Engineering/ S. 11.

[21]   Vgl. Balzert, H. /Ökonomische Software-Wartung/ S. 21.

Sie bindet i.d.R. ein hohes Investitionsvolumen[22] in Form von umgesetztem Wissen über das Anwendungsgebiet, die Datenhaltung und die Ablaufunterstützung.

2.2 Anwendungssysteme im Unternehmen

Unter einem Anwendungssystem wird ein Teilsystem eines Informationssystems verstanden, das eine Aufgabe unterstützt[23]. Informationssysteme werden als Mensch-Maschine-Systeme verstanden[24]. "Ein Informationssystem besteht aus Menschen und Maschinen, die Information erzeugen und/oder benutzen und die durch Kommunikationsbeziehungen miteinander verbunden sind"[25]. Unter einem Anwendungssystem wird ein rechnergestütztes Informationssystem verstanden, das "die Erfassung, Speicherung, Übertragung und/oder Transformation von Information durch den Einsatz der EDV"[26] automatisiert und eine spezifische Aufgabe unterstützt.

In Unternehmen sind seit Beginn des Einsatzes der Datenverarbeitung die jeweils gültigen Methoden, Verfahren und Produkte entsprechend dem aktuellen Kenntnisstand eingesetzt worden[27]. Dabei ging es zunächst um die Unterstützung einzelner Arbeitsabläufe mit DV-Systemen, dann um die zentrale Datenverarbeitung, und heute konzentriert sich die Entwicklung auf die integrierte, dezentrale Informationsverarbeitung.

In den Unternehmen ist heute ein Portfolio von Anwendungen verschiedenster Programmiersprachen, Datenverwaltungs- und Kommunikationssysteme zu koordinieren und weiterzuentwickeln. Diese Aufgabe erfordert eine lang- und mittelfristige Planung entsprechend den Zielen der Informationsverarbeitung in den Unternehmen. Dabei steht die Planung integrierter Informationssysteme im Vordergrund. Daraus resultiert die Forderung nach einer Anwendungsarchitektur, die diese Ziele auf Basis von Standards und Normen unterstützt. In der Softwareentwicklung müssen die gesetzten Standards eingehalten werden, um eine integrierende Anwendungsarchitektur zu realisieren.

2.2.1 Planung von Informationssystemen

"Planung ist ein willensbildender, informationsverarbeitender und prinzipiell systematischer Entscheidungsprozeß mit dem Ziel, zukünftige Entscheidungs- oder Handlungsspielräume problemorientiert einzugrenzen und zu strukturieren"[28].

---

22   Vgl. Endres, A. /Wiederverwendung/ S. 2.
23   Vgl. Heinrich, L.J.; Roithmayr, F. /Wirtschaftsinformatik-Lexikon/ S. 46f.
24   Vgl. Schmitz, P.; Seibt, D. / Einführung in die anwendungsorientierte Informatik/ S. 3ff.
25   S. Hansen, H. R. /Wirtschaftsinformatik/ S. 68.
26   S. Hansen, H. R. /Wirtschaftsinformatik/ S. 69.
27   Vgl. Martiny, L. /Einsatz der DV/ S. 23.
      Vgl. Riedl, R. /Strategische Planung von Informationssystemen/ S. 7ff.
      Vgl. Hansen, W.-R. /Informationsmanagement/ S. 14.
28   Vgl. Szyperski, N.; Winand, U. /Grundbegriffe der Unternehmungsplanung/ S. 4f.

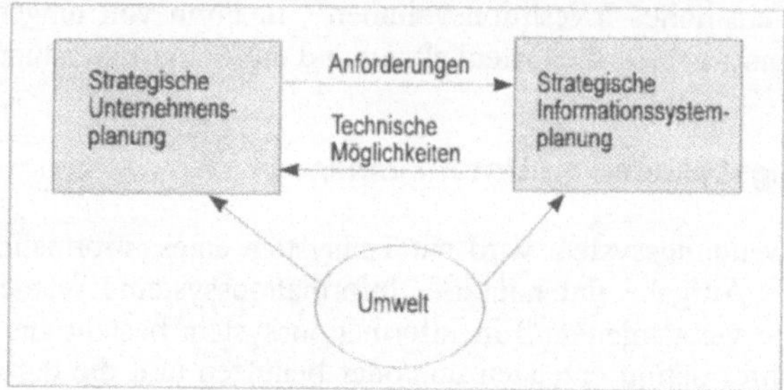

Bild 2.1:   Einfluß der Umwelt auf die Strategische Informationssystemplanung[29]

Es wird zwischen strategischer und operativer Planung unterschieden. Dabei ist die strategische Unternehmensplanung ein Prozeß mit meist langfristigem Zeithorizont[30], "in dem eine rationale Analyse der gegenwärtigen Situation und der zukünftigen Möglichkeiten und Gefahren zur Formulierung von Absichten, Strategien, Maßnahmen und Zielen führt"[31]. Die Nutzung der geschäftlichen Potentiale von Informationssystemen erfordert eine Verbindung von Unternehmensplanung[32] und Informationssystemplanung.

Die strategische Unternehmensplanung stellt Anforderungen an die strategische Informationssystemplanung zur Unterstützung der Unternehmensziele. Die Informationssystemplanung soll einen effizienten Beitrag zur Erreichung der Unternehmensziele leisten[33]. Umgekehrt ist die strategische Unternehmensplanung durch die Machbarkeit von Informationssystemen beeinflußt, die strategierelevante Potentiale realisieren helfen. Daraus leitet sich die Forderung nach simultaner Durchführung von strategischer Unternehmensplanung und strategischer Informationssystemplanung ab[34]. "Die Integration der Unternehmensplanung und der Informationssystemplanung ist erreicht, wenn einerseits die Unternehmensstrategie durch die Potentiale des Informationssystems bestimmt ist und andererseits das Informationssystem die Unternehmensstrategie in optimaler Weise unterstützt"[35]. Die Planung von Informationssystemen wird als Informationssystemplanung bezeichnet[36]. Sie legt die Entscheidungsvorgaben für Hardware-Softwarekombinationen fest. Da Anwendungssysteme einen Teilbereich der Informationssysteme darstellen, sind die o.g. Feststellungen auch auf die Planung von Anwendungssystemen zu beziehen.

---

29   Vgl. Neu, P. /Strategische Informationssystem-Planung/ S. 43
30   Vgl. Wandel, H.-U. /Expertensysteme in der strategischen Planung/ S. 7.
31   S. Kreikebaum, H. /Strategische Unternehmensplanung 1981/ S. 23.
32   Vgl. Österle, H.; Brenner, W.; Hilbers, K. /Unternehmensführung und Informationssystem/ S. 48.
33   Vgl. Neu, P. /Strategische Informationssystem-Planung/ S. 43.
34   Vgl. Neu, P. /Strategische Informationssystem-Planung/ S. 43.
35   S. Österle, H.; Brenner, W.; Hilbers, K. /Unternehmensführung und Informationssystem/ S. 48.
       Vgl. auch Szyperski, N.; Winand, U. /Grundbegriffe der Strategischen Unternehmungsplanung/ S. 15.
36   Vgl. Lindheim, W. /Strategieplanung für die Technische EDV/ S. 10.

2.2.2 Wertkettenmodell

Märkte sind heute durch steigenden Wettbewerb, höhere Konkurrenz und stärkeren Innovationsdruck gekennzeichnet. In markt- und wettbewerbsorientierten Unternehmen kann der Ansatz von Porter[37] der Planung von Informationssystemen zugrundegelegt werden[38]. Alle Unternehmensfunktionen und die sie zusammensetzenden Funktionen sollen einen Beitrag zur Wettbewerbsfähigkeit der Unternehmen leisten. Kann ein Unternehmen im Leistungserstellungsprozeß diese Aktivitäten effizienter, billiger oder besser als die Konkurrenz erledigen, verschafft sie sich durch die höhere Wertschöpfung[39] – als Summe der aufeinanderfolgenden oder sich überlagernden Aktivitäten – einen Wettbewerbsvorteil[40].

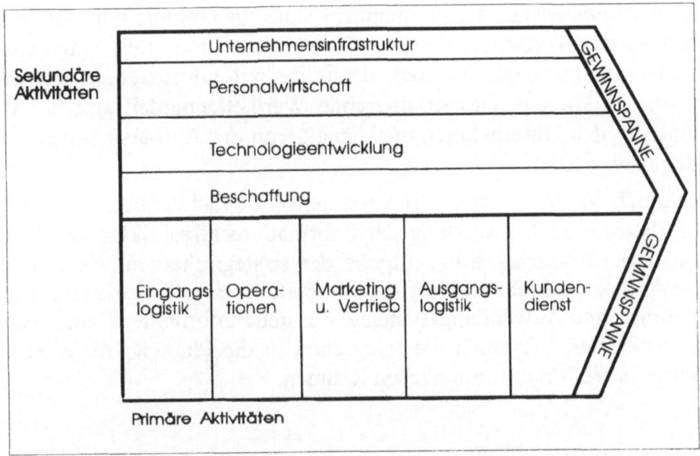

Bild 2.2:   Wertkettenmodell[41]

Die Effizienz dieser Aktivitäten ist daher Gegenstand von Analyse-, Steuerungs- und Optimierungsvorgängen. Porter teilt diesen Wertschöpfungsprozeß, der als die Summe der im Betriebsablauf aufeinanderfolgenden bzw. sich überlagernden Aktivitäten definiert wird, in fünf primäre und vier sekundäre Aktivitätsgruppen auf (vergleiche Bild 2.2). Zu den primären Aktivitäten der Wertkette zählt Porter die Eingangslogistik, die Operation, das Marketing bzw. den Vertrieb, die Ausgangslogistik und den Kun-

---

37   Vgl. Porter, M. / Wettbewerbsvorteile/ S. 74.
38   Vgl. Riedl, R. /Strategische Planung von Informationssystemen/ S. 37f.
      Vgl. Cronin, B.; Davenport, E. /Strategic information management/ S. 33.
39   Die Wertschöpfung ergibt sich aus den Umsatzerlösen +/- Bestandsveränderungen an Halb- und
      Fertigerzeugnissen, zuzügl. aktivierten Eigenleistungen, abzügl. Materialaufwand, zuzügl. sonst.
      Erträgen und abzügl. der Abschreibungen (und Kosten der Fremddienste und Fremdrechte).
      Vgl. Schierenbeck, H. /Grundzüge der Betriebswirtschaftslehre/ S. 57.
40   Vgl. Martiny, L. /Der Einsatz der DV/ S. 12.
41   Vgl. Porter, M. / Wettbewerbsvorteile/ S. 74f.
      Vgl. Klotz, M. /Neu- und Umgestaltung/ S. 13.

dendienst. Um diese Aktivitätsgruppen durch Informationssysteme unterstützen zu können, müssen hier weitere Aktivitäten identifiziert werden[42].

Die so erhaltenen Aktivitäten sind unter Wettbewerbsaspekten dann relevant, wenn sie ein hohes Potential für die Differenzierung gegenüber Wettbewerbern bieten[43] oder einen hohen Anteil zur Optimierung der Wertkette bieten können. Diese primären Aktivitätsgruppen variieren von Branche zu Branche, aber auch von Unternehmen zu Unternehmen. Dagegen stellen die sekundären Aktivitäten die Unterstützungsfunktionen der primären Aktivitäten dar; sie hängen eng mit diesen zusammen.

Diese Betrachtungsweise vermeidet die Planung isolierter, einzelne Aktivitätsgruppen unterstützender Informationssysteme und trägt zur sinnvollen Gestaltung integrierter, bereichsübergreifender Informationssysteme bei[44]. Damit führt der Gedanke der Wertketten zu einer integrierten Planung von Informationssystemen unter Berücksichtigung der speziellen Aufgaben eines Unternehmens und zur Optimierung der betrieblichen Prozesse entlang der Wertschöpfungskette. Die Unternehmensfunktionen müssen einer Wertkettenanalyse unterzogen werden, damit sie mit Informationssystemen sinnvoll unterstützt werden können. Das resultierende Wertkettenmodell gibt die Vernetzung der Wertketten in den Unternehmen unabhängig von der Aufbauorganisation, den Zuständigkeiten usw. wieder.

Die aus der ganzheitlichen wettbewerbsorientierten Betrachtung des Unternehmens abgeleiteten Aufgaben der Entwicklung der Informationsinfrastruktur, der Informationssysteme und ihres Einsatzes sind Aufgabe der strategischen Informationssystemplanung. Diese Aufgabe bezieht sich auf die Erarbeitung eines langfristigen Rahmens für alle Informations- und Anwendungssysteme. Für neue Informations- und Anwendungssysteme bedeutet dieser Rahmen die Integration in die Planung; für existierende Systeme bedeutet es die Migration in diesen Rahmen.

2.2.3 Anwendungsportfolio

Der Begriff des Portfolios bezeichnete in seiner ursprünglichen Form eine Wertpapierzusammenstellung, die sich durch eine Mischung der Wertpapiere entsprechend dem Ertragsziel "bestimmte Erträge zu minimalem Risiko" oder "möglichst hohe Erträge bei gegebenem Risiko" auszeichnete[45]. In der Unternehmensplanung bezieht sich der Portfoliobegriff auf die Mischung der Geschäftsfelder, in denen ein Unternehmen tätig ist. Diese Mischung soll die langfristige Überlebensfähigkeit des Unternehmens sichern und ist damit Gegenstand der strategischen Planung[46]. Die grundlegenden Unterschiede der beiden Begriffsauslegungen liegen in der kurzfristig möglichen Umschichtung des Wertpapierportfolios und den sofort feststehenden Erträgen sowie der schnellen Liquidierbarkeit.

Die Geschäftsfelder der Unternehmensplanung sind dagegen nur langfristig austauschbar und die Ergebnisgrößen sind nicht direkt und monetär ermittelbar. Der Portfoliobe-

---

[42]   Vgl. Porter, M. / Wettbewerbsvorteile/ S. 72ff.
[43]   Vgl. Riedl, R. /Strategische Planung von Informationssystemen/ S. 41f.
[44]   Vgl. Cronin, B.; Davenport, E. /Strategic information management/ S. 35.
[45]   Vgl. Gälweiler, A. /Portfolio-Management/ Sp. 1559.
[46]   Vgl. Gälweiler, A. /Portfolio-Management/ Sp. 1559.

griff der Unternehmensplanung läßt sich mit dieser Einschränkung auf die Gesamtheit der Anwendungssysteme übertragen. Ein Anwendungsportfolio gibt die Gesamtheit der in einem Unternehmen bestehenden Anwendungssysteme wieder, die Gegenstand einer langfristigen Planung ohne ermittelbare monetäre Größen sind. Das Erfordernis einer langfristigen Planung von Anwendungssystemen ergibt sich nicht nur aus technischen Gründen inkompatibler Systeme, sondern auch aufgrund der hohen Volumina der Investitionsbeträge[47].

<table>
<tr>
<td rowspan="4">Se kun- däre Ak- tivi- täten</td>
<td>Unternehmens-infrastruktur</td>
<td colspan="2">Planungs-modelle</td>
<td>PPS</td>
<td></td>
<td></td>
</tr>
<tr>
<td>Personalwirt-schaft</td>
<td colspan="3">Personalinformations-systeme</td>
<td colspan="2">Computergestütztes Lernen</td>
</tr>
<tr>
<td>Technologie-entwicklung</td>
<td colspan="2">CAD/CAE CIM</td>
<td>EUS</td>
<td colspan="2">Softwareentwicklungs-Werkzeuge</td>
</tr>
<tr>
<td>Beschaffung</td>
<td colspan="3">Online-Beschaffung von Komponenten</td>
<td colspan="2">Just-in-Time-Konzept</td>
</tr>
<tr>
<td></td>
<td>Automatisierte Lagerhaltung</td>
<td></td>
<td>Automatisierte Auftragsab-wicklung</td>
<td>Telemarketing Mobile Rechner</td>
<td>Kundendienst per Datenkom-munikation</td>
</tr>
<tr>
<td></td>
<td>Eingangs-logistik</td>
<td>Produktion</td>
<td>Ausgangs-logistik</td>
<td>Marketing/Ver-trieb</td>
<td>Kundendienst</td>
</tr>
<tr>
<td></td>
<td colspan="2">Primäre   Aktivitäten</td>
<td></td>
<td></td>
<td></td>
</tr>
</table>

Bild 2.3:   Beispielhafte Einordnung von Anwendungssystemen in das Wertkettenmodell[48]

In das Wertkettenmodell können exemplarisch Anwendungssysteme, die die primären und sekundären betrieblichen Aktivitäten unterstützen, eingesetzt werden[49]. Bild 2.3 zeigt, daß es eine arbeitsplatz- oder aktivitätsgruppenbezogene Informationssystemunterstützung wie z.B. durch flexible Fertigungssysteme sowie querschnittsbezogene Informationssystemunterstützung, z.B. Personalinformationssysteme, in einem Unternehmen geben kann. Dabei sind neben arbeitsplatzbezogenen Problemlösungen auch arbeitsplatzübergreifende Anwendungssysteme in die Betrachtung der Systementwicklung einzubeziehen. Der resultierende Unterstützungsbedarf durch Informationssysteme richtet sich zunächst die auf primären Aufgaben. Zudem gibt es Informationssysteme, die die Querschnitts- bzw. sekundären Aktivitäten unterstützen. Bei der Systementwicklung steht die Verbindung von Insellösungen zur Unterstützung der primären und sekundären Aufgaben durch die integrative Informationsverarbeitung im Vordergrund. Das bedeutet, daß ein Portfolio von Anwendungssystemen zur Erreichung der Unternehmensziele betrachtet wird, die sowohl die primären als auch die sekundären Aufgaben unterstützen. Dieses Portfolio ist Ausgangspunkt der Anwendungssystemplanung.

---

47   Vgl. Klein, S. /Informationsmanagement in Wissenschaft und Forschung/ S. 11.
48   Vgl. Martiny, L. /Der Einsatz der DV/ S. 22.
49   Vgl. Martiny, L. /Der Einsatz der DV/ S. 22.

2.2.4 Anwendungssystemplanung

Die langfristige Betrachtung und Entscheidung über alternative Handlungsmöglichkeiten hinsichtlich mehrerer Anwendungs- und Informationssysteme führt zur strategischen Informationsplanung.

Diese orientiert sich – wie in Bild 2.4 dargestellt – an der Wertschöpfungskette, die sich aus den aufeinander folgenden Aktivitäten beispielsweise in Form eines Geschäftsvorfalls ergibt.

Parallel und entgegengesetzt zum Geschäftsvorfall verläuft der Informationsfluß. Die strategische Informationsplanung betrachtet die Optimierung des Informationsflusses. Sie erarbeitet dafür ein Informationsmodell, welches aus Daten-, Funktions- und Kommunikationsmodell übergreifend für das gesamte Unternehmen bzw. große Bereiche besteht[50]. Dieses Informationsmodell wird auch Informationsarchitektur genannt, welche entsprechend aus einer Daten-, Funktions- und Netzarchitektur besteht.

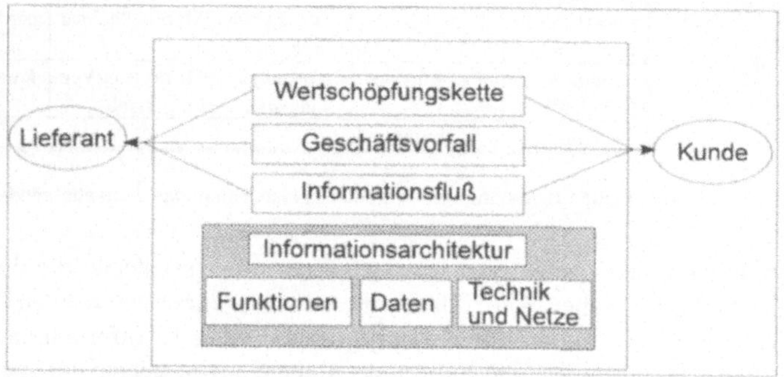

Bild 2.4:   Wertschöpfungskette und Informationsfluß[51]

Dazu bedarf es eines umfassenden Konzeptes – in Bild 2.4 durch die Informationsarchitektur symbolisiert –, das der Planung integrierter Informationssysteme zugrundezulegen ist. Aus dem Wertkettenmodell leitet sich die Notwendigkeit der integrierten Planung von Informationssystemen ab. Da einzelne Informations- und Anwendungssysteme aber in Projektform[52] entwickelt oder integriert werden, dient eine ganzheitliche Architektur als Rahmen für die Informationssystementwicklung. Diese Gesamtplanung der Anwendungssysteme ist die Basis für die Ableitung von Projektzielen und -inhalten.

---

[50]   Vgl. Pagé, P. /Strategien in der Software-Produktion/ S. 81.

[51]   Vgl. Hansen, W.-R. /Informationsmanagement/ S. 5. Als Datenarchitektur wird in diesem Zusammenhang die Erfassung der geschäftsrelevanten Daten und ihre Darstellung in logischen Schemata verstanden. Die Anwendungsarchitektur ist eine Zusammenstellung der geschäftsrelevanten Funktionen, die von den Informationssystemen unterstützt werden sollen.

[52]   Vgl. Heydenreich, N. /Ziel- und risikoorientierte Strategien/ S. 174.

Aus der Gesamtplanung können die Inhalte für die Entwicklung einzelner Anwendungssysteme abgeleitet werden[53]. Grundlage für die Entwicklung eines Anwendungssystems ist demnach der Inhalt (Daten, Funktionen, Kommunikation) des Anwendungsbereiches, der abgegrenzt und definiert werden muß. Er kann auch als Domäne bezeichnet werden.

2.3 Domäne und Domänenanalyse

Eine Domäne beschreibt einen Ausschnitt aus der realen Welt. Sie ist die Basis für die Entwicklung eines Anwendungssystems[54]. Um die Domäne in der zu erstellenden Software abzubilden, muß das in der Domäne inhärente Wissen akquiriert und formalisiert werden. Mit Domänen ist spezifisches Wissen über die Branche, die Abläufe und Fakten sowie verfahrensspezifisches Wissen verbunden. Erfahrene Entwickler verfügen über spezifisches Wissen hinsichtlich der Fakten und Zusammenhänge des Anwendungsgebietes und über die Umsetzung diesen Wissens in die Entwurfsstufen und schließlich in Code. In der Entwicklung muß die Domäne zu Nachbardomänen abgegrenzt und das inhärente Wissen formalisiert werden. Eine Domäne kann nach Favaro[55] verschiedene Bedeutungen haben:

- ein Anwendungsgebiet,
- ein Softwaregeschäftsfeld,
- ein Geschäftsbereich,
- ein softwareintensiver Anwendungsbereich,
- ein Anwendungsbereich, für den ähnliche Softwaresysteme gebaut werden.

Für die Wiederverwendung ist vor allem die letzte Bedeutung geeignet. Ein Anwendungsbereich, für den ähnliche Softwaresysteme gebaut werden, schließt die anderen Bedeutungen nicht aus. Die Domäne kann ein Geschäftsbereich, ein existierendes Anwendungsgebiet, aber auch eine Aufgabe – beispielsweise eine im Wertkettenmodell enthaltene primäre Aufgabe – sein, die durch ein System unterstützt werden soll.

Charakteristisch für eine Domäne ist die Diskrepanz zwischen dem Wissen der Nutzer über den täglichen Ablauf und die Inhalte der Domäne einerseits und dem spezifischen Engineering-Wissen der Entwickler, die die Domäne abbilden sollen, andererseits. Die Domänenanalyse dient der Erhebung und Formalisierung des Wissens der Domäne. Domänenanalyse ist "the activity of identifying objects and operations of a class of similar systems in a particular problem domain"[56]. Zur Erstellung einer Domänenana-

---

53   Vgl. Heydenreich, N. /Ziel- und risikoorientierte Strategien/ S. 180. Neben der Informationsverarbeitung an sich ist auch an die Investitionssicherung für zukünftige Anwendungssysteme zu denken. Technologische Veränderungen der Hardwareseite erfolgen in "Technologiesprüngen". Und auch von der Anwendungsseite besteht die Notwendigkeit, Anwendungssysteme zu ändern, um dem Informationsbedarf gerecht zu werden. Dies kann nach Heydenreich zur Investitionssicherung durch die Etablierung von Architekturen geschehen.

54   Vgl. Iscoe, N. /Domain Specific Reuse/ S. 300.

55   Vgl. Favaro, J. /Tutorial on Software Reuse/ S. II - 13.

56   Neighbors (1980) zit. in: Favaro, J. /Tutorial on Software Reuse/ S. IV - 2. "Domain Analysis is the process by which information used in developing Software systems is identified, captured & organized with the purpose of making it reusable, Prieto-Díaz zit. in: Favaro, J. /Tutorial on Software Reuse/ S. IV- 2.

lyse arbeiten Domänenanalysten und -experten zusammen[57], die den Ausgangspunkt für die Entwicklung mehrerer Systemanalysen derselben Domäne darstellt. Domänenanalyse ist nach heutigem Stand eine Schlüsseltechnik zur Implementierung domänenspezifischer wiederverwendungsorientierter Softwareentwicklung. In der Domänenanalyse wird das domänenspezifische Wissen akquiriert und in formalisierter Darstellung als Basis zur Systementwicklung aufbereitet. Für die Domänenanalyse als Ausgangspunkt für die Wiederverwendung muß die Domäne bestimmte Eigenschaften aufweisen. So muß differenziert werden, ob sie

- breit oder eng ist,
- reif, gut verstanden oder nicht verstanden ist,
- stabil oder einem ständigem Wandel unterworfen ist,
- stark von der Technik abhängig ist und
- auf gut verstandenen und eingeführten Prinzipien, Methoden und Formlismen beruht[58].

Die Produktion wiederverwendbarer Teile in einer Domäne erscheint leichter, wenn diese Domäne ein eingegrenztes Problemgebiet ist, reif und gut verstanden, recht stabil, wenig von der Technik abhängig und auf gut verstandenen Prinzipien, Methoden und Formalismen beruht[59]. In dieser Art von Domäne ist Entwicklerwissen vorhanden, das für die Produktion wiederverwendbarer Teile eingesetzt werden kann. Wichtig ist, daß die in der Anwendungssystementwicklung definierte Domäne einen Anwendungsbereich, für den mehrere Systeme erstellt werden sollen, abbildet.

2.4 Softwarewiederverwendung

2.4.1 Begriffsvielfalt

"Reusability in software engineering is not such a well-defined concept or such a thoroughly supported technique that one can expect to find a textbook on it"[60]. Wiederverwendung kann unterschiedliche Bedeutungen haben[61]: Die Begriffe "software reuse" und "software reusability" werden auf viele Techniken, Methoden und Prozesse angewendet. Damit sind auch die Portierung, Versionserstellung, Unterprogrammnutzung, gemeinsame Routinen in Programmfamilien sowie die wiederholte Nutzung von Algorithmen gemeint[62].

---

[57]   Vgl. Favaro, J. /Tutorial on Software Reuse/ S. IV - 2.
     Vgl. Elzer, P.; Jones, R.; Witt, J. /Practioner/ S. 509.
     Vgl. Neighbors, J. /Draco/ S. 295f.
[58]   Vgl. Favaro, J. /Tutorial on Software Reuse/ S. III - 6.
[59]   Bei der domänenspezifischen Wiederverwendung diesem Ansatz werden speziell für eine Domäne wiederverwendbare Teile gesucht. Beispiele sind STARS, DRACO, FODA. Vgl. Favaro, J. /Tutorial on Software Reuse/ S. II - 22f./ IV-10ff.
[60]   S. Freeman, P. /A Perspective on Reusability/ S. 1.
[61]   Vgl. Favaro, J. /Tutorial on Software Reuse/ S. II-11.
[62]   Vgl. Lenz, M.; Schmid, H.; Wolf, P. /Software Reuse through Building Blocks/ S. 100.

By Substance	By Scope	By Mode	By Technique	By Intention	By Product
Ideen, Konzepte	Vertikal	Geplant, systematisch	zusammensetzend	Black-Box, "as-it-is"	Quellcode
Artifakte, Komponenten	Horizontal	ad hoc, opportunistisch	generierend	White-Box, modifiziert	Design
Prozeduren, Fähigkeiten					Spezifikation
					Objekte
					Text
					Architekturen

Bild 2.5:   Facetten der Wiederverwendung[63]

Wiederverwendung kann auch im Bereich der Softwarewartung stattfinden; so wird häufig das Aufarbeiten des alten Codes im Zuge des Reengineering als Wiederverwendung alter Systeme bezeichnet[64]. Auch die Erweiterungswartung wird als Wiederverwendung bezeichnet, da Entwurfsinformationen und Dokumentationen jeglicher Art zur Nutzung in der Wartung "wiederverwendet" werden[65]. Bild 2.5 gibt einen Überblick über die Facetten des Begriffes. Die Facetten "Substance", "Scope", "Mode", "Technique", "Intention" und "Product" geben verschiedene Charakterisierungsmöglichkeiten für die Wiederverwendungsansätze wieder.

Die Elemente der Facetten beschreiben den Einsatz verschiedener Wiederverwendungstechniken. Sie stellen keine Einflußfaktoren dar. Die für die Klassifizierung von Ansätzen hervorzuhebenden Facetten beschreiben die Techniken und das Produkt. So bezieht sich "zusammensetzend" versus "generierend" auf die eingesetzte Wiederverwendungstechnik; "Product" beschreibt die wiederverwendbaren Objekte. Die Elemente der Facetten dienen zur Verdeutlichung der Vielfältigkeit der Ansätze. Die unterschiedlichen Ausprägungen machen eine klare Abgrenzung des Begriffs als auch des Gegenstandes schwierig.

Geht man vom Begriff selber aus, können zwei Ausprägungen differenziert werden. "Reuse", meist frei mit Wiederverwendung übersetzt, beschreibt eine Aktivität, die irgendwelche Objekte wiederverwendet. Sie konzentriert sich auf den Prozeß der Wiederverwendungstechnik. "Reusability", meist mit Wiederverwendbarkeit übersetzt, beschreibt die Eigenschaft verschiedener Objekte, wiederverwendet werden zu können. Im folgenden wird zwischen Aktivitäts- und Objektausprägung unterschieden.

---

63   Vgl. Prieto-Díaz, R. /Status Report/ S. 62.

64   Vgl. Sneed, H. /Softwarewartung/ S. 29. "Wenn Wartung einer permanenten Weiterentwicklung gleichkommt und Weiterentwicklung immer die Wiederverwendung bisheriger Versionen beinhaltet, ist Wartung gleich Wiederverwendung."

65   Vgl. bspw. Herzog, H.; Stork, B. /Auswirkungen des Standardisierungsprozesses/ S. 19ff.

2.4.2 Aktivitätsausprägung

Wiederverwendung ist eine Aktivität, etwas vorher entwickeltes noch einmal oder mehrmals zu verwenden[66]. Freeman versteht unter Wiederverwendung die Nutzung von nicht-ausführbaren "workproducts for developing new software"[67]. Basili faßt Wiederverwendung allgemein als die Nutzung "of everything associated with a software project including knowledge"[68] auf. Der Fokus dieser Definitionen liegt auf der Nutzung von Entwicklungsprodukten als Aktivität, um Software effizienter zu produzieren. Die Konzentration auf die Nutzung führt zur Entwicklung von Techniken und Werkzeugen, um diese zu unterstützen. In den genannten Definitionen werden verschiedene Objekte betrachtet, die in den meisten Ansätzen mit spezifischen Techniken, Werkzeugen und Verfahren wiederverwendet werden. Dies beschreibt das "Reusable Software Engineering"[69], das sich auf das Software-Engineering zur Erstellung und Verwendung wiederverwendbarer Objekte konzentriert. Das "Reusable Software Engineering" kann nicht losgelöst von den Objekten, die wiederverwendet werden sollen, betrachtet werden. Objekte sind Bestandteil sowohl des Prozesses der Erstellung wiederverwendbarer Bauteile als auch des Prozesses der Verwendung in neuen Projekten. Der Fokus liegt auf Sprachen, Umsetzungsunterstützungssystemen (Transformationssysteme und wissensbasierte Systeme) und Systemen zur Speicherung und zum Retrieval von Bauteilen.

zusammensetzend	generierend
Codefragmente	Very High Level Languages
Funktionale Kollektionen	Anwendungsgeneratoren
Generische-Code-Komponenten	Transformationssysteme
Abstraktionen	Domänensprachen
Design-Schablonen	Datenflußsprachen
Modelle	Report/Screen-Generatoren
Makros	Compiler
Mathematische Subroutinen-Bibliotheken	Automatisches Programmieren
Ada Packages, Smalltalk Classes	
Logische Strukturen	
Generische Architekturen, Domänenmodelle	

Bild 2.6:   Generierende und zusammensetzende Technik

Es kann zwischen zusammensetzenden und generierenden Ansätzen unterschieden werden. Zusammensetzend meint den werkzeugunterstützten Zusammenbau, der vom Menschen gesteuert wird. Generierend meint die Systeme, die auf Umsetzungsmechanismen basierend, automatisiert bestimmte Sprachelemente mit Hilfe von Bausteinen

---

[66]   Vgl. Endres / Software-Wiederverwendung/ S. 86.
        Vgl. Freeman, P. /A Perspective on Reusability/ S. 2.
[67]   Vgl. Favaro, J. /Tutorial on Software Reuse/ S. II - 11.
[68]   Vgl. Favaro, J. /Tutorial on Software Reuse/ S. II - 11.
[69]   Vgl. Freeman, P. /Reusable Software Engineering/ S. 12.

in eine Form von Code umsetzen[70]. Sowohl dem generierenden wie auch dem zusammensetzenden Ansatz kann eine Anzahl von Objekten zugeordnet werden. Diesen Objekten wurde bisher jedoch kein Augenmerk geschenkt. In praxi erfolgreich waren beispielsweise die Nutzung von Anwendungsgeneratoren, Subroutinen-Bibliotheken, Ada-Paketen und Smalltalk-Klassen sowie Logischen Strukturen und Designschablonen. Diese haben Wiederverwendung von Code bzw. Bausteinen ermöglicht. Die aufgeführten, derzeit in der Literatur diskutierten, generischen Architekturen und Domänenmodelle weisen ein hohes Wiederverwendungspotential auf.

2.4.3 Objektausprägung

Das Objekt der Wiederverwendung sind Informationen[71] in den Ausprägungen Wissen (Programmiererfahrung, Domänenwissen, diffuses Wissen[72]), Prozesse, Produkte[73], Analyse- und Designinformationen[74], Teilprodukte und Code[75], Meßmethoden und standardisierte Prozeduren etc.[76]. Alle Informationen, die ein Entwickler nutzt, können als Objekte der Wiederverwendung betrachtet werden[77]. McIlroy betrachtet die Nutzung von Komponenten "von der Stange" als Bausteine in neuen Systemen[78]. Wiederverwendbare Objekte können auch Dokumente, Spezifikationen oder Programme[79] sein. Prieto-Díaz grenzt die Objekte auf instanziierte domänenspezifische Modelle durch Komposition von wiederverwendbaren Bauteilen[80] ein.

Frakes definiert Wiederverwendung als die Wiederverwendung aller "life cycle work products"[81]. Die betrachteten wiederverwendbaren Objekte können auf jedem Abstraktionsniveau beginnend beim Code über das Design bis zur Anforderungsdefinition zu finden sein. Für Freeman gehören auch die Prozesse der Softwareerstellung und -modifikation sowie das technische Personal und die Entwurfsentscheidungen zu den Objekten der Wiederverwendung[82].

Bild 2.7 zeigt die Hierarchie der Produkte des Softwareentwicklungsprozesses. Liegt ein Element B in der Hierarchie unter A, kann B nicht ohne A realisiert werden. So können Codefragmente, logische Strukturen und funktionale Architekturen nicht ohne externes und umgebungsbezogenes Wissen entwickelt und wiederverwendet werden[83]. Codefragmente können ausführbare Codeteile mit und ohne Anwendungsbezug sein; logische Strukturen beziehen sich auf die Prozeß- und Datenarchitektur der Software.

---

[70] Vgl. Favaro, J. /Tutorial on Software Reuse/ S. II-17.
Vgl. Selby, R. /Quantitative Studies of Software Reuse/ S. 214.
[71] Vgl. Freeman, P. /A Perspective on Reusability/ S. 2.
[72] Vgl. Börstel, J. /Wiederverwendbarkeit und Softwareentwicklung/ S. 4.
[73] Vgl. Calidiera; Basili /Identifying and Qualifying / S. 61.
[74] Vgl. Freeman, P. /Reusable Software Engineering/ S. 10.
[75] Vgl. Pressman, R. /Software Engineering/ S. 88.
Vgl. Endres, A. /Software-Wiederverwendung/ S. 87.
[76] Vgl. Freeman, P. /A Perspective on Reusability/ S. 2f.
[77] Vgl. Freeman, P. /Reusable Software Engineering/ S. 11.
[78] Vgl. Favaro, J. /Tutorial on Software Reuse/ S. II - 11.
[79] Vgl. Matsumoto, Y. /A Software Factory/ S. 171f.
[80] Vgl. Favaro, J. /Tutorial on Software Reuse/ S. II - 11.
[81] Vgl. Favaro, J. /Tutorial on Software Reuse/ S. II - 11.
[82] Vgl. Selby, R. /Quantive Studies of Software Reuse/ S. 213.
[83] Vgl. Freeman, P. /Reusable Software Engineering/ S. 12.

Funktionale Architekturen können beispielsweise generische Systeme oder wiederverwendbare funktionale Kollektionen (Module mit Anwendungsbezug) sein. Unter externem Wissen wird Entwicklungs- und Anwendungswissen verstanden. Unter Umgebungswissen fällt "Utilization Knowledge" (wie ein Anwendungssystem in der Praxis genutzt wird) und Technologiewissen, das auf neue Situationen transferiert wird[84]. Festzuhalten ist, daß ohne den Einbezug des umgebungsabhängigen Wissens die wiederverwendbaren Objekte nicht erstellt werden können.

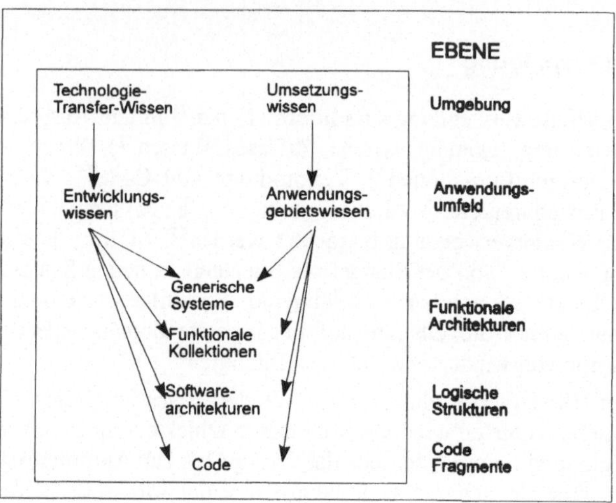

Bild 2.7:   Hierarchie der Softwareentwicklungsprodukte als Wiederverwendungsobjekte[85]

Recht verbreitet ist die Bausteinauffassung[86], die davon ausgeht, daß ausschließlich codierte Module, wie etwa Subroutinen, Ada-Pakete oder Programmkomponenten wiederverwendbare Bestandteile[87] sind. Auf diese in der Entwicklung spät entstehenden Produkte sind die existierenden, prozeßorientierten Informatikkonzepte leicht anzuwenden. Diese Ebene ist eher formalisierbar, durch Sprachen abbildbar und automatisch ausführbar. Beispielsweise dienten die Subroutinenpakete lange Zeit als das ideale Vorbild einer Bibliothek, aus der per Aufruf Module für den Bau wiederverwendbarer Bausteine genutzt werden können. Diese enge Auffassung von Wiederverwendungsobjekten birgt die Gefahr, daß das implizit darin steckende Wissen der Anwendungsgebiete und der Entwurfsentscheidungen übersehen wird.

In dieser Arbeit wird von der weiten Auffassung ausgegangen, die sowohl Bausteine (Code, Objekte, parameterisierbare Klassen und Frames) als auch Entwurfsprodukte

---

[84]   Vgl. Freeman, P. /Reusable Software Engineering/ S. 12f.

[85]   Vgl. Freeman, P. /Reusable Software Engineering/ S. 12. Utilization knowledge wurde als Umsetzungswissen übersetzt.

[86]   Vgl. Endres, A. /Software-Wiederverwendung/ S. 86.

       Vgl. Börstel, J. /Wiederverwendbarkeit und Softwareentwicklung/ S. 4f.

       Vgl. Freeman, P. /A Perspective on Reusability/ S. 3f.

[87]   Vgl. o.V. /Introduction/ S. XV.

       Vgl. Pressman,R. /Software Engineering/ S. 88; 338.

und das notwendige Wissen der Entwicklung als Wiederverwendungsobjekte betrachtet. Dabei wird der Begriff Baustein für die Modul- und Codeebene verwendet, wohingegen die wiederverwendbaren Produkte höherer Entwurfsstufen als Bauteile – als Spezifikations- und Konstruktionsteile – bezeichnet werden. Dazu gehört auch das Wissen um die Problemlösung.

2.4.4 Vertikale Wiederverwendung

Zu unterscheiden sind die "geplante versus ungeplante"[88] Wiederverwendung und der "Black- versus White-Box-Approach". Unter "geplante Wiederverwendung" fällt das "reuse of software designed to be reused"[89] einschließlich der darauf abgestimmten Organisation. Unter "ungeplanter Wiederverwendung" wird der "informal reuse of life cycle objects primarily code, in an informal and haphazard way"[90] ohne organisatorische Unterstützung oder Planung verstanden. Hiermit wird die Wiederverwendung von bestehenden Entwicklungsprodukten durch das Wiederfinden über das Erinnerungsvermögen der Entwickler und anschließendem Einbau mit "Copy, Paste and Modify" beschrieben. Die meisten Autoren gehen davon aus, daß wiederverwendbare Software besonders spezifiziert, konstruiert und programmiert werden muß, d.h. die ungeplante Wiederverwendung ist eher zufällig und resultiert in nicht nennenswerten Produktivitätseffekten. Der Black-Box-Ansatz kann als Wiederverwendung von Bausteinen "as-it-is" vom White-Box-Ansatz als Wiederverwendung der Bausteine mit Modifikation unterschieden werden. Andererseits ist es nicht sehr wahrscheinlich, daß genau derselbe Baustein in einer anderen Anwendung "as-it-is" wiederverwendet werden kann; wahrscheinlicher ist, daß eine bestimmte Funktionalität bzw. ein Objekt gebraucht und wiederverwendet wird. Daher wird der White-Box-Ansatz auch als der Ansatz beschrieben, der den Bau von allgemeinen Bausteinen zuläßt.

Von Bedeutung ist auch die Unterscheidung zwischen vertikaler und horizontaler Wiederverwendung. Vertikale Wiederverwendung kennzeichnet die Wiederverwendung von Software bzw. Bauteilen unterschiedlicher Entwurfsstufen meist innerhalb einer Domäne. Damit ist insbesondere die Wiederverwendung aller Entwicklungsprodukte in einem anderen Anwendungsfall der Domäne gemeint. So können bei Wiederverwendung der Spezifikation auch die Entwicklungsprodukte nachfolgender Entwicklungsstufen auf den neuen Anwendungsfall übertragen werden. Daraus resultiert ein hoher Produktivitätseffekt. Horizontale Wiederverwendung bezeichnet hingegen die Wiederverwendung von Software in verschiedenen Domänen[91]. In dieser Arbeit liegt der Betrachtungsschwerpunkt auf der geplanten Wiederverwendung, die sowohl auf "use-as-it-is", aber auch auf "use and modify" zielt. Um hohe Produktivitätseffekte durch Wiederverwendung der frühen, vom Umgebungswissen abhängigen, Entwicklungsprodukte zu fördern, wird die vertikale Wiederverwendung betrachtet.

---

88   Vgl. Endres, A. /Software-Wiederverwendung/ S. 86.

89   Vgl. Favaro, J. /Tutorial on Software Reuse/ S. II-11.

90   Vgl. Favaro, J. /Tutorial on Software Reuse/ S. II-11.

91   Ein Beispiel ist der Einsatz von Klassenbibliotheken, die einen Grundvorrat an ADT und Objekten bereithalten, die in den verschiedensten domänenunabhängigen Anwendungen einsetzbar sind.

2.5 Motivation für die Wiederverwendung

Die Motivation für die Wiederverwendung resultiert aus dem Anwendungsstau der Softwareentwicklung und der daraus resultierenden Suche nach Erhöhung der Produktivität und Qualität der Entwicklung und Wartung. Dabei erscheint die Möglichkeit, Software wiederzuverwenden als Silberstreif am Horizont. Durch die i.a. angespannte zeitliche und finanzielle Situation der Entwicklungsabteilungen herrscht das "not invented here"-Syndrom vor. Man scheut vor dem Aufwand zur Planung und Implementierung wiederverwendbarer Software zurück, um die aktuellen Bedürfnisse zu befriedigen. Die sorgfältige Planung ermöglicht Wiederverwendung und damit auch die Realisierung des Produktivitätspotentials. Die Motivation für die Wiederverwendung resultiert auch aus – z.T. empirisch überprüften – Vorstellungen, daß die wiederholte Entwicklung ähnlicher Anwendungen die Wiederverwendungseffektivität erhöht und, daß die Wiederverwendung auf früheren Entwurfsstufen einen höheren Pay-Off erbringt[92]. Die Motivation für die Wiederverwendung von Software liegt primär in der Erhöhung der Produktivität, der Verbesserung der Qualität sowie der Reduktion der Wartungskosten[93].

2.5.1 Erhöhung der Produktivität

Produktivität ist das Verhältnis von Output zu Input[94]. Eine Erhöhung der Produktivität ist durch einen niedrigeren Input wie auch durch effizientere Produktionsverfahren erreichbar. Beides kann durch die Wiederverwendug von Software bewirkt werden.

2.5.1.1 Produktivitätspotential

Aus verschiedenen Projekten liegen Zahlen vor, die vom Produktivitätspotential der Wiederverwendung zeugen. Jones schätzt, daß 85% des 1983 geschriebenen Codes potentiell wiederverwendbar gewesen wäre, da nur etwa 15% wirklich neu gewesen sei[95]. 30% des Quellcodes der Anwendungen zielen auf die gleichen Probleme, 70% sind reine "putting the application onto a computer"- Aufgaben[96]. Man schätzt, daß 75% der Funktionen vielen Anwendungen gemeinsam sind[97]. Es muß allerdings davon ausgegangen werden, daß diese Zahlen durch verschiedene Meßverfahren und positive Darstellungsabsichten nur einen Anhaltspunkt bieten. Bild 2.8 gibt die geschätzten Produktivitätseffekte wieder. Je nach Anwendung und vorhandenen Bausteinen, verwendeter Methodik bzw. Verfahrens- und Zählweise konnte eine Wiederverwendung bis zu 90% erzielt werden.

---

92   Vgl. Incorvaia, A.; Davis, A.; Fairley, R. /Case Studies in Software Reuse/ S. 305.

93   Vgl. Berard, E. /Software Reusability/ S. 390.

94   Vgl. o.V. /Produktivität/ Sp. 853.

95   Vgl. Jones,T. /Reusability in Programming/ S. 50.

96   Vgl. Jones, T. /Reusability in Programming/ S. 50.

    Vgl. Boehm, B. /Small-Scale-Application/ S. 482f.

97   Vgl. Jones. T. /Reusability in Programming/ S. 50.

Is Reuse delivering and how much?	Scale	Quantity of Reuse	Quality	Productivity
Biggerstaff	3 - 4			10 - 90 %
Frakes	2 - 3		10 - 90 %	10 - 90 %
Lanergan/Grasso[98]		40 - 60%		50 %
Matsumoto[99]	4 - 5	32 - 48% über Lebenszyklus	30 %	80 %
Matsumara	3 - 4	4	20 - 30 %	
Prieto-Díaz	4			20 - 70 %
Schaeffer	3		50 %	50 %
Selby[100]		durchschn. 32%		

Bild 2.8:   Geschätzte Produktivitätseffekte der Wiederverwendung[101]

Die Zahlen sind nicht unmittelbar vergleichbar, da sie stark von den Umgebungen (Domäne, Art des Projektes und der Planung) abhängig sind. Jedoch begründen diese Zahlen die Motivation (und den Glauben) an die Produktivitätseffekte durch Wiederverwendung. Bei Biggerstaff, Lanergan/Grasso, Matsumoto, Matsumara und Selby empirische Projekte liegen zugrunde, so daß diese Zahlen empirisch belegt sind.

2.5.1.2 Reduzierung des Entwicklungsaufwandes

"Software reuse benefits are especially apparent in the early portions of software development (requirements, specification, and design) since that is where the foundations are established for the development and maintenance of the software product"[102].

Der Einsatz von Wiederverwendungsobjekten soll den Entwicklungsaufwand entscheidend verringern. Da die frühen Phasen des Entwicklungsprozesses einen höheren Aufwand verursachen als die späteren, wäre es im Sinne eines hohen Produktivitätseffektes wünschenswert, in einer möglichst frühen Entwicklungsphase bereits entwickeltes Material wiederzuverwenden.

Bild 2.9 zeigt die Verteilung des Aufwandes auf die Phasen im Lebenszyklus. Eine typische Verteilung des Aufwandes kann – abhängig vom System und der Schätzmethode – für die Analyse und den Entwuf 42%, das Codieren und Debuggen

---

98   Vgl. Lanergan, R.; Grasso, C. /Software Engineering with Reusable Code/ S. 194.
       Vgl. Horowitz, E.; Mundson. J. /An Expansive View of Reusable Software Engineering/ S. 39.
99   Vgl. Matsumoto, Y. /A Software Factory/ S. 155f.
       Vgl. Börstler, J. /Wiederverwendbarkeit und Softwareentwicklung/ S. 2.
100   Vgl. Börstler, J. /Wiederverwendbarkeit und Softwareentwicklung/ S. 2
       Vgl. Selby, R. /Quantitative Studies of Software Reuse/ S. 229.
101   Vgl. Favaro, J. /Tutorial on Software Reuse/ S. II-4.
102   Vgl. Lubars, M.; Harandi, M. /Addressing Software Reuse/ S. 345.

21% und den Modul- und Integrationstest 37% betragen[103]. Nicht explizit aufgeführt sind die notwendigen Tests der Entwicklungszwischenprodukte, die aber zur Qualitätserreichung notwendig sind[104].

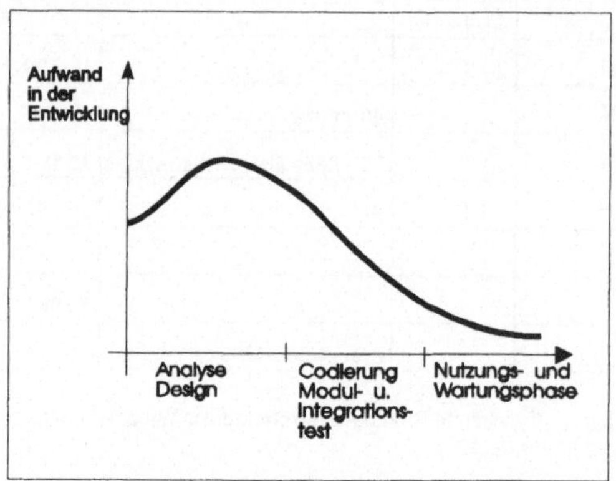

Bild 2.9:   Phasenaufwand zur Erstellung eines Softwareproduktes[105]

Eine sorgfältige Analyse und das Testen der Entwicklungsinformationen führt zur Reduktion von Fehlern in der Folgeentwicklung. Wie in Bild 2.9 gezeigt, ist der Aufwand der frühen Phasen im Verhältnis sehr hoch; die Wiederverwendung qualitativ hochwertiger Bauteile aus frühen Entwicklungsphasen kann diesen Aufwand reduzieren. Der Einsatz wiederverwendbarer Bauteile in den frühen Phasen steigert die Produktivität und senkt die Kosten (von Entwicklung und Wartung).

2.5.1.3 Reduzierung des Wartungsaufwandes

Der Wartungsaufwand im Lebenszyklus beträgt heute etwa 67%[106]. Diese Kosten können durch die Verwendung standardisierter Teile gesenkt werden. Dieses Kostensenkungspotential liegt dabei durch die standardisierte Entwicklung und vorliegende Dokumentation weitgehend in der verringerten Einarbeitungszeit der Mitarbeiter sowie im Arbeiten mit bekannten Bauteilen, deren Struktur, Fehler und Funktionalität bekannt sind. Voraussetzung ist, daß Anwendungssysteme wartungsfreundlich – d.h. mit spezifischen Qualitätsmerkmalen ausgestattet – entworfen werden.

Es kann gezeigt werden, daß die Qualitätskriterien, die zu wiederverwendbarer Software führen, auch die Wartbarkeit fördern[107]. Beide Entwicklungsziele werden durch Modularität, Flexibilität, Allgemeinheit, Einfachheit, Kommunikationsfähigkeit, Ope-

---

[103] Vgl. Scheibl, H.-J. /Kommerzielle Software-Entwicklung/ S. 176. Nach Scheibl kann der Entwurf auch auf 64% und die Codierung mit Modul- und Integrationstest auf 36% kommen.
[104] Vgl. Schmitz, P. /Testen von Software/ S. 429f.
[105] Vgl. Vetter, M. /Strategie der Anwendungssystementwicklung/ S. 130.
[106] Vgl. Nagl, M. /Software-Technik/ S. 51.
       Vgl. Scheibl, H.-J. /Kommerzielle Software-Entwicklung/ S. 176.
[107] Vgl. Küffmann, K. /Wiederverwendung und Wartung/

rabilität, Software- und Hardwareunabhängigkeit, Dokumentation und Werkzeugunterstützung gefördert.

Qualitätskriterien	Wiederverwendbarkeit	Portierbarkeit	Wartbarkeit
Rückführbarkeit	X		X
Konsistenz	X		X
Einfachheit	X	X	X
Modularität	X	X	X
Allgemeinheit	X		
Erweiterbarkeit	X		X
Kommunikationsfähigkeit	X		X
Operabilität	X		
Training	X		
SW-Unabhängigkeit	X	X	
HW-Unabhängigkeit	X	X	
Selbstdokumentation	X	X	X
Data Communality	X		
Prägnanz			X
Werkzeugunterstützung	X		X

Bild 2.10: Qualitätskriterien zur Erreichung bestimmter Qualitätsfaktoren von Software[108]
X zeigt die Kriterien an, die zur Erreichung der gewünschten Qualitätsmerkmale führen.

Es ist in Bild 2.10 erkennbar, daß die für die Portierbarkeit und Wartbarkeit wichtigen Qualitätskriterien eine Untermenge der für die Wiederverwendbarkeit relevanten Qualitätskriterien darstellen. Es wird deutlich, daß auch Portierbarkeit die gleichen Qualitätskriterien wie Wartbarkeit und Wiederverwendbarkeit erfordert. So wird Portierbarkeit auch als ein Weg der Wiederverwendung[109] und als eine Form der Wartung bezeichnet. Die jeweiligen Qualitätskriterien werden in der Entwicklung verfolgt, um die Eigenschaften der Wartbarkeit bzw. Wiederverwendbarkeit zu erreichen. Diese Qualitätskriterien müssen entsprechend im Entwurf wiederverwendbarer Software berücksichtigt werden[110]. Wiederverwendbare Software ist aufgrund der erhöhten Standardisierung leichter zu warten; dies wurde durch Projekte, beispielsweise von Lanergan/Grasso[111] und Matsumoto[112] bestätigt.

---

108 Vgl. Alten, W. /Industrielle Software-Produktion/ S. 285ff. Werkzeugunterstützung ist in der ursprünglichen Systematik nicht enthalten, aber nach heutiger Sicht unentbehrlich, um eine effiziente Wiederverwendung zu fördern.
109 Vgl. Endres, A. /Software-Wiederverwendung/ S. 85f.
110 Experimente mit Programmierern ergaben, daß genau die vorgegebenen Qualitätsmerkmale auch erreicht wurden. Vgl. Alten, W. /Industrielle Software-Produktion/ S. 29ff.
111 Vgl. Kapitel 4.1.2.
112 Vgl. Matsumoto, Y. /A Software Factory/ S. 171f.

In der Entwicklung von Software kann zwischen Qualitätsanforderungen an das Produkt und an den Prozeß unterschieden werden. Qualitätsanforderungen sind Anforderungen an die Ausprägung von Qualitätsmerkmalen. Als produktorientierte Merkmale[113] für wiederverwendbare Software müssen die oben angegebenen Qualitätskriterien eingehalten werden. Die qualitätsbezogene Anforderung an Software wird durch die produktorientierten Merkmale wie bspw. Effizienz, Verständlichkeit, Wartbarkeit oder Wiederverwendbarkeit festgelegt. Sie können mit anderen Merkmalen wie beispielsweise Korrektheit und Effizienz im Widerspruch stehen[114]; für die Entwicklung muß daher das entscheidene Qualitätsmerkmal festgelegt werden.

2.5.1.4 Erhöhung der Softwarequalität

"Reusability of the existing software is the most critical issue contributing not only to productivity improvement but also to quality improvement"[115].

Software muß, um wart- und wiederverwendbar zu sein, bestimmten Qualitätskriterien genügen. Diese sind meist durch Metriken nachweisbar[116]. Die wiederverwendungsfördernden Kriterien sind gleichzeitig die Kriterien, die qualitativ hochwertige Software ausmachen. D.h., daß die Zielsetzung der Wiederverwendbarkeit auch die Softwarequalität verbessert. So werden durch das Entwicklungsziel Wiederverwendbarkeit qualitativ hochwertige Bauteile produziert. Entwickler müssen sich für den Einsatz auf die Qualität verlassen können; der beste Nachweis für Qualität ist der Einsatz in produzierenden Systemen.

Die qualitative Anforderung ist besonders in den frühen Entwicklungsstufen wichtig. In den frühen Phasen entstandene und später entdeckte Fehler sind kostspieliger zu beseitigen, da die Entwicklungsvorgänge wiederholt werden müssen. Grundsätzlich gilt, je später ein Fehler entdeckt wird, desto aufwendiger wird seine Behebung[117]. Die Bedeutung resultiert auch aus der Schwierigkeit, Anwenderwünsche festzustellen und die Inhalte der Domäne zu formalisieren[118].

Der größte Teil der Fehler resultiert aus falsch ermittelten Anforderungen, bzw. falsch verstandenen Anforderungen[119]. Dabei machen die Fehler, den "funktionalen Teil der Anforderungen falsch" 34% bzw. die "Anforderungen falsch bzw. falsch verstanden" 12% aus. Die Wiederverwendung qualitativ hochwertiger Spezifikationen und Entwürfe kann zur Reduzierung dieser frühen Entwicklungsfehler führen. "Entwurfsfehler mehrere Komponenten betreffend" machen nur 4%, "Fehler im Entwurf oder der Implementierung einzelner Komponenten" 20% aus. Die "Programmierung" wird mit 14%, die "Fehler der Fehlerbeseitigung" mit 8% angegeben.

---

[113] Vgl. Rombach, H.; Basili, V. /Quantitative Software-Qualitätssicherung/ S. 147.

[114] Vgl. Alten, W. /Industrielle Software-Produktion/ S. 290.

[115] S. Matsumoto, Y. /A Software Factory/ S. 171.

[116] Vgl. Rombach, H. D. /Software reuse/ S. 90.

Vgl. Willmer, H. /Systematische Software-Qualitätssicherung/ S. 25ff.

Vgl. Boehm, B. et al. /Characteristics/

McCall; R.; Richard, W. /Factors in Software Quality/

[117] Vgl. Vetter, M.;/Strategie der Anwendungssoftware-Entwicklung/ S. 119.

[118] Vgl. Iscoe, N. /Domain-Specific Reuse/ S. 301.

Obwohl diese Zahlen vorsichtig zu bewerten sind, zeigen sie doch deutlich die hohe Fehleranzahl in der Analyse- und Designphase. Die Übernahme von domänenspezifischen Entwurfsinformationen im Rahmen der vertikalen Wiederverwendung kann erheblich zur Reduktion von Fehlern[120] in den frühen Entwurfsphasen beitragen.

2.5.2 Größe der Objekte und Produktivität

Der Produktivitätseffekt der Wiederverwendung ist abhängig von der Größe der Bauteile, der Qualität der Bauteile, ihrem Modifikationsaufwand und der Phase im Entwicklungsprozeß, in der sie wiederverwendet werden können[121].

Je größer die wiederverwendeten Bauteile und je besser ihre Qualität, je geringer der Modifikationsaufwand und je früher im Entwicklungsprozeß existierendes Material wiederverwendet werden kann, desto höher ist die Produktivität der Entwicklung. Im folgenden wird von sehr guter Qualität der wiederverwendbaren Bauteile ausgegangen. Soll der Wiederverwendungsgrad hoch sein, muß das Bauteil gut in das neue System passen. Je ähnlicher die wiederverwendbaren Bauteile der Problemstellung sind, desto höher ist der Wiederverwendungsgrad. Bei großen Bauteilen muß vor allem bei der Übertragung auf eine andere Domäne mit einem hohen Modifikationsaufwand gerechnet werden[122], da sich in einer neuen Anwendung viele Einflußparameter ändern können. Bei Wiederverwendung von Entwurfsinformationen in derselben Domäne kann hingegen der Wiederverwendungsgrad hoch sein. D.h. entweder müssen die Einflußfaktoren evaluiert, begrenzt und festgelegt werden oder man akzeptiert, daß nur kleine Bausteine wiederverwendet werden. Aber auch bei kleinen Bausteinen muß auf die Begrenzung der Einflußfaktoren geachtet werden, um sie vielseitig wiederverwendbar zu machen.

Das gleiche gilt für die Wiederverwendung auf Codeebene. Je größer die Bauteile sind, desto geringer wird die Paßwahrscheinlichkeit und desto seltener werden sie in unterschiedlichen Domänen wiederverwendet. Je kleiner die Bauteile sind, desto höher wird die Paßwahrscheinlichkeit in unterschiedlichen Domänen und damit auch die Häufigkeit der Wiederverwendung. Aufgrund dieser Überlegungen wurde lange Zeit die Wiederverwendung von kleinen Bauteilen auf Codeebene als einzig mögliche Form der Wiederverwendung favorisiert.

Bild 2.11 drückt den Zusammenhang zwischen Größe eines Elements, der Häufigkeit der Wiederverwendung und dem Anteil der wiederverwendeten Bausteine an dem zu entwickelnden System aus. Je größer ein Element ist, desto höher ist sein Anteil am neuen System. Allerdings ist dann bei nicht expliziter Bauweise die Häufigkeit der Wiederverwendung geringer. Je kleiner ein Element ist, desto häufiger kann es wiederverwendet werden und desto geringer ist aber auch sein Anteil am Neuprodukt, bzw. die zu erreichende Produktivitätssteigerung. Sehr geeignet wären also große Bauteile, die "as-it-is" wiederverwendet werden könnten; diese haben aber i.d.R. geringere Paßwahrscheinlichkeiten als kleine Elemente.

---

119   Vgl. Nagl, M. /Softwaretechnik/ S. 51.
       Vgl. Schönthaler, F.; Németh, T. /Software-Entwicklungswerkzeuge/ S. 29.
120   Vgl. Incorvaia, A.; Davis, A.; Fairley, R. /Case Studies in Software Reuse/ S. 306.
121   Vgl. Börstel, J. /Wiederverwendbarkeit und Softwareentwicklung/ S. 5.
122   Vgl. Selby, R. /Quanitative Studies of Software Reuse/ S. 230f.

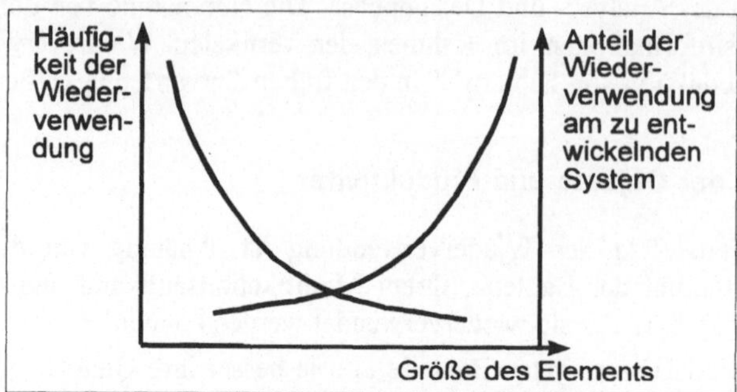

Bild 2.11:   Zusammenhang zwischen Größe, Häufigkeit und
anteiliger Wiederverwendung eines Elements[123]

Tatsächlich ist der Produktivitätseffekt von kleinen Bauteilen auf Codeebene nicht so hoch, wie die Wiederverwendung von Spezifikations- und Konstruktionsteilen. Die effiziente Wiederverwendung kleiner Codeelemente wie beispielsweise Klassen wird mittels Klassenbibliotheken praktiziert. Höhere Produktivitätseffekte sind mit der Wiederverwendung von großen Bauteilen auf Codeebene oder auch mit der Wiederverwendung von Entwurfsinformationen wie Spezifikations- oder Konstruktionsteilen verbunden. Beide Formen weisen eine höhere Anwendungsspezifität auf und zielen auf die Wiederverwendung in einer bestimmten Domäne. D.h. der Produktivitätserhöhung durch die Wiederverwendung von Codeteilen stehen die als wesentlich höher eingeschätzten Produktivitätssteigerungen der Wiederverwendung von frühen Entwicklungsprodukten gegenüber[124].

Daher wird in dieser Arbeit der Schwerpunkt auf der vertikalen Wiederverwendung liegen. Wie Freeman – vgl. Bild 2.8 – darstellte, ist neben der Wiederverwendbarkeit der frühen Entwurfsprodukte durchaus auch die Wiederverwendbarkeit der späteren Entwurfsprodukte möglich. Zur geplanten Wiederverwendung von großen Bauteilen jeder Entwurfsstufe sind jedoch Anfangsinvestitionen hinsichtlich Planung und Erstellung von Bauteilen nötig. Der Pay-Off-Zeitpunkt geleisteter Anfangsinvestitionen liegt umso früher, je häufiger die erstellten Bauteile wiederverwendet werden, je größer sie sind und je früher im Entwurf sie anzusiedeln sind. Um einen bestimmten Pay-Off zu erreichen, ist die sorgfältige Planung eines Wiederverwendungskonzeptes unter Wirtschaftlichkeitsgesichtspunkten sinnvoll.

---

[123]   Vgl. Endres, A. /Software-Wiederverwendung/ S. 88.

[124]   Der Behauptung der Produktivitätssteigerung infolge Bausteinwiederverwendung liegen einige Annahmen zugrunde. Anzuführen ist zum einen ein ausreichend großer Vorrat an validierten und getesteten Bauteilen, zweitens die ausreichende Motivation und Ausbildung der Entwickler, drittens das Vorliegen geeigneter Bibliotheken, etwa in Entwicklungsumgebungen, und viertens die eindeutige Klassifikation, Speicherung und Retrieval der Bauteile. Zudem wurden die Anwendungsvoraussetzungen der Bausteinwiederverwendung nicht geklärt. So ist z.B. fraglich, von welchen Faktoren (Sprache, Konstruktion der Bausteine, Basissysteme) die wiederverwendbaren Bausteine abhängen müssen, um wiederverwendet zu werden.

2.6 Probleme

McIlroy wies bereits 1968[125] auf die Notwendigkeit einer industriellen Softwarekomponentenfertigung hin. Börstel[126] führt als Ursache der bisher nicht realisierten Wiederverwendung finanzielle, psychologische und technische Gründe an. Favaro[127] führt außerdem Handlungsbedarf in rechtlicher und technischer Hinsicht und in punkto Management an. Unter finanziellen und ökonomischen Ursachen wird die Investition in wiederverwendbare Bauteile verstanden; damit sind die höheren Entwicklungskosten für wiederverwendbare Komponenten gemeint. Darunter wird die Ermittlung von Ähnlichkeiten und Unterschieden zur Realisierung des Wiederverwendungspotentials und der Bauteile, die Vermittlung der notwendigen Aus- und Weiterbildung für Personal und die Investition in entsprechende Werkzeuge subsumiert. Ökonomische Faktoren beschreiben die Produktivitätsmessung, die Performance-Veränderung, die Systemkostenschätzung, die Kosten der Unterstützung von Bibliothekaren und Entwicklern und die Preisbildung von Bauteilen. Unter psychologische Ursachen fällt die Motivation der Mitarbeiter, Entlohnungsprogramme, das "Not-invented-here"-Syndrom und Ausbildungsprobleme[128]. Technische Probleme betreffen die wiederverwendungsorientierte Erstellung und Verwendung von Bauteilen, die Suche nach geeigneten Bibliotheks-, Retrieval- und Einbauunterstützungssystemen. Rechtliche Probleme befassen sich mit dem Software-Copyright, die Eigentümerfrage von Bauteilen, der Verantwortlichkeit für Bauteile und vermögenswirksame Fragen, den vertraglichen Erfordernissen und dem Produktinhalt[129].

Bei der Auflistung von Problemen wird immer der Vergleich mit den Hardware-Ingenieuren gesucht, die ihre Produkte auf der Basis standardisierter Teile erstellen. Dabei werden nicht die Voraussetzungen geprüft, unter denen diese Standardisierung im Hardwarebereich stattfinden konnte. Dazu waren Kompromisse in der internationalen Arbeitsteilung notwendig. Kompromisse setzen i.a. den Willen zur Problemlösung voraus, der letztlich auch die anderen Problembereiche wie finanzielle, rechtliche, führungspolitische und organisatorische Aspekte lösen hilft. Der Willen zur Problemlösung ließ sich im Hardwarebereich durch die Notwendigkeit begründen, weiter am Markt wettbewerbsfähig sein zu können. Scheinbar ist die Softwareindustrie, auch durch die Produkteigenschaften bedingt, nicht in der Situation, diese Kompromisse einzugehen. Dijkstra[130] führt zur Charakterisierung der Softwareindustrie treffend an: "What is actually happening. I am afraid, that we tell each other and ourselves that software engineering techniques should be improved considerably, because there is a crisis. But there are a few boundary conditions which apparently have to be satisfied. I will list them for you:

1. We may not change our thinking habits

2. We may not change our programming tools

---

125   Vgl. McIlroy, M. /Mass Produced/ S. 88ff.
126   Vgl. Börstel, J. /Wiederverwendbarkeit und Softwareentwicklung/ S. 3f.
127   Vgl. Favaro, J. /Tutorial on Software Reuse/ S. II - 16.
128   Vgl. Favaro, J. /Tutorial on Software Reuse/ S. II - 19.
129   Vgl. Favaro, J. /Tutorial on Software Reuse/ S. II - 20.
130   Dijkstra zit. in Börstler, J. /Wiederverwendbarkeit und Softwareentwicklung/ S. 1f.

3. We may not change our hardware

4. We may not change our tasks

5. We may not change the organizational set-up in which the work has to be done."

Diese Aussage trifft den Kern des Problems, der nicht in der grundsätzlichen technischen Machbarkeit, sondern vielmehr in organisatorischen und einstellungsbedingten Fragen begründet liegt.

3 Wiederverwendungsorientierte Systementwicklung

In diesem Kapitel werden die grundlegenden Entwurfsprinzipien wiederverwendungsorientierter Softwareentwicklung vorgestellt. Sie bilden die Grundlage für die in Kapitel 4 dargestellten Ansätze. Die Entwicklung von Software – insbesondere wiederverwendbarer – kann als schlecht strukturierte Aufgabe charakterisiert werden. "Die Ergebnisse der Software-Engineering-Forschung ergeben heute noch kein einheitliches Bild; es handelt sich vielmehr um ein heterogenes Konglomerat von Ratschlägen, Vorgehensweisen, Techniken, Methoden und Software-Werkzeugen"[131]. Daher können in der Systementwicklung immer nur als richtig empfundene, in der Praxis erprobte Leitlinien, nie aber der Lösungsweg an sich vorgegeben werden. Im folgenden werden zunächst die wichtigsten Entwurfsprinzipien der Systementwicklung und ein Vorgehensmodell behandelt, bevor die wiederverwendungsorientierte Entwicklung dargestellt wird.

3.1 Systementwicklung

Software-Engineering ist eine ingenieurmäßige, systematische Herangehensweise an die Aufgabe der Systementwicklung. Sie befaßt sich mit Prinzipien, Methoden und Werkzeugen, um Software unter industriellen Bedingungen zu planen, zu entwickeln, zu warten und anzuwenden[132]. Das Software-Engineering betrachtet schwerpunktmäßig die technische Seite der Softwareentwicklung, insbesondere den Einsatz von Werkzeugen zur effizienten Entwicklung.

Unter Systementwicklung wird die Gesamtheit von Methoden zur Strukturierung und Entwicklung komplexer Systeme verstanden. Sie konzentriert sich mehr auf die methodischen Probleme der Softwareerstellung. Zur Strukturierung der Entwicklung werden Phasenmodelle genutzt, die den Entwicklungsprozeß in feste Abschnitte unterteilen.

3.1.1 Prinzipien

Unter Prinzipien werden theoretisch und praktisch bewährte Richtlinien zur Entwicklung von Software verstanden. Prinzipien können auf alle Entwurfstufen angewendet werden. Die wichtigsten Prinzipien[133] für die Softwareerstellung sind die Prinzipien der Abstraktion, Strukturierung, Hierarchisierung, Modularisierung, Lokali-

---

131   Vgl. Wirtz, K.-W. /Software-Engineering/ S. 388.

132   Vgl. Schulz, A. /Software-Entwurf/ S. 14f.

133   Vgl. Balzert, H. /Allgemeine Prinzipien/ S. 2ff.

      Vgl. Martin, J.; McClure, C. /CASE/ S. 33, S. 42, S. 18f.

      Vgl. Stahlknecht, P. /Einführung in die Wirtschaftsinformatik/ S. 259.

      Vgl. Hausen, H.; Müllerburg, M; Schmidt, M. /Prüfen, Messen und Bewerten/ S. 136.

      Vgl. Scheibl, H.-J. /Kommerzielle Software-Entwicklung/ S. 72.

      Vgl. Stevens, W.; Myers, G.; Constantine, L. /Structured Design/ S. 116f.

      Vgl. Balzert, H. /Ökonomische Software-Wartung/ S. 57ff.

tät, integrierten Dokumentation, Standardisierung, Mehrfachverwendung, funktionalen und informalen Bindung, losen Datenkopplung, vollständigen Schnittstellenspezifikation, linearen Kontrollstrukturen und das Prinzip der Verbalisierung. Diese im allgemeinen als wichtigste Prinzipien empfundenen Verhaltensregeln sind auf alle Phasen der Entwicklung anzuwenden. Diese Prinzipien geben ein idealtypisch angesehenes Verhalten im Entwurf wieder. Sie führen zu den in Kapitel 2.5.1.4 definierten Qualitätsmerkmalen von wiederverwendbarer Software.

3.1.2 Wiederverwendungsfördernde Entwurfsprinzipien

Die wiederverwendungsfördernden Entwurfsprinzipien sind auf alle Phasen der Entwicklung anzuwenden; Hauptanwendungsbereich ist die Phase der Konstruktion, die den Entwurf der Systembestandteile beinhaltet. Die im folgenden dargestellten Prinzipien sind die, im wesentlichen die Eigenschaft der Wiederverwendbarkeit bewirkenden Entwurfsprinzipien. Dies sind vor allem Modularität[134], Abstraktion, Allgemeinheit, Parametrisierung, Geheimnisprinzip und Datenkapselung sowie Hierarchisierung.

* **Modularität**

Modularität ist als Ergebnis die Eigenschaft eines Systems, eine gute modulare Struktur aufzuweisen. Gute Modularisierung zeichnet sich im Modulentwurf durch eine hohe Kohäsion (interne Bindung) und geringe Kopplung (externe Bindung) aus; sie ist durch einen hohen inhaltlichen Zusammenhang der Anweisungen in einem Modul und einer lockeren Kommunikation mit anderen Modulen über Datenaustausch[135] gekennzeichnet. Als spezielle Kriterien guter Modularität gelten: Abgeschlossenheit, gut definierte Schnittstellen, Einhaltung des Geheimnisprinzips, gegenseitige Nichtbeeinflussung, Handhabbarkeit, Schnittstellenminimalität, Prüfbarkeit der Module, Integrierbarkeit und Planbarkeit[136].

---

[134]   Vgl. Parnas, D.; Clements, P.; Weiss, D. /Enhancing Reusability/ S. 83.
        Vgl. Booch, G. /Object Oriented Design/ S. 52.
        Vgl. Kurbel, K. /Datenabstraktion und Modularisierung/ S. 127.
        Vgl. Alten, W. /Industrielle Software-Produktion/ S. 173.
        Vgl. Wirth, N. /Program Development/ S. 221.
        Vgl. Denert, E. /Softwareentwicklung/ S. 212.
        Vgl. Pressman, R. /Software Engineering/ S. 223.
        Vgl. Booch /Object oriented Design/ S. 51.
        Vgl. Parnas, D.; Clements, P.; Weiss, D. /Enhancing Reusability/ S. 83.
[135]   Vgl. Stevens, W.; Myers, G.; Constantine, L. /Structured Design/ S. 117.
[136]   Vgl. Denert, E. /Softwareentwicklung/ S. 213.
        Vgl. Endres, A. /Grundlagen der Software-Wiederverwendung/ S. 6.
        Vgl. Parnas, D.; Clements, P.; Weiss, D. /Enhancing Reusability with Information Hiding/ S. 143.
        Vgl. Stevens, W.; Myers, G.; Constantine, L. /Structured Design/ S. 116.
        Vgl. Parnas, D.; Clements, P.; Weiss, D. /Enhancing Reusability/ S. 83.
        Vgl. Martin, J.; McClure, C. /CASE/ S. 69.
        Vgl. Burns, Kevin /Using Automated Techniques/ S. 183.

- **Abstraktion**

Abstraktion bedeutet das Herausarbeiten des Wesentlichen. Es wird von den unwesentlichen zugunsten wesentlicher Eigenschaften abstrahiert[137]. Die Abstraktion filtert die essentiellen Charakteristika aus den Objekten der realen Welt unter zeitweiser Nichtbeachtung der Unterschiede[138]. Es ist das wesentliche Prinzip zum Bau qualitativ hochwertiger Software[139] und wiederverwendbarer Objekte. Es kann auf die Erstellung wiederverwendbarer Objekte, generischer Funktionen und Referenzarchitekturen usw. durch Anwendung des Bottom-up-Prinzips[140] realisiert werden. Die Anwendung der Abstraktion erfordert viel Erfahrung, um die "richtigen" Abstraktionen zum Bau allgemeiner Bauteile zu finden. Es muß genau die Abstraktion gefunden werden, die das wesentliche des Systems ausdrückt und auf andere Systeme übertragen werden kann.

- **Allgemeinheit**

Wiederverwendbare Software soll auf verschiedene Anwendungsfälle passen. Entwurfsziel ist daher die Allgemeinheit von Modulen. Der Entwurf allgemeiner Module erfordert eine gezielte Abstraktion vom individuellen zum allgemeinen Fall. Es wird nach den wesentlichen Ähnlichkeiten gesucht und diese Eigenschaften werden im Modulentwurf und der Modulimplementierung festgehalten. Die Nutzung allgemeiner Module erfolgt über Spezialisierung, bspw. Parametrisierung[141]. Das Entwurfsziel Allgemeinheit wird häufig auch Generalität genannt.

- **Parametrisierung**

Die Grundidee der parametrisierten Programmierung liegt in der Wiederverwendung allgemein gehaltener Module[142]. Zur Nutzung werden die allgemeinen Module parametrisiert, d.h. die Parameter (Variable, Konstanten, Marken, Funktionen)[143] mit den richtigen Werten durch Parameterübergabe gefüllt. Durch einfaches Einsetzen von Parametern sind allgemein entworfene und gebaute Module in anderen Kontexten wieder einsatzfähig[144]. Somit ändern sich die Argumente, die den Objekten übergeben werden, auf denen dann die gleichen Funktionen ausgeführt werden. Nicht nur Variablen eines Datentyps, die die Typen instanziieren, sondern auch die Datentypen selber können Parameter darstellen[145].

- **Geheimnisprinzip und Datenkapselung**

Die Abstraktion liegt als Designentscheidung vor der Implementierung. Im Entwurf soll die Forderung der Modularität durch Beachtung der Lokalität von Daten und engen Schnittstellen beachtet werden. In der Implementierung sollen die modulspezifischen Daten und Funktionen nur von diesem Modul benutzt werden und durch andere

---

137   Vgl. Scheibl, H.-J. /Kommerzielle Softwareentwicklung/ S. 485.

138   Vgl. Wegner, P. /Varieties of Reusability/ S. 24.

139   Vgl. Berzins, V.; Gray, M.; Naumann, D. /Abstraction-Based Software Development/ S. 413.

140   Vgl. Schönthaler, F.; Németh, T. /Software-Entwicklungswerkzeuge/ S. 16.

141   Vgl. Endres, A. /Grundlagen der Software-Wiederverwendung/ S. 5.

142   Vgl. Futatsugi, K.; Goguen, J.; Meseguer, J.; Okada, K. /Parameterized Programming/ S. 337.

143   Vgl. Würges /Parameter/ S. 573.

144   Vgl. Futatsugi, K.; Goguen, J.; Meseguer, J.; Okada, K. /Parameterized Programming/ S. 337.

145   Vgl. Deutsch, L. P. /Reusability in Smalltalk-80/ S. 91.
     Vgl. Meyer, B. /Eiffel; Reusability and Reliability/ S. 222.
     Vgl. Deutsch, L. P. /Reusability in Smalltalk-80/ S. 91.
     Vgl. Druffel, L. /Potential Effect of Ada/ S. 139.

Module nicht nutzbar sein. Dies wird als Geheimnisprinzip bezeichnet. Das Modul soll nur über die Schnittstelle genutzt werden und anderen Modulen die in der Schnittstelle spezifizierten Dienste anbieten. Dies wird als Datenkapselung (Anwendung des Information Hiding) bezeichnet. Damit sind die Abstraktion und Datenkapselung komplementäre Konzepte: Die Abstraktion konzentriert sich auf die Außenansicht und die Datenkapselung auf die Innenansicht des Moduls[146].

* **Hierarchie**

"Hierarchy is a ranking or ordering of abstractions"[147]. Hierarchien werden in funktionalen Sprachen durch die Modularisierung des Systems in Subsysteme gebildet. Hierarchien werden in objektorientierten Sprachen mit Hilfe der Bildung von Ober- und Unterklassen und ihrer Nutzung durch Vererbung gebildet. Die Oberklasse vererbt ihre Syntax und Semantik an eine oder mehrere Unterklassen. Indem die Unterklassen die Operationen der Oberklasse erweitern oder modifizieren, werden Spezialisierungshierarchien gebildet. Durch die mittels Vererbung aufgebaute Hierarchie ist eine einfache Erweiterung alter Softwareteile im Zuge der Wiederverwendung möglich.

3.1.3 Methoden

Eine Methode ist "eine Vorschrift zur Durchführung einer Aktivität und zur Repräsentation entsprechender Ergebnisse"[148]. Methoden formen Prinzipien in Handlungsanweisungen für die Entwickler um. Es handelt sich in der Regel um eine Anzahl von Regeln zur Strukturierung der Systementwicklung auf dem Weg vom Was der Anforderung zum Wie der Implementierung. Methoden werden entsprechend der spezifischen Problemstellung des Anwendungsgebietes ausgewählt. So werden beispielsweise in der betriebswirtschaftlichen Anwendungsentwicklung datenorientierte Methoden wie Jackson Method bzw. funktionsorientierte Methoden wie Structured Analysis/Structured Design (SA/SD) oder auch Structured Analysis and Design Technique (SADT) angewendet. Die Methoden unterstützen nicht alle notwendigen Entwurfsschritte. Sie müssen um geeignete Vorgehensweisen ergänzt werden, um die gesamte Systementwicklung abzudecken. Die verwendeten Methoden und Vorgehensweisen werden in einem unternehmensindividuellen Vorgehensmodell geeignet kombiniert, um die Entwicklung vollständig und strukturiert zu unterstützen. Bei Anwendung einer Methode liegt ein Entwurfsergebnis in einer bestimmten Darstellungsform vor. Um diese Darstellungsform zu erreichen, nutzt eine Methode spezifische Verfahren wie beispielsweise Datenflußdiagramme, Modulhierarchiediagramme, Entitätenverwendungsmatrizen, Programmablaufpläne, Nassi-Shneiderman-Diagramme, usw.

Für die Wiederverwendung ist von Bedeutung, daß bei Anwendung einer spezifischen methodischen Vorgehensweise von Beginn bis zum Ende der Systementwicklung die Zwischenprodukte aufgrund der gleichen verwendeten Verfahren in syntaktisch und semantisch vergleichbaren Darstellungsformen vorliegen.

---

146   Vgl. Booch, G. /Object Oriented Design/ S. 45.
147   S. Booch, G. /Object Oriented Design/ S. 54.
148   Vgl. Schönthaler, F. /Németh, T. /Software-Entwicklungswerkzeuge/ S. 15.

3.2 Vorgehensmodell der Entwicklung

Zur Strukturierung der Systementwicklung wird der Prozeß der Softwareerstellung in Phasen eingeteilt. Die Phasen dienen zur Definition und Planung einzelner Abschnitte der Entwicklung[149]. So werden die durchzuführenden Tätigkeiten, die zu erstellenden Teilprodukte sowie die zuzuteilenden Ressourcen einzelnen Phasen[150] der Entwicklung zugeordnet. Das Grundprinzip des Phasenmodells ist dabei die sequentielle Abfolge der Phasen mit definierten Meilensteinen zum Phasenende. Dieses Prinzip schließt Rücksprünge in frühere Phasen und Revision von früher abgeschlossenen Tätigkeiten nicht aus[151]. Es ist die Grundlage zur Strukturierung der Systementwicklung, der Qualitätssicherung, des Projektmanagements sowie des Konfigurationsmanagements[152]. Im folgenden soll für die inhaltliche und methodische Strukturierung der Systementwicklung der Begriff des Vorgehensmodells verwendet werden. Auch ein Vorgehensmodell baut auf dem Grundprinzip der Phasen auf.

Ein Vorgehensmodell ist ein Phasenmodell mit definierten Phasenergebnissen, die durch die Zuordnung spezifischer Methoden und Verfahren zu bestimmten Phasen entstehen. Um im folgenden begriffliche Klarheit über die Bestandteile und Ergebnisse von Phasen zu schaffen wird das Modell von Denert[153] exemplarisch geschildert. Es kann nur als Beispiel eines Vorgehensmodells dienen. Denert vernachlässigt die Aspekte Lebenszyklus, Controlling und Organisation[154], geht dafür aber ausführlich auf die methodische Vorgehensweise sowie die Phasenbestandteile ein. Am Ende jeder Phase soll ein bestimmtes, überprüftes und konsistentes Phasenergebnis als Meilenstein stehen[155]. Dieses Phasenergebnis wird in der nächsten Phase weiter entwickelt; es dient daneben auch der Dokumentation und kann wiederverwendet werden.

Denert differenziert zwischen Spezifikation und Konstruktion[156]: Die Spezifikation beschreibt das Was eines Systems, d.h. seine Aufgaben und Schnittstellen in der Systemarchitektur. Die Konstruktion beschreibt demgegenüber das Wie eines Systems, d.h. die Implementierung und Realisierung des in der Spezifikation festgelegten Inhalts. Das Vorgehensmodell teilt sich in die vier Grobphasen Systemspezifikation, Systemkonstruktion, Modulprogrammierung und Systemintegration[157].

---

149 Vgl. Seibt, D. /Phasenkonzept/ S. 327.

150 Vgl. Seibt, D. /Phasenkonzept/ S. 326.

151 Vgl. Seibt, D. /Phasenkonzept/ S. 326.
  Vgl. Nagl, M. /Softwaretechnik/ S. 50. In späteren Phasen erweist sich beispielsweise der geplante Detaillierungsgrad als zu genau und nicht notwendig, so daß in der vorhergehenden Phase die entsprechenden Unterlagen geändert werden müssen

152 Vgl. Bröhl, A.-P.; Dröschel, W. (Hrsg.) /Das V-Modell/

153 Vgl. Denert, E. /Software-Engineering/ S. 49ff.

154 Vgl. Seibt, D. /Phasenkonzept/ S. 328.

155 Vgl. Nagl, M. /Softwaretechnik/ S. 50.
  Vgl. Boehm, B. /Wirtschaftliche Software-Produktion/ S. 30ff.
  Vgl. Speek, J. /Erhöhung der Software/ S. 90f.

156 Vgl. Denert, E. /Software-Engineering/ S. 36f.

157 Vgl. Denert, E. /Software-Engineering/ S. 39ff.

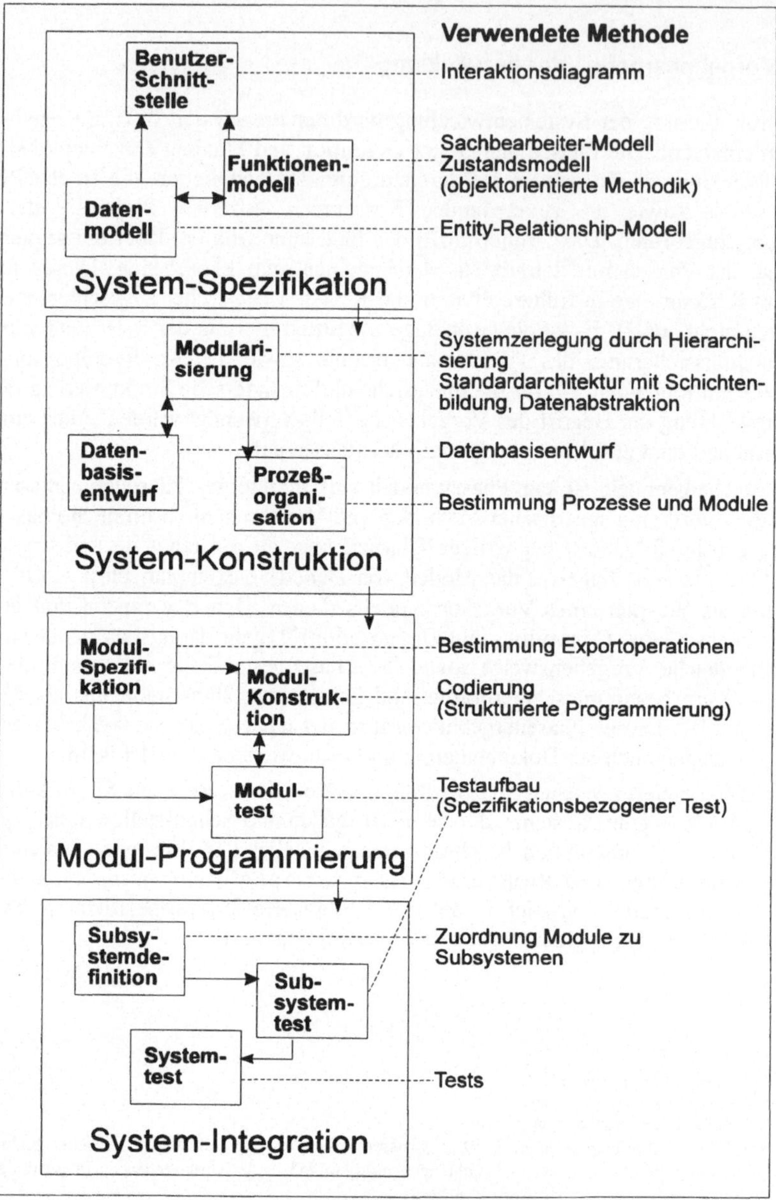

Bild 3.1:   Vorgehensmodell von Denert[158]

In der **Systemspezifikation** werden aus Anwendersicht die Funktionalität und die
Schnittstellen des Systems von und nach außen erarbeitet. Sie beschreibt detailliert,

---

[158]   Vgl. Denert, E. /Software-Engineering/ S. 46f.

welche funktionalen Anforderungen das künftige System erfüllt. Sie wird sukzessive über eine Vorstudie bis hin zur exakten Systemspezifikation erarbeitet. Darin werden die organisatorischen und inhaltlichen Aspekte des Anwendungssystems festgehalten. Teilergebnisse der Systemspezifikation sind die exakte Ausarbeitung der Benutzerschnittstelle sowie des Funktionen- und Datenmodells. Die Methode der Interaktionsdiagramme dient der Erarbeitung der Masken und Dialogabläufe. Mit Hilfe der objektorientierten Methodik werden die möglichen Zustände eines Objekts (Bearbeitungsvorgang) in seinem Ablauf betrachtet und als Zustandsmodell festgehalten[159]. Diese Funktionalität eines Systems bildet das Funktionenmodell. Das Datenmodell wird mit Hilfe des Objekt-Beziehungs- bzw. Entity-Relationship-Modells aufgebaut. Die Spezifikation wird im folgenden in einigen Umsetzungsschritten in eine semantisch andere, die DV-nähere Darstellungsform der Systemkonstruktion umgesetzt. Am Ende dieser Phase sind Tests durchzuführen.

In der **Systemkonstruktion** werden drei Teile der softwaretechnischen Systemkonzeption erarbeitet: die Modularisierung, der Datenbasisentwurf und die Prozeßorganisation. In der Modularisierung werden die statischen und dynamischen Beziehungen zwischen den Modulen und die Schnittstellen der Module festgelegt. Zum einen wird mit Hilfe der Datenabstraktion die Bildung von Modulen durch Verkapselung erreicht und zum anderen werden mit Hilfe einer "Standardarchitektur von Informationssystemen"[160] die Module in Schichten angeordnet, so daß sich von unten nach oben zunehmend mächtigere virtuelle Maschinen bilden. Im Datenbasisentwurf werden die Dateien und ihre Satzstrukturen in der Syntax des einzusetzenden Datenbank- oder Dateisystems definiert. Zur Erstellung des Datenbasisentwurfs existieren keine spezifischen Methoden; zudem besteht hier eine Abhängigkeit vom verwendeten Datei- oder Datenbanksystem. In der Prozeßorganisation wird festgelegt, welche Module in welchen Prozessen zum Ablauf kommen und wie die Module über die Prozeßgrenzen hinweg kommunizieren. Auch hier existiert keine spezielle Methode. Allerdings ist die Prozeßorganisation stark durch das Basissystem bestimmt. Die anwendungsneutralen Lösungen sind aufgrund dieser Modularisierung in anderen Projekten wiederverwendbar[161]. Am Ende dieser Phase sind Qualitätssicherungsmaßnahmen wie Walk-Throughs oder Reviews durchzuführen. Die Ergebnisse der Systemkonstruktion sind der Input für die Modulprogrammierung. Die **Modulprogrammierung** besteht aus der Modulspezifikation und -konstruktion. In der Modulspezifikation wird die Funktionalität und die Schnittstelle des Moduls mit Hilfe des Funktionenmodells aus der Spezifikation und der Datenabstraktion der Konstruktion – möglichst in einer sprachneutralen Notation – beschrieben. In der darauf folgenden Modulkonstruktion wird der Programmcode mit Hilfe der Strukturierten Programmierung realisiert. Anschließend folgt ein Modultest, dessen Ergebnis das getestete Modul ist. Als Qualitätssicherungsmaßnahmen bieten sich für die Modulspezifikation wieder Reviews, für die Modulkonstruktion Inspektionen an. Die Modultests stehen in engem Zusammenhang zu den Subsystemtests der nächsten Phase.

---

159   Vgl. Denert, E. /Software-Engineering/ S. 116.
160   Vgl. Denert, E. /Software-Engineering/ S. 45.
161   Vgl. Denert, E. /Software-Engineering/ S. 48.

Als letzte Phase der Systementwicklung folgt die **Systemintegration**, in der es um die Defintion und Zusammensetzung von Subsystemen aus Modulen geht. Der Subsystemtest ist ein spezifikationsbezogener Test. Der Systemtest als dritter Teil dieser Phase ist ebenfalls ein spezifikationsbezogener Test, der häufig mit dem Abnahmetest identisch ist.

Die am Ende jeder Phase nach den Qualitätssicherungsmaßnahmen vorliegenden Produkte können für die Wiederverwendung genutzt werden[162]. Eine Systemspezifikation kann unter bestimmten Voraussetzungen für die Spezifikation eines anderen Systems genutzt werden. Die Phasenergebnisse sind dann wiederverwendbar, wenn sie auf denselben methodischen Vorgehensweisen aufbauen. Damit sind die Phasenergebnisse vergleichbare Produkte und können ausgetauscht werden. So kann bspw. das Datenmodell der Spezifikation "as-it-is", das Funktionenmodell und das Benutzermodell stark modifiziert wiederverwendet werden. Für spezifische Problemstellungen werden dieselben Vorgehensmodelle verwendet, um vergleichbare Ergebnisse zu erhalten[163]. Die Vergleichbarkeit der Produkte macht das Erkennen, den Rückgriff, den Einbau und die Modifikation leichter.

Dazu muß der Prozeß der Softwareentwicklung vereinheitlicht und standardisiert sein[164]. Die getroffenen Entscheidungen zwischen Spezifikation und Code − also der Designprozeß[165] − müssen transparent und verständlich sein. Dies erfordert u.a. expressive Darstellungsmittel auch zur Dokumentation der Gründe der Designentscheidungen[166]. Das Vorgehensmodell soll Ergebnisse liefern, die auf definierten Entwicklungsstandards beruhen, standardisiert, qualitativ überprüft und gut dokumentiert sind.

3.3 Wiederverwendungsorientierter Softwareentwurf

Wiederverwendungsorientierte Softwareentwicklung wendet die wiederverwendungsfördernden Entwurfsprinzipien auf die Softwarearchitektur an. Im folgenden werden die drei wesentlichen Entwurfskonzepte wiederverwendbarer Software, das virtuelle Maschinenkonzept, die Standardsoftwarearchitektur und die Programmfamilie dargestellt. Danach wird auf die für die Entwicklung von Modulen wichtigen Prinzipien eingegangen. Durch Anwendung der wiederverwendungsfördernden Entwurfsprinzipien auf den Softwareentwurf wird der Softwarearchitektur eine spezifische Struktur gegeben.

---

[162] Voraussetzung ist die Konsistenz, Aktualität und Qualität der Produkte, damit sie überhaupt genutzt werden. Die definierten Ergebnisse müssen mit den gleichen Entwicklungsmethoden, Entwurfsprinzipien und -verfahren erstellt werden, damit sie vergleichbar sind.

[163] Vgl. Levendel, Y. /Improving Quality/ S. 13.

[164] Vgl. Matsumoto, Y. /A Software Factory/ S. 156ff. Ein Beispiel für ein abgegrenztes Phasenschemata ist das Life-Cycle-Model von Matsumoto, das auf dem standardisierten Life-Cycle Model (ANSI/IEEE Std. 828-1983) aufbaut. Zwischen den Phasen sind festgelegte "baselines" definiert, an denen eine Qualitätskontrolle stattfindet (Design Review, Test Inspection, Control of Configuration). So orientieren sich alle Mitarbeiter der Software-Factory auch projektübergreifend an der gleichen Definition der Phasen, der gleichen Kontrolle. Damit sind die Voraussetzungen zur Produktion vergleichbarer Produkte gegeben.

[165] Vgl. Rugaber, S.; Ornburn, S.; LeBlanc, R./ Recognizing/ S. 46f.

[166] Vgl. Rugaber, S.; Ornburn, S.; LeBlanc, R./ Recognizing/ S. 46f.

3.3.1 Virtuelles Maschinenkonzept

Das Konzept der virtuellen Maschinen ist eine Anordnung von Funktionen in Schichten[167] und formt die Softwarearchitektur. Es werden dazu im Design[168] verschiedene Abstraktionsniveaus eingeführt, die hardwareabhängige von hardwareunabhängigen, anwendungsneutrale von anwendungsspezifischen Schichten und allgemeingültige Mechanismen von speziellen Strategien trennen[169]. Jede Schicht definiert eine virtuelle Maschine für die Nutzung durch die höheren Schichten. Eine untere Ebene bietet der nächst höheren Ebene ein verborgenes Subset von Ressourcen mit einer spezifischen Funktionalität[170].

Niveau 3	VM		VM
Niveau 2	VM		VM
Niveau 1	VM		VM
Niveau 0		VM	
		Hardware	

Bild 3.2:	Schichtenmodell der virtuellen Maschinen

Ziel bei der Konstruktion unter Anwendung der Entwurfsprinzipien Abstraktion, Strukturierung und Parametrisierung ist der Erhalt eines wohlstrukturierten Systems mit voneinander unabhängigen Bausteinen. Sie sollen vollständig, widerspruchsfrei, disjunkt, separierbar und austauschbar sein. Dabei sollen wiederverwendbare Bausteine die Funktionen beinhalten, die stets gemeinsam gebraucht werden[171]. Die Zerlegung des Systems soll standardisiert, d.h. in möglichst wenige gutdefinierte Typen von Strukturelementen zerlegt werden, deren Verknüpfungsmechanismen untereinander und nach außen eine einheitliche Form haben. Es resultiert ein standardisiertes Design, auf dessen Basis standardisierte Bausteine erzeugt werden können. Die standardisierten Bausteine sollen parametrisiert werden; d.h. hard- oder anwendungssoftwareabhängige Größen werden als Parameter definiert und die Bausteine im Falle der Verwendung parametrisiert[172]. Anwendung findet dieses Prinzip in den Standardsoftwarearchitekturen, z.B. COSMOS, Unix[173] sowie im Entwurf portabler Software.

3.3.2 Standardisierte Softwarearchitektur

Software kann maschinen- und anwendungsabhängig bzw. maschinen- und anwendungsunabhängig entworfen werden. Es können sich Komponenten mit spezifischen Funktionalitäten ergeben. Denert[174] differenziert Komponenten mit Basis- und

---

167	Vgl. Denert, E. /Software-Engineering / S. 222.
168	Vgl. Haberman, A.; Flon, L.; Cooprider, L. /Modularization and Hierarchy/ S. 267.
169	Vgl. Gietl, J. /Software-Baukasten/ S. 129.
170	Vgl. Haberman, A.; Flon, L.; Cooprider, L. /Modularization and Hierarchy/ S. 268.
171	Vgl. Gietl, J. / Software-Baukasten/ S. 128.
172	Vgl. Gietl, J. / Software-Baukasten/ S. 129.
173	Vgl. Kernighan, B. /The Unix System/ S. 149.
174	Vgl. Denert, E. /Software-Engineering/ S. 55.

Anwendungsfunktionen. Die Basisfunktionen sind Teile des Softwaresystems, die anwendungsunabhängig – aber nicht in der Systemsoftware – vorhanden sind[175]. Das Basissystem enthält die Teile, die unabhängig von den Anwendungen sind; es ist stark beeinflußt von den allgemeinen Anforderungen, wie der Gestaltung der Benutzerschnittstelle und den systemtechnischen Gegebenheiten wie Betriebs- und Datenbanksoftware, TP-Monitor, Netzkonzept und Programmiersprachen. Diese Basisfunktionen können zeitlich vor den Anwendungsfunktionen entwickelt werden.

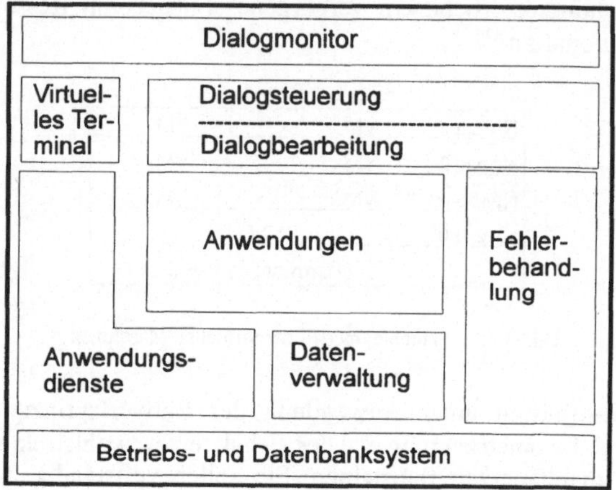

Bild 3.3:   Softwarearchitektur für Dialoganwendungssysteme[176]

Die Anwendungsfunktionen werden dem Basissystem angepaßt. Damit kann das Basissystem für mehrere Anwendungen genutzt werden. Die Anwendungsfunktionen können in Subsysteme unterteilt werden, die einzeln nutzbar und testbar sind[177]. Somit wären die Module einer solchen Architektur in derselben Systemumgebung wiederverwendbar.

Als eine Form der Modularisierung[178] wird eine funktionsbezogene Ordnung innerhalb der Software realisiert. Bei aller Unterschiedlichkeit in den Anwendungen und Basissystemen weisen betriebliche Anwendungssysteme große Ähnlichkeiten in ihrer Struktur auf. Eine standardisierte Softwarearchitektur realisiert eine funktionsbezogene modulare Ordnung, die aufgrund von Ähnlichkeiten in realen Projekten resultiert. Denert unterscheidet die Grundarchitekturen Batch und Dialog.

Die Dialogführung – vgl. Bild 3.3 – realisiert die Benutzerschnittstelle in zwei Schichten: Die Dialogsteuerung kontrolliert die Ablauflogik. Die Dialogbearbeitung analysiert die Maskendaten, erkennt die vom Benutzer angeforderten Geschäftsvorfälle, aktiviert die Bearbeitermodule des Anwendungskerns und erzeugt die Ergebnisausgabe inklusive Fehlermeldungen. Der Anwendungskern bietet die Funktionalität des

---

[175]   Vgl. Denert, E. /Software-Engineering/ S. 55.
[176]   Vgl. Denert, E. /Software-Engineering/ S. 223.
[177]   Vgl. Denert, E. /Software-Engineering/ S. 57ff.
[178]   Vgl. Denert, E. /Software-Engineering/ S. 221ff.

Anwendungssystems. Aus jedem "Sachbearbeiter" der Spezifikation wird in der Konstruktion ein Modul des Anwendungskerns. Es darf nur aus wichtigen Gründe vom Modularisierungsansatz abgewichen werden und beispielsweise aus einem "Sachbearbeiter" mehrere Module gemacht werden[179]. Die Datenverwaltung realisiert die Datenbanktransaktionen, indem sie die Module des Anwendungskerns mit den notwendigen Daten aus der Datenbank versorgt und sie wieder dorthin entsorgt. Die Anwendungsdienste sind allgemein wiederverwendbare, aber dennoch anwendungsspezifische Module. Typische Beispiele sind Kalenderfunktionen und Plausibilitätsprüfungen (z.B. Prüfzifferrechnungen). Die Fehlerbehandlung besteht aus der Benutzer- und der Systemfehlerbehandlung[180]. Diese Anwendungsdienste werden typischerweise in ähnlichen Anwendungen wiederverwendet.

3.3.3 Konzept der Programmfamilie

Das Konzept der Programmfamilien ist einer der wichtigsten Ansätze zum Entwurf wiederverwendbarer Systeme. Parnas sieht das Problem der Wiederverwendbarkeit von Software als lösbar an, wenn Programmfamilien erstellt werden[181]. Die Hardware ändert sich, die Anforderungen wandeln sich im Laufe der Zeit, die Eingabe- oder Ausgaberoutinen ändern sich, die Datenstrukturen oder Algorithmen können sich aufgrund der "differences in the available ressources" und aufgrund der geänderten Eingabegrößen ändern[182], so daß eigentlich immer ein ähnliches, aber nicht gleiches System verwendet werden könnte. Daher schlägt Parnas die Ausnutzung dieser Gemeinsamkeiten durch das Design von Programmfamilien als eine Entwicklung einer Gruppe von Programmen, die solange wie möglich in eine Richtung entwickelt werden, vor[183]. "We are motivated by the assumption that if a designer/programmer pays conscious attention to the family rather than a sequence of individual programs, the overall cost of development and maintenance of the programs will be reduced"[184].

Bei jedem Entwurfsschritt fallen Designentscheidungen an[185]. Es ist wichtig, daß diese Entscheidungen explizit getroffen werden, so daß sich alle Beteiligten der darunterliegenden Kriterien bewußt werden. So können alternative Entscheidungen gesehen und ausgeschlossen bzw. genutzt werden. Man kann sich die Entwicklung als einen Baum vorstellen, bei dem jeder Knoten einen Punkt der Entscheidung und Abzweigung bedeutet[186]. Die klassische Methode der Erstellung von Programmfamilien bezeichnet er als sequentielle Vervollständigung[187]. Ein Mitglied der Familie wird vollständig bis zur Übergabe entwickelt. Die nächsten Familienmitglieder ergeben sich aus der Weiterentwicklung dieses arbeitenden Programms.

---

179   Vgl. Denert, E. /Software-Engineering/ S. 222ff.
180   Vgl. Denert, E. /Software-Engineering/ S. 222ff.
181   Vgl. Kapitel 2.5.3.
182   Vgl. Parnas, D. /Designing Software/ S. 128f.
183   Vgl. Haberman, A.; Flon, L.; Cooprider, L. /Modularization and Hierarchy/ S. 266.
184   Vgl. Parnas, D. /On the Design and Development of Program Families/ S. 1.
185   Vgl. Wirth, N. /Program Development/ S. 221.
186   Vgl. Wirth, N. /Program Development/ S. 221.
187   Vgl. Parnas, D. /On the Design and Development of Program Families/ S. 128ff.

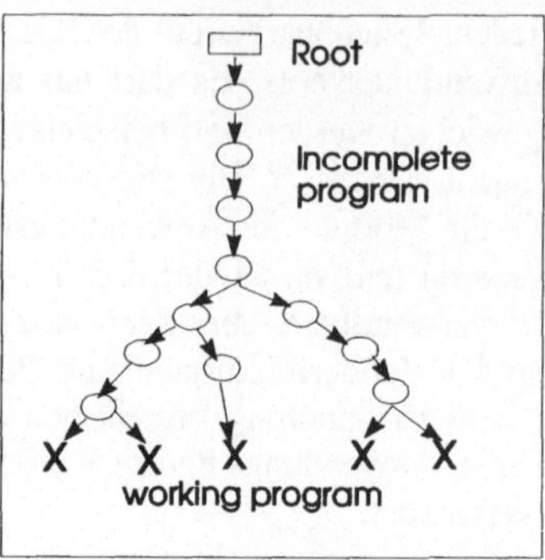

Bild 3.4:   Programmfamilien*188*

Als Alternative zur klassischen Methode betrachtet Parnas das Design von Familien, bei dem zunächst die Gemeinsamkeiten festgehalten werden, bevor die Unterschiede betrachtet werden. Der Designer soll die Teile mit hoher Änderungswahrscheinlichkeit in den Modulen isolieren, zum Geheimnis machen und ein Interface zu den stabilen Teilen formen[189]. Familienmitglieder werden soweit wie möglich "along common lines" entwickelt, um Redesign und Recoding so lange wie möglich zu vermeiden[190]. In einem ersten Schritt werden alle Posten wie beispielsweise Datenstrukturen und die dazu gehörenden Funktionen[191] als Geheimnisse identifiziert. In einem zweiten Schritt werden diese Geheimnisse in separaten Modulen entworfen und im letzten Schritt über ein intermodulares Interface ins System integriert. Dabei "versteckt" das Interface die veränderlichen Teile. Dies ist die Anwendung des Geheimnisprinzips auf die Modul-konstruktion als "Design of Change".

Die Module können nach ihren Aufgaben, ihren Rollen im System oder auch ihren Ressourcen beschrieben werden. Für manche Module kann es darüber hinaus sinnvoll sein, zwischen einem primären Geheimnis, der Spezifikation, und einem sekundären Geheimnis, der Konstruktion, zu unterscheiden[192]. Dies erleichtert die Änderungs- oder Wiederverwendungsarbeit durch schnelles und gezieltes Auffinden und Ändern ohne Riple-Effekte. Zudem wird die Implementierung auf verschiedenen Systemen leichter möglich. "The decisions which are made are only those of specification, allowing various family members to share the specification of a level without neces-sarily sharing its implementation"[193].

Die Programmfamilien werden als Familienversion bis zu einem bestimmten Punkt ge-meinsam – vgl. Bild 3.4 – entwickelt, danach wird die Entwicklung in einzelnen Versionen nebeneinander betrieben. Es werden "intermediate stages" definiert, von denen aus die weiteren Familienmitglieder in anderer Form weiterentwickelt werden. Die Familienmitglieder teilen somit bis zu bestimmten "intermediate stages" die glei-

---

188   Vgl. Parnas, D. /On the Design and Development of Program Families/ S. 3.
189   Vgl. Parnas, D. /Designing Software/ S. 244.
190   Vgl. Haberman, A.; Flon, L.; Cooprider, L. /Modularization and Hierarchy/ S. 266.
191   Vgl. Parnas, D.; Clements, P.; Weiss, D. /Enhancing Reusability/ S. 84.
192   Vgl. Parnas, D.; Clements, P.; Weiss, D. /Enhancing Reusability/ S. 84.
193   S. Haberman, A.; Flon, L.; Cooprider, L. /Modularization and Hierarchy/ S. 267.

chen Designentscheidungen. Zur Dokumentation der verschiedenen Abstraktionsniveaus der Familien gehört auch das Festhalten der Teilspezifikationen, der Teilanalysen, der Implementierung und ihrer Beschreibung[194]. Diese definierten "intermediate stages" stellen die Basis der Kommunikation zwischen den Versionen dar[195].

Diese Entwurfsmethode erfordert Präzision in der Spezifikation und kann nur auf Basis von festgestellten Ähnlichkeiten in einer definierten und abgegrenzten Programmfamilie angewendet werden. Es wird vor dem Entwurf von den speziellen Fällen abstrahiert. Die Entwurfsmethode bietet ein hohes Potential für die vertikale Wiederverwendung. Sie realisiert ebenfalls das virtuelle Maschinenmodell[196] in allen Phasen der Entwicklung.

3.3.4 Entwurf von Modulen

"Ein MODUL ist eine softwaretechnische Einheit, die eine funktionale oder eine Datenabstraktion realisiert. Es bietet (exportiert) zu ihrer Benutzung eine Schittstelle in Form von einer oder mehreren, in der Regel parametrisierten Operationen an"[197].

Ein Modul kann die verschiedensten Ausprägungen haben[198]; es kann ein Unterprogramm, ein Makro[199], eine übersetzbare, aber nicht alleine lauffähige Einheit[200], eine ladbare Einheit, eine Funktion, eine Datenabstraktion, ein Objekt, eine Klasse von Objekten sowie eine Folge ausführbarer Instruktionen sein. Module können in verschiedenen Formen, beispielsweise als Modulspezifikation, als Pseudocode, als Quell- oder Objektcode vorliegen. Module werden häufig als einzige Objekte der Wiederverwendung – zur Kombination in einem neuen Programm[201] – betrachtet.

Neben dem Begriff des Moduls wird der Begriff der Komponente benutzt. Eine Komponente ist "ein, durch Zerlegung bestimmter Teil eines Systems"[202] oder "simply a container for expressing abstractions of data structures and algorithms"[203]. Komponenten sind Einheiten[204], die nach außen Schnittstellen in Form von Operationen wie ein Modul anbieten. Eine Komponente kann aus mehreren Modulen bestehen, die untereinander Schnittstellen haben, von denen von außerhalb der Komponente kein Gebrauch gemacht wird. Eine Komponente ist also eine größere Einheit. Im folgenden werden die Begriffe Komponente und Modul gleich verwendet, da keine exakte Trennung vorgenommen werden kann.

---

194   Vgl. Haberman, Flon, Cooprider / Modularization and Hierarchy / S. 266.
195   Parnas schlägt zwei Wege der Entwicklung der Design-Familien vor: 1. Stepwise Refinement von Dijkstra, dann 2. eine Entwicklung nach dem Prinzip des Information Hiding, die die anderen Modulforderungen durchaus einschließen kann.
196   Der Modulkatalog dient auch als Nachschlagewerk für Wartung und Wiederverwendung.
197   S. Denert, E. /Software-Engineering/ S. 220.
198   Vgl. Denert, E. /Software-Engineering/ S. 220.
199   Vgl. Denert, E. /Software-Engineering/ S. 220.
200   Vgl. Scheibl, H.-J. /Kommerzielle Software-Entwicklung/ S. 72.
201   Vgl. Martin, J.; McClure, C. /CASE/ S. 67f.
202   S. Heinrich, L.J.; Roithmayr, F. /Komponente/ S. 271.
203   S. Booch, G. /Software Components/ S. 7.
204   Vgl. Denert, E. /Software-Engineering/ S. 220.

Der spezifische wiederverwendungsorientierte Entwurf von Modulen unterscheidet nach der funktionalen und datenorientierten Abstraktion und nach dem Entwurf allgemeiner oder spezieller Modulen.

3.3.4.1 Funktionen- und datenorientierte Abstraktion

Die Dekomposition im Modularisierungsprozeß kann in bezug auf die Funktionen oder auf die Daten erfolgen[205]. "Consider the class of all expressions of the form f(x) where f is a function and x is an argument of f. Fixing f to be a particular function and allowing x to vary over all arguments of f can be denoted by [lambda x.f(x)], and is referred to as functional abstraction. Fixing x to be a particular data structure or database allowing f to vary over all functions applicable to x may be denoted by [lambda f.f(x)] and may be referred to as object abstraction"[206].

Das **funktionale System** wird aus transformationsorientierter Sicht entworfen, indem das, was das System mit den Daten machen soll, verfeinert wird[207]. Ein transformationsorientiertes Modul verarbeitet Daten als Input und erzeugt daraus Daten als Output[208]. Es ist "gedächtnislos"[209]. Ein funktionales Modul arbeitet als Programmeinheit aufgrund von Eingabedaten und eines Auslösers[210] durch eine vorgegebene Kontrollstruktur derart, daß definierte Ausgabedaten entstehen[211]. Es gibt Module, die als Eingabedatum nur den Auslöser benötigen. Andere Module liefern wiederum nur Auslöser als Ausgabedaten. Die funktionalen Module sind daher in ihrer Wirkung voneinander unabhängig. Im folgenden werden die aufgrund der funktionalen Abstraktion entstandenen Module als funktionale Module im Gegensatz zu objektorientierten Modulen bezeichnet.

Das **objektorientierte System** wird auf Basis von Klassen, die auf der Datenabstraktion aufbauen entworfen. Die Operationen basieren auf gemeinsamen Daten; jede Operation basiert damit auf den zeitlich davor liegenden Aufrufen dieser und anderer Operationen auf den Datenbestand[212]. Damit hat das Modul ein "Gedächtnis"[213] für die Daten. Ein Modul hat eine Schnittstellenspezifikation durch die es der Außenwelt mitteilt, welche Funktionen es übernimmt und welche Dienste es den anderen Objekten anbietet. Wiederverwendung kann auf die Wiederverwendung der Daten wie auch auf die Wiederverwendung der Funktionen angelegt werden[214].

---

205   Vgl. Sommerville, J. /Software Engineering/ S. 185.
      Vgl. Wegener, P. /Varieties of Reusability/ S. 28.
      Vgl. Denert, E. /Software-Engineering/ S. 220.
206   S. Wegener, P. /Varieties of Reusability/ S. 28.
207   Vgl. Sommerville, J. /Software-Engineering/ S. 185.
208   Vgl. Wegener, P. /Varieties of Reusability/ S. 28.
209   Vgl. Denert, E. /Software-Engineering/ S. 220.
210   Vgl. Scheibl, H.-J. /Kommerzielle Software-Entwicklung/ S. 71.
      Vgl. Wegner, P. /Varieties of Reusability/ S. 28.
211   Vgl. Alten, W. /Industrielle Software-Produktion/ S. 173.
212   Vgl. Wegener, P. /Varieties of Reusability/ S. 28.
213   Vgl. Denert, E. /Software-Engineering/ S. 220.
214   Vgl. Wegner, P. /Varieties of Reusability/ S. 27.

3.3.4.2 Repräsentation

Die Vorlage der Spezifikation eines Moduls kann informal beschreibend (natürlichsprachlicher Text) oder in formaler Schreibweise (Pseudocode, axiomatisch, graphisch) vorliegen. Die Darstellungsform sollte ausdruckstark[215], programmiersprachenunabhängig und verständlich sein. Die Befürworter der formalen Schreibweise[216] fordern darüber hinaus einen mathematisch fundierten Formalismus, der die Korrektheitsbedingungen nachweisen kann[217], die maschinelle Manipulierbarkeit, sowie Methoden zur Kombination von Komponenten, die einfach implementierbar und unabhängig von den Eigenheiten der Teile sind. Dies wird mit dem Vorteil der Präzision, der automatischen Überprüfbarkeit von Werkzeugen, der Möglichkeit der Ausführbarkeit und damit der Simulation des Systemverhaltens[218] sowie den möglichen Korrektheitsbeweisen zwischen Programm und Spezifikation[219] begründet. Die Verständlichkeit ist hingegen gering und die Arbeit mit formalen Sprachen erfordert einen hohen Ausbildungsstand, weswegen sie nicht so häufig und nur in speziellen Anwendungsgebieten eingesetzt werden.

Für wiederverwendbare Bauteile sollten Beschreibungsformen verständlich – und programmiersprachenunabhängig, um eine Ausführung in mehreren Sprachen zuzulassen[220] – sowie semantisch und syntaktisch eindeutig sein. Sie müssen in der betrachteten Domäne verbreitet, akzeptiert und als Beschreibungsverfahren geeignet sein. Für Anwendungen, in denen Korrektheit nicht primäres Qualitätsmerkmal ist, können also auch verbreitete graphische und nicht-formale Beschreibungsformen angewendet werden; dies muß dem Ziel der Wiederverwendbarkeit nicht widersprechen.

Die Beschreibungsformen müssen geeignet sein, die Schnittstelle eines Moduls exakt zu definieren. Die Spezifikation eines Moduls bspw. beschreibt die Dienste, die ein Modul zur Verfügung stellt. Die Implementierung ist für die Nutzung durch andere Module nicht zu zeigen[221]. Da wiederverwendbare Module aufgrund ihrer Spezifikation erkannt und eingebaut werden, muß die Funktionalität und die Schnittstelle des Moduls exakt und granular[222] definiert werden. So sollen neben der Definition der Schnittstelle auch die Definition der Einschränkungen (hinsichtlich des Gebrauchs und der Implementierung) enthalten sein.

Der Entwurf wiederverwendbarer Module bedeutet also auch die Standardisierung einer geeigneten Beschreibung der Funktionalität und Schnittstellen, die den oben angeführten Anforderungen gerecht wird.

---

215   Vgl. Rich, C.; Waters, R. /Formalizing Reusable Software Components/ S. 315.
216   Vgl. McCain, R. /Software development methodology/ S. 320.
      Vgl. Goguen, J. /Reusing and Interconnecting/ S. 251ff.
217   Vgl. Rich, C.; Waters, R. /Formalizing Reusable Software Components/ S. 315.
218   Vgl. Rich, C.; Waters, R. /Formalizing Reusable Software Components/ S. 316f.
219   Vgl. Wirsing, M. /Reusable Specifications Components/ S. 2.
220   Vgl. Emery, J. /Small-Scale Software Components/ S. 20.
221   Vgl. Denert, E. /Software-Engineering/ S. 316.
222   Vgl. Rich, C.; Waters, R. /Formalizing Reusable software components/ S. 316.

3.3.4.3 Allgemeine und spezielle Module

Es besteht die Möglichkeit, Module in allgemeiner oder spezieller Form mit Hilfe der Abstraktion[223] zu entwerfen. Es können vier Wege der Erstellung allgemeiner wiederverwendbarer Module unterschieden werden:

1. Verallgemeinerung spezifischer Problemlösungen,

2. Erstellung allgemeiner Module durch Extraktion von allgemeinen, häufig in ähnlicher Form genutzten Modulen aus altem Code,

3. Bau eines Modulrahmens,

4. Bau von speziellen, angepaßten Modulen spezifischer Problemlösungen.

Es wird häufig die Verallgemeinerung von Modulen (Variante 1) vorgeschlagen[224], da diese durch Parametrisierung auf verschiedene Datentypen und Anwendungen passen. Für die Verallgemeinerung wird im allgemeinen von speziellen Datentypen einer Problemlösung abstrahiert; es wird eine Datenabstraktion angewendet. Damit soll ein Modul geschaffen werden, das durch passende Parametrisierung auf neue Problemstellungen angewendet werden kann. Für die Produktion solcher Module zerlegt man spezifische Problembereiche in Module, indem man sinnvolle, sich wiederholende Funktionen auswählt. Typische Beispiele sind Edit- und Updateroutinen.

Als häufig angewendete Alternative werden bereits entworfene und codierte Module aus der produzierenden Software extrahiert und wiederverwendet (2). Der Such- und Verallgemeinerungsaufwand rechtfertigt sich nur bei größeren Teilen, so daß sie nur bei speziellen wiederkehrenden Problemlösungen angewendet wird. Die Extraktion von Modulen hat aber den Vorteil, daß es keinen besseren Beweis für Richtigkeit, Stabilität und Effizienz von Software gibt, als Teile der im Einsatz befindendlichen Software zu verwenden.

Eine Variante der allgemeinen Formulierung von Modulen (3) kann in bestimmten Anwendungsbereichen ein Modulrahmen sein, der entwickelt und später wiederverwendet wird. Auch durch die Einheitlichkeit wird ein verminderter Arbeitsaufwand für Wartung und Entwicklung geschaffen[225].

Die Alternative (4) ist die Spezifikation und Codierung spezifischer Module, die im Programmierbetrieb häufiger gebraucht werden. Diese sind spezifische, auf bestimmte Rechnersysteme zugeschnittene Routinen wie z.B. Eingabe-/Ausgabesteuerung oder Datumskonversionen. Der Aufwand wird durch die häufige Verwendung gerechtfertigt.

An wiederverwendbare Module werden bestimmte Qualitätsanforderungen gestellt. Die Module müssen separat und integriert validiert und getestet werden. Programmierer greifen nur auf getestetes Material zurück, da sich sonst die Fehleranzahl und der Aufwand erhöht sowie die Motivation zur Wiederverwendung sinkt. Hier besteht das Problem, daß nur vollständig mit Datentypen versehene Module vom Compiler syntaktisch geprüft werden können.

---

[223]   Vgl. McCain, R. /Software Development Methodology/ S. 320.
[224]   Vgl. Scheibl, H.-J. /Kommerzielle Software-Entwicklung/ S. 83f.
[225]   Vgl. Denert, E. /Software-Engineering/ S. 350.

3.3.4.4 Entwurf funktionaler Module

Für den Entwurf funktionaler Module auf Basis der funktionalen Abstraktion existieren nur Leitlinien zum Entwurf und zur Implementierung – vgl. Kapitel 4.2.1.1.2.
Danach gilt es, für die Wiederverwendung spezifische Entwurfsprinzipien einzuhalten.
Die Wiederverwendbarkeit funktionaler Module wird im Entwurf durch die Beachtung
eines Schichtenmodells, beispielsweise durch eine Softwarearchitektur mit spezifischem Moduldesign (genaue Spezifikation, versteckte Konstruktion und definierte
Schnittstellen; funktionaler Zusammenhang; hohe Kohäsion und geringe Kopplung[226];
lokale Daten) unterstützt. Die Realisierung des Geheimnisprinzips und schmale
Schnittstellen der Module wirken positiv auf ihre Wiederverwendbarkeit. Charakteristika wiederverwendbarer funktionaler Module sind eine geringe Komplexität, eine
hohe Anzahl an Zuweisungsstatements, eine geringe Anzahl an Codezeilen und die
Beachtung der Strukturierten Programmierung[227]. Zudem sind noch die "normalen"
Hinweise zum Bau von Modulen zu beachten wie etwa das Konstantensetzen, das Verwenden mnemotechnischer Verfahren usw. Definitive Methoden für den Entwurf
funktionaler wiederverwendbarer Bauteile gibt es nicht. Man stellt i.a. vage fest, daß es
einen positiven Zusammenhang zwischen der Konstruktion der Module nach dem
Prinzip des Information Hiding, der geringen Kopplung und hohen Kohäsion und der
Produktion wiederverwendbarer Software gibt[228].

Neben diesen allgemeinen Entwurfsprinzipien können für den spezifischen Bedarf (am
häufigsten) wiederkehrende Funktionen für bestimmte Datentypen und Bausteine in
allgemeiner Form durch Abstraktion entworfen werden. Auch generische
Funktionsskelette können auf diese Art entstehen.

3.3.4.5 Datenabstraktion

Datenstrukturen stellen im Gegensatz zu den transformierenden Funktionen i.a. das
konstantere Element in Programmen dar. Daher stellt sich die Frage, ob für wiederverwendbare Module die Nutzung der Datenabstraktion sinnvoller ist. Damit können
stabile wiederverwendbare Module, die für ähnliche Anwendungsgebiete ähnliche
Datenstrukturen vorhalten[229], erstellt werden. Sie hätten aufgrund dessen eine höhere
Einsatzwahrscheinlichkeit.

3.3.4.5.1 Abstrakte Datentypen

Abstrakte Datentypen (ADT) entstehen durch Datenabstraktion[230]. Ein ADT besteht
aus einer Datenstruktur mit verschiedenen Operationen, die er als Schnittstelle anbie-

---

226   Vgl. Page-Jones, M. /Structured Systems Design/ S. 58f.
       Vgl. Stevens, W.; Myers, G.; Constantine, L. /Structured Design/ S. 115ff.
227   Vgl. Selby, R. /Quantitative Studies of Software Reuse/ S. 227f.
228   Vgl. McCain, R. /Software Development Methodology/ S. S. 320.
229   Vgl. Denert, E. /Software-Engineering/ S. 86.
230   Vgl. Kurbel, K. /Datenabstraktion und Modularisierung/ S. 128.

tet[231]. ADT werden vollständig durch die Operationen, die auf die Datentypen zugreifen – treffend als Multiprozedurenmodul[232] bezeichnet – charakterisiert[233]. Die Identität dieses abstrakten Objektes wird dabei nicht durch die Repräsentation, sondern durch sein beobachtbares Verhalten festgelegt[234]. Dies sind die durch eine Programmiersprache zur Verfügung gestellten Datentypen und Operationen mit ihren Ablaufstrukturen[235].

Anwendung finden ADT als Beschreibungsmittel besonders bei der Modularisierung und der Datenmodellierung[236], beim Übergang von problemorientierten zu maschinenorientierten Datenstrukturen und als Grundlage zur Klassenbildung in der objektorientierten Entwicklung[237].

Ein Charakteristikum der ADT ist die strikte Trennung zwischen Spezifikation und Konstruktion[238]. Nach der Spezifikation des ADT werden in der Konstruktion die leistungsorientierten Anforderungen (Speicherplatz, Laufzeit und Anzahl der Datenelemente) festgelegt und die konkreten Datenstrukturen implementiert[239]. Ein ADT mit einer Spezifikation kann mit gleichem funktionalem, aber unterschiedlichem Leistungsverhalten in verschiedenen Varianten implementiert werden[240].

Die Datenobjekte dürfen nur über die in der Schnittstelle spezifizierten Operationen manipuliert werden; damit bleibt die Eigenschaft eines ADT und seine Integrität gewahrt. Die Daten der Implementierung werden aus anderen Modulen direkt angesprochen. Diese Eigenschaft, die das Geheimnisprinzip realisiert, gewährleistet eine gute Modularisierung[241]. Die beschriebenen Eigenschaften der ADT sind für die Wiederverwendung durch die strikte Lokalität der Daten vorteilhaft, die durch die Datenkapselung und vor allem durch die Trennung zwischen Spezifikation und Implementierung erreicht wird. Dies ermöglicht die Nutzung derselben Spezifikation im Entwurf unter Austausch der Implementierungsvarianten.

3.3.4.5.2 Objektorientierte Module

Objektorientierte Module können verschiedene Ausprägungen in Abhängigkeit von der Sprache und dem Entwurf der Systeme haben. Module können Klassen, Objekte oder auch Ansammlungen von Objekten oder Klassen – sogenannte Cluster – sein. Trotz vieler Unterschiede zwischen den Sprachen lassen sich gemeinsame Eigenschaften finden, auf denen objektorientierte Module als Objekte der Wiederverwendbarkeit aufge-

---

231   Vgl. Braun, U., Schmid, H. /Wiederverwendbare ADT/ S. 165.
       Vgl. Pepper, P. et. al. /Abstrakte Datentypen/ S. 108.
232   Vgl. Liskov, B.; Zilles, S. /Specification Techniques/ S. 21.
233   Vgl. Braun, U., Schmid, H. /Wiederverwendbare ADT/ S. 166.
234   Vgl. Broy, M. et. al. /Abstrakte Datentypen/ S. 189.
235   Vgl. Braun, U., Schmid, H. /Wiederverwendbare ADT/ S. 166.
236   Vgl. Denert, E. /Software-Engineering/ S. 218.
237   Vgl. Pepper, P. et. al. /Abstrakte Datentypen/ S. 108.
       Vgl. Liskov, B.; Zilles, S. /Specification Techniques/ S. 21.
       Vgl. Nehmer, J. /Monitorkonzept/ S. 272.
238   Vgl. Meyer, B. /Reusability/ S. 9.
239   Vgl. Braun, U., Schmid, H. /Wiederverwendbare ADT/ S. 165.
240   Vgl. Braun, U., Schmid, H. /Wiederverwendbare ADT/ S. 173.
241   Vgl. Kurbel, K. /Datenabstraktion/ S. 135f.

baut sind. In objektorientierten Systemen bauen die Module auf ADT auf[242]. Wesentliche Eigenschaften objektorientierter Sprachen sind die Elemente der Vererbung, des Polymorphismus und der Datenkapselung, die die Konstruktion wiederverwendbarer Bausteine erleichtern.

Beim Entwurf eines objektorientierten Systems können Klassenhierarchien über Vererbung gebildet werden; die Unterklasse übernimmt, erweitert oder verfeinert die Oberklasse. Die Unterklasse bezeichnet in ihrer Schnittstelle ihre Oberklasse und die erweiterten oder spezialisierten Dienste. Die Objekte können zur Laufzeit die Dienste anderer Klassen[243], die in den Schnittstellen als öffentlich spezifiziert wurden, nutzen, indem der Empfänger, ein Selektor und Argumente im Aufruf spezifiziert werden[244].

Die Charakteristika objektorientierter Sprachen[245] und nicht zuletzt dynamisches Binden sowie die Realisierung der Datenkapselung unterstützen die Wiederverwendung[246]. Meist werden Datenkapselung, Abstraktion und Hierarchienbildung als wesentliche Entwurfsprinzipien hervorgehoben; es sind die Prinzipien die zu Modularität und Lokalität führen. Die Typprüfung, Concurrency und Persistenz sind dabei Eigenschaften der objektorientierten Systeme, die zur Funktionalität beitragen[247].

Durch die spezifischen Sprachkonzepte wird die Wiederverwendung "im Kleinen", durch Klassen und auf Codeebene gefördert. Dies wird mit Hilfe der Vererbung durch die Erweiterung oder Spezialisierung von Instanzen[248] und das Aufrufen anderer Module zur Erbringung einer Dienstleistung erreicht. Diese Art der Wiederverwendung ist für die Programmerstellung von Vorteil. Liegt eine spezifische Softwarearchiteketur zugrunde, können Objekte spezifischer Anwendungsbereiche wiederverwendet werden, wie etwa Bildschirmoberflächen oder Ein- und Ausgabemodule. Für die Programmentwicklung "im Großen" wird jedoch zunehmend auf Cluster- oder Komponentenbildung zur Bildung spezifischer Softwarearchitekturen hingewiesen[249].

Auch für die Wiederverwendbarkeit objektorientierter Module ist eine Aufstellung von spezifischen Entwicklungsrichtlinien und auch die Entwicklung von meßbaren Charakteristika zur Kontrolle notwendig. Beispielsweise erstellte die Honeywell RaPIER (Rapid Prototyping to identify Enduser Requirements) ein "Guidebook for Writing Reusable Source Code in Ada"[250]. Die Liste enthält neben Hinweisen für die Verwendung die oben erwähnten wesentlichen Merkmale zum Aufbau wiederverwendbarer objektorientierter Bausteine[251]:

---

242   Vgl. Meyer, B. /Reusability: The Case for Object-Oriented Design/ S. 203.

243   Vg. Meyer, B. /Eiffel; Reusability and Reliability/ S. 218.

244   Vgl. Nawrot, B. /objectiF/ S. 4.

245   Vgl. Schmitz, L. /Wiederverwendbarkeit von Software/ S. 72.
       Vgl. Meyer, B. /Objektorientierte Software-Entwicklung/ S. 241.
       Vgl. Meyer, B. /Eiffel: Reusability and Reliability/ S. 223.

246   Vgl. Booch, G. /Object Oriented Design/ S. 39ff.

247   Vgl. Booch, G. /Object Oriented Design/ S. 59.

248   Vgl. Deutsch, L. /Reusability in Smalltalk-80/ S. 91.

249   Vgl. Nawrot, B. /Objectif/

250   Vgl. Dennis, R. /Reusable Ada Software Guidelines/ S. 257. Es enthält verschiedene Wiederverwendbarkeitsmerkmale, sprachunabhängige Charakteristika zur Durchführung dieser Merkmale und Richtlinien für die Implementierung enthält

251   Vgl. Dennis, R. /Reusable Ada Software Guidelines/ S. 259.

1. das Interface soll semantisch und syntaktisch klar sein,
2. das Interface wird auf einem geeignetem abstraktem Niveau gehalten,
3. die Komponenten sollen mit der Umgebung nicht stark überlappen,
4. die Trennung der Spezifikation von der Implementierung,
5. die Komponente soll eine hohe Kohäsion und eine lose Kopplung aufweisen,
6. die Komponente soll neben dem Autor anderen verständlich sein,
7. die Komponente wird mit ausreichender Dokumentation ausgerüstet,
8 die Komponente soll möglichst rechnerunabhängig sein, und
9 die Komponente ist in ihren Anwendungsgebieten standardisiert.

Diese Charakteristika werden im einzelnen detailliert; für die Nutzung werden separate Richtlinien und Hinweise für das Vorgehen aufgestellt. Sie sollen als Beispiel für Richtlinen zur Entwicklung wiederverwendbarer objektorientierter Module dienen. Die für die Wiederverwendbarkeit nützlichen Eigenschaften des Sprachkonzeptes müssen um andere vorbereitende Maßnahmen ergänzt werden, um die Objekte wiederzuverwenden. Dies kann beispielsweise durch die Definition von Softwarearchitekturen und/oder anwendungsspezifischen Klassen und Clustern geschehen.

3.3.4.6 Interface-Probleme

Die Nutzung von wiederverwendbaren Bauteilen hängt außerdem von einem genügend großen Angebot an brauchbaren und getesteten Teilen[252], der Existenz eines Katalogs für das Retrieval der Teile, der notwendigen Akzeptanz und vor allem von einem Mechanismus, um die Teile gut miteinander zu verbinden[253], ab. Schnittstellen werden in der Modularisierung geschaffen, indem jedem Modul bestimmte Funktionen innerhalb des Systems zugeordnet werden. Das Modul übernimmt dabei Parameter von anderen Modulen über Schnittstellen. Für die Wiederverwendbarkeit von Modulen soll es möglich sein, Module in einem neuen Kontext leichter einzusetzen und neu miteinander zu kombinieren. So werden Regeln zum Bau von (engen) Schnittstellen formuliert, die die leichtere Verbindung von Modulen erlauben. Die Überprüfung der Schnittstellen im zusammengesetzten System ist ebenfalls notwendig. Die Nutzung der Module und Übergabeparameter muß im aktuellen Zusammenhang auf Richtigkeit geprüft werden. Daher ist ein Konzept notwendig, um Interfaces zu überprüfen.

Wichtig für das Verbinden von Bauteilen ist das syntaktische und semantische Typ-Checking. Der syntaktische Check ermittelt viele Fehler[254], doch kann es sich gerade beim Einbauen vorgefertigter Bausteine als sinnvoll erweisen, auch semantische Checks[255] durchzuführen. Eine derartige Überprüfung für das Zusammensetzen von Bausteinen wäre wichtig, ist aber derzeit in Programmiersprachen[256] nicht üblich.

---

252   Unter Teilen werden im folgenden alle wiederverwendbaren Informationen (Wissen, Spezifikationen, Design und Module usw.) verstanden. Es kann sich also um Bausteine oder auch Bauteile handeln.
253   Vgl. Rice, J.; Schwetman, H. /Interface Issues/ S. 128.
254   Vgl. Rice, J.; Schwetman, H. /Interface Issues/ S. 102.
255   Vgl. Rice, J.; Schwetman, H. /Interface Issues/ S. 129. Ein semantischer Check ist zur Compilationszeit nicht durchzuführen, da die Datentypen erst später initialisiert werden und möglicherweise auch der Code nicht vollständig ist. Eine semantische Überprüfung ist zur Ladezeit sinnvoller, wenn der Code vollständig vorliegt und die Argumente individuell auf den korrekten Typ geprüft werden.
256   Aird, T.; Rice, J./ PROTRAN/ PROTRAN ist ein System, das auf Fortran aufbaut, Problemlösungsfähigkeiten ergänzt und Programme aus einer Bibliothek nutzt; diese werden inline aufgerufen, so daß

Daher müssen die Bauteile qualitativ hochwertig, bekannt, gebräuchlich und gut dokumentiert sein, so daß sich die Fehleranzahl bei der Kombination und bei der Zusammensetzung verringert[257].

---

einige syntaktische Probleme von Anfang an vermieden werden. Bei Auftreten von Fehlern wird das Bauteil nicht in das Programm integriert. Zur Ausführzeit wird das Programm erneut auch auf Problemformulierung und numerische Fehler inhaltlich geprüft. PROTRAN weist einen Syntax- und Semantikcheck auf.

257 Rice/Schwetman schlagen eine Interface-Spezifikationsstruktur vor, die den automatischen Check von Interface-Informationen möglich macht. Da diese Spezifikation nicht getestet wurde, soll hier nicht weiter darauf eingegangen werden. Die Durchsetzbarkeit solcher Interface-Spezifikationen wird aufgrund des damit verbundenen hohen Speicher- und CPU-Bedarfs schwierig sein.

4 Ansätze zur Wiederverwendung

Die Softwareentwicklung wird zum einen durch die Wiederverwendung von Software(-teilen) aus frühen Entwurfsstufen und zum anderen durch den häufigen Einsatz von Bauteilen qualitativ hochwertiger und produktiver. Durch häufige Nutzung der bestehenden Entwicklungsprodukte und -bauteile wird eine frühere Amortisation dieser Investitionen erreicht. Daher sollte das Augenmerk auf der Entwicklung wiederverwendbarer Entwicklungsprodukte liegen.

In der Literatur existiert eine Vielzahl von Ansätzen zur Wiederverwendung; einige für die Entwicklung wiederverwendbarer Software wesentliche Ansätze werden im folgenden behandelt. Dabei wird eine Zuordnung der Ansätze entsprechend den Wiederverwendungsobjekten von der Modul- zur Wissenswiederverwendung vorgenommen. In manchen Fällen ist eine klare Zuordnung zu einzelnen Objekten nur schwer möglich. Die Ansätze reichen von Experimenten über Konzepte und Prototypen bis hin zu erfolgreich realisierten Ansätzen. Dabei kommen die unterschiedlichsten Techniken zur Nutzung der wiederverwendbaren Objekte zum Einsatz, denen nur nachrangig Beachtung geschenkt wird.

Die Ordnung nach Objekten wird vorgenommen, um nach Entwurfskriterien und -varianten sowie Voraussetzungen zu suchen, die diese Objekte wiederverwendbar machen. Die meisten Ansätze gehen unter anderem auf die in Kapitel 3 geschilderten wiederverwendungsfördernden Entwurfsprinzipien zurück. Die Entwicklungsrichtlinien und Anwendungsvoraussetzungen der einzelnen Ansätze werden herausgearbeitet. Viele der Ansätze können in die facettenartige Klassifikation von Prieto-Díaz eingeordnet werden. Damit werden die Charakteristika der Ansätze anhand der Facetten beschrieben. Die Beschreibung und Einordnung der Ansätze kann aber keine Aussage über die Anwendungsvoraussetzungen machen.

4.1 Ähnlichkeit als Voraussetzung für Wiederverwendbarkeit

Wiederverwendung beruht auf der Ähnlichkeit – ohne diese näher definieren zu können[258] – von Softwareteilen, die eine erneute Nutzung aus einer früheren Softwareentwicklung ermöglicht[259]. Die Ähnlichkeit bezieht sich auf den inhaltlichen Aspekt als auch auf den Such- und Einbau-Aspekt. Ähnlichkeit hinsichtlich Inhalt bedeutet, daß die potentiellen Wiederverwendungsobjekte die gleiche Funktionalität aufweisen. Ähnlichkeit hinsichtlich Suche und Einbau bedeutet, daß für die Entwickler die Wiederverwendungsobjekte eine syntaktische und semantische Ähnlichkeit aufweisen müssen, um entdeckt[260] und wiederverwendet werden zu können. Es sind zwei grundsätzliche Richtungen im Einsatz der wiederverwendeten Bauteile festzustellen; so gibt es Ansätze, die den Einsatz in derselben Domäne betrachten, als auch Ansätze, die den Einsatz domänenunabhängig betrachten. Die im folgenden dargestellten

---

258   Vgl. Beutler, K. /Ähnlichkeitsmaße/ S. 65.
259   Dazu werden neben Code, Datenstrukturen und Entwurfsinformationen wie Spezifikations- und Konstruktionsunterlagen auch Testdaten und Dokumentationen gezählt.
260   Vgl. Incorvaia, A.; Davis, A.; Fairley, R. /Case Studies in Software Reuse/ S. 305.

Untersuchungen betrachten die funktionale Ähnlichkeit von Programmen. Auf der Basis existierender Ähnlichkeiten sollen dann Bauteile in allgemeiner als auch in spezialisierter Ausfertigung zur Wiederverwendung erstellt werden[261].

4.1.1 Funktionale Ähnlichkeit in betriebswirtschaftlichen Anwendungssystemen

Goodell[262] untersuchte Anfang der achtziger Jahre 1.338 Programme und Dokumentationen betriebswirtschaftlicher Anwendungen.

Funktion	relat. Häufigkeit	Funktion	relat. Häufigkeit
Print Report	0,349	Inquiry	0,014
File maintenance	0,127	Purge	0,009
File build, load, copy	0,086	Library create	0,009
Posting, updating	0,063	Merge	0,008
Sort	0,053	Extract	0,007
File initialize	0,044	Message handler	0,006
Edit, validate	0,036	Device handler	0,005
Print Document	0,029	Item correction	0,004
Work file create	0,026	File reorganize	0,004
Table file update	0,025	File conversion	0,003
Data entry	0,019	System control	0,002
Calulate, analyze, simulate	0,019	Micellaneous	0,038
Clear, reset, roll forward	0,014		

Bild 4.1:   Relative Häufigkeiten von Funktionen in betriebswirtschaftlichen Programmen

Die Programme aus den Bereichen Banken (384 Programme), Finanzdienstleistungsgewerbe (143 Programme), Industrie (98 Programme), Groß- und Einzelhandel (266 und 113 Programme), Medizin/Erziehung (283 Programme) und sonstige (51 Programme) aus der Burroughs Program Product Library wurden auf gleiche Funktionalität untersucht. Nach der Auszählung und Auswertung wurden 24 Funktionen in 97% der Programme ausfindig gemacht[263]. Für diese Funktionen ergaben sich die in Bild 4.1 vorgestellten relativen Häufigkeiten. Auch nach Differenzierung der Funktionen auf die jeweiligen Branchen sowie die spezifischen

---

261   Vgl. Haynes, W.; Dewell, M.; Herman, P. /The Cross System Product application generator/ S. 384.
262   Vgl. Goodell, M. /Recurring Functions/ S. 198ff.
263   Vgl. Goodell, M. /Recurring Functions/ S. 204ff.

Anwendungen (payroll, general ledger) ergaben sich ähnliche Verteilungen der Funktionalitäten in diesen Programmen. Auch war die Verteilung der Funktionen unabhängig von der verwendeten Programmiersprache (RPG bzw. Cobol)[264]. Typisch für das Anwendungsgebiet "Betriebliche Anwendungen" und den hohen Anteil an Stapelverarbeitungsprogrammen in der Grundgesamtheit ist der hohe Anteil der "Print Report"-Programme. Aufgrund der vorhandenen gleichen Funktionalitäten in verschiedenen Anwendungen verschiedener Branchen wird gefolgert, daß Wiederverwendung möglich ist. Es könnten somit für den Bereich "betriebliche Anwendungen und Stapelbetrieb" wiederverwendbare Programmteile erstellt werden.

Ein großer Teil der Programme ist – wie in Bild 4.1 zu erkennen – nur für die Verwaltung, Steuerung und Pflege der Daten zuständig; lediglich ein kleiner Teil für die Problemlösung. Zu einem gleichen Resultat kam auch Boehm[265] mit seiner Untersuchung über den Anteil der Housekeepingfunktionen.

4.1.2 Ähnlichkeiten transformationsorientierter Module

Lanergan und Grasso[266] gingen in ihrer Untersuchung bei Raytheon Missile Systems Divisions von 5274 Cobol-Quellcodeprogrammen in unternehmensweiten Anwendungen aus. Sie hinterfragten die als allgemeingültig geltenden Thesen, daß

- durch die Verschiedenheit der Anwendungsprogramme keine Geschäftsfunktionen durch Compilerhersteller angeboten werden können und

- jedes Programm so einmalig ist, daß es neu entworfen und codiert werden muß.

Die Programme wurden auf Ähnlichkeit hinsichtlich Struktur und Funktionen untersucht. Auf Basis struktureller Ähnlichkeiten sollten Cobolstrukturen gebaut werden, die dann wiederverwendet und mit verschiedenen Funktionsversionen aufgefüllt werden können.

Hinsichtlich der funktionalen Ähnlichkeit ergaben sich sechs Grundfunktionen: Daten manipulieren bzw. editieren (1.089), aktualisieren (1.099), berichten (2.433), extrahieren (247), überbrücken (245) sowie fixieren (161)[267]. Die Anzahl der Reportprogramme war am höchsten, gefolgt von Aktualisierungs- und Editprogrammen. Da sich die Brückenprogramme mit Editieren und Extrahieren (Selektion) beschäftigten und die Datenfixierungsprogramme als Aktualisierungsprogramme aufgefaßt werden können, wurden insgesamt 1.581 Edit-, 1.260 Aktualisierungs- und 2.433 Reportprogramme festgestellt. Nach der Identifizierung der Kategorien Editieren, Aktualisieren

---

[264]   Vgl. Goodell, M. /Recurring Functions/ S. 200ff.

[265]   Vgl. Boehm, B. /Small-Scale-Application/ S. 484. Er stellte die Hypothese auf, daß der größte Anteil von Code in Housekeeping-Funktionen (Benutzerführung, Fehlerbehandlung, Mode-Management und Datenbehandlung) anfällt und bestätigte sie.

[266]   Vgl. Lanergan, R.; Grasso, C. /Software Engineering with Reusable Design and Code/ S. 498ff. Die Untersuchung fand 1976 statt.

[267]   Vgl. Lanergan,R.; Grasso, C. /Software Engineering with Reusable Design and Code/ S. 498. Es wurden logische Strukturen aufgebaut, die für jede der häufig vorkommenden Funktionen ein vorgefertigtes Gerippe vorhält. Diese logischen Strukturen geben den Programmierern einen "head start" und einen einheitlichen Ansatz vor, dessen Wert beim Testen und Warten in Erscheinung tritt.

und Report wurde ermittelt, daß etwa 40-60% des Codes redundant war. Unter Ausnutzung der Redundanzen bzw. Gemeinsamkeiten wurden 3 Logikstrukturen der Funktionen Selektieren, Report und Aktualisieren aufgebaut. Diese können mit Codeblöcken jeweils verschiedener Varianten der spezifischen Funktionen gefüllt werden.

Dieses Ergebnis zeigt, daß die Ähnlichkeiten nicht ins Detail reichen, weswegen logische Strukturen und nicht Bausteine "black-box"-mäßig wiederverwendet wurden. Wie auch in der Untersuchung zuvor ergab sich, daß in vielen betriebswirtschaftlichen Programmen gleiche Strukturen und Funktionen enthalten sind. Offenbar ist nicht jedes Programm dieses Anwendungsgebietes so einmalig, daß es vollkommen neu designed und codiert werden muß. Voraussetzung zur Identifizierung wiederverwendbarer Objekte wie Strukturen oder Funktionen ist die Suche nach ähnlichen Grundstrukturen. Diese wurden hier in Form von logischen Strukturen realisiert. Auch bei der Definition von wiederverwendbarem Code wurden Ähnlichkeiten gesucht und Bausteine gleicher Funktionalität aufgebaut. Auf der Basis existierender Grundähnlichkeiten sollte es Herstellern daher möglich sein, wiederverwendbare Module anzubieten.

4.1.3 Ähnlichkeiten von Datenstrukturen

Nicht die Ähnlichkeit der Funktionalität, sondern die Ähnlichkeit von Datenstrukturen stand im Mittelpunkt einer Analyse von Emery[268], der in neun Systemen der pascalähnlichen Sprache SYMPL[269] die Häufigkeit der Datenstrukturen Array, Linked List und String der FOR-Loops untersucht. Die Idee bestand darin, durch die Vereinheitlichung von Datenstrukturen in funktionalen Programmen eine Erhöhung der Wiederverwendbarkeit zu erreichen. Der Untersuchung lagen 1.368 Komponenten in 1.942 Loops zugrunde. In 92% der Fälle wurden die folgenden Funktionen auf den Datenstrukturen Array, Linked List und String ausgeführt:

- Suchen einer Datenstruktur (318),
- Bewegen einer Datenstruktur (376),
- Initialisieren einer Datenstruktur (307),
- Übertragen des Inhaltes einer Datenstruktur (32),
- Vergleich zweier Datenstrukturen (53).

Die meisten Funktionen wurden auf diesen drei Datenstrukturen ausgeführt. Das Vorkommen anderer Datenstrukturen wie stacks oder records war gering. Aus dieser Untersuchung ergibt sich im wesentlichen die Forderung nach Vereinheitlichung der Datenstrukturen zur allgemeinen Bauweise von Modulen. Diese Studie wird durch die Datenabstraktion in Unix (Kapitel 4.2.1.2) und in allgemeinen Bausteinen bestätigt.

Aus den Untersuchungen ergab sich bisher, daß im wesentlichen gleiche Funktionalitäten in allen Programmen gefunden werden können. Ihre Wiederverwendbarkeit hängt von der geeigneten Auswahl von Strukturen und Codeteilen in häufig auftretenden Funktionen ab. Diese Strukturen und Codeteile werden durch Abstraktion und Extraktion gebildet. Eine weitere Möglichkeit zur Gestaltung wiederverwendbarer Bauteile ergibt sich durch die Wahl von allgemeinen Datenstrukturen, die eine häufigere Wie-

---

268   Vgl. Emery, J. /Small-Scale Software Components/ S. 18ff.
269   Vgl. Emery, J. /Small-Scale Software Components/ S. 19.

derverwendbarkeit ermöglichen. Da es sich hier um kleine Bausteine, die in vielen Funktionen von Programmen vorkommen, handelt, ist ihre Wiederverwendungswahrscheinlichkeit hoch und der Produktivitätseffekt eher gering[270].

Festzuhalten ist, daß der Anteil der Housekeeping-Funktionen an Programmen hoch ist; daher kann eine hohe Abhängigkeit von Betriebs- und Basissystemen der wiederzuverwendenden Teile vermutet werden. Leichter und häufiger wiederverwendbar sind eher programmiersprachen- sowie betriebs- und basissystemunabhängige Entwicklungsprodukte.

4.2 Wiederverwendungsobjekte und ihr Entwurf

Die Ansätze zur Wiederverwendung werden nach den betrachteten Wiederverwendungsobjekten geordnet. Im folgenden werden die Wiederverwendungsobjekte nach den Entwurfsprodukten Module, Schablonen, Konstruktions-, Spezifikationsinformationen und Wissen unterschieden. Dabei werden nur die für die weitere Argumentation wesentlichen Ansätze vorgestellt. Begonnen wird mit Ansätzen zur Modulwiederverwendung über Strukturen bis hin zur Wissenswiederverwendung. Diese Gliederungsreihenfolge entspricht der historischen Entwicklung und der zunehmenden Einbeziehung von Entwurfsinformationen in die Wiederverwendungsdiskussion.

Die angelegten Entwurfsprinzipien und erkennbaren Anwendungsvoraussetzungen stehen im Mittelpunkt der Betrachtung. Die eingesetzten Techniken, auf denen die meisten Ansätze aufbauen, werden nur nachrangig betrachtet. Die meisten Ansätze beziehen sich auf die geplante Wiederverwendung; daneben gibt es auch die ungeplante, die mehr auf der persönlichen Fähigkeit und Erfahrung von Entwicklern denn einer zugrundeliegenden Planung beruht.

4.2.1 Module

Module, die lange Zeit als alleinige Wiederverwendungsobjekte galten, werden in Form von Quell- und/oder Objektcode in neue Programme übernommen. Es kann zwischen zusammensetzenden und generierenden Ansätzen unterschieden werden. Die zusammensetzenden betrachten den manuellen bzw. den maschinell unterstützten Zusammenbau von Modulen zu einem System. Die generierenden Ansätze sollen mit Hilfe von Transformationssystemen aus wiederverwendbaren Bauteilen automatisch neuen Code generieren. Auch kann zwischen der Wiederverwendung von Modulen in allgemeiner bzw. spezifischer Ausprägung unterschieden werden. Allgemein konstruierte Module gelten durch ihre Parametrisierbarkeit in mehr Anwendungsfällen als leichter einsetzbar. Sie werden auch als generische Module bezeichnet.

---

[270] Der festzustellende Produktivitätseffekt ergibt sich aus dem Anteil der Codierung an der gesamten Entwicklung und dem Einsparungseffekt aus der Wiederverwendung dieser kleinen Bausteine.

Viele in der Literatur zu findenden Ansätze beschränken sich auf die Anwendung spezifischer Techniken zur Speicherung, zum Retrieval und zum Einbau von Modulen. Dazu gehören beispielsweise Klassenbibliotheken[271], Unterprogrammbibliotheken[272], wissensbasierte und Retrievalsysteme zur Auswahl von Modulen sowie Bibliotheken[273] und CASE-Systeme[274]. Die genannten Systeme werden im folgenden nicht betrachtet. Auch gibt es eine große Anzahl von Sprachen, die durch ihre spezifische Konstruktion Wiederverwendbarkeit erleichtern sollen. Dazu gehören beispielsweise objektorientierte Sprachen sowie Sprachen zur Einbettung von Modulen.

4.2.1.1 Regeln zum Aufbau von Modulen

Solange man Wiederverwendungsobjekte auf der Ebene der Module betrachtet, können neben den genannten auch solche Ansätze unterschieden werden, die Regeln zum Aufbau wiederverwendbarer objektorientierter sowie funktionaler Module formulieren.

4.2.1.1.1 Transformationsorientierte Module

Unter einem transformationsorientierten Modul (im folgenden "funktionale Module" genannt) wird ein Modul in einer prozeduralen Programmiersprache verstanden, das aufgrund eines Inputs eine Transformation durchführt und einen bestimmten Output produziert. Zum Entwurf und zur Implementierung wiederverwendbarer funktionaler Module existieren kaum allgemeine Hinweise; es wird auf die wiederverwendungsfördernden Entwurfsprinzipien – beispielsweise Abstraktion, Verallgemeinerung und Modularität – sowie die Einhaltung der Strukturierten Programmierung hingewiesen.

Neben dem Vorgehen von Lanergan und Grasso (Kapitel 4.1.2) geben die Untersuchung von Selby zum Aufbau wiederverwendbarer Module sowie die

---

271   Vgl. Marty, R. /Objektorientierte Softwaretechnik bei der BSG/ S. 10.
      Vgl. Nawrot, B. /objectiF/ S. 1ff.
      Vgl. Johnson, R.; Foote, B. /Designing Reusable Classes/ S. 22ff.
      Vgl. Liebherr, K.; Riel, A.; Demeter, A. /Case Study of Software Growth/ S. 8ff.
      Vgl. Heß, H. /Wiederverwendung von Software/ S. 46ff.
272   Vgl. Kaiser, G.; Garlan, D. /Melding Software/ S. 269.
      Vgl. Jones, T. /Reusability in Programming/ S. 54.
      Vgl. Rich, C.; Waters, R. /Formalizing Reusable software components/ S. 318.
      Vgl. Horowitz, E.; Munson, J. B. /An Expansive View of Reusable Software/ S. 42.
      Vgl. Gargaro, A. /Reusability Issues and Ada/ S. 234.
273   Vgl. Caldiera, G.; Basili, V. /Identifying and Qualifying/ S. 61.
      Vgl. Zöller, H. /Wiederverwendbare Software-Bausteine/ S. 20.
      Vgl. Honiden, S.; Sueda, N.; Hoshi, A.; Uchihira, N.; Mikame, K. /Software Prototyping/ S. 113ff.
      Vgl. Wagner, B. /Wissensbasierte Unterstützung/ S. 615ff.
      Vgl. Heß, H.; Scheer, A.-W. /Retrieval wiederverwendbarer Bausteine/S. 6ff.
      Vgl. Honiden, S.; Sueda, N.; Hoshi, A.; Uchihira, N.; Mikame, K. /Software Prototyping/ S. 114.
      Vgl. Gibbs, S.; Tsichritzis, D.; Casais, E.; Nierstrasz, O.; Pintado, X. /Class Management/ S. 94.
      Vgl. Heß, H.; Scheer, A.-W. /Retrieval wiederverwendbarer Bausteine/ S. 6.
      Vgl. Gibbs, S.; Tsichritzis, D.; Casais, E.; Nierstrasz, O.; Pintado, X. /Class Management/ S. 94.
      Vgl. Calidera, G.; Basili, V./Identifying and Qualifying/ S. 61ff.
274   Vgl. Lauber, R. /CASE/ S. 254f.
      Vgl. Maiden, N.; Sutcliffe, N. /Analogical Matching for specification reuse/ S. 3f.

Vorschläge zum Aufbau generischer Funktionen Hinweise zum Aufbau wiederverwendbarer funktionaler Bausteine.

- **Untersuchung von Selby**

Selby[275] untersuchte kleine ($\leq$ 140 SLOC) und große Module[276] (> 140 SLOC) aus 25 Fortran-Systemen zwischen 3.000 und 112.000 SLOC[277] der NASA-Produktionsumgebung. Das Untersuchungsziel war, festzustellen, wie wiederverwendbare Module aufgebaut sein sollten. In dieser Systemumgebung wurde durchschnittlich 32% an Software aus früheren Projekten wiederverwendet. Die wiederverwendeten Module wurden entsprechend ihres Wiederverwendungsgrades (Anteil der Wiederverwendung im neuen System) in die vier Gruppen "komplette Wiederverwendung ohne Revision", "Wiederverwendung mit geringer Revision (< 25% Änderungen)", "Wiederverwendung mit größerer Revision ($\leq$ 25% Änderungen)" und "komplette Neuentwicklung" eingeteilt.

Dabei wurde der Aufbau der Module bei ihrer Wiederverwendung zwischen den Gruppen verglichen. Die Ergebnisse der Untersuchung beziehen sich auf die Ebenen des Moduldesigns, der Modulimplementierung und der Projektebene[278]. Auf der Moduldesignebene ergab sich, daß die Gruppe "komplette Wiederverwendung ohne Revision" verglichen mit den Gruppen der "kompletten Neuentwicklung", der "Wiederverwendung mit geringer Revision" und "mit größerer Revision" zum einen wesentlich weniger Interaktionen mit anderen Systemmodulen, zum zweiten einfachere Interfaces, zum dritten weniger Interaktionen mit menschlichen Benutzern und zum vierten einen höheren Anteil an Kommentaren aufzuweisen hatten. Die Gruppe "komplette Wiederverwendung ohne Revision" hatte, verglichen mit der Gruppe "komplette Neuentwicklung" mehr Interaktionen mit Dienstfunktionen und einen geringeren Designaufwand aufzuweisen.

Auf Ebene der Modulimplementierung wurden wiederum die wiederverwendeten Modulgruppen auf ihre Struktur untersucht. Die Gruppe "komplette Wiederverwendung ohne Revision" wies, verglichen mit den Gruppen der "kompletten Neuentwicklung", der "Wiederverwendung mit geringer Revision" und "mit größerer Revision", erstens eine geringere Größe und zweitens einen geringeren Änderungsaufwand (gemessen in der Anzahl der Versionen pro SLOC) auf. Drittens beanspruchten sie weniger absoluten Entwicklungsaufwand. Besonders deutlich war der Vergleich der Gruppen "komplette Wiederverwendung ohne Revision" und "komplette Neuentwicklung". Die ersteren wiesen deutlich mehr Zuweisungsstatements auf.

Auf Projektebene wiesen größere Projekte (> 20.000 SLOC) insgesamt eine höhere Anzahl an wiederverwendeten Modulen auf. Die wiederverwendeten Module gehörten entweder zu der Gruppe der komplett wiederverwendeten oder zu den Gruppen mit leichten bzw. starken Modifikationen. Besonders häufig wurden Module mit starker

---

[275]   Vgl. Selby, R. /Empirically Analyzing Software Reuse in a Production Environment/ S. 176ff.

[276]   Jedes System bestand aus 22 bis 853 Modulen. Als Module wurden Subroutinen, Dienstfunktionen, Hauptprogramme, Makros und Datenblöcke bezeichnet.

[277]   SLOC = Source Lines of Codes; Quellcodezeilen

[278]   Vgl. Selby, R. /Empirically Analyzing Software Reuse in a Production Environment/ S. 185f.

Modifikation wiederverwendet[279]. Dies ist damit erklärbar, daß in größeren Projekten der Zeitdruck und damit die Motivation höher ist, Module wiederzuverwenden.

Bei Anwendung des Komplexitätsmaßes[280] ergab sich, daß die leicht und stark modifizierten Module eine etwas höhere Komplexität im Gegensatz zu den "komplett neuerstellten" und "ohne Revision komplett wiederverwendeten" Module aufwiesen. Die Gruppe "komplette Wiederverwendung ohne Revision" hatte eine höhere Anzahl an Zuweisungsstatements als die Gruppe der "Wiederverwendung mit größerer Revision". Die Zuweisungsstatements in den beiden anderen Gruppen war deutlich geringer[281]. "Komplette und ohne Revision" wiederverwendete Module weisen also eine niedrigere Komplexität und eine höhere Anzahl an Zuweisungsstatements als die anderen Modulgruppen auf. Zudem sind sie in der Regel kleiner.

Die Untersuchung zeigte, daß speziell konstruierte Module eine höhere Wahrscheinlichkeit der Wiederverwendung haben; die in Kapitel 3 formulierten Anforderungen an wiederverwendbare Module werden hierdurch hinsichtlich der Forderung nach geringer Komplexität und höherer Anzahl der Zuweisungsstatements detailliert. Hinsichtlich der Anwendungsvoraussetzungen ist festzustellen, daß diese Untersuchung Projekte einer Domäne – Grundsupport der unbemannten Raumkörpersteuerung – in einem Unternehmen betrachtete. Es handelt sich um eine abgegrenzte, aber komplexe Domäne mit einer bestimmten Anzahl Algorithmen und Verarbeitungsmethoden[282]. Darüber hinaus ist zu vermuten, daß die gleichen methodischen Vorgehensweisen eingesetzt wurden. Die Entwickler verfügten über Domänenerfahrung und hatten keine spezifischen Tools zur Verfügung[283].

● **Aufbau generischer Funktionen**

Eine einfache Sammlung und Aneinanderreihung vorhandener Module führt nicht zum erhofften Erfolg. Es wird daher auf Moduldesignebene ein spezifischer Modulaufbau vorgeschlagen; so sollten Datenbeschreibungen, Literale, Konstanten sowie Ein- und Ausgabekontrollen außerhalb wiederverwendbarer Module realisiert werden. Die Behandlung von primären Funktionen der Anwendungslogik in den Modulen sollte als Architektur verstanden und eingehalten werden. Dies entspricht den Forderungen, Module nach dem Prinzip der Lokalität und des Information Hiding aufzubauen.

Es können generische Funktionen identifiziert werden, die in vielen Anwendungen wiederkehren und die die obige Architektur realisieren und aus denen sich Programme zusammensetzen lassen. Dazu gehören die Funktionen Kalkulation, Vergleich von zwei oder mehr Argumenten, Bedingungen und Verzweigungen, Sortieren und Mischen, Transformation der Datenbasis, Datendeklarationen usw. Diese Funktionen kommen in vielen Programmen vor. Mit dem Angebot einer standardisierten Architektur sollte die Wiederverwendbarkeit von generischen Funktionen erhöht werden.

---

279   Vgl. Selby, R. /Quantitative Studies/ S. 218f.

280   Vgl. McCabe, T. / Complexity Measure/ S. 308ff. Die Kontrollstrukturen werden im Verhältnis zu der Anzahl der Source-Code-Lines gemessen.

281   Vgl. Selby, R. /Quantitative Studies/ S. 228f.

282   Vgl. Selby, R. /Empirically Analyzing Software Reuse in a Production Environment/ S. 188.

283   Vgl. Selby, R. /Empirically Analyzing Software Reuse in a Production Environment/ S. 188.

Der Aufbau generischer Funktionen muß erstens auf der Abstraktion vieler Anwendungsfälle basieren und zweitens die Vielzahl der Datentypen mitberücksichtigen. Erst dann können, wie das Beispiel von Lanergan/Grasso zeigt, generische Funktionen durch Anwendung funktionaler wie auch datenbezogener Abstraktion aufgebaut werden. Darüber hinaus kann eine Softwarearchitektur hilfreich sein, generische Funktionen wiederverwendbar zu entwerfen[284].

Zusammenfassend kann für den Aufbau wiederverwendbarer funktionaler Module gesagt werden, daß neben den in Kapitel 3 vorgestellten Entwurfsprinzipien für das Design wiederverwendbarer Module die Möglichkeiten der Funktions- und Datenabstraktion für Module sowie die Konstruktionshinweise aus der Untersuchung von Selby getreten sind.

4.2.1.1.2 Abstrakte Datentypen und objektorientierte Module

Objektorientierte Module bauen auf ADT auf. Ihr Entwurf ist sowohl allgemein und parametrisierbar[285] als auch speziell auf eine Anwendung bezogen möglich. Durch die Trennung zwischen Spezifikation und Konstruktion sind dabei noch verschiedene Implementierungsvarianten, die über die Implementierungseffizienz entsprechend den Leistungsanforderungen[286] an den ADT entscheiden[287], realisierbar.

Durch die Konzepte der Abstraktion, der Datenkapselung und der Vererbung unterstützt das objektorientierte Sprachkonzept die Wiederverwendung von Modulen. Ein gutes Beispiel sind die Projekte der Flugkörpersteuerung.

* **Ada-Projekte**

Ada bietet als standardisierte Sprache, die zur Entwicklung portabler und wiederverwendbarer Programmsysteme "for embedded computer systems"[288] entwickelt wurde[289], Sprachkonstrukte, die für die Wiederverwendung der Module geeignet sind. Diese sind vor allem das Paketkonstrukt zur Datenkapselung[290] und Modularisierung, die Einrichtung von "Private" und "Public"-Methoden in den Paketen sowie die Erstellungsmöglichkeit generischer Pakete und die strenge Typprüfung. Der Parametermechanismus ermöglicht das Entwerfen von generischen Modulen, die erst durch Parametrisierung lauffähig werden[291]. Mit dieser Sprache wurde Wiederverwendung von Modulen in der Flugkörpersteuerung erreicht[292].

---

284   Vgl. Denert, E. /Software-Engineering/ S. 220f.
285   Vgl. Liskov, B. /Programming with Abstract Data Types/ S. 56.
286   Vgl. Embley, D., Woodfield, S. /Knowledge Structure/ S. 368.
287   Vgl. Braun, U., Schmid, H. /Wiederverwendbare ADT/ S. 168.
288   Vgl. Druffel, L. /Potential Effect of Ada/ S. 135.
289   Vgl. Tracz, W. /Ada Reusability Efforts/ S. 24.
290   Vgl. Druffel, L. /Potential Effect of Ada/ S. 137.
291   Vgl. Tonndorf, M. /ADA Software/ S. 186.
292   Da Ada als standardisierte Sprache vom DoD für alle Flugkörperentwicklungen verwendet wurde, existiert ein Ada Software Repository, das in einigen Teilen über Arpanet seit 1984 öffentlich zugänglich ist. Es ist eine Sammlung von Ada-Programmen, Komponenten, Informationen, Dokumentationen und Tools und dient als Basis-Bibliothek für Ada-Realzeit-Anwendungen, zur Ausbildung und zum freiem Austausch der Komponenten. Inhalte sind Ausbildungsinformationen, Softwareentwicklung mit Tools,

Auf der Grundlage einer erweiterten Datenstruktur wurden bei EVB Software Engineering Inc. wiederverwendbare Komponenten entwickelt. 1987 umfaßten diese 275 wiederverwendbare Ada-Komponenten zwischen 400 und 1000 SLOC[293] sowie zwischen 40 und 120 Seiten Dokumentation. Alle Komponenten wurden entsprechend dem "Object oriented Design" von Booch entworfen. Bei der Erstellung der meist generischen Komponenten wurde auf Portabilität durch Vermeidung hardwareabhängiger Programmteile und genau definierte Paketspezifikationen Wert gelegt.

Für die Verwendung der Komponenten wurde auf das Schichtenmodell zurückgegriffen. Der Entwicklungsprozeß ist bottom-up und hat den Vorteil, daß eine beschränkte Anzahl von Datenstrukturen mit definierten Abstraktionen verwendet werden, die das Verfahren standardisieren und überschaubar machen. Mit vordefinierten Testmethoden werden diese Komponenten in verschiedenen Anwendungen wiederverwendet[294]. Die Komponenten werden im Sourcecode mit genauer Beschreibung, Definition[295] und Dokumentation ausgeliefert. EVB definierte grundsätzliche wiederverwendungssteigernde und -hemmende Regeln[296].

Wiederverwendungshemmend	Wiederverwendungsfördernd
literale Konstanten	aussagekräftige Mnemonics
Use-Klauseln	Attribute
Defaultwerte für Diskriminanten, Recordfeldwerte	benannte Parameter
optionale Sprachfeatures	qualifizierte Namen
anonyme Typen	Präzise Kommentare
Pre- und Implementierungsdefinierte Typen	Subunits und separate Kompilation
Vorsicht hinsichtlich der darunter liegenden Implementierung	Pakets
restriktive Module	Generics
Annahmen über garbage collection	isolierte anwendungsspezifische Abhängigkeiten
	isolierte Maschinenabhängigkeiten

Bild 4.2:   Wiederverwendungsfördernde und -hemmende Richtlinien bei EVB

Die in Bild 4.2 aufgezeigten wiederverwendungshemmenden Richtlinien sind zum großen Teil mit den Forderungen für den Modulentwurf aus dem Abschnitt "generische Funktionen" identisch. Diese wiederverwendungsfördernden Richtlinien entspre-

wiederverwendbare Softwareteile, Projektmanagement, Datenbankmanagement und Kommunikationsprotokolle. Zugleich werden auch verschiedene Dienste für die Ada-Community angeboten. Vgl. Tracz, W. /Ada Reusability Efforts/ S. 24. Vgl. Conn, R. /The Ada Software Repository and Reusability/ S. 238. Vgl. Tonndorf, M. /Ada Software/ S. 185. Vgl. Tracz, W. /Ada Reusability Efforts/ S. 25. Vgl. Gargaro, A./Reusability Issues and Ada/ S. 229.

293   Vgl. Russel, G. /Experiences implementing reusable data structures/ S. 247.

294   Vgl. Russel, G. /Experiences implementing reusable data structures/ S. 248f.

295   Vgl. Russel, G. /Experiences implementing reusable data structures/ S. 250ff. Dort findet sich ein Beispiel für die Definition und die zugrundeliegenden Annahmen der Objekte.

296   Vgl. Tracz, W. /Ada Reusability Efforts/ S. 28f.

chen den in Kapitel 3 sowie den oben genannten Anforderungen an wiederverwendbare Module hinsichtlich Isolierung der Anwendungsspezifität und der Maschinenab-
hängigkeit, der Kapselung, der Verwendung präziser Kommentare, Mnemonics und
qualifizierter Namen. Es wird deutlich, daß eine objektorientiert angelegte Sprache
nicht alleine ausreicht, um Wiederverwendung zu realisieren. Vielmehr sind darüber
hinaus Richtlinien zum Entwurf und zur Implementierung notwendig, wie sie auch
schon für die funktionalen Module aufgezeigt wurden.

Der Erfolg lag bei EVB nicht nur in der Verwendung von Ada, sondern darüber hinaus
in der Standardisierung des Entwicklungsprozesses und den Testmethoden; er begrün-
dete sich auch im Modulentwurf durch die Anwendung des Schichtenmodells sowie
der Einhaltung der Modularität. Ada unterstützte die Bildung generischer Pakete, die
im Detail durch Parametrisierung spezifischen Implementierungen angepaßt wurden.
Ein Vorteil bei der Einbindung existierender Module liegt auch in ihrer separierten
Compilierbarkeit. Zur Konstruktion generischer Bausteine wurde darüber hinaus ein
methodisch definiertes und einheitliches Vorgehen (Booch) angewendet. Für die
Konstruktion allgemeiner Bausteine muß die richtige Abstraktion der richtigen Objekte
der realen Welt gefunden werden, bevor sie parametrisiert in verschiedenen
Anwendungen wiederverwendet werden können. Dies ist der Fall, wenn wie hier eine
einheitliche Domäne und der Bau einer Programmfamilie vorliegt.

Dieser Ansatz betrachtet die geplante und systematische Wiederverwendung von
Komponenten, die in Form von Code vorliegen. Gleichzeitig wird aber auch auf ver-
einheitlichtem Design aufgebaut. Damit wird auch das Programmdesign und der
Modulentwurf wiederverwendet.

* **Überlegenheit des objektorientierten Ansatzes ?**

Lewis et al.[297] untersuchten, ob der objektorientierte Ansatz dem funktionalen hin-
sichtlich Produktivität durch Wiederverwendung überlegen sei. Dabei wurde von
Studenten auf der Basis wiederverwendbarer Komponenten ein Zielsystem in Pascal
bzw. C++ entwickelt. Das Experimentdesign sah vor, daß es für Pascal bzw. C++ je
eine Gruppe geben sollte, die nicht wiederverwendet (Kontrollgruppe), und eine
Gruppe, die zur Wiederverwendung ermutigt wurde. Zunächst wurden von (anderen)
Studenten wiederverwendbare Komponenten in Pascal und C++ auf Basis desselben
Designs mit unterschiedlichen Wiederverwendungsgraden erstellt. Es wurde zwischen
Komponenten unterschieden, die "vollständig wiederverwendbar", "wiederverwendbar
mit geringer Änderung (< 25%)" über "wiederverwendbar mit großer Änderung ($\geq$
25%)" bis hin zu "nicht wiederverwendbar" sein sollten.

Es wurden vier Experimentgruppen mit unterschiedlichen Merkmalskombinationen (1:
keine Wiederverwendung und prozedural; 2: keine Wiederverwendung und objektorientiert; 3: Wiederverwendung und prozedural; 4: Wiederverwendung und objektorientiert) gebildet[298]. Die untersuchten Variablen waren Runs (die Anzahl der Läufe in der
Entwicklung und Testphase), Run Time Errors (die Anzahl der Run Time Fehler in der
Entwicklung und Testphase), Time (die Zeit in Minuten zur Fehlerbeseitigung), Edits
(die Anzahl der Editierungen in der Entwicklung und Testphase) und Syns (die Anzahl

---

297   Vgl. Lewis, J.; Henry, S.; Kafura, D. /Empirical Study/ S. 184ff.
298   Vgl. Lewis, J.; Henry, S.; Kafura, D. /Empirical Study/ S. 188f.

der Syntaxfehler in der Entwicklung und Testphase). Die Runs, RTE und Time wurden als primäre Produktivitätsmaße und die Variablen Edits, Syn als sekundäre Produktivitätsmaße aufgefaßt. Getestet wurden fünf Hypothesen.

Die erste Hypothese, nach der das objektorientierte Paradigma eine höhere Produktivität als das prozedurale Paradigma fördert, wurde hinsichtlich aller Variablen abgelehnt. Alle bis auf die Variable Syn wiesen auf eine höhere Produktivität hin. Die zweite Hypothese fragte nach der grundsätzlichen Erhöhung der Produktivität durch Wiederverwendung. Diese Hypothese wurde sowohl für die objektorientierte wie auch die funktionale Wiederverwendung bestätigt. Beide Gruppen wiesen eine höhere Produktivität im Vergleich zur Kontrollgruppe der Nichtwiederverwender auf. Auch die dritte Hypothese, daß das objektorientierte Paradigma eine höhere Produktivität bei Nichtwiederverwendung als das prozedurale aufweist, wurde nach einer sprachspezifischen Auswertung abgelehnt. Scheinbar sind die Sprachansätze, wenn es nicht um Wiederverwendung geht, gleichwertig.

Die vierte Hypothese behauptete, daß das objektorientierte Paradigma bei Wiederverwendung eine höhere Produktivität als das prozedurale aufweist. Diesmal wurden die Ergebnisse der sprachspezifischen Wiederverwendungsgruppen gegenübergestellt und die Hypothese bestätigt. Es ergaben sich bei den Variablen Runs, RTE und Time signifikante Unterschiede für die objektorientierte Sprache. Für die Variablen Syn und Edits ergaben sich nichtsignifikante Unterschiede, die nicht in die angegebene Richtung wiesen. Daher wurde gefolgert, daß das objektorientierte Paradigma hinsichtlich der primären Produktivitätsvariablen besser als das prozedurale für die Wiederverwendung geeignet ist.

Bei der fünften Hypothese, daß das objektorientierte Paradigma im Gegensatz zur prozeduralen Anreize zur Förderung der Wiederverwendung aufweist, gingen die Autoren von der Überlegenheit des objektorientierten Ansatzes aus. Diese Hypothese fragte nach dem Ausmaß der Verbesserung durch Nutzung der objektorientierten Sprache. Daher wurden die Differenzen zwischen den Means der beiden prozeduralen Gruppen mit der entsprechenden Differenz der objektorientiert arbeitenden Gruppen verglichen. Hinsichtlich der Runs- und RTE-Variablen war der Produktivitätszuwachs durch Wiederverwendung bei der objektorientierten Entwicklung höher. Für die Time-Variable wies das Ergebnis – obwohl nicht signifikant – in die gleiche Richtung. Wieder wiesen die Variablen Edits und Syn gegen die Hypothese.

Demnach wies diese Untersuchung eine höhere Affinität der objektorientierten Sprache für die Wiederverwendung auf. Festzuhalten ist aber auch, daß Wiederverwendung in beiden Sprachformen zur Verbesserung der Produktivität führt, auch wenn hinsichtlich Wiederverwendung das objektorientierte Paradigma überlegen zu sein scheint.

4.2.1.2 Sprachkonzepte

Neben den Regeln zum Design und zur Konstruktion von Modulen existieren Sprachkonzepte, die auf einer Verallgemeinerung von Datenstrukturen und/oder Funktionen beruhen und durch spezifische Mechanismen den Bau von allgemeinen und instanziierbaren Modulen ermöglichen, die bei ihrer Wiederverwendung aus den

Einzelteilen zusammengesetzt und ausgeführt werden. Auch gibt es Sprachkonzepte, die das spezielle Problem der Schnittstellen lösen wollen. Ein anderen Schwerpunkt legen die Modulinterconnection Languages, die vorhandene Module durch spezifische Sprachkonstrukte einbinden und somit wiederverwenden.

- **Parametrisierte Programmierung mit OBJ2**

OBJ2 wurde zur Unterstützung der parametrisierten Programmierung entwickelt, indem algebraische Spezifikationen genutzt werden. Die Grundidee geht auf die Erstellung von allgemeinen Programmteilen zurück, die durch Parametrisierung in mehreren Anwendungen vielfältiger einsetzbar und damit häufiger wiederverwendbar sind[299].

```
th  TRIV is sort Elt . endth
obj SEQ [X :: TRIV ] is
   protecting Bool .
   sort NeSeq --- non-empty sequences
   sort Seq .
```

Bild 4.3:   Beispiel eines generischen Objektes in OBJ2

OBJ2 bietet die Möglichkeit, neben nutzerdefinierten ADT auch parametrisierte abstrakte Objekte und interaktive Programme zu unterstützen[300]. Ein OBJ2-Programm ist eine Sequenz von Objekten; jedes kann einen oder mehrere Datentypen zusammen mit den dazugehörenden Operationen einführen bzw. sich aus existierenden Objekten zusammensetzen. Ein parametrisierbares Objekt (Obj) wird durch den Grundcode und die sie charakterisierende und initialisierende Theorie (th) – vergleiche Bild 4.3 – ausgedrückt.

Die Parameter des Objekts SEQ sind durch die Theory TRIV charakterisiert. TRIV ist die notwendige Theorie dieses Interfaces; hier wird nur ein "designated sort corresponding to Elt from an actual object"[301] benötigt. Dieses generische Objekt wird nun durch die Definition der Integer-Sequenz SEQInt intitialisiert. Dies wird durch die Instanziierung von TRIV mit Int erreicht. Das Interface des Moduls wird durch eine Anforderungstheorie beschrieben, die die Syntax für das Interface und die Axiome vorgibt[302]. Durch die Parametrisierung einzelner Module können komplexere Programmteile zusammengebaut werden. Dazu werden Views benötigt, die die Symbole der formalen Spezifikation auf die des aktuellen Objekts abbilden.

Wiederverwendet wird der hinsichtlich Daten und Funktionen abstrahierte Code des Moduls. Die Aufspaltung in Views und Theories macht das Konzept zwar flexibel, doch deutlich aufwendiger, da die Teile zusammengesetzt werden müssen. Zur Durchführung der Wiederverwendung ist eine gute hierarchische Struktur im Design erforderlich[303]. Praktisch wird dieses Konzept allein durch die formale Schreibweise

---

[299]   Vgl. Futatsugi, K.; Goguen, J.; Meseguer, J.; Okada, K. /Parameterized Programming/ S. 337.
[300]   Vgl. Futatsugi, K.; Goguen, J.; Meseguer, J.; Okada, K. /Parameterized Programming/ S. 337.
[301]   S. Futatsugi, K.; Goguen, J.; Meseguer, J.; Okada, K. /Parameterized Programming/ S. 340.
[302]   Vgl. Futatsugi, K.; Goguen, J.; Meseguer, J.; Okada, K. /Parameterized Programming/ S. 341.
[303]   Vgl. Futatsugi, K.; Goguen, J.; Meseguer, J.; Okada, K. /Parameterized Programming/ S. 345.

schwer verständlich sein und umfangreiche Kenntnisse voraussetzen. In diesem Konzept wird die Frage nach der Allgemeinheit der Module nicht weiter berücksichtigt, da durch die Atomisierung der Modulbestandteile in Daten und Funktionen eine flexiblere Verwendbarkeit der Einzelbestandteile möglich ist.

Der Ansatz in OBJ2 ist eine Erweiterung einer auf objektorientierten Konzepten aufbauenden Programmiersprache. Dieser Sprachansatz kann als geplantes Konzept zur Förderung der horizontalen Wiederverwendung von Quellcode auf Basis einer zusammensetzender Technik charakterisiert werden. Ähnlich ist auch das Konzept der Sprache Emerald[304], Teile aus objektorientierten Klassen wiederzuverwenden.

- **Sprache zur Moduleinbindung**

Kaiser und Garlan[305] konzipierten eine deklarative Sprache mit objektorientierten Merkmalen zur Nutzung wiederverwendbarer Komponenten. Diese Sprache Meld soll verschiedensprachige Module einbinden und dem Bedarf entsprechend initialisieren können. Meld verfügt neben objektorientierten Eigenschaften über "features" und "action equations". Features sind wiederverwendbare Bausteine, die über Hierarchien mehrere Objekte einbinden können. In einem Feature können die benötigten Klassen mit ihren Datentypen spezifiziert und eingebunden werden. Über die "action equations" werden die Methoden in den Features vorgegeben, die für alle darunterliegenden Bausteine gelten sollen. Darüber hinaus gilt für die Methoden die normale Vererbungshierarchie der Klassen. Ein Feature kann wiederum mit anderen Features zusammengebracht werden, so daß langsam ein komplexes System entsteht. Die Implementierung von Meld erfolgt durch die Übersetzung jedes Features in eine konventionelle Programmiersprache.

Meld liegt nur in einer teilweisen prototypischen Implementierung vor; dieser Ansatz zeigt eine sinnvolle Kombinationsmöglichkeit bestehender Module verschiedener Sprachen unter Vermeidung einiger der in anderen Ansätzen bestehenden Restriktionen (Einsprachigkeit, Verwendung kleiner Objekte, Datentypveränderung in den darunterliegenden Klassen) auf[306]. Dieser Ansatz setzt eine gut ausgestattete und klassifizierte Bibliothek mit getesteten und dokumentierten Bausteinen voraus. Zur Realisierung ist die entsprechende Umsetzung auf Werkzeugebene erforderlich. Der Ansatz geht davon aus, daß bei Vorliegen eines ausreichenden Bausteinvorrats spezifische Funktionen und Prozeduren über verschiedene Anwendungsbereiche hinweg genutzt werden können. Über die Anwendungsvoraussetzungen wie standardisiertes Design zur Einbindung von Modulen und Domänenabgrenzung oder methodischer Vorgehensweise werden keine Aussagen getroffen. Es handelt sich um eine Idee zur

---

304   Vgl. Borning, A. H. /Classes versus Prototyping in object-oriented languages/ S. 36. Borning will das Problem der Komplexität durch sog. Prototyp- statt Klassennutzung umgehen; dabei wird der Prototyp als standard example instance behandelt, von dem neue Objekte durch kopieren und modifizieren gebildet werden. Dies entspricht dem Wiederverwendungsvorgehen "copy and modify". Dennoch ist die Idee, aus Komponenten Rapid Prototypen zu bauen, um schnell die Funktionsweise des Programms mit der Anforderung zu vergleichen in objektorientierten Sprachen recht einfach zu realisieren.
      Vgl. Raj, R.; Levy, H. /A Compositional Model for Software Reuse/ S. 10.
      Vgl. Jul, E.; Levy, H.; Hutchinson, N.; Black, A. /Fine-Grained Mobility in the Emerald System/ S. 110.

305   Vgl. Kaiser, G.; Garlan, D. /Melding Software/ S. 267.

306   Vgl. Kaiser, G.; Garlan, D. /Melding Software/ S. 269. Meld kombiniert Elemente aus den bibliotheks-, objekt- und transformationsorientierten Ansätzen.

Realisierung der geplanten horizontalen Wiederverwendung von Code mit Hilfe generierender Technik.

• Module Interconnection Language

Eine Module Interconnection Language (MIL) ist eine strukturelle Designsprache, die die Systemmodule beschreibt und ihre Zusammenarbeit im System festhält[307]. Eine MIL gibt an, wie Module miteinander in einer gemeinsamen Architektur verknüpft werden. Das Grundkonzept einer MIL beinhaltet:

- die Idee einer separaten Sprache zur Beschreibung des Systemdesigns,
- die Fähigkeit statisches Typ-Checking auf intermodularer Ebene durchzuführen,
- das Festhalten des Design und des Konstruktionsprozesses in einer Beschreibung, und
- die Fähigkeit verschiedene Versionen eines Systems zu kontrollieren[308].

MIL halten den Zusammenbau des Systems aus (wiederverwendbaren) Modulen fest. Sie zeigen die Beziehungen zwischen den Modulen auf und dienen als Basis zur Integrität und Wartbarkeit des Systems[309]. An MIL gerichtete Anforderungen reichen von der Integration separat compilierter Module und anschließender Syntaxüberprüfung durch einen Compiler[310] bis zur Einbindung von Modulen verschiedener Sprachen. Der Einsatz einer MIL zur Entwurfsbeschreibung weist neben der Typprüfung auch die Vorteile der Ausführbarkeit und der Einbindung wiederverwendbarer Module sowie den der formalisierten Designbeschreibung auf. Die Library Interconnection Language ist ein Beispiel einer MIL und liegt in einer prototypischen Implementierung vor. LIL bietet Sprachkonstrukte an, mit deren Hilfe sich beschreiben läßt, wie sich Architektur- oder Programmcodebauteile zusammensetzen lassen[311].

Eine MIL dokumentiert das architekturale Design und erlaubt die Einbindung von Modulen, durch die definierte Übernahme spezifischer Funktionen und expliziter Parameterübergabe. Damit ist der Zusammenbau von Modulen zu neuen Systemen leichter prüf- und überschaubar. Bei Gebrauchsfähigkeit würde eine MIL die Wiederverwendung auf den wiederverwendungsfördernden Entwurfsprinzipien der Modularität, der Hierarchisierung, der Trennung von Spezifikation und Implementierung sowie der Lokalität realisieren. Empfehlungen zum Design der Systeme bzw. Module fehlen. Nach den oben geschilderten Ansätzen sind diese aber offenbar nötig, um Wiederverwendbarkeit zu realisieren. Es handelt sich somit um ein Konzept zur horizontalen, geplanten Wiederverwendung von Modulen mit Hilfe zusammensetzender sowie generierender Technik.

---

[307]   Vgl. Prieto-Díaz, R.; Neighbors, J. /Module Interconnection Languages/ S. 117.
        Vgl. Börstler, J. /Wiederverwendbarkeit und Softwareentwicklung/ S. 11.
[308]   Vgl. Prieto-Díaz, R.; Neighbors, J. /Module Interconnection Languages/ S. 119.
[309]   Vgl. Prieto-Díaz, R.; Neighbors, J. /Module Interconnection Languages/ S. 123.
[310]   Das statische Typ-Checking würde das Einbinden verschiedener Module stark erleichtern.
[311]   Vgl. Börstler, J. /Wiederverwendbarkeit und Softwareentwicklung/ S. 12.

- **Pipe-Ansatz**

In Unix wird die Wiederverwendung auf Codeebene durch den Pipe-Ansatz realisiert. Er stellt eine besondere Form der Verallgemeinerung der verwendeten Datentypen dar. Daneben bietet Unix auf der Ebene der Programmiertätigkeit die Standard-I/O-Bibliothek (Tabellen für ASCII-Terminals, File Access usw.), auf der Ebene der Programmiersprachen die leichte Portierbarkeit von Programmen durch Verwendung von C und auf der Systemebene die leichte Portierbarkeit des Betriebssystems[312].

Der Pipe-Mechanismus in Unix[313] basiert auf einem standardisierten Datenformat, dem Stream. Dieser Mechanismus erlaubt es, Programme zu kombinieren, indem die Ausgabe als Sequenz von Zeichen als Eingabe im nächsten Programm akzeptiert wird[314]. Jedes Programm kann Eingaben des Standard-Input-Files akzeptieren. Zwei oder mehr Programme werden über die Pipe verbunden: der Standard-Output des einen Programms ist der Standard-Input des nächsten Programms. Daher können aus einzelnen Programmen ganze Systeme mit der gewünschten Funktionalität gebaut werden[315]. Der Kompositionsmechanismus erlaubt die Zusammensetzung zweier Funktionen aufgrund des gemeinsamen Datenformates ohne Zwischenschaltung temporärer Dateien. Der Pipe-Mechanismus ist ein Beispiel für das Wiederverwenden und Einbinden einzelner Funktionen bei standardisierten Datentypen. Hier können die Funktionen ohne Rücksicht auf die Datenübergabeformate zusammengesetzt werden. Insofern liegt ein Sprachkonzept vor, das eine spezifische Schnittstellenlösung zur Datenübergabe realisiert. In die von Prieto-Díaz vorgeschlagene Klassifikation kann dieser Ansatz hinsichtlich des Modus als geplant, hinsichtlich der Technik als zusammensetzend und hinsichtlich des Produkts als Quellcodewiederverwendung charakterisiert werden.

- **Interface-Ansatz**

Ein Problem der Verbindung von Komponenten liegt in der Formulierung und Standardisierung von allgemeinen Schnittstellen. GenRad konzipierte eine verallgemeinerte Verbindung, um eine hohe Flexibilität in der Nutzung kundenspezifischer und eigener Bausteine zu erreichen[316]. Neben der Modularisierung an sich sollte auch die Rekonfigurierung alter und neuer Komponenten für den Zusammenbau neuer Produkte genutzt werden. Man konstruierte standardisierte – von den Komponenten separierte – Interfaces; der Entwickler sollte nicht mehr zwischen Schnittstellen in einem Prozeß und Schnittstellen zwischen Prozessen unterscheiden[317]. Für die Entwicklung darauf abgestimmter Komponenten mußte ein standardisiertes Vorgehen gefunden werden, um zu allgemein nutzbaren Interfaces zu gelangen. Die Komponenten sollten durch das spezifische Interface in mehreren Situationen nutzbar und damit leichter wiederverwendbar sein. Für die Entwicklung der zusammengesetzten

---

312 Vgl. Kernighan, B. /The Unix System/ S. 145ff.
313 Vgl. Börstler, J. /Wiederverwendbarkeit und Softwareentwicklung/ S. 11.
    Vgl. Kernighan, B. /The Unix System/ S. 145ff.
314 Vgl. Rice, J.; Schwetman, H. /Interface Issues/ S. 125.
315 Vgl. Rice, J.; Schwetman , H. /Interface Issues/ S. 127.
    Vgl. Kernighan, B. /The Unix System/ S. 146f.
316 Vgl. Hall, P. /Software Components/ S. 14f.
317 Vgl. Hall, P. /Software Components/ S. 14.

Systeme bedeutete dies eine Vereinfachung des Zusammensetzens der alten und neuen Komponenten.

Die normale Interface-Konstruktion transformierender Programme sieht die "feste Verdrahtung" in der Form des Aufrufes des Moduls B aus einem Modul A heraus vor. Dagegen sieht der Interface-Ansatz vor, daß die Entwickler Komponenten entwickeln, die alle Namen lokal verwalten und die Verbindung zu anderen Komponenten erst später berücksichtigen.

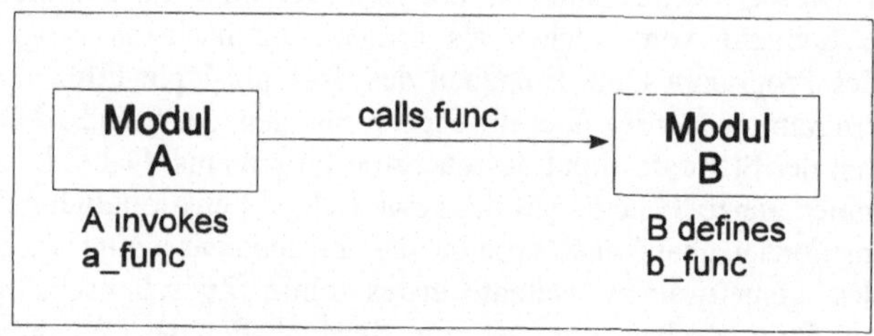

Bild 4. 4: Spezielles Interface
Jede Komponente hat einen lokalen Namen
und das Binden der Namen erfolgt später.

Führt man die Namen der Interfaces in allgemeiner Form ein, um der Schnittstelle in der Konstruktion Rechnung tragen zu können, sieht die Schnittstelle eines Moduls folgendermaßen aus:

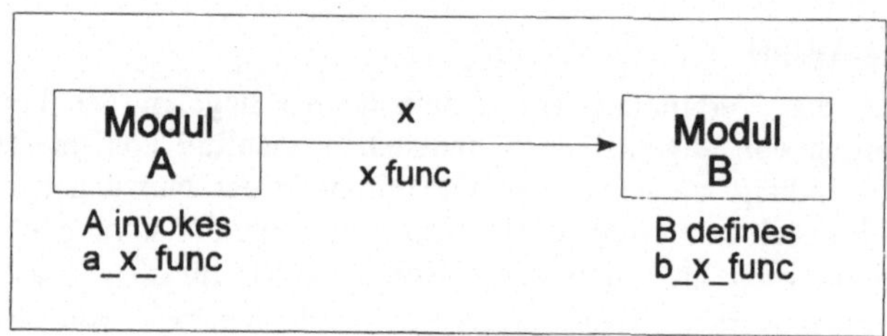

Bild 4. 5: Allgemeines Interface
Der Name des Interfaces wird eingeführt und
somit eine allgemeine Schnittstelle erreicht.

Erreicht werden soll damit die Nutzung allgemeiner standardisierter Interfaces. Sollen die Komponenten über ihre standardisierten Interfaces zusammengesetzt werden, muß der normale Weg, bei dem der Linker die Komponenten durch den gleichen Namen miteinander verbindet, modifiziert werden, da die Namen verschieden oder allgemein sind. Bei Hall werden die Verbindungen über einen indirekten Funktionsaufruf mit einem Pointer auf die Funktionen, die zur Laufzeit auf die Zielfunktion initialisiert werden, verbunden.

Der Ansatz bewirkt, daß von Modulen vorbereitete Funktionen – bei gleichen Datenstrukturen – in anderen Kontexten eingesetzt werden können. Damit ist eine flexible Aneinanderreihung von Modulen bei gleichen verwendeten Datenstrukturen möglich, so daß sie leichter austauschbar werden. Es wird keine Aussage über die Anwendungsvoraussetzungen getroffen. Es ist fraglich, ob die flexible Anneinanderreihung von Modulen ohne Festlegung des Softwaredesigns und spezifische Datenstrukturen ausreicht, um Module de facto wiederzuverwenden. Dieses Konzept erfordert neben neuen Werkzeugen auch Umdenken und Lernbereitschaft. Der Ansatz kann als Konzept zur geplanten, zusammensetzenden Wiederverwendung von Komponenten charakterisiert werden.

• Templates

Der Templates-Ansatz unterscheidet Algorithmen- (Templates) und Implementierungsspezifikation[318]. Die Templates erlauben es, Algorithmen ohne Bindung an Typen oder Datenrepräsentationen zu definieren; sie werden über Werte von (polymorphen) abstrakten Datentypen definiert[319]. Ein Sort wird bspw. in der Algorithmenspezifikation als Template ohne die Bestimmung der Datentypen spezifiziert und ist somit in der Implementierungsspezifikation auf Datentypen wie beispielsweise Integer oder Charakter anwendbar.

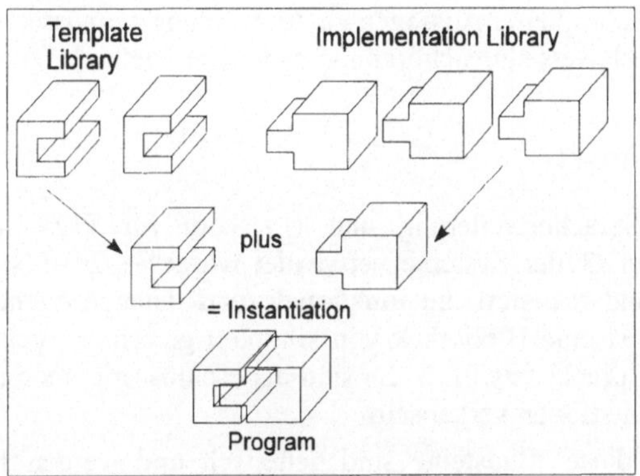

Bild 4.6:   Templates Method Overview

Um ein Template zu nutzen, sucht sich der Programmierer die Algorithmenspezifikation des Templates und dann die dazugehörige Implementierungsspezifikation mit der gewünschten Ausprägung von Datentypen bzw. Datenrepräsentationen in der gewünschten Programmiersprache – vergleiche Bild 4.6 – aus der Bibliothek. Das Template wird übersetzt, instanziiert und programmspezifisch verfeinert. Die Instanziierung von Templates ist der Prozeß, ein Programm aus Codesegmenten, die verschie-

---

318   Vgl. Volpano, D.; Kieburtz, R. /The Templates Approach/ S. 247.
319   Vgl. Volpano, D.; Kieburtz, R. /The Templates Approach/ S. 250.

dene Funktionen auf abstrakten Datentypen implementieren[320], zusammenzusetzen. Die Ausführung einer Implementierungsspezifikation erfordert einen Typ für jede Implementierung. Variablen werden mit der Typbezeichnung, die die gewünschte Implementierung des ADT trifft, erstellt.

Die Vorteile des Ansatzes liegen in der Austauschbarkeit von Codeteilen und in dem geringen benötigten Speicherplatz in einer Bibliothek. Der Suchaufwand wird reduziert, da eine datentypspezifische Suche unnötig wird. Die Implementierung wird bei der Einbindung in Programme durch einen entwickelten Typchecker vereinfacht. Neben den Entwurfsprinzipien der Modularität, Lokalität und Datenkapselung wird hier die Datenabstraktion angewendet. Zudem wird die Trennung zwischen Spezifikation und Konstruktion zur Erhöhung der Variantenbildung vorgenommen. Auch in diesem – nicht praktisch bewährtem – Ansatz beruht die höhere Flexibilität für die Wiederverwendbarkeit auf der Trennung von Daten und Funktionen. Kleine Programmteile sind nur aufwendig wieder zu großen Programmen zusammensetzbar. Dieser Ansatz kann als Konzept zur geplanten horizontalen Wiederverwendung von Moduldesign und Codeteilen auf zusammensetzende Weise charakterisiert werden.

Sowohl bei den Templates als auch bspw. bei PARIS[321] handelt es sich um die Anwendung von daten- und funktionenbezogener Abstraktion in formalen Sprachen. Damit wird die Flexibilität, aber auch der Aufwand zur Zusammensetzung der Module erhöht. Jedoch sind solche Vorgehensweisen schwer verständlich und auch bisher nicht durch Methoden in Vorgehensmodellen unterstützt worden. Sie erfuhren keine weite Verbreitung. Es wurden keine Aussagen zu Anwendungsvoraussetzungen der Wiederverwendung, beispielsweise hinsichtlich Domäne oder Methode, gemacht.

4.2.1.3 BB/LX-Ansatz

BB/LX ist eine Spracherweiterung und ein Tool für PL/S, die bei IBM zur Programmierung der /370er Systeme verwendet wurde[322]. BB/LX enthält Ada-ähnliche Konzepte[323] und realisiert die funktionale und datenbezogene Abstraktion. Der Kern des Systems ist eine Bibliothek von komplett getesteten, generischen Building-Blocks[324] auf der Sprachbasis PL/S. Es sind abgeschlossene, modulare Einheiten, die Datentypen oder Funktionen verkapseln.

Die Schnittstellen dieser Bausteine sind generisch und werden für die spezifische Anwendung parametrisiert. Es gibt je Baustein nur eine Spezifikation mit mehreren Implementierungen[325] für die jeweiligen Zielsysteme, wobei der Baustein die Systemabhängigkeiten verkapselt. Parametrisierung läßt es zu, daß die spezifischen Dienstaufrufe generiert werden. Zur Übersetzungszeit werden diese Bausteine von BB/LX-Makros instanziiert. Dabei erfolgt eine Generierung von Code, die nach syntaktischer und statischer Semantikprüfung inline in den umgebenden PL/S-Code ein-

---

320   Vgl. Volpano, D.; Kieburtz, R. /The Templates Approach/ S. 251.
321   Vgl. Katz, S.; Richter, C.; The, K. /PARIS; A System/ S. 290ff.
322   Vgl. Lenz, M.; Schmid, A.; Wolf, P. /Software Reuse through Building Blocks/ S. 100.
323   Vgl. Bröstler, J. /Wiederverwendbarkeit und Softwareentwicklung/ S. 9.
324   Vgl. Bröstler, J. /Wiederverwendbarkeit und Softwareentwicklung/ S. 9.
325   Vgl. Lenz, M.; Schmid, A.; Wolf, P. /Software Reuse through Building Blocks/ S. 101.

gebaut und expandiert wird[326]. Die Bibliothek zur Erstellung von Systemprogrammen enthält ADT und funktionalabstrakte Building-Blocks zwischen hundert und einigen tausend Codezeilen[327].

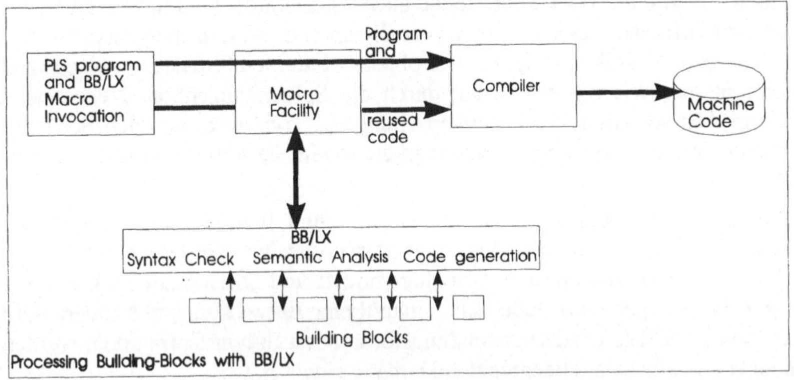

Bild 4.7:   Inline-Generierung von Building Blocks

Diesem Ansatz lag ein spezifisches Vorgehen zugrunde. Erste Voraussetzung zum Aufbau war ein gutes Verständnis des Problembereiches. Dazu wurde der Problembereich in eine "domain of general systems programming" und in "specific subdomains that had concepts not found in other domains"[328] aufgeteilt. Aufgrund der höheren Wahrscheinlichkeit der Wiederverwendung der "domain of general systems programming" in verschiedenen Systemprogrammen wurden diese in Building-Blocks aufgeteilt. Außerdem konnte bei einem solchen Vorgehen die Verantwortlichkeit für die Bausteine eindeutig geklärt werden[329].

Auch in diesem Ansatz werden – unterstützt durch das Sprachkonzept – wiederverwendungsfördernde Entwurfsprinzipien angewendet. Es liegt eine Domäne mit einer bestimmten Anzahl an Varianten vor; zudem wird von einer bestimmten Anzahl von Zielprogrammen innerhalb der Systemfamilie ausgegangen. Neben der Erstellung allgemeiner Bausteine liegt die Bedeutung dieses Ansatzes in der Instanziierung per Makro sowie der Generierung von Code. Dieses Vorgehen setzt allerdings standardisiertes Design voraus, in das die instanziierten Module nur noch integriert werden müssen. Der Ansatz ist ein Kompromiß verschiedener Wiederverwendungsversuche, auch zur Zufriedenheit der Entwickler (Check der Building-Blocks, In-line-Einbindung, Parametrisierung allgemeiner Module). Entsprechend der Klassifikation von Prieto-Díaz betrachtet dieser generierende Ansatz Komponenten zur geplanten, vertikalen Wiederverwendung von Quellcode, Design und Objekten.

---

326   Vgl. Lenz, M.; Schmid, A.; Wolf, P. /Software Reuse through Building Blocks/ S. 103. Das Performance-Problem wird durch die inline-Generierung von Code gelöst.
327   Vgl. Lenz, M.; Schmid, A.; Wolf, P. /Software Reuse through Building Blocks/ S. 105.
328   S. Lenz, M.; Schmid, A.; Wolf, P. /Software Reuse through Building Blocks/ S. 101.
329   Vgl. Lenz, M.; Schmid, A.; Wolf, P. /Software Reuse through Building Blocks/ S. 104.

4.2.1.4 Zusammenfassung

Mit den geschilderten Ansätzen wurde deutlich, daß die in Kapitel 3 vorgestellten wiederverwendungsfördernden Entwurfsprinzipien z.T. in verschiedenen Kombinationen
verwendet wurden. In jedem Ansatz wurden Modularität, Lokalität und Abstraktion –
hinsichtlich Funktionen oder Daten oder auch hinsichtlich Funktionen und Daten –
realisiert. Mit Hilfe der Abstraktion wurden allgemeine, auf den spezifischen Einzelfall
parametrisierbare Module konzipiert. Die objektorientierten Sprachen erwiesen sich als
vorteilhaft für die Wiederverwendung durch die Sprachkonzeption. Neben der Vererbung sind dies vor allem die Datenkapselung, die Trennung zwischen Spezifikation
und Implementierung, die Parametrisierbarkeit sowie die teilweise mögliche separate
Compilierbarkeit.

Praktische Funktionstauglichkeit haben die Ada- und BB/LX- sowie Raytheon-Projekte unter Beweis gestellt. Es wurden wiederverwendungsfördernde Konstruktions-
prinzipien wie Programmfamilien, Schichtenmodell und Softwarearchitektur zur Realisierung herangezogen und außerdem einheitliche Entwicklungsrichtlinien definiert
und angewendet. Diese wiederverwendungsfördernden Entwurfsprinzipien wurden zudem in einer spezifischen, abgegrenzten Domäne eingesetzt[330].

Ein häufig zitierter Nachteil wiederverwendeter Bausteine soll die Laufzeitineffizienz
sein. Dies läßt sich bspw. in objektorientierten Sprachen durch die Wahl einer Spezifikation mit mehreren Implementierungsvarianten umgehen[331]. Interessanterweise erfordern die Domänen der Ada- und BB/LX-Projekte effiziente Programme. Offenbar läßt
sich das Problem der Laufzeiteffizienz durch Konstruktion der entsprechenden Varianten lösen. Gerade in den Anwendungen, in denen viel spezifisches Wissen – wie in
effizienzkritischen Bereichen – erforderlich ist, ist Wiederverwendung angebracht[332].

Betrachtet man die prototypischen Ansätze (OBJ2, Meld, Hall, Templates), ist festzustellen, daß es sich durchweg um neue Sprachkonzepte handelt, die einzelne Probleme
der Wiederverwendung – wie Einbindung verschiedensprachiger Module (Meld), Verallgemeinerung der verfügbaren Funktionen und Daten (OBJ2) und Verallgemeinerung
des Interfaces (Hall) sowie die Trennung von Spezifikation und Implementierung – be-
handeln. Bei OBJ2 und Meld wurde ein hierarchisches Design zur Modulwiederver-
wendbarkeit vorgesehen. Die Verbreitung dieser Ansätze hängt sicherlich neben ihrem
prototypischen Charakter auch mit dem Aufwand zum Erlernen und zur Unterstützung[333] der speziellen Vorgehensweise in einem breiten Einsatz sowie dem geringen
ökonomischen Effekt bei der Wiederverwendung kleiner Bauteile zusammen.

---

[330] Vgl. Favaro, J. /Tutorial on Software Reuse/ II - 16. Die Organisation der Entwicklung mit wiederver-
       wendbaren Bauteilen wird häufig als Managementproblem bezeichnet. Tatsächlich scheint sich eine ge-
       eignete, projektübergreifende Organisation zu finden, wenn das Wiederverwendungskonzept vorhanden
       ist.

[331] Vgl. Gargaro, A. /Reusability Issues and Ada/ S. 230f.

[332] Vgl. Bartels, R. /Entwicklungsumgebung für Telekooperationssysteme/

[333] Beispielsweise setzten diese Ansätze implizit Baustein-Bibliotheken voraus.

4.2.2 Programmdesignorientierte Programmstrukturen

Die in Kapitel 4.1 aufgeführten Untersuchungen[334] zur Ähnlichkeit zeigten, daß betriebswirtschaftliche Programme aus ähnlichen Funktionen bestehen. Dort stellten Edit, Report und Update die am häufigsten auftretenden Funktionalitäten dar; hingegen nahmen die Housekeeping-Funktionen den größten Teil des Programmcodes ein[335].

Beispielsweise wurden für Cobol-Anwendungen viele Programmstrukturen erstellt, da die Umgebung und der Programmablauf (Datenbankaufrufe aus Cobol mit SQL an DB2, Verwendung von CICS-Transaktionsmonitoren) sich in betriebswirtschaftlichen Anwendungen häufig wiederholten[336]. Um bestimmte Funktionen wiederzuverwenden, wird in bezug auf die jeweiligen Gemeinsamkeiten abstrahiert, die Unterschiede ignoriert und die Gemeinsamkeiten extrahiert. Soll beispielsweise ein Programm in verschiedenen Umgebungen wiederverwendet (hier: portiert) werden, so sollte entsprechend auf die Ausformulierung der systemspezifischen Details verzichtet werden. Statt dessen können domänenspezifische Programmstrukturen erstellt werden, die auf beide Systemumgebungen passen[337]. Für die Erstellung von Programmstrukturen ist Voraussetzung, daß neben inhaltlichen Ähnlichkeiten, die Entwicklungsverfahren, die verwendeten Sprachen sowie das verwendete Programm- bzw. Moduldesign auf verschiedene Anwendungen anwendbar bzw. übertragbar sind. Zur Produktion von Programmstrukturen ist daher die Bestimmung der Anwendungsvoraussetzungen wie Basis- und Betriebssystem und sowie Softwarearchitektur notwendig. Erst damit sind detaillierte Schablonen in einer bestimmten Programmiersprache vor dem Hintergrund einer bestimmten Basissystemumgebung und eines spezifischen Anwendungsgebiets wiederverwendbar. Am Beginn der Erstellung von Schablonen müssen also die Festlegung der Domäne, die Annahmen über die Implementierungsumgebung, die Abschätzung der Einsatzmöglichkeiten der Schablonen zur Absicherung der Investition und die Planung der Entwicklungsmethodik sowie eine Softwarearchitektur stehen. Man kann designbeachtende und designunabhängige Programmstrukturen unterscheiden.

Design kann sich auf das Programm- oder Moduldesign beziehen. Der Entwurf und die Konstruktion von Modulen wurden in Kapitel 4.2.1 betrachtet. Im folgenden wird die Wiederverwendbarkeit von Programmstrukturen betrachtet, die das Programmdesign

---

334   Vgl. Goodell, M. /Recurring Functions/ S. 200ff.

     Vgl. Boehm, B. /Small-Scale-Application/ S. 484.

     Vgl. Lanergan, R.; Grasso, C. /Software Engineering with Reusable Design and Code/ S. 498ff.

     Vgl. Emery, J. /Small-Scale Software Components/ S. 18ff.

335   Bei Rayethon wurden Programmlogik-Gerüste in Cobol aufgebaut. Sie dokumentierten Ähnlichkeiten und ließen Unterschiede in spezifischen Ausprägungen von Daten und Funktionen zu. Letztendlich erfordern solche Gerüste ein standardisiertes Design mit spezifischen Annahmen über die Basissystemumgebung, um übertragbar zu sein. Programmschablonen können für dieselben Branchen entwickelt werden; handelt es sich bspw. um Update-Programme für Banken und werden bspw. Konten bearbeitet, bleiben sogar die Variablennamen dieselben, die Anweisungsfolge bleibt in etwa dieselbe, so daß hier die höchsten Produktivitätserfolge erzielt werden können.

336   Vgl. Bassett, P. /Frame-Based Software Engineering/ S. 122. Noma Industries entwickelte bspw. ihre Programme mit 30 Input/Output-Frames, 38 anwendungsorientierten Frames sowie etwa 400 Dataview-Frames, Screen- und Reportframes.

337   Dieses Vorgehen wird bei der Programmentwicklung im Großen praktiziert; bspw. verfügen Unternehmensberatungen über Skelette für bestimmte Branchen.

beachten. Dazu können Frames, Frameworks und die logischen Programmgerüste gezählt werden.

- **Frames**

"A Software-engineering frame is a model solution to a class of related programming
problems containing predefined engineering change points"[338]. Frames sollen gleiche
Probleme für viele Anwendungen des gleichen Typs lösen, indem für Änderungen und
Ergänzungen neue Frames automatisch aus bestehenden instanziiert werden. Frames
werden im Design hierarchisch organisiert. An der Wurzel der Framehierarchie steht
ein Spezifikationsframe, das in 10% des gesamten Codes die Hierarchie kontrolliert
und nur die speziellen Aspekte enthält. Spezifikationsframes werden aus Template-
Spezifikationsframes gebildet, die eine Standard-Frames-Zusammensetzung einer Anwendungsdomäne unter Vorgabe aller wichtigen Optionen bilden. Der Entwickler
macht zunächst eine Kopie der Template und paßt diese an, bevor automatisch ein
ausführbares Modul generiert wird[339]. Der andere Teil des Programmes (90%) wird
aus generischen und speziellen Frames zusammengestellt. Ein Framehierarchiebaum
gibt den Zusammenhalt generischer oder kontextfreier Frames (wie Eingabe/Ausgabe)
vor.

Frames geben dem Softwaresystem eine Struktur und ordnen den Modulen eine spezi-
fische Funktionalität zu; dies bewirkt eine leichtere Zusammensetzbarkeit der
Programme. Eine Bibliothek mit Frames konstitutiert ein, auf den Prinzipien der
Modularität, Lokalität und Verallgemeinerung beruhendes Standarddesign. Es setzt ein
stark hierarchisches und standardisiertes Grobdesign voraus. Aus der Verwendung von
Frames resultiert ein geringerer Test- und Wartungsaufwand, da die verwendeten
Spezifikationsframes bekannt sind.

Der Ansatz beruht auf Ähnlichkeiten in der Struktur von Anwendungen desselben
Typs und legt den Familienansatz zugrunde. Deswegen ist auch das Design in Form
von Frames standardisierbar. Die zugrundeliegende Syntax der Sprache ist allerdings
nicht einfach erlernbar und hat sich auch nicht durchgesetzt. Die Einsatzfähigkeit ist
nicht bewiesen und wird – aufgrund der stark formalen Syntax – auf ein enges Anwendungsgebiet beschränkt bleiben. Dieser Ansatz kann als geplante, generierende Wiederverwendung von Code und Design auf Basis einer auf logischen, mathematisch be-
weisbaren Strukturen beruhenden Sprache charakterisiert werden.

- **Frameworks**

Dem Framework-Ansatz liegt die Hypothese zugrunde, daß Interfacedesign und funktionale Zusammensetzung von Modulen die Schlüsselfaktoren der Softwareerstellung
sind[340]. Deutsch schlägt vor, Design in Smalltalk-80 wiederzuverwenden, indem wiederverwendbare Frameworks definiert werden. Ein System wird in Cluster eingeteilt,
die über standardisierte Schnittstellen wiederverwendbar sind. In eine

---

[338]   S. Bassett, P. /Frame-Based Software Engineering/ S. 122.
[339]   Vgl. Bassett, P. /Frame-Based Software Engineering/ S. 123.
[340]   Vgl. Deutsch, P. /Design Reuse and Frameworks/ S. 58.

Frameworkstruktur sind drei Arten von Schnittstellen einbezogen[341]. Das Framework External Interface (FEI) ist das Interface, welches das wiederverwendete Framework den externen Kunden anbietet. Das Framework Internal Interface definiert das Interface einer Klasse zu den Subklassen. Beide Interfaces bleiben bei Wiederverwendung unverändert. Das Resulting Interface beinhaltet das FEI und jedes Interface das durch die Dienste der Subklassen externen Kunden angeboten wird. Mit Hilfe dieser Interface-Bestimmungen werden aus Objekten und Clustern größere Komponenten zusammengesetzt, für die die Regeln der Datenkapselung, funktionalen Ähnlichkeit und Lokalität gelten. Sie sollen verhindern, daß Klassen innerhalb des Frameworks von anderen Frameworks genutzt werden, um die Modularität und Kapselung zu bewahren. Die Frameworks können über die Vererbung modifiziert werden.

Dieser Ansatz bietet eine Standardisierung der Kommunikationsschnittstelle für alle folgenden Programme. Sind diese Frameworks in allen Entwicklungen standardisiert, werden sie austauschbar und in andere Frameworks bzw. Programme einsetzbar. Neben der Anwendung der wiederverwendungsfördernden Prinzipien wird eine Strukturierung des Systems in Cluster mit standardisierten Interfaces zur Wiederverwendung gefordert. Durch Clustering wird die Komplexität objektorientierter Systeme reduziert und die Wiederverwendbarkeit größerer Bauteile gefördert. Es handelt sich hier um ein Konzept zur geplanten Wiederverwendung von Komponenten in Form von Design und Code mit Hilfe zusammensetzender Technik.

Der Frame- und Frameworkansatz geben ein Design zur Einbindung von Modulen vor. Sie beachten die notwendigen Entwurfsprinzipien wie Modularität, Strukturiertheit des Entwurfs und Lokalität der Daten. Sie dienen zur Zusammensetzung in größeren Programmen; beide erfuhren keine weite Verbreitung. Während der Frames-Ansatz eine neue Sprache zur Moduleinbindung vorstellt, versucht der Frameworks-Ansatz die bestehenden Probleme objektorientierter Systeme zu umgehen. Der Ansatz entspricht im Kern anderen Ansätzen[342] zur Schaffung einer objektorientierten Softwarearchitektur, die auf eine Komplexitätsreduktion und Wiederverwendung größerer Teile zielen.

- **Logische Programmgerüste**

Betriebswirtschaftliche Anwendungsprogramme weisen in etwa sechs typische Funktionen auf, die in den in Kapitel 4.1 aufgeführten Untersuchungen[343] zur Ähnlichkeit dargestellt wurden. Auf der Auszählung[344] aufbauend, wurden bei Raytheon wiederverwendbare Module und Programmstrukturen entwickelt[345]. Diese Strukturen

---

341 Vgl. Deutsch, P. /Design Reuse and Frameworks/ S. 60. Der Ansatz weist eine gewisse Ähnlichkeit vom Konzept her mit dem von ObjectiF auf; in beiden Fällen werden die Interfaces standardisiert, um wiederverwendbare Klassen und Objekte zu erhalten. Damit wird das Schnittstellenproblem in objektorientierten Systemen, das durch Message-Passing in großen objektorientierten Systemen entsteht, vermindert.

342 Vgl. Johnson, R.; Foote, B. /Designing Reusable Classes/ S. 22f. Vgl. Liebherr, K.; Riel, A.; Demeter, A. /Case Study of Software Growth/ S. 8ff. Vgl. Nawrot, B. /objectiF / S. 6ff.

343 Vgl. Goodell, M. /Recurring Functions/ S. 200ff. Vgl. Boehm, B. /Small-Scale-Application/ S. 484. Vgl. Lanergan, R.; Grasso, C. /Software Engineering with Reusable Design and Code/ S. 498ff. Vgl. Emery, J. /Small-Scale Software Components/ S. 18ff.

344 Vgl. Lanergan, R.; Grasso, C. /Software Engineering with Reusable Design and Code/ S. 498ff.

345 Vgl. Lanergan, R.; Grasso, C. /Software Engineering with reusable Designs and Code/ S. 189ff.

wurden als Programmgerüste für das Detaildesign spezifischer Funktionen benutzt, da sie die Gemeinsamkeiten der Funktionen codiert festhalten. Die Details wurden für spezifische funktionale Module designed, reviewed, codiert, getestet und in eine Bibliothek eingestellt. Dazu gehören cobol-spezifische Programmteile wie File Description, Record Description, Edit Routinen, Datenbankein- und -ausgabebereiche, Datenbankschnittstellenmodule, Datenbanksuchargumente sowie Datenbank-Procedure-Division-Aufrufe. Sie stellen durch die spezielle Ausformulierung die Variantenbildung der Programmgerüste dar. Zusammengesetzt ergaben sich somit vollständige Programme. Einige der Module sind funktional, andere datenorientiert[346]. Die logischen Programmgerüste bestehen aus vorgeschriebenen Programmen mit den Teilen Identification Division, Environment Division, Data Division und Procedure Division. Innerhalb dieser Divisions sind für die am häufigsten verwendeten Funktionen Paragraphen wählbar, die das vorgeschriebene Programm ausformulieren und nutzbar machen. Paragraphen dienen als Platzhalter für die spezielle Ausprägung, die die Module realisieren; in manchen Paragraphen müssen die speziellen Variablen oder Programmabläufe eingetragen werden.

Der Nutzen dieser Strukturen liegt in der Systematisierung der Denkweise der Programmierer, der Vereinfachung von Design und Reviews wie auch der Kommunikation zwischen Analysten und Programmierern in bezug auf die notwendige Systemfunktionalität. Durch den Ausschluß fehlerträchtiger Bereiche, wie die in der Anwendungslogik jetzt vorgegebene EOF-Kondition, wird der Erstellungs-, Fehlersuch- und Testaufwand verringert. Die Programmierzeit wird durch die Wiederverwendung des Designs und der Codeteile stark verkürzt. Die Verwendung vorgefertiger Bauteile bewirkt die Vertrautheit für die Programmierer, so daß sie einfacher les- und änderbar sind. Mit dieser Wiederverwendungsstrategie auf Basis unternehmensweiter Anwendungen erreichten Lanergan/Grasso eine Wiederverwendungsrate zwischen 15 und 85%[347] von Programmstrukturen, Design, Testfällen und Code.

Bei diesem Vorgehen wurde ein standardisiertes Design für die allgemeinen Funktionen entwickelt. Die Entwicklung von Programmgerüsten basiert auf Gemeinsamkeiten einiger Anwendungen, so daß in einer Domäne Wiederverwendung realisiert werden konnte. Dieser Ansatz ist empirisch erprobt; es wird gezeigt, daß es nicht formaler oder objektorientierter Sprachen bedarf, um Wiederverwendung zu realisieren. Es sind Ähnlichkeiten im Vorgehen mit den Ada-Projekten festzustellen; dort wurden Units und Packages ebenfalls auf Basis von Gemeinsamkeiten in einer Domäne und einer Programmfamilie erstellt. Wie auch dort wurden hier die Entwurfsprinzipien der Modularität, Abstraktion, Hierarchie und Allgemeinheit eingesetzt. In beiden Fällen wurde mit einer standardisierten Entwicklungsmethodik gearbeitet. Dieser Ansatz kann als geplante, systematische und vertikale Wiederverwendung von Code und Design charakterisiert werden. Dabei wurden die Programmstukturen und Module manuell zusammengesetzt.

---

[346]   Vgl. Lanergan, R.; Grasso, C. /Software Engineering with reusable Designs and Code/ S. 189.
[347]   Vgl. Lanergan, Grasso /Reusable Design and Code/ S. 500.

4.2.3 Wiederverwendbarkeit von Design

Im Laufe der Systementwicklung werden bei Zugrundlegung eines Vorgehensmodell definierte Phasen durchlaufen. Es wird zunächst der Inhalt und die Abgrenzung bzw. die Schnittstellen des künftigen Anwendungssystems festgelegt. Für den inhaltlichen Aspekt werden die domänenspezifischen Fakten extrahiert und in einer bestimmten Form mit spezifischem semantischem Gehalt dargestellt[348]. Zu späteren Zeitpunkten der Entwicklung wird eine Lösung der Problemstellung in DV-spezifischere Begriffe und Darstellungsformen (Nassi-Shneiderman, Pseudocode usw.) umgesetzt. So fließt in den resultierenden Code viel anwendungs- und umsetzungsspezifisches Wissen ein, was aber aus der Codedarstellung nicht mehr unmittelbar ersichtlich ist. Die Lösungen in spezifischen Programmiersprachen können sich äußerlich ähneln (Schleifen, Tabellen, Gruppenverarbeitung usw.) doch liegt die Verschiedenheit im Detail der Problemstellung. "Code is very tricky to reuse. Many of the analysis, design, and implementation decisions which went into its construction are absent from the code itself"[349].

Die Konstruktion ist die Phase der Entwicklung, in der die Entwicklung von Datenbasen, die Ableitung der Modularisierung und des Prozeßdesigns durchgeführt wird[350]. Das Prozeßdesign[351] ist stark von den Basissystemen abhängig. Die Wiederverwendung der Datenbasis und Modularisierung bedeutet die Datenbasis bzw. die modulare Struktur eines großen Programms auf die neuen Entwicklungen zu übertragen, die die gleiche oder ähnliche Daten bzw. Funktionen in neuen Umgebungen realisieren[352]. Die Konstruktion beschreibt das Ergebnis des Entwurfs der verschiedenen Systemkomponenten.

Wiederverwendung von Design bedeutet die Wiederverwendung von aus der Spezifikation mit Hilfe von Methoden abgeleiteten Entwurfsentscheidungen. In der Konstruktion stecken implizit viele entwurfs- und domänenspezifischen Entscheidungen, auch wenn die Darstellung der Konstruktion schon rechnernah und daher austauschbar wirkt. Wiederverwendbares gutes Design verringert die Fehleranzahl in der erneuten Herunterbrechung der inhaltlichen Anforderungen in DV-nähere Darstellungen. Um Design wiederzuverwenden, benötigt man neben den Bauteilen spezifisches Wissen über deren Zusammensetzung[353].

4.2.3.1 Designwiederverwendbarkeit mittels einer Softwarearchitektur

Eine bestimmte Repräsentationsform kann die Wiederverwendbarkeit fördern. Werden die gleichen Darstellungsformen, beispielsweise aufgrund der gleichen verwendeten Methoden für alle Entwicklungen in einer Domäne genutzt, liegen syntaktisch ver-

---

[348] Die angewendeten Methoden und Verfahren können die Darstellung des "Was" einer Domäne bzw. eines Anwendungsfalles einer Domäne entscheidend beeinflussen. D.h., die Verfahren und Methoden müssen auf die Domäne abgestimmt werden.

[349] S. Neighbors, J. /Draco Approach/ S. 188.

[350] Vgl. Denert, E. /Software-Engineering/ S. 45.

[351] Vgl. Denert, E. /Software-Engineering/ S. 48.

[352] Vgl. Dubinsky, E.; Freudenberger, S.; Shonberg, E.; Schwartz, J./Reusability of Design/ S. 275.

[353] Vgl. Lubars, M.; Harandi, M. /Adressing Software Reuse/ S. 346.

gleichbare Produkte vor, die außerdem einen vergleichbaren semantischen Gehalt aufweisen. Damit wird das Erkennen und Einbauen leichter[354]. Die Darstellungsform und der Inhalt sind unabhängig von den notwendigen Anwendungsvoraussetzungen, wie wiederverwendungsfördernde Entwicklungsprinzipien, Schichtenmodelle, Programmfamilien usw., die den Zusammenbau der wiederverwendbaren Bauteile regeln.

- **Rolle der Designrepräsentationen**

Designrepräsentationen sind auf einer spezifischen Entwurfsstufe formalisiertes Wissen. Sie stellen das Ergebnis des Entwurfs dar. Zu einem guten Entwurf gehört Erfahrungs- und Domänenwissen[355]. Entwickler setzen das Design eines neuen Systems aus den auf Erfahrung beruhenden – im Gedächtnis gehaltenen – Designteilen bisheriger Entwicklungen intuitiv zusammen. Das heißt, sie kennen bereits Teile eines Lösungsweges und eines Ergebnisses. Daher scheint es möglich, Designteile zu bauen, die von Entwicklern wiederverwendet werden können. An die Repräsentation des Designs sind bestimmte Anforderungen zu stellen. Die grundlegende Designrepräsentation soll die Wiederverwendbarkeit großer Komponentenstrukturen erlauben, die nur eine geringe Zahl von Annahmen in bezug auf die Zielumgebung machen und die Übertragbarkeit fördern. Die Designrepräsentation soll das Zusammensetzen und das Modifizieren ermöglichen, um neue Systeme zu bilden[356]. Um das intuitive Zusammensetzen zu ermöglichen, ist die Standardisierung des Designs und der methodischen Ableitung zur Erreichung bestimmter Ergebnisse notwendig[357].

Die Entwicklung des Designs durch erfahrene Mitarbeiter ist kostenintensiver, aber qualitativ hochwertiger; diese Produkte verfügen über eine höhere Akzeptanz. Damit wird sich der Aufwand zu ihrer Erstellung in einer erhöhten Wiederverwendbarkeit niederschlagen. Gutes Design des Gesamtsystems erlaubt es, einzelne Designteile und auch Module wiederzuverwenden.

- **Einführung von Designebenen**

Unter Designwiederverwendung wird bei Jameson[358] jegliche Wiederverwendung der architekturalen oder algorithmischen Information existierenden Designs verstanden[359]. Es sollen nicht Module in ein Design eingepaßt, sondern die Wiederverwendung des Designs an sich erreicht werden. Wiederverwendung soll über die Standardisierung von Design und Filetypen realisiert werden. Das Design ist somit grundsätzlich auch auf andere Anwendungen übertragbar. Die Designrepräsentation ist sprachunabhängig und kann auch für die Wiederherstellung alten Designs genutzt werden[360].

---

[354] Vergleiche dazu die Ansätze zur Wiederverwendung von Wissen in Kapitel 4.2.6.

[355] Vgl. Biggerstaff, T. /Reusability is the essence of design/ S. 474.

[356] Vgl. Biggerstaff, T. /Reusability is the essence of design/ S. 475.

[357] Hier wird erkennbar, daß der Lösungsweg zu einem bestimmten Ergebnis führt. Soll das Ergebnis wiederverwendet werden, muß der Lösungsweg nachvollziehbar sein und zu vergleichbaren Entwurfsprodukten führen. Zum anderen wird deutlich, daß es neben dem Lösungsweg offenbar bestimmte Entwurfsrichtlinien sowie Anwendungsvoraussetzungen bei der Erstellung wiederverwendbarer Teile zu beachten gilt.

[358] Vgl. Jameson, K. /Model for Reuse of Software Design Information/ S. 205ff.

[359] Dazu zählt auch die Weiterentwicklung existierenden Designs.

[360] Vgl. Jameson, K. /Model for Reuse of Software Design Information/ S. 206.

Dazu werden drei Designebenen festgelegt. Die oberste sprachunabhängige Ebene (Annotated Calling Tree) repräsentiert das architekturale Design eines Systems. Die mittlere Ebene (Design Files) repräsentiert ebenfalls sprachunabhängig das algorithmische und detaillierte Design. Es gibt auf dieser Ebene drei Filetypen. Design Files repräsentieren die sprachunabhängigen Informationen, die in Kategorien geteilt und einfach in Templates umgewandelt werden können; Template Files repräsentieren die sprachabhängigen Informationen; beispielsweise enthalten sie die Abbildung der symbolischen Datentypen in sprachspezifische Datentypen. Group Files stellen die Verbindung mit der physischen Ebene her. Auf der untersten Ebene sind kompilierbare Module in ihrer Zielsprache angesiedelt. Um nun den Prozeß der Umsetzung zu beschleunigen, sollen die einzelnen Ebenen durch Werkzeuge transformiert werden. Annotated Calling Trees sollen in Design Files sowie diese wiederum in ihre Zielsprachen übersetzbar sein. Umgekehrt soll für die Aufarbeitung die Re-Generierung mit den geplanten Werkzeugen funktionieren. Die Nutzung der Designinformationen ist hinsichtlich der Standardheader und der Datentypen stark abhängig von einem Standardmodulformat. Dann können die Module eingebunden werden[361]. Für die Wiederverwendung des Designs kann der Entwickler entsprechende alternative Module in den Tree einbinden und ausführbaren Code generieren.

Es werden in diesem nicht implementierten Konzept einige der wiederverwendungsfördernden Entwurfsprinzipien (Hierarchisierung, Abstraktion, Modularität, Schichtenmodell) angewendet. Das Konzept ist auf Programmfamilien gut anwendbar, auch wenn darüber keine Aussage getroffen wird. Es handelt sich hier um eine Idee zur geplanten, vertikalen Wiederverwendung von Code, Design und Architektur mit Hilfe einer generierenden Technik durch die Standardisierung von Design.

● **Software-Base-Schema**

Yeh et al.[362] schlagen einen Ansatz zum Prototyping von Systemen mit Hilfe wiederverwendbarer Komponenten auf Basis eines konzeptuellen Modells für prozedurale Systeme vor. Die Entwicklung der Datenbanksysteme bewirkte eine Trennung der Daten- und Programmkonzeption. Daher wird ein konzeptuelles Schema – vergleiche Bild 4.8 – zur Darstellung der Funktionen gefordert. Dieses Software-Base-Schemas hält generische Bausteine ("pre-existing components"[363]) von Programmen bereit.

Als Ziel der Softwarewiederverwendung wird die automatische Generierung von Programmen aus dem konzeptuellen Modell angesehen. So sollen direkt aus dem konzeptuellen Schema, das sich aus vorfabrizierten Einheiten zusammensetzt, via Programmgeneration lauffähige Programme generiert werden. Damit das konzeptuelle Modell automatisch interpretiert und umgesetzt werden kann, muß es in einer formalen Darstellungsform vorgehalten werden. Damit soll das Prototyping, die Wartung und die Qualität des Produkts sowie die Produktivität der Erstellung verbessert und unterstützt werden.

---

361   Vgl. Jameson, K. /Model for Reuse of Software Design Information/ S. 210.
362   Vgl. Yeh, R.; Mittermeir, R.; Roussopoulos, N.; Reed, J. /A Programming Environment/ S. 277f.
363   Vgl. Yeh, R.; Mittermeir, R.; Roussopoulos, N.; Reed, J. /A Programming Environment/ S. 279.

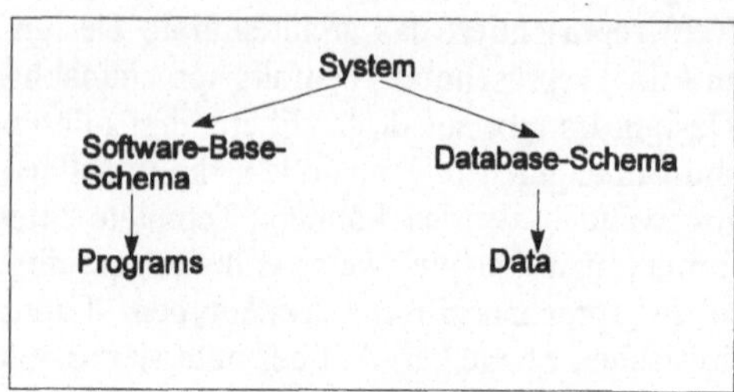

Bild 4.8:   Architektur der Software- und Datenbasis

Der Ansatz konzentriert sich auf die Funktionen auf konzeptueller Ebene. Dies ist für die weitere Modellier- und Wiederverwendbarkeit der Funktionen wichtig. Die erstellten Komponenten des konzeptuellen Modells werden bei jeder Generierung eines Prototyps wiederverwendet. Dies erfordert zur Realisierung inhaltlich und strukturell aufeinander abgestimmte Komponenten, die einem gemeinsamen Softwaredesign entstammen. Das konzeptuelle Modell könnte somit zur Generierung einer Programmfamilie genutzt werden. Es handelt sich hier um die Wiederverwendbarkeit von dem konzeptuellem Modell entstammenden und bestimmte Funktionen realisierenden Komponenten. Der Ansatz stellt ein Konzept zur geplanten, systematischen, vertikalen und generierenden Wiederverwendung von Design, Komponenten und Architektur sowie konzeptuellem Modell dar.

- **Objektorientierte Modulorganisation**

Eine wiederverwendbare Modulorganisation wird von Nawrot in Form einer objektorientierten Softwarearchitektur mit drei standardisierten Ebenen vorgeschlagen. Diese Modulorganisation ist in eine objektorientierte Entwicklungsumgebung namens ObjectiF eingebunden. Die oberste Ebene "Superklassen für die Basistechnologie" soll mittels herstellerabhängigem API die Basis für die Portabilität der Systeme bilden. Die mittlere Ebene "abstrakte Klassen mit fachlicher Semantik" enthält die komplexen Objekte mit den Methoden der spezifischen fachlichen Anwendungen. Die sinnvolle strukturelle Gestaltung dieses Rahmens ist die Voraussetzung für das strategische Potential der Produktfamilie[364]. Die unterste Ebene "abgeleitete Klassen der realen Welt" mit dem größten Umfang und den einfacheren Methoden wird für die Anwendung in einer Produktfamilie auf der Basis der oberen Ebenen abgeleitet und entwickelt. Während die Klassen einer Ebene durch Aggregations- und Instanzbeziehungen miteinander verknüpft werden, wird die Verbindung zwischen den Ebenen durch Verallgemeinerung und Spezialisierung hergestellt.

Für eine fachliche Produktfamilie entsteht bei diesem in Produktion befindlichen System der Aufwand für die oberen Basistechnologie- und abstrakte Semantikklassen der Entwicklungsaufwand nur einfach[365]. Die Eigenschaften objektorientierter Syste-

---

[364]   Vgl. Nawrot, B. /objectiF/ S. 6ff.

[365]   Die Klassen der oberen Ebenen werden einmal erstellt und wiederverwendet. Auch die Ebene der Basistechnologie kann für mehrere Anwendungen verwendet werden.

me wie Vererbung, Datenkapselung und Typprüfung werden für die Erzeugung der funktional abgegrenzten Cluster genutzt. Über die Wiederverwendung elementarer Klassen werden ganze Cluster für die Programmfamilie genutzt. Den Systemkomponenten werden bestimmte Funktionen zugewiesen. Damit ist das Basiscluster so ausgestattet, daß es für mehr als ein Anwendungsgebiet nutzbar ist. Auch hier wurden die wiederverwendungsfördernden Entwurfsprinzipien wie Abstraktion, Modularität, Allgemeinheit und Detaillierung usw. genutzt und durch die objektorientierte Sprache in der Modulkonstruktion und -programmierung unterstützt. Zudem werden sowohl das Schichtenmodell als auch das Programmfamilienkonzept zum Entwurf einer Softwarearchitektur genutzt. Programmfamilien werden immer dann eingesetzt, wenn mehrere Varianten des Designs und der Module in ähnlichen Anwendungsbereichen erstellt und ihre Wiederverwendbarkeit erreicht werden sollen. Dieser Ansatz kann als geplante, systematische und vertikale Wiederverwendung von Modulen und Design mit Hilfe einer objektorientierter Softwarearchitektur charakterisiert werden. Die Module sowie das Design werden zu neuen Systemen zusammengesetzt.

4.2.3.2 Designwiederverwendbarkeit durch einheitliche Methoden

Wie eingangs dargestellt, hängt die Entwicklung wiederverwendbaren Designs eng mit dem Entwurf zusammen. So können vergleichbare Entwicklungs- und Wiederverwendungsprodukte nur auf Basis von gleichem Vorgehen entstehen. Am Ende ihrer Erstellung liegen diese Produkte in einer syntaktisch und semantisch vergleichbaren Repräsentation vor, mit der andere Entwickler arbeiten können. Es kann somit zwischen der Wiederverwendbarkeit des Entwurfsergebnisses und der Wiederverwendbarkeit der Entwurfsschritte – vergleiche beispielsweise IDeA, CORE, DRACO – unterschieden werden. Im folgenden wird ein Projekt vorgestellt, das die Wiederverwendbarkeit des Designs als Entwurfsergebnis durch die Standardisierung von Methoden erreichen will. Inhaltlich kann auch IDeA – vergleiche Kapitel 4.2.4.1 – dazu gezählt werden.

• **Einsatz einer spezifischen Methode zur Wiederverwendung von Design**

Im Rahmen des STARS-Programms des Department of Defense wurde die Wiederverwendung von Bauteilen durch Softwarebauteil-Lagerhaltungsaktivitäten, durch die Entwicklung der ACOS/ECOS-Methode und die Erstellung einer darauf abgestimmten Entwicklungsumgebung gefördert[366]. Die zum Bau in der Domäne der "signal-processing systems" am Naval Research Lab verwendete Methode ACOS (ASP Common Operational Software) wurde im Rahmen eines Projektes "Enhanced Modular Signal Processor" (ECOS) weiterentwickelt. Der Einsatz dieser standardisierten Methode bewirkte die Erstellung vergleichbarer und somit austauschbarer Bauteile.

Die Methode basiert auf einem gerichteten Datenflußgraphen. Ein Knoten besteht aus Ein- und Ausgabe-Queues und einer Transformationsfunktion. An die Eingabe- und Ausgabedaten werden bestimmte Bedingungen gestellt, unter denen der Knoten ausführbar ist. Jede gerichtete Kante des Graphen repräsentiert einen Datenstrom nach

---

366   Vgl. Wald, E. /Software Engineering with Reusable Parts/ S. 109.

dem FIFO-Prinzip, der Daten vom Vorgänger- zum Nachfolgerknoten transportiert. Der Entwickler gibt im Graphen für jede Knotenoperationen die sie kontrollierenden Ausführungsparameter an. Es gibt davon eine bestimmte Anzahl für Eingabe- bzw. Ausgabe-Queues[367].

Das geplante Wiederverwendungsszenario bezog sich auf die Entwicklung neuer Systeme. Durch die Zusammenarbeit verschiedener im Signalprozessorbereich und mit Ada arbeitender Institute und Projekte wurde eine übergreifende Teilebibliothek auf der Basis dieser gemeinsamen Entwicklungsmethode und gemeinsamer Werkzeuge konzipiert. Für die Systementwicklung spezifiziert ein Systemdesigner einen Knoten durch den Funktionsnamen und die Vorgänger-Nachfolger-Beziehung[368]. Liegt die Information in der Bibliothek vor, werden die durch den Benutzer kontrollierten Parameter halbautomatisch eingesetzt. Ist die Funktion nicht bekannt, müssen der Knoten und seine Ausführparameter vom Systemdesigner eingegeben werden. Ist auf der graphisch spezifizierten Seite das System vollständig, wird es mit Ziel Ada automatisch übersetzt.

In diesem Ansatz ist der Anwendungsbereich projektübergreifend, aber domänenspezifisch. Die Wiederverwendung von Teilen ist auf der Designebene auf der Basis einer in allen Projekten verwendeten Methode vorgesehen. Die Wiederverwendung wird durch die einheitliche Methode und die standardisierte Sprache sowie die darauf abgestimmte Entwicklungsumgebung mit Bibliothek unterstützt. In einem Anwendungsbereich läßt sich das Design standardisieren und zur Wiederverwendung nutzen. Es kann damit die Wiederverwendung von Design und Modulen realisiert werden. Auch in diesem Ansatz wird auf die wiederverwendungsfördernden Entwurfsprinzipien wie auch das Schichtenmodell und die Programmfamilien zurückgegriffen. Ada vereinfacht die Umsetzung der auf den Entwurf angewendeten Prinzipien in die Module und den Programmcode. Darüber hinaus ist die einheitliche Methoden- und Werkzeugumgebung wichtiger Bestandteil der geplanten, systematischen vertikalen Wiederverwendungskonzeption. Dabei werden der Code, das Design sowie die Architektur durch Zusammensetzen wiederverwendet.

4.2.3.3 Zusammenfassung

In ObjectiF, ECOS und MIL wurde festgestellt, daß sich Design standardisieren und wiederverwenden läßt. Darüber hinaus lassen sich Module aufgrund standardisiertem Design einfacher wiederverwenden. In den Ansätzen (ECOS, ObjectiF), die sich durch praktischen Einsatz bewährten, wurde weiterhin eine standardisierte Entwicklungsmethode und -umgebung zugrundegelegt. So wurden in allen Fällen das Design und die Module in der gewünschten Darstellungsform bzw. Sprache hinterlegt und bei neuen Entwicklungen durch Abgleich mit vorhandenem Material wiederverwendet[369]. Auch wiesen diese Ansätze eine Domänenorientierung, eine methodische Standardisierung sowie die Anwendung der wiederverwendungsfördernden Entwurfsprinzipien, des

---

367   Graphenvariable können als Eingabe und/oder Ausgabe für eine beliebige Anzahl Knoten spezifiziert
        werden, um Speicherpuffer für Daten, die von mehreren Knoten benötigt werden, zu definieren. Vgl.
        Wald, E. /Software Engineering with Reusable Parts/ S. 111.
368   Vgl. Wald, E. /Software Engineering with Reusable Parts/ S. 111.
369   Vgl. Jameson, K. /Model for Reuse of Software Design Information/ S. 205.

Schichtenmodells und der Programmfamilien auf. Wiederverwendbarkeit des Designs und der Module wird auch durch die Isolierung der Maschinen- und Anwendungsabhängigkeit erreicht.

4.2.4 Wiederverwendbarkeit von Spezifikationen

Durch die Wiederverwendung von Spezifikationen ist der erzielbare Produktivitätseffekt höher[370], da die frühe Phase der Entwicklung, in der das informelle Domänenwissen in eine Spezifikation umgesetzt wird, am aufwendigsten ist. Auch ist eine gute Qualität der Spezifikation Voraussetzung für den weiteren Entwicklungsprozeß, da Folgefehler, die sich in den weiteren Entwurfsschritten ergeben, nur sehr aufwendig wieder zu beseitigen sind. Liegen qualitativ hochwertige Spezifikationen vor, können diese unter bestimmten Voraussetzungen wiederverwendet werden[371]. Dies steigert die Qualität – wiederverwendete Spezifikationen haben ihre Validierung durch den Einsatz in anderen Systemen bereits erfahren – und Produktivität der Entwicklung.

Spezifikationen beschreiben den in Anwendungssystemen abzubildenden Inhalt der Domäne in einer formalisierten Form. Die eingesetzten Verfahren zur Beschreibung der Spezifikation hängen von dem gewählten (funktionalen bzw. objektorientierten) Ansatz und vom Vorgehensmodell ab. Die Spezifikation wird i.d.R. durch methodisch unterstützte Verfahren mit meist graphisch formalisierten Ergebnissen abgebildet. Ihr Formalisierungsgrad reicht jedoch für die automatisierte Ausführung nicht aus. In der Literatur zeichnen sich verschiedene Ansätze der Wiederverwendung von Spezifikationsunterlagen ab.

1. Wiederverwendung der Spezifikationen mit Hilfe von Transformationssystemen,

2. Wiederverwendung der Spezifikationen mit einer Assoziations- und Analogie-Methode,

3. Wiederverwendung in der Wartung über die Lebensdauer der Software.

Der dritte Punkt betrachtet – im Gegensatz zu den anderen – den gesamten Lifecycle. Wartung, als zeitlich längerer Abschnitt im Lifecycle, kann auch als Wiederverwendung über die Zeit bezeichnet werden. Die Produkte der Entwicklung werden im Laufe der Zeit wiederverwendet und modifiziert. Balzer et al.[372] stellen fest, daß es erstens keinerlei Technik für das Management des Wissenseinsatzes für die ersten arbeitsintensiven, informellen und wenig dokumentierten Phasen des Softwareentwicklungsprozesses gibt[373]. Genau diese Schritte sind für die Wartung wichtig, aber selten vollständig vorhanden. Zweitens wird Wartung am Code durchgeführt und das Wissen der Programmierer für die Optimierung des Codes verwendet. Beides führt zu unverständlicher und komplexer Software. Daher schlägt er für die künftigen Technologien ein "automation-based" Softwareparadigma vor, bei dem aus der Spezifikation, die in einer formalen Sprache vorliegen soll, der Quellcode automatisch generiert und die Wartung nur in Form des Vergleichs der Anforderungsanalyse und der formalen Spezifikation vorgenommen wird.

---

370   Vgl. Neighbors, J. /Draco Approach/ S. 188.
371   Vgl. Maiden, N.; Sutcliffe, A. /Exploiting Reusable Specifications/ S. 58f.
372   Vgl. Balzer, R.; Cheatham, T.; Cordell, G. /Software Technologie in the 1990's/ S. 40.

Im folgenden sollen die Wiederverwendung mit Hilfe von Transformationssystemen und mit Hilfe der Analogie-Methode betrachtet werden, da sie Aufschlüsse über den Entwurf und die Anwendungsvoraussetzungen zulassen.

4.2.4.1　Interaktive Ableitung neuer aus alten Spezifikationen

DRACO, ARIES, CORE und IDeA sind prototypische bzw. konzipierte Systeme, die die Wiederverwendung von Spezifikationen (und nachfolgender Entwicklungsprodukte) sowie den Umsetzungsmechanismus in Code wiederverwenden helfen.

- **DRACO**

DRACO ist ein prototypisches System[374] zur Programmsynthese, das in einer stark eingegrenzten Domäne auf der Basis einer Spezifikation in einer Domänensprache[375] erstellt wird. DRACO generiert daraus halbautomatisch mit Hilfe von Softwarebausteinen ein ausführbares Programm[376]. Mit einer "domain language" wird eine, das Anwendungswissen enthaltende, problem- und domänenspezifische Analyse erstellt. Bei jeder Herunterbrechung der Analyse auf die Designstufe werden die Designteile, die die Objekte und Operationen der Spezifikation umsetzen, genutzt. Die Umsetzung geschieht interaktiv[377] durch die Verfeinerung von "high-level-languages" in "low-level-languages" durch "Source-to-source-program"-Transformationstechniken[378]. Damit werden bei jeder neuen Entwicklung die formalisierte Spezifikation, das vorhandene formalisierte Design, die Bausteine sowie die Umsetzungsprozesse der Programmgenerierung wiederverwendet[379].

Die Bedeutung von DRACO liegt in der Wiederverwendung der genannten Entwurfsinformationen[380], beginnend auf der anwendungsnahen Entwurfsebene der Spezifikation. Die Wiederverwendung ist durch die Formalisierung in der nur einen – um die Realität abzubilden – geringen semantischen Gehalt aufweisenden Domänensprache auf eine enge Domäne beschränkt.

Zur Umsetzung müssen die Umsetzungsregeln definiert, abgegrenzt und formalisiert werden. Es werden methodische Richtlinien vorgegeben, um das allgemeine und hierarchische System stufenweise zu detaillieren und die Spezialisierung zu ergänzen. Die Hierarchisierung und Komponentenbildung setzt die Modularisierung der Bestandteile voraus. Das ganze System ist durch die formale Darstellung und formalisierte Umset-

---

[373]　Vgl. Balzer, R.; Cheatham, T.; Cordell, G. /Software Technologie in the 1990's/ S. 39.

[374]　Vgl. Neighbors, J. /The Draco Approach/ S. 564. DRACO gilt als Transformationssystem.

[375]　Vgl. Seppänen, V. /Reusability in Software Engineering/ S. 286.

[376]　Vgl. Freeman, P. /Conceptual Analysis of the Draco Approach/ S. 192.

[377]　Vgl. Neighbors, J. /Draco/ S. 303. Vgl. Neighbors, J. /Draco Approach/ S. 184.

[378]　Eine Transformation bildet einen Umsetzungsprozeß von einem Programmschema auf ein zweites ab. Transformationen können auf formalen Sprachen beruhende Entwicklungsprodukte in Code umsetzen. Voraussetzung ist die Kenntnis und Formalisierung des Umsetzungsprozesses. Vgl. Freeman, P. /Conceptual Analysis of the Draco Approach/ S. 192. Vgl. Neighbors, J. /Draco Approach/ S. 182f.

[379]　Vgl. Neighbors, J. /Draco/ S. 302.

[380]　Vgl. Neighbors, J. /Draco Approach/ S. 181.

zung nicht einfach verständlich. Aus diesen Gründen ist das Einsatzgebiet stark einge-schränkt[381].

DRACO liegt das Programmfamilienkonzept zugrunde, da die Wiederverwendung der Domänenspezifikation auf der Ähnlichkeit zwischen Domänen[382] basiert. Diesem Ansatz liegen die Anwendungsvoraussetzungen der Domänen- und Methodenorientierung sowie die Anwendung von wiederverwendungsfördernden Entwurfsprinzipien zugrunde. Dieser Ansatz beschreibt einen Prototyp zur geplanten, systematischen und vertikalen Wiederverwendung einer in einer formalen Sprache definierten Spezifikation, von Designteilen, von Bausteinen und Code sowie des Transformationsprozesses mit Hilfe eines generierenden Systems.

Das transformationsorientierte System SETL[383] hat ebenfalls die Wiederverwendung von bestehenden Designspezifikationen zum Ziel. Im Mittelpunkt dieses Systems steht die Umsetzung der komplexen Datentypen und Kontrollstrukturen einer "high-level language"[384] in eine prozedurale Sprache. Die Entwicklung eines solchen Transformationsmechanismus ermöglicht beschränkt auf die Datentypen die Wiederverwendung des Designprozesses und der Designbeschreibung, wenn sie auf den neuen Anwendungsfall paßt. Formale Sprachen haben den Vorteil, einen recht hohen semantischen Gehalt aufzuweisen und verifizierbar zu sein. Trotzdem ist ihr Einsatz, da sie sich nur zur Beschreibung enger Domänen eignen sowie schwer erlernbar sind, unwahrscheinlich. Derartige Ansätze sind nicht weit verbreitet.

- **ARIES**

ARIES[385] (Acquisition of Requirements and Incremental Evolution of Specifications) ist ein wissensbasiertes System zur Ableitung von formalen Spezifikationen aus der Anforderungsdefinition. Die Erfassung der Anforderungsdefinition erfolgt mit Hilfe hypertextverknüpfter und syntaktisch prüfbarer Diagramme; die Anforderungen werden mit Hilfe des in der Wissenskomponente enthaltenen Umsetzungswissen in formale Spezifikationen transformiert, aus denen Programme automatisiert generiert werden können[386].

Die ARIES-Wissenskomponente enthält als zentralen Systemteil Sammlungen von wiederverwendbaren allgemeinen Anforderungsdefinitionen, auf die der Analyst zurückgreifen kann[387]. Der Analyst kann zum einen die Anforderungen auf der Basis von State-Transition-Diagrammen, Informationsflußdiagrammen, Modularisierungshierarchien und formalen Spezifikationen erarbeiten. Zum anderen kann auf die in der Wissensbasis von ARIES enthaltenen Spezifikationen zurückgegriffen werden, indem sie

---

381   Daher war der historisch nächste Schritt der Einsatz von wissensbasierten Systemen, um die Umsetzung anzuleiten.

382   Vgl. Neighbors, J. /The Draco Approach/ S. 564.

383   Vgl. Partsch, H.; Steinbrüggen, R. /Program Transformation Systems/ S. 295.

384   S. Dubinsky, E.; Freudenberger, S.; Shonberg, E.; Schwartz, J./Reusability of Deisgn/ S. 276.

385   Vgl. Johnson, W.L.; Feather, M., S.; Harris, D.R. /Applying domain and design knowledge/ S. 48.

386   In ARIES wird nicht zwischen Anforderungen und Spezifikationen getrennt; vielmehr werden Spezifikationen als Ergebnis der Akquirierung und Formalisierung von Anforderungen gesehen. Spezifikationen werden aufgrund bestehender Anforderungsdefinitionen mit Hilfe graphischer Werkzeuge erarbeitet.

387   Vgl. Johnson, W.L.; Feather, M., S.; Harris, D.R. /Applying domain and design knowledge/ S. 52.

nach Ähnlichkeiten ausgesucht, spezialisiert, an die neuen Anforderungen angepaßt und eingebaut werden. Damit werden neue Spezifikationen schneller und genauer erarbeitet. Dann erfolgt der Einsatz der Wissenskomponente zur interaktiven, evolutionären Transformation[388], um die Systembeschreibung zu entwickeln. Mit Hilfe von Analysetools, die über Simulationsmöglichkeiten, Deduktions- und Abstraktionsmechanismen verfügen, wird die vorgeschlagene Spezifikation überprüft.

Mit ARIES werden neue Spezifikationen auf Basis alter formalisierter Anforderungen in einer Domäne interaktiv erarbeitet, um schneller und qualitativ hochwertigere Spezifikationen zu erhalten. Neben den Spezifikationen und den darunter liegenden Entwicklungsstufen (Design, Komponenten) wird auch das Umsetzungswissen wiederverwendet. Dies setzt die Definition von Entwurfsstufen, die Anwendung der wiederverwendungsfördernden Entwurfsprinzipien sowie eine festgelegte methodische Vorgehensweise zur Definition der Umsetzungsschritte voraus. Der Wiederverwendung von Spezifikationen und den folgenden Entwicklungsstufen liegt implizit das Programmfamilienkonzept zugrunde. Dieser Prototyp beschreibt die geplante, systematische und vertikale Wiederverwendung von Code, Design und Spezifikationen sowie Transformationsregeln auf Basis einer halbgenerierenden Umsetzung mit einem wissensbasierten System.

- **IDeA**

Die Wiederverwendung von Design erfordert neben einer Sammlung von Bauteilen auch das Wissen zum Auffinden und zum Einbau dieser Bauteile. Lubars/Harandi[389] schlugen zur Unterstützung dieser Tätigkeit "Intelligent Design Aid" (IDeA), eine wissensbasierte Umgebung zur Wiederverwendung von Design, Anforderungen und Spezifikationskomponenten, vor. Softwaredesignkomponenten liegen in Form abstrakter Schemata, um ihre Wiederverwendbarkeit zu erleichtern[390], vor. Schemata werden für IDeA so abstrakt wie möglich konstruiert; so bestimmen abstrakte Datentypen (statt spezifischen Datenelementen) den Input- und Output-Datenfluß. IDeAs Wissensbasis enthält Regeln zur Spezialisierung der Schemata und domänenorientierte Datenobjektbeschreibungen sowie Pointer auf wiederverwendbare Schablonen und Code[391]. Es werden nicht nur Entwurfsergebnisse wie Spezifikationskomponenten, Design und Schablonen wiederverwendet, die Tätigkeit des Entwurfs soll ebenfalls unterstützt werden. IDeA soll die entsprechende Unterstützung bei der Suche, dem Einbau und der Anpassung bieten. Dies wird durch spezifische Selektionsstrategien für Komponenten sowie diverse Regeln für die Spezialisierung und Verfeinerung der Komponenteninstanzen unterstützt.

IDeA unterstützt Datenflußrepräsentationen auf Basis der Methode SA/SD[392]. Nach dieser Methode werden die Prozesse eines DFD verfeinert und nach bestimmten Regeln in ein Systemdesign (Structure Chart) zerlegt. Nach Vergleich der bestehenden

---

[388] In ARIES sind einige "evolution transformations" gespeichert, die der Nutzer auswählen muß; die ausgewählten Umsetzungsregeln werden durch Anwendbarkeitsbedingungen in ARIES überprüft.

[389] Vgl. Lubars, M.; Harandi, M. /Intelligent Support for Software Specification and Design/ S. 33f.

[390] Vgl. Lubars, M.; Harandi, M. /Adressing Software Reuse/ S. 346f. Vergleiche dazu auch die Ansätze zur Analogiebildung, in Kapitel 4.2.4.2.

[391] Vgl. Lubars, M.; Harandi, M. /Adressing Software Reuse/ S. 346.

[392] Vgl. Lubars, M.; Harandi, M. /Intelligent Support for Software Specification and Design/ S. 35.

Komponenten der Domäne und ihrer Wiederverwendung durch Bildung von Instanzen wird ein eigenes Design nach der gleichen Methode gebildet. "The eventual result of the refinement process is a detailed set of leveled data flow diagrams, with the lowest level transformations corresponding to easily codable modules or pointers to reusable code"[393]. Wiederverwendet werden Spezifikationen, abstrakte Designschemata, Datenobjektdefinitionen und Datenobjekteigenschaften.

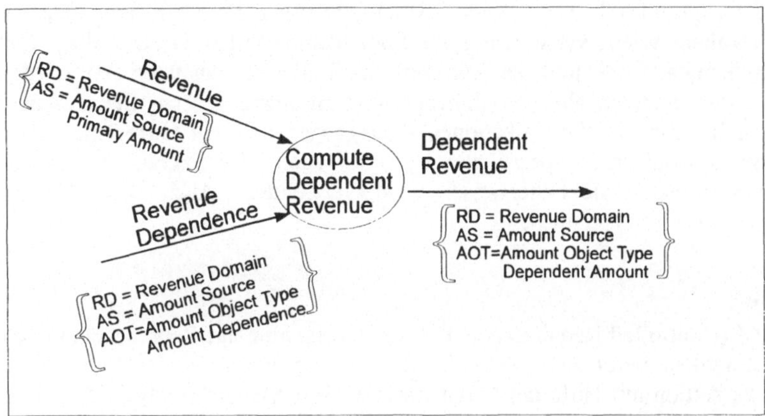

Bild 4.9:   Compute-Dependent-Revenue-Schema mit Bedingungen und Bedingungsvariablen[394]

Zusammengefügt werden die Komponenten über die von Datenflüssen und Datenflußtransformationen bestimmte Struktur des Systems. In Bild 4.7 wird das abstrakte Schema "Compute Dependent Revenue", das nur aus Prozeß sowie ein- und ausgehenden Datenflüssen besteht, dargestellt. Diesem werden in einer konkreten Spezifikation zutreffende Datentypen ergänzt, so daß nun die ein- und ausgehenden Datentypen bestimmt sind. Refinement Rules werden benutzt, um die Designschemata in speziellere Designvarianten herunterzubrechen. Diese Refinements bezeichnen generische Designentscheidungen für ihre assoziierten Schemata. Das bedeutet, daß eine bereits existierende Schemaverfeinerung auf eine ganze Familie angewendet werden kann. Für manche Spezialisierungen des Designs liegen codierte Module vor, die wiederverwendet werden können. Für andere muß der Code erst erstellt werden.

Die Auswahl und die kundenspezifische konkrete Anpassung werden durch die Wissensbasis und die Regeln von IDeA unterstützt[395]. Der Nutzer beschreibt die ein- und ausgehenden Datenflüsse mit Hilfe von Datentypen und Bedingungen. IDeA interpretiert diese Beschreibungen, um spezifische Datentypen zu identifizieren. Da die Schemata und Datentypen zunächst noch abstrakt sind, wird über ein erstes Datenflußdiagramm eine Auswahl von möglichen Datenflußdiagrammen getroffen. Nach einer Auswahl unterstützt der Schemaselektionsprozeß die Generierung einer

---

[393]   S. Lubars, M.; Harandi, M. /Adressing Software Reuse/ S. 349.
[394]   Vgl. Lubars, M.; Harandi, M. /Adressing Software Reuse/ S. 355.
[395]   Vgl. Lubars, M.; Harandi, M. /Adressing Software Reuse/ S. 361.
         Vgl. Lubars, M.; Harandi, M. /Intelligent Support for Software Specification and Design/ S. 37.

Instanz des Schemas mit allen Datentypen. Die Bedingungen der benutzerspezifischen Spezifikation werden mit den Bedingungen und Bedingungsvariablen der Schemata vereinigt. Diese Bedingungen werden benutzt, um die anzuwendenden Spezialisierungs- und Detaillierungsregeln zur Designerstellung zu finden[396].

In diesem Ansatz werden die wiederverwendungsfördernden Entwurfsprinzipien sowie das Konzept der Programmfamilien[397] auf die Transformation der Spezifikation mit Hilfe vorhandener Bauteile in Design und Code angewendet. Sie werden im Entwurf durch die zugrundegelegte Methode SA/SD unterstützt. Dieses Konzept kann als geplante vertikale Wiederverwendung von Spezifikationsteilen, Designteilen, abstrakten Designschemata, Code und der Tätigkeit des Entwurfs charakterisiert werden. Die Teile werden manuell, aber maschinengestützt zusammengesetzt. Bei diesem Ansatz wird von bestehenden Spezifikationen ausgegangen und mit Hilfe einer definierten Methode sowohl die Spezifikationen wie auch die darauf folgenden Entwicklungsprodukte möglicherweise wiederverwendet. Auch der Umsetzungsmechanismus wird unterstützt.

- **CORE**

CORE[398] (Controlled Requirements Expression) ist eine auf Representationsschemata und Heuristiken beruhende Methode, die den Analysten in der Entwicklung von Aktion zu Aktion mit Hilfe des "Tool Assisted Requirement Analysis"[399] leitet. Wiederverwendet werden vorliegende Spezifikationen. Die Vorgehensweise betrachtet zunächst die Spezifikationen des zu analysierenden Systems aus mehreren Sichten. Mit Hilfe des Systems werden dann vollständige Spezifikationen erarbeitet. In CORE wird mit einer festgelegten Methode, die aus den Schritten Viewpoint-Structuring, Tabular Collection, Data Structuring, Single-Viewpoint- und Combined-Viewpoint-Modelling[400] besteht, gearbeitet.

CORE basiert auf der Betrachtung von bestehenden Spezifikationen und Teilspezifikationen, die in den Schritten des Entwicklungsprozesses wiederverwendet werden. Ergebnis ist eine Spezifikation, die sich aus vorhandenen (Teil-)Spezifikationen zusammensetzt. Ein Problem besteht darin, daß CORE, wie auch andere Entwicklungsvorgehensweisen, top-down arbeitet, die existierenden Wiederverwendungsobjekte aber bottom-up eingefügt werden müssen. "Re-use has to be retro-fitted

---

[396]   Vgl. Lubars, M.; Harandi, M. /Adressing Software Reuse/ S. 364.

[397]   Es werden abstrakte Designschemata verwendet, um eine Design- und Programmfamilie in einer Domäne zu entwerfen. Die bei ihrer Spezialisierung angewendeten Designentscheidungen grenzen die Familienmitglieder voneinander ab. Familienmitglieder werden aufgrund von Ähnlichkeiten der Spezifikation, der Designschemata sowie der Entwurfsentscheidungen entwickelt. Sie gehören einer Domäne an.

[398]   Vgl. Finkelstein, A. /Re-use of formatted requirements specifications/ S. 186ff.

[399]   Vgl. Finkelstein, A. /Re-use of formatted requirements specifications/ S. 186.

[400]   Die wichtigsten Schritte der Methode (aus Toolunterstützungssicht) sind 1. Viewpoint Structuring: Die Modellierungswelt wird in eine Anzahl von Viewpoints (Agents, Actors) unterteilt. Diese unterscheiden sich durch spezifische Verantwortung, Funktionalitäten und Attribute, 2. Tabular Collection: Identifizierung der auszuführenden Aktionen und des In- und Outputs an Datenströmen, 3. Data Structuring: Strukturierung der ausgehenden Datenflüsse bspw. nach Jackson System Development, 4. Single-Viewpoint Modelling: Hinzufügung von Kontrollinformationen (Aktions-Trigger) zu den Viewpoints, 5. Combined-Viewpoint Modelling: Identifizierung von Transaktionen die sich durch das System ziehen.

to the method"[401]. Um aber etwas einzufügen zu können, müssen die Objekte bestimmt werden.

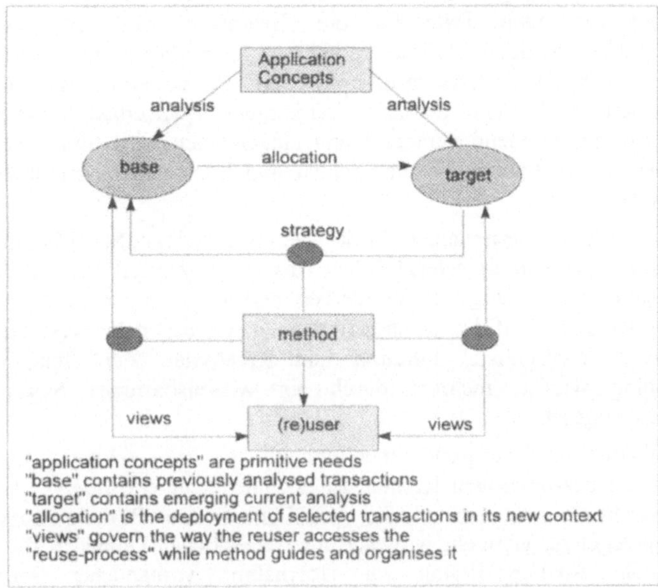

Bild 4.10:   Vorgehen von CORE

In diesem Beispiel entschieden sich die Autoren für Transaktionen als Wiederverwendungsobjekte. Der Nachteil liegt darin, daß Transaktionen nicht durch CORE manipulierbar und orthogonal zur Dekomposition des Systems sind; der Vorteil liegt darin, daß Transaktionen klein und handhabbar, aber auch aufwendig in der Erstellung sind, so daß sich Wiederverwendung lohnt. Da sich vorliegende Spezifikationen nicht auf dasselbe Themengebiet beziehen müssen, müssen evtl. Analogien, durch die Einführung verschiedener Analogieebenen zwischen den Soll- und Zielobjekten, gebildet werden.

Die Wiederverwendung wird durch TRUE (The Re-Use Tool) unterstützt[402]; das unterstützte Modell geht zunächst vom Application Concept – als Beginn der Analyse – aus. Die Domäne variiert von Projekt zu Projekt und damit den inhaltlichen Bezug der Transaktionen. In der Analyse sollen zwei Strukturwissensbasen, die "base", die die früher analysierten Transaktionen enthält, und die "target", die die Analyse der zu bearbeitenden Transaktion im laufenden Stadium enthält, eingesetzt werden. So ist beispielsweise in der "base" eine Menge gelinkter Objekte mit entsprechenden Attributen enthalten, die eine durch CVM (Combined-Viewpoint-Model) dargestellte Systemanforderung bilden.

---

401   S. Finkelstein, A. /Re-use of formatted requirements specifications/ S. 187.
402   Vgl. Finkelstein, A. /Re-use of formatted requirements specifications/ S. 188.

Das Tool soll dem Nutzer Selektionsstrategien bieten, die dem "Pattern Matching", dem "Causal Chain Matching", dem "Purpose Matching" und der "Generalisierung" folgen. Über diese Mechanismen werden Teile oder auch ganze Spezifikationen – in der gesuchten Darstellung (bspw. Viewpoints) – übernommen. Die Zuordnung und Auswahl der passenden Teile für die Zieldomäne soll mit den Schritten Restrukturieren, Verbinden und Editieren vor sich gehen. Die ausgewählten Teile werden auf Inkonsistenzen, bestehende und passende Attribute sowie Funktionen geprüft und anschließend in die neue Domäne übernommen. Man erhält somit einen neuen Viewpoint, der anschließend verändert und eingebunden wird. Eine wichtige Rolle spielen dabei die Methoden, die die Sichten und Strategien zusammenbringen und kontrollieren[403].

Die vorgeschlagenen Determinanten für das Retrieval analoger Spezifikationen werden nur durch einfache Beispiele belegt[404]. Der Ansatz konzentriert sich auf das wissensbasierte System zur Lösung der Wiederverwendbarkeit des Designprozesses. Die Übertragung der Quell- auf die Zielspezifikationen erfordert neben dem erforderlichen Domänenwissen menschliche Intuition und Kreativität. Zur Unterstützung der Transferleistung werden mehrere durch ein wissensbasiertes System genutzte Wissensbasen eingesetzt.

Jede Spezifikation wird aufgrund einer einheitlichen Entwicklungsmethode erstellt. Damit sind Teilspezifikationen leichter zu erkennen und einzufügen. Auch werden nicht grundsätzlich domänenspezifische Spezifikationen zur Bildung neuer Spezifikationen zugrundegelegt; vielmehr wird bei unterschiedlichen Domänen für Quell- und Zielsystem die Analogiebildung zur Übernahme vorhandener Spezifikationen angewendet. Zieht man die Schlußfolgerungen aus Kapitel 4.2.4.2 heran, müßte ein abstraktes Metamodell für beide Spezifikationen zugrundegelegt werden. Somit wird auch in CORE das Programmfamilienkonzept, wenn auch nicht explizit, verfolgt. Es handelt sich um ein Konzept, das die geplante Wiederverwendung von Spezifikationen, Design und Code sowie von Umsetzungsregeln auf der Basis einheitlicher Methoden betrachtet.

4.2.4.2 Spezifikationswiederverwendung durch Analogiebildung

Auf der Basis von Analogien zwischen Anwendungen sollen Spezifikationen sowie die folgenden Entwurfsprodukte wiederverwendet werden. Bei Analogiebildung ist die Ähnlichkeit der Bestandteile einer Spezifikation – den Objekten und ihren Beziehungen – zwischen Quell- und Zieldomäne Basis der Wiederverwendung. Mit der Wiederverwendung durch Analogiebildung wird ein Weg aufgezeigt, Ähnlichkeiten zwischen Anwendungen auszunutzen.

"Analogical problem solving consists of transferring knowledge from past problem solving episodes to new target problems that share significant aspects with corresponding past experience – and using the transferred knowledge to construct solutions to

---

403   Vgl. Finkelstein, A. /Re-use of formatted requirements specifications/ S. 194.
404   Vgl. Maiden, N. /Analogy as a paradigms for specification reuse/ S. 4.

the target problems"[405]. Analogieschlüsse übertragen eher ein komplettes Wissensnetzwerk als unzusammenhängende Fakten[406]. Zu diesem Wissen zählt domänen- und methodenspezifisches Wissen[407]. Gentner[408] beschreibt die zentralen Punkte einer Analogie: Die Abbildung der Beziehungen zwischen Objekten aus der Quell- in die Zieldomäne ist wichtiger als die Abbildung der Attribute der Objekte der beiden Domänen. Den teilweise abgebildeten Beziehungen liegt eine Beziehung höherer Ordnung zugrunde[409]. Diese Regeln haben die Eigenschaft, daß sie lediglich auf syntaktischen Eigenheiten der Wissensrepräsentation beruhen und nicht auf dem spezifischen Inhalt der Domäne[410]. Dazu sind drei Ansätze zur analogen Spezifikation, zum abstrakten Spezifikationsmodell und zum Modell der Analogiewiederverwendung aufzuführen.

- **Analoge Spezifikationen**

Maiden/Sutcliffe untersuchten die Übertragung von – in DFD-Repräsentationen vorliegenden – Spezifikationen eines Problemgebiets auf ein anderes mit Hilfe der Analogiebildung. Untersuchungsgegenstand ist die Fähigkeit von Entwicklern, die Analogien zu finden und zu übertragen. Bei der Übertragung auf einen analogen Anwendungsbereich sollten nicht nur syntaktische Ähnlichkeiten übertragen werden, sondern die wesentlichen der Spezifikation inhärenten Charakteristika. Es wurden in einer ersten Studie drei Gruppen von Studenten mit geringen Teilnehmerzahlen gebildet[411], wobei jede Gruppe unterschiedliche Hilfsmittel des analogen Quellproblems erhielt. Alle erhielten eine Beschreibung in Erzählform und sonst keine Hilfe (Gruppe 1) bzw. eine Beschreibung in Erzählform und eine abstrakte Schablone des Themengebiets (Gruppe 2) bzw. eine Beschreibung in Erzählform und eine konkrete Spezifikation eines ähnlichen (aber nicht identischen) Themengebiets (Gruppe 3)[412]. Ergebnis war, daß die Verwendung der Spezifikationen als Vorlage positiv auf die Vollständigkeit des Entwurfs wirkte; die Vorgabe von abstraktem Material erwies sich als besser als die Vorgabe einer konkreten Spezifikation. Die Gruppe mit der abstrakten Analogie wies die höchste Vollständigkeit auf, die Gruppe mit der konkreten Analogie arbeitete unvollständiger, und die Kontrollgruppe ohne Hilfsmittel hatte die geringste Vollständigkeit aufzuweisen. Daraus wurde der Schluß gezogen, daß konkrete Analogien schwieriger als abstrakte[413] zu erkennen sind. Problematisch für alle Teilnehmer war das Erkennen der Analogie wie auch das Verständnis der vorgegebe-

---

405   S. Carbonell, J. /Derivational analogy/ zit. in Maiden, N. /Analogy as a paradigm for specification reuse/ S. 5.

406   Vgl. Gentner, D. /Structure-Mapping/ S. 168.

407   Vergleiche dazu das Kapitel 4.2.6.

408   Vgl. Gentner, D. /Structure-Mapping/ S. 168.

409   Gentner bezeichnet als Analogie einen Vergleich, bei dem "relational predicates", aber weniger oder keine Objektattribute von der Basis- zur Zieldomäne abgebildet werden. Vgl. dazu Gentner, D. /Structure-Mapping/ S. 159. Verdeutlicht wird dies am Beispiel der Analogie zwischen dem Sonnensystem und einem Atom anhand der Beziehungen Distanz, betrachtete Körper, "Herumkreisen" und spezifisches Gewicht. Vgl. dazu Gentner, D. /Structure-Mapping/ S. 163.

410   S. Gentner, D. /Structure-Mapping/ S. 168.

411   Vgl. Maiden, N.; Sutcliffe, A. /Exploiting Reusable Specifications/ S. 58ff.

412   Vgl. Maiden, N.; Sutcliffe, A. /Exploiting Reusable Specifications / S. 58.

413   Vgl. Maiden, N.; Sutcliffe, A. /Exploiting Reusable Specifications / S. 59.

nen und wiederzuverwendenden Spezifikation. Unerfahrene Entwickler schienen nur syntaktisches und oberflächliches Verständnis des Zielgebietes entwickelt zu haben.

Eine zweite Studie wurde verändert durchgeführt: Studenten erhielten eine konkrete Spezifikation (Flexible Manufacturing System) und eine textuelle Beschreibung eines analogen Problemfalles (Air Traffic Control System). Die Aufgabe war, ein Datenflußdiagramm des analogen Falles zu erstellen und die gedanklichen Analogien laut auszusprechen. Das Ergebnis war, daß alle die analoge Spezifikation mit ähnlichem mentalem Verhalten wiederverwendeten und ähnliche Lösungen konstruierten. Die Wiederverwendung der Spezifikationen half den Problemraum zu strukturieren. Alle Beobachtungspersonen tendierten zu geistiger Faulheit; sie kopierten eher die vorgegebene Spezifikation als sich mit der textuellen Beschreibung auseinanderzusetzen. Daher wurden einige kritische Faktoren des neuen Problemfalles nicht beachtet[414]. Fehler und Fehlkonzeptionen wurden auf die nicht verstandene Quelldomäne zurückgeführt. Auch wurden analoge Abbildungen aufgrund syntaktischer Ähnlichkeiten durchgeführt.

In einer dritten Studie wurde mit erfahrenen Entwicklern das Szenario der zweiten Studie wiederholt. Hier waren die Resultate anders. Erfolgreiche Wiederverwendung war verbunden mit vorsichtigem, inkrementellem Transfer der Spezifikation. Vor der Wiederverwendung stand zunächst das Verstehen beider Spezifikationen[415]. "Analogical comprehension occurred iteratively with transfer of reusable components and exploited knowledge of the underlying domain rather than the reusable solution"[416].

Die Problematik bei der Übertragung vorhandener Spezifikationen auf ein neues Themengebiet liegt im notwendigen Verständnis beider Domänen[417]. Da bereits die Einarbeitung in eine Domäne sehr aufwendig ist, ist die Wiederverwendung durch Analogien recht ineffizient. Dies wird durch den zweckgerichteten Analogie-Ansatz angegangen.

- **Zweckgerichteter Analogie-Ansatz**

Das zugrundeliegende Wissen soll auf das neue Anwendungsgebiet übertragen werden[418]. In Bild 4.12 lassen beispielsweise die ähnlich erscheinenden Spezifikationen keinen Analogieschluß zu, da die zugrundeliegenden kausalen Beziehungen zwischen den Objekten nicht übereinstimmen. So wird das Produkt (passiv) in der Produktionsstraße gefertigt, während das Flugobjekt (aktiv) im Aircorridor fliegt.

Grundsätzlich soll eine Analogie des domänenspezifischen Inhaltes zwischen den beiden Fällen bestehen. Im Beispiel des ATC kommen Flugzeuge in bestimmten

---

414   Vgl. Maiden, N.; Sutcliffe, A. /Exploiting Reusable Specifications/ S. 59.

415   Vgl. Maiden, N.; Sutcliffe, A. /Exploiting Reusable Specifications/ S. 60.

416   S. Maiden, N.; Sutcliffe, A. /Exploiting Reusable Specifications/ S. 60.

417   Dies zeigt auch die Untersuchung von Holt/Boehm-Davis, die die Ursache für Fehler im Entwurfsprozeß im fehlenden Domänenverständnis sehen. Vergleiche dazu Kapitel 4.2.6.

418   Als relevantes Wissen für analoge Spezifikationen dienen das Lösungsweg-, das Quelldomänen- und das Zieldomänenwissen. Das Lösungswegwissen beschreibt die in der Spezifikation dargelegten Grundkonzepte. Das Domänenwissen beschreibt das Domänen- und das reale-Welt-Wissen, die die Anwendungsdomäne darstellen. Das Zieldomänenwissen beschreibt den Zweck der wiederverwendbaren Spezifikation und die Anforderungen des Zielsystems.

Korridoren an und werden durch Radar überwacht, um Kollisionen zu vermeiden. Im Beispiel des FMS (Flexible Manufacturing System) fahren die Produkte auf Förderbändern an Kontrolleinrichtungen vorbei. Durch den Transfer der unter den betrachteten Objekten bestehenden Beziehungen und unter Streichung spezifischer Attribute (das Flugzeug hat Flügel, das Förderband hat Rollen) kann die analoge Abbildung durch die Suche nach Gemeinsamkeiten vorgenommen werden.

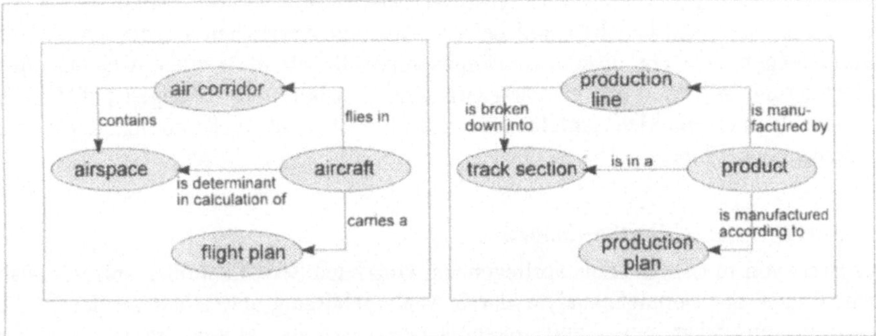

Bild 4.11:   Vergleich der Syntax und der Beziehungen zwischen Domänen [419]

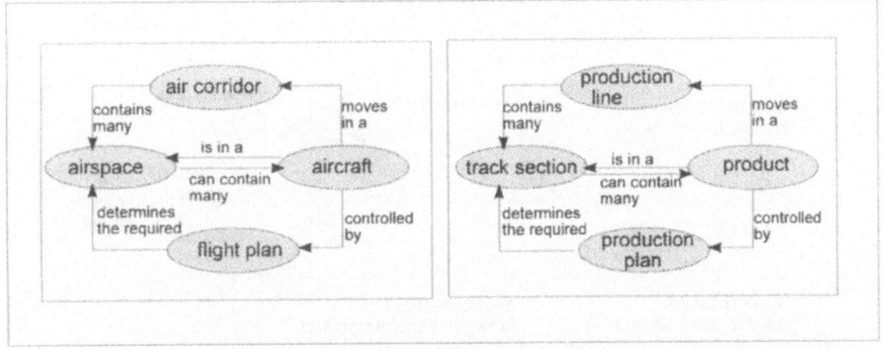

Bild 4.12:   Syntaktische Ähnlichkeiten und kausale Beziehungen zwischen Domänen [420]

Es kann gemeinsames Zielwissen gefunden werden. Das ATC-System soll die Flugzeuge überwachen, um den Flugplan einzuhalten, und das FMS-System soll die Produkte überwachen, um den Produktionsplan einzuhalten. Es steht die Suche nach Gemeinsamkeiten im Sinne der analogen Abbildung im Vordergrund; d.h. derart erstellte Spezifikationen müssen solange modifiziert werden, bis die Gemeinsamkeiten gefunden sind.

---

419   Maiden, N. /Analogy as a paradigm for specification reuse/ S. 8.
420   Maiden, N. /Analogy as a paradigm for specification reuse/ S. 8.

In Bild 4.12 wurden die Gemeinsamkeiten herausgearbeitet. Hier korrespondieren die zugrundeliegenden Beziehungen, die die ATC- und FMS-Domäne repräsentieren. Deutlich wird dies an den umformulierten Beziehungen; das Produkt bewegt sich in der Produktionsstraße wie auch das Flugzeug im Luftkorridor. Nun stimmen die Beziehungen der Objekte der beiden Domänen überein und die Übertragung von Analogien in den Details und den folgenden Entwicklungsprodukten kann begonnen werden.

Das Problem der Abbildung der unter den Objekten bestehenden Beziehungen wird durch den zweckgerichteten Analogieansatz angegangen. Dabei sollen Zweck und Zwänge der Domäne beachtet und bei der Analogie verglichen werden. Also sollte zweckmäßigerweise ein abstraktes Domänenmodell erstellt werden, welches durch Instanziierung auf Fälle mit gleichen Gründen, Zwecken und Zwängen paßt[421]. Das abstrakte Domänenmodell umfaßt die wesentlichen, ursächlich miteinander zusammenhängenden Objekte.

- **Abstraktes Spezifikationsmodell**

Auf Basis von in CASE-Tools vorliegenden, konkreten Spezifikationen soll der analytische Prozeß der Domänenanalyse durch Analogiebildung unterstützt werden[422]. Das Netzwerk aus domänen- und methodenspezifischem Wissen einer konkreten Quellspezifikation soll auf eine Zielspezifikation übertragen werden.

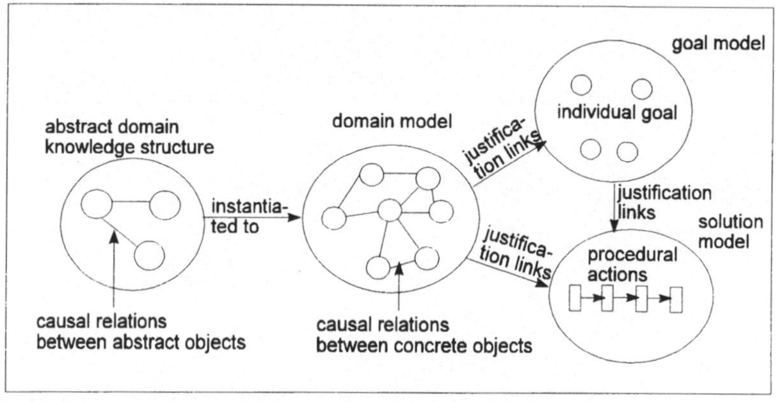

Bild 4.13:   Vorschlag eines abstrakten Domänenmodells[423]

Für die Anwendbarkeit dieses Konzeptes gilt, daß es ein beiden Domänen-spezifikationen gemeinsames abstraktes Domänenmodell gibt, das die analogen Komponenten beider Spezifikationen beinhaltet. Zwei Spezifikationen sind analog, wenn sie zu einer abstrakten Domänenklasse gehören, die die kritischen Domänenstrukturen sowohl der Quell- als auch der Zieldomäne beinhaltet[424]. Die

---

421   Vgl. Maiden, N. /Analogy as a paradigm for specification reuse/ S. 14f.
422   Vgl. Maiden, N.; Sutcliffe, A. /Exploiting Reusable Specifications/ S. 55.
423   Vgl. Maiden, N. /Analogy as a paradigm for specification reuse/ S. 14.
424   Vgl. Maiden, N.; Sutcliffe, A. /Exploiting Reusable Specifications / S. 58.

Quell- und Zielspezifikationen können somit auch als zwei Mitglieder einer Familie betrachtet werden, da sie über das abstrakte Domänenmodell in einem bestimmten Bezug zueinander stehen. Um Analogieschlüsse und die Wiederverwendung von Spezifikationen durchführen zu können, wird eine Bibliothek abstrakter Domänen benötigt. Die Analogiebildung setzt damit ein abstraktes Domänenmodell voraus, das für die verschiedenen Anwendungsfälle – vgl. Bild 4.13 – instanziiert wird.

Dieses Paradigma entspricht den im Kapitel zuvor geschilderten Versuchsergebnissen, daß abstrakte Spezifikationen zu richtigen speziellen Spezifikationen führten; hingegen brachte die Übertragung spezieller Spezifikationen auf ein analoges Themengebiet Schwierigkeiten mit dem notwendigen Domänenwissen zur Erkennung der Analogie und zur Durchführung der Spezifikation mit sich. Durch das Vorliegen eines beide domänenspezifischen Beziehungen umfassenden abstrakten Domänenmodells liegen zum einen analoge Beziehungen vor, die die Wiederverwendbarkeit der Spezifikationen sowie nachfolgender Entwicklungsprodukte ermöglichen. Zum anderen liegt ein abstraktes Domänenmodell als Quellspezifikation vor, die die gewünschten Ergebnisse hinsichtlich Vollständigkeit und Validität des Entwurfs durch Instanziierung erbringen soll. Implizit liegt damit das Konzept der Programmfamilie zugrunde. Außerdem wurden die wiederverwendungsfördernden Entwurfsprinzipien mit genau definierten Ergebnissen auf den Entwicklungsstufen angewendet.

Es wird deutlich, daß für die Wiederverwendbarkeit der Spezifikationen nicht von der Unabhängigkeit der beiden Domänen ausgegangen werden kann und Analogien Ähnlichkeiten auf syntaktischer sowie semantischer Ebene voraussetzen. Die Wiederverwendung von Spezifikationen aus Data Dictionaries ohne Betrachtung der Anwendungsvoraussetzungen kann damit als realisierbare Möglichkeit ausgeschlossen werden. Dieses Konzept kann als geplante, systematische Wiederverwendung von abstraktem Domänenwissen, methodischem und erfahrungsbedingtem Wissen in vorliegenden Spezifikationen sowie der vertikalen Wiederverwendung von Spezifikationen, Design und Modulen beschrieben werden.

4.2.4.3 Zusammenfassung

In den vorangehenden Kapiteln wurden alternative Wege aufgezeigt, Spezifikationen in Form formaler Sprachen oder durch Analogiebildung wiederzuverwenden. Der erste Weg war auf enge Domänen und wegen dem hohen Lernaufwand begrenzt; der zweite wies auf die Existenz eines abstrakten Domänenmodells hin. Alle Ansätze hatten gemein, daß sie nicht praktisch erprobt sind und Richtungen der künftigen Forschung aufzeigen. Maiden/Sutcliffe versuchten die Spezifikationswiederverwendung über verschiedene Domänen hinweg durch Analogieschlüsse zu ermöglichen. Dies erfordert die Einarbeitung in zwei Domänen, die Anpassung des Materials und hohe kognitive Fähigkeiten der Entwickler. Die vorausgesetzte gemeinsame abstrakte Domänenklasse erfordert planvolles Vorgehen; sie kann nur bei Definition der späteren Subdomänen erstellt, instanziiert und damit wiederverwendet werden[425].

---

[425]   Vgl. dazu auch die Ansätze von Prieto-Díaz, der Vorgehensweisen zur Domänenmodellerstellung vergleicht und schließlich eine Vorgehensweise vorschlägt. Dort werden auch die spezifischen Zieldomä-

In den Ansätzen wurden die gleichen methodischen Vorgehensweisen und Darstellungsarten vorausgesetzt[426]. Zumindestens ist die gleiche Darstellungsart Voraussetzung für die Wiederverwendung von konkreten Spezifikationen aufgrund von Analogien. Festzuhalten ist, daß abstrakte Analogien die Übertragbarkeit der Spezifikation hinsichtlich Vollständigkeit und Validität leichter machen als konkrete Analogien[427], also auch Erfahrung in der Entwicklung erfordern. Aus dem gesagten kann die Forderung nach abstrakten Domänenspezifikationen für eine Programmfamilie einer Domäne sowie einheitlicher methodischer Vorgehensweisen abgeleitet werden. Abstrakte Vorlagen dienen als gute Entwicklungsgrundlage verschiedener Anwendungsfälle derselben Domäne. Der Einsatz solcher Domänenspezifikationen könnte zur Wiederverwendung des Domänen-, Methoden- und Erfahrungswissens dienen.

4.2.5 Domänen- und familienspezifische Wiederverwendung

Die erfolgreichen Wiederverwendungsansätze legten – neben dem Gebrauch der wiederverwendungsfördernden Entwurfsprinzipien – meist eine Domäne und/oder das Konzept der Programmfamilien zugrunde. Die erfolgreiche Wiederverwendung von Modulen basierte auf einer Domäne und spezifischen Entwicklungsmethoden. Dies steigerte die Wahrscheinlichkeit, Module in ähnlichen Systemen wiederzuverwenden. Auf der anderen Seite ist die Übersichtlichkeit einer Programmfamilie in einer Domäne Voraussetzung für die Abgrenzung dieser Domäne und Voraussetzung für die Bestimmung der richtigen Module, des richtigen Designs usw. Unter der Voraussetzung, daß eine Programmfamilie in einer Domäne vorliegt, scheint sich die Entwicklung wiederverwendbarer Bauteile zu rentieren. In diesem Falle können neben Modulen auch Spezifikationen und Designs ganz oder teilweise wiederverwendet werden. Dazu muß geplant werden, welches die Gemeinsamkeiten und Unterschiede der Familienmitglieder sind, um allen gemeinsam bzw. einzeln zuzuordnenden Entwurfsentscheidungen zu erkennen. Entsprechend ergibt sich eine Entwurfshierarchie. Es gibt Ansätze, die die Domäne modellieren, um diese Modelle und abgeleiteten Bauteile explizit zur Wiederverwendung für einige Systeme innerhalb der Domäne zu benutzen.

- **Objektorientiertes Domänenmodell**

Gomaa[428] entwirft eine Systemfamilie mit der objektorientierten Domänenanalyse und -modellierung. Ziel der Domänenanalyse und -modellierung ist die Abbildung der Ähnlichkeiten und Variationen in einer Anwendungsdomäne für die Generierung einer Systemfamilie. Aus dem Domänenmodell sollen individuelle Zielspezifikation generiert werden[429]. Der Ansatz basiert auf dem "evolutionären Domänen-Life-Cycle-Modell", das besagt, daß sich Systeme durch Iterationen weiterentwickeln und daher in

---

nen definiert und abgegrenzt, bevor mit der Erstellung wiederverwendbarer Teile begonnen wird. Prieto-Díaz, R. /Domain Analysis for Reusability/ S. 347ff.

[426] Die Abbildung von Spezifikationen in unterschiedlicher Darstellungsform aufgrund verschiedener methodischer Vorgehen erschwert den syntaktischen und semantischen Abgleich der Domänen.

[427] Vgl. Maiden, N.; Sutcliffe, A. /Exploiting Reusable Specifications/ S. 58f.

[428] Vgl. Gomaa, H. /Object-oriented domain analysis and modeling method/ S. 46ff.

[429] Vgl. Gomaa, H. /Object-oriented domain analysis and modeling method/ S. 46.

der Lage sein sollten, die Änderungen der Anforderungen im Laufe der Zeit zu adaptieren. Somit werden zum einen die konservative Sichtweise von Entwicklung und Wartung durch die Lifecycle-Sichtweise ersetzt und zum zweiten die traditionellen Entwicklungsaktivitäten wie Anforderungsanalyse, Systementwurf usw. durch entsprechende Aktivitäten auf der Ebene der Domänenmodelle ersetzt. "A Domain Model is a problem-oriented architecture for the application domain that reflects the similarities and variations of the members of the domain. Given a domain model of an application domain, an individual target system (one of the members of the family) is created by tailoring the domain model given the requirements of the individual system"[430]. Die der Domänenmodellierung vorangehende Analyse soll die Anforderungen der Familie laufender Systeme und ihre künftigen Änderungen erfassen. Da nicht alle Änderungen der Anforderungen antizipiert werden können, muß das Domänenmodell evolutionär – eben mit Hilfe von sich spezialisierenden Objekten – gebildet werden. "Reuse by Generation" findet durch die Ableitung der systemspezifischen Anforderungen des Domänenmodells statt. "Reuse by Composition" wird durch einen Index auf die Komponenten in der Reuse-Library realisiert.

Mit den Methoden "Aggregation Hierarchy", "Object Communication Diagram", "State Transition Diagram", "Generalization/Specialization Hierarchies", "Feature/Object Dependencies" wird das Anwendungsgebiet aus verschiedenen Sichtweisen modelliert[431]. Um nicht die Details der verschiedenen Anwendungssysteme im Domänenmodell abbilden zu müssen, wird der Kernbereich der Domäne abgebildet. Gomaa schlägt auch die Schritte einer iterativen Methode unter Anwendung der oben angegebenen Verfahren vor:

1. Definiere und kategorisiere die Anforderungen der Domänen,
2. bestimme Objekte der Anwendungsdomäne,
3. entwickle die Aggregationshierarchie,
4. definiere die Interfaces zwischen den Objekten,
5. spezifiziere jedes Objekt,
6. bestimme die Variationen der Domäne,
7. definiere die Feature-Objekt-Abhängigkeiten.

Dieses Vorgehen entspricht in den Punkten 1 bis 5 und 7 dem Vorgehen zur objektorientierten Analyse und Design[432]. Der entscheidende Unterschied liegt in Punkt 6; er identifiziert die möglichen Ausprägungen der Variationen in der Domäne mit Hilfe eines "Event Sequence Diagrams". Damit soll die Auswirkung jedes neuen oder modifizierten Features analysiert und ein Szenario entwickelt werden[433]. Die neu entdeckten Objekte können dem Kernbereich zugehören oder auch als optionale Objekte definiert werden. Für die aus der notwendigen Auswirkungsanalyse hervorgehenden Objekte werden Varianten per Spezialisierung gebildet und der Generalisierungs- bzw. Spezialisierungshierarchie zugefügt. Darüber hinaus werden die problemrelevanten Sichten der Domäne durch entsprechende Modellierungstechniken abgebildet. Damit soll

---

430   S. Gomaa, H. /Object-oriented domain analysis and modeling method/ S. 46.
431   Vgl. Gomaa, H. /Object-oriented domain analysis and modeling method/ S. 47.
432   Vgl. Booch, G. /Software Engineering with ADA/
      Vgl. Meyer, B. /Objektorientierte Software-Entwicklung/
433   Vgl. Gomaa, H. /Object-oriented domain analysis and modeling method/ S. 50.

ein allgemeines, problemorientiertes Modell der Domäne unter Berücksichtigung einiger Spezialfälle gebildet werden. Dies ist der Ansatzpunkt der systemspezifischen Modellierung. Die Übernahme dieses Modells oder Teile dieses Modells dienen bereits als Spezifikation und müssen dann noch in die Implementierung überführt werden.

Dieser Ansatz wendet das Programmfamilienkonzept auf die Ebene der Domäne mit Hilfe des objektorientierten Ansatzes an. Es werden problemrelevante Sichten modelliert. Die Ableitung einer Familie ist durch Instanziierung möglich. Dabei werden nur die Kernobjekte modelliert. Dies läßt die Alternativenrealisierung durch Spezialisierung der als wesentlich erkannten Objekte der Unternehmen weitgehend offen. Man geht von der Domäne aus, und bildet die spezifischen Objekte und Eigenschaften ab. Gleichzeitig dient die Modellierung der Domäne als Vorgabe für die folgende objektorientierte Spezifikation und Konstruktion. Die Weiterentwicklung des Systems wird durch die objektorientierte Modellierung vereinfacht. Die Konzeption einer Programmfamilie in einer Domäne ist eine wichtige Voraussetzung für die Wiederverwendung, die Planung des Methodeneinsatzes und des Vorgehensmodells. In die Klassifikation von Prieto-Díaz kann dieser Ansatz als ein Konzept zur vertikalen Wiederverwendung unter Anwendung generierender Technik für alle Produkte der Entwicklung eingeordnet werden. Zudem ist der Modus geplant.

- **COSMOS**

PORTOS/COSMOS ist eine Familie von Betriebssystemen, in der der familienspezifische Ansatz mit Hilfe des Schichtenmodells und parametrisierbarer Module realisiert wurde. In PORTOS[434] realisieren virtuelle Maschinen jeweils eine Klasse von Funktionen auf einem bestimmten Abstraktionsniveau[435]. Die Parametrisierung der schichtenspezifischen Module erlaubt die Anpaßbarkeit an spezielle Umgebungen.

Die Basismaschine abstrahiert von speziellen Hardwareeigenschaften, indem sie alle Funktionen des Systemmodus vereinheitlicht. Sie bietet dem Anwendungssystem stets den gleichen Maschinenbefehlssatz und somit für die darüber liegenden Programme eine Portabilitätsebene[436]. Diese bewirkt eine einfache Portierbarkeit des Betriebssystems auf alle Maschinen, für die ein Compiler der verwendeten Sprache existiert. Die PORTOS-Maschine auf der nächsthöheren Ebene enthält anwendungsneutrale Mechanismen. Die oberste Schicht von PORTOS enthält die anwendungsspezifischen Programme der portablen virtuellen Maschine, beispielsweise die Prozeßverwaltung. Darauf setzen in einer weiteren Schicht die anwendungsspezifischen Anwenderprogramme auf. Für die Nachfolger von PORTOS, die COSMOS-Betriebssysteme wurde die Softwarearchitektur übernommen. Diese Version wurde mit Hilfe vereinheitlichter Monitore realisiert, die alle standardisierte Strukturen[437] haben. Monitore weisen die Charakteristika gut modularisierter Programmteile auf und sind im Rahmen ihrer Funktionalität wiederverwendbar.

Die Wiederverwendbarkeit wird in diesem Ansatz besonders durch die Softwarearchitektur des Schichtenmodells, die parametrisierbaren Module, die portier-

---

[434] PORTOS ist ein Betriebssystem der Siemens AG für Mikrorechner.
[435] Vgl. Gietl, J. / Software-Baukasten/ S. 129.
[436] Vgl. Gietl, J. / Software-Baukasten/ S. 131.
[437] Vgl. Gietl, J. / Software-Baukasten/ S. 133.

bare Sprache C und der Anwendung der wiederverwendungsfördernden Entwurfsprinzipien wie Modularität, Abstraktion, Verallgemeinerung und Verkapselung gefördert. Diese Softwarearchitektur weist eine inhärente Flexibilität auf, die eine mehrfache Verwendung des Designs, der Module und des Codes innerhalb der Varianten der Programmfamilie möglich macht. Dieser Ansatz kann als geplante, vertikale Wiederverwendung von Komponenten, Design und Architektur charakterisiert werden[438].

● **Funktionen- und Datenmodelle**

In der funktionalen Entwicklung können Funktionen- und Datenmodelle auf einer konzeptuellen, projektunabhängigen Ebene die Sichten der Domäne beschreiben. Auch Funktionen- und Datenmodelle können konkret auf eine Anwendung bezogen oder allgemeiner gehalten, auf mehrere Anwendungen passend, entworfen werden. Als Beispiele für die allgemeine Form sollen die Datenmodelle der IBM[439] und SAP für spezifische Branchen dienen. Sie sind Ausgangspunkt der Entwicklung; dabei können sie in einem Projekt unternehmensspezifisch detailliert bzw. verändert werden. Domänenspezifische Modelle stellen die Sichten beispielsweise von Funktionen und Daten in einer spezifischen Semantik auf einer konzeptuellen Ebene dar. Diese Modelle können relativ leicht auf gleiche Domänen übertragen werden; dies ergibt sich aus der Aufgabenspezifität einer Domäne und der Rechnerunabhängigkeit der Modelle.

Die Wiederverwendbarkeit von Daten- und Funktionenmodellen ermöglicht die erneute Verwendung des in diesen Modellen inhärenten Domänen-, Methoden- und Erfahrungswissen. Die Wiederverwender dieser Modelle bauen somit ihre Entwicklung auf gut strukturierten Modellen auf[440], die die wesentlichen Elemente der Domäne wiedergeben. Wie oben dargestellt, ist der Aufwand zur Erstellung dieser Modelle hoch. Mit der Wiederverwendung dieser Modelle, insbesondere des Datenmodelles, wird gleichzeitig ein Beitrag zur Förderung der Integration der Anwendungssysteme durch die Standardisierung der Datenstrukturen geleistet.

Funktionenmodelle können unternehmensweit oder anwendungsgebietsspezifisch erstellt sowie ganz oder teilweise auch auf andere Anwendungsfälle derselben Domäne übertragen und wiederverwendet werden. Durch vereinheitlichte Darstellungsformen ist der Abgleich zwischen Domänen möglich; damit kann bspw. festgestellt werden, ob in dem Funktionenmodell die für die Quell- und Zieldomäne notwendigen Funktionen berücksichtigt werden. Es kann dann eine Domänenabgrenzung vorgenommen und die Übertragung zwischen Quell- und Zieldomäne anhand der wesentlichen Bestandteile durchgeführt werden. Werden auch in der folgenden Entwicklung dieselben Methoden eingesetzt, ist außerdem die Übertragung der folgenden Entwicklungsstufen möglich[441]. Darüber hinaus bieten sich Funktionenmodelle zur Extraktion derselben Funktionen innerhalb eines Anwendungsbereiches zur Vermeidung der doppelten Erstellung an. Auch können sie für die Erweiterungswartung genutzt und damit als Dokumentation und Wartungsbasis wiederverwendet werden.

---

438   Im Grunde wird hier Modul- und Designwiederverwendung betrieben, wie auch im BB/LX-Ansatz.
439   Vgl. Schüle, H.; Schumann, M. /CASE-basierte Unternehmensmodelle /S. 32.
440   Vgl. Prieto-Díaz, R. /Domain Analysis for Reusability/ S. 347ff.
441   Vgl. dazu auch ARIES in Kapitel 4.2.4.1.

Zusammenfassend kann festgestellt werden, daß die Wiederverwendung in einer Domäne auf Basis gleichartiger Domänen und im Hinblick auf eine Programmfamilie erfolgversprechend ist. Die Domäne kann sowohl objektorientiert als auch "konventionell", bspw. mit Daten- und Funktionen- oder auch Prozeßmodellen modelliert werden. Die Modelle formalisieren die Domäne als Ausgangspunkt zur Abgrenzung und Entwicklung verschiedener Anwendungssysteme. Dieser Aufwand scheint gerechtfertigt, wenn eine Anzahl von ähnlichen Programmen in dieser Domäne entwickelt werden soll. Wurde ein konzeptuelles Modell in ein Anwendungssystem umgesetzt, gilt das gleiche wie in der Programmierung: Nur der laufende Betrieb kann seine Qualität erweisen.

4.2.6 Wiederverwendbarkeit von Wissen

"Software objects and their relationships incorporate a large amount of experience from past development"[442]. Sobald Programmierer Software entwickeln, verwenden sie ihr im Laufe der Zeit erworbenes Wissen erneut. Dieses Wissen existiert in Form von domänenspezifischen Programmfragmenten, Designschablonen und im Verstehen der "crucial issues and constraints that guide the development process"[443]. Dieses Wissen wird in erfahrungs- und domänenspezifisches Wissen differenziert. Unter Erfahrungswissen wird das methodische und inhaltliche Vorgehen zur Entwicklung und unter domänenspezifischem Wissen wird das in Projekten des gleichen Anwendungsbereichs erworbene Wissen verstanden. De facto können die einfließenden Wissenselemente nicht getrennt werden. In den folgenden Ansätzen werden die Wissenselemente aus Untersuchungszwecken heraus getrennt.

4.2.6.1 Erfahrungswissen

Bei der Erhebung und Umsetzung von Spezifikationen in die folgenden Entwicklungsprodukte wird Erfahrungs- und Domänenwissen eingebracht. Die Umsetzung der anwendungsnahen Spezifikation in das DV-nähere Design ist nicht nur ein methodisch angeleiteter, sondern auch von der inhaltlichen Umsetzung von Stufe zu Stufe geprägter Prozeß. Daher kann bei der angestrebten Wiederverwendung von Erfahrungswissen sowohl die methodische Umsetzung als auch die Domänenkenntnis gemeint sein. Es handelt sich hierbei um Wissen, das nur in den Köpfen der Entwickler dokumentiert ist[444]. Die Informationsgewinnung stellt bei der Entwicklung eines Systems den kritischen Aspekt dar[445]. Daher wird in neueren Untersuchungen wie beispielsweise von Soloway/Ehrlich und Curtis et al. das Wissen im Vordergrund gestellt.

---

442 Vgl. Caldiera, G.; Basili, V. /Identifying and Qualifying/ S. 61.
443 Vgl. Curtis, B. /Cognitive Issues/ S. 269.
444 Vergleiche dazu auch Kapitel 4.2.3.1, Wiederverwendung von Design mittels einer Softwarearchitektur.
445 Vgl. Holt, R.; Boehm-Davis, D. /Mental Representations of Programs/ S. 33ff.

• Existenz von Programmplänen

Erfahrene Programmierer verfügen über Programmpläne ("Programming Plans")[446], die das Vorgehen bei der Entwicklung bestimmen. Die Programmpläne ergeben sich aus den, in den bereits durchgeführten Projekten erlernten Vorgehensweisen und domänenspezifischen Problemen. Programme setzen sich aus Programmplänen zusammen, die modifiziert werden, um das aktuelle Problem zu treffen. Die Zusammensetzung dieser Programmpläne wird durch die "Rules of Programming Discourse" gelenkt[447]. Programmpläne repräsentieren als Programmfragmente stereotype Aktionssequenzen in einem Programm. Rules of Programming Discourse bezeichnen Regeln, die die Konventionen des Programmierens (bspw. mnemotechnische Namen) spezifizieren; diese Regeln wecken Erwartungen über den Programminhalt (Verhaltensregeln) bei erfahrenen Programmierern. Das Vorliegen solcher Pläne[448] bewirkt bei erfahrenen Programmierern, daß sie

- die Programme schneller erkennen, wenn sie den Regeln entsprechen, bzw. die Programme erst nach längerer Zeit erkennen, wenn sie den Regeln nicht entsprechen,

- die Programme schneller als unerfahrene Programmierer erkennen bzw. beim Vorliegen von Programmen, die nicht den Regeln entsprechen, den Vorteil verlieren, so daß die Erkennungs- und Verstehenszeit dann der der unerfahrenen Programmierer entspricht[449].

Diese Thesen wurden durch eine Studie bestätigt. Die Existenz von Programmplänen läßt weitere Folgerungen für die "Rules of programming discourse" zu. Dabei handelt es sich im wesentlichen um folgende Regeln:

1. Variablennamen reflektieren die Funktion,
2. Ausschluß von nicht genutztem Code,
3. Liegt ein Test für eine Bedingung vor, muß die Bedingung wahr sein können,
4. Eine, durch eine Zuweisung initialisierte Variable wird durch eine Zuweisung aktualisiert,
5. Codiere nichts Überflüssiges in unübersichtlicher Art und Weise,
6. IF wird nur bei einfacher Ausführung des Anweisungskörpers, While bei wiederholter Ausführung des Körpers genutzt[450].

Die Schreibweise von Programmen nach diesen "programming plans" beeinflußt die Verständlichkeit und Komplexität von Programmen, die nicht alleine durch Komplexitätsmaße nachgewiesen werden kann[451].

Die Verwendung von erfahrungsbedingten Regeln (hier: Strukturierte Programmierung) hat deutlichen Einfluß auf das Verhalten bzw. Erkennen. Sie sind bei der Konzeption von wiederverwendbaren Bauteilen zu berücksichtigen, damit die Bauteile

---

446   Vgl. Soloway, E.; Ehrlich, K. /Empirical Studies of Programming Knowledge/ S. 235ff.

447   Vgl. Soloway, E.; Ehrlich, K. /Empirical Studies of Programming Knowledge/ S. 235f.

448   Vgl. Curtis, B. /Cognitive Issues/ S. 270f.

449   Vgl. Soloway, E.; Ehrlich, K. /Empirical Studies of Programming Knowledge/ S. 237.

450   Vgl. Soloway, E.; Ehrlich, K. /Empirical Studies of Programming Knowledge/ S. 242.

451   Zum gleichen Ergebnis kamen auch die Untersuchungen von Selby und Lewis. Vgl. Lewis, J.; Henry, S.; Kafura, D. /Empirical Study/ S. 184ff. Vgl. Selby, R. /Empirically Analyzing Software Reuse in a Production Environment/ S. 176ff.

erkannt, richtig verstanden und verwendet werden. Die Verwendung standardisierter Begriffe und Vorgehensweisen beeinflußt den Erkennungs- und Einbaueffekt positiv. Daher muß in bezug auf die Wiederverwendung auf standardisierte Begriffe, Programmierregeln und Verhaltensweisen Wert gelegt werden. In den Ada- und Raytheon-Projekten wurden Standardisierungen und Richtlinien in bezug auf das Entwicklungsvorgehen vorgegeben.

- **Kognitive Begrenzung bei der Wiederverwendung von Artifakten**

Die Wiederverwendung von Entwicklungsprodukten basiert auf Erfahrungswissen. Dabei wurden bei Entwicklern, die über domänenspezifisches Wissen verfügen, drei Formen von kognitiven Begrenzungen bei der Wiederverwendung von Software-Artifakten[452] festgestellt:

1. Entwickler versuchen die Anforderungsdefinitionen in eine Struktur zu pressen, für die sie eine Lösung bereits kennen,

2. Entwickler können die Lösung für Probleme einer Anwendungsdomäne nicht ohne weiteres in eine andere Anwendungsdomäne übertragen,

3. Die Form, in der eine Anwendungsanforderung vorliegt verschleiert den entscheidenden Hinweis auf bereits bekannte Problemstrukturen bzw. Problemlösungen.

Diese Aussagen werden durch eine Reihe von Studien über die Arbeitsweise von Entwicklern untermauert. Dazu gehört eine Studie über das Kurz- und Langzeitgedächtnis. Im Kurzzeitgedächtnis sollen sich geringe Informationsmengen etwa 30 sec halten. Dies ist eine Restriktion für die Wiederverwendung, da nicht alle Teile eines komplexen Systems gedanklich aufgenommen und manipuliert werden können[453]. Um dieses Hindernis zu umgehen, kann die Bildung größerer Informationseinheiten auf einer abstrakteren Ebene durch semantischen Zusammenhalt genutzt werden[454]. Mit steigender Erfahrung der Programmierer bilden sich immer abstraktere und hierarchischere Strukturen aus, so daß im Gedächtnis mehr repräsentiert wird. Daher wird in diesem Zusammenhang von Wiederverwendung von Wissen[455] gesprochen. Die Informationen werden nach der Art eines Schemas gespeichert[456], wobei ein Schema als Einheit im Langzeitspeichers verstanden wird[457].

Es wurden im Vergleich unterschiedlich erfahrener Programmierer Unterschiede in den Wissensstrukturen festgestellt. Es wurden größere Ähnlichkeiten zwischen den Wissensstrukturen von Experten als zwischen denen von Novizen und wenig

---

452   Vgl. Curtis, B. /Cognitive Issues/ S. 269f.

453   Vgl. Curtis, B. /Cognitive Issues/ S. 270.

454   Das Item "sum array" bewirkt nicht nur den Abruf der Additionszeile, sondern auch die dazugehörenden "statements", die die Additionszeile zu kleinen Routinen ergänzen, aus dem Langzeit-Gedächtnis.

455   Vgl. Curtis, B. /Cognitive Issues/ S. 271.

456   Vgl. Curtis, B. /Cognitive Issues/ S. 272.

457   Vgl. Curtis, B. /Cognitive Results/ S. 272. Ein Schema spezifiziert charakteristische Attribute der Mitgliedschaft in einer Kategorie, aktuellen "principal members of the class" und verfügbaren Operationen dieses Schemata. Schemata geben deklaratives Wissen wieder, repräsentieren allgemeines Wissen über Konzepte und können Informationen über das Wie der Zielerreichung enthalten. Dabei nimmt mit zunehmender Erfahrung der Programmierer die einheitliche Klassifizierung zu.

Erfahrenen beobachtet. So verstehen Novizen nur die oberflächlichen Strukturen; Experten hingegen analysieren ein Problem auf der Basis der Lösung oder der algorithmischen Struktur des Programms. Auch war das Wissen der Experten unabhängig von der Syntax der Programmiersprachen; d.h. sie konnten Konzepte auch unabhängig von der sprachlichen Syntax allein aufgrund der Semantik interpretieren und finden.

- **Metascript**

Adelson/Soloway[458] setzten voraus, daß der Designprozeß von einem Metascript geleitet wird, das aus mehreren Schritten wie Überprüfung der Vollständigkeit, Überprüfung der Konsistenz und Ausweitung des Designs auf die nächste Verfeinerungsebene besteht[459]. Es wurden sechs Schritte identifiziert:

1. Formulierung mentaler Modelle zur geistigen Simulation des Programms,
2. mentale Simulation um unvorhergesehene Interaktionen und externe Konsistenz mit der Spezifikation zu bewahren,
3. Systematische Expansion der Komponenten, um zwischen interagierenden Modulen die Simulation auf der gleichen Detailebene zu sichern,
4. Repräsentation der Bedingungen als Hilfestellung zur Simulation unpassender Elemente,
5. Suche nach Planbegriffen um das Gedächtnis zu entlasten, und
6. Notieren von Einfällen zu einer anderen Komponente oder Designhierarchie.

Die Verhaltensweisen "Simulation" und "Notieren" wurden nur bei gutem Wissen über die Domäne beobachtet. Die Fähigkeit des Simulierens ist für die Wiederverwendung nützlich; es fördert das Zusammensetzen wiederverwendbarer Module zu einem vorher festgelegten Programmdesign bzw. von Teilspezifikationen zu einer neuen Spezifikation.

Als wichtigstes Ergebnis ist festzuhalten, daß Experten über strukturierteres und fundierteres Wissen in den Bereichen Domäne, Designprozeß und Designfakten verfügen. Außerdem ähneln sich die Strukturen erfahrener Programmierer. Für die Wiederverwendung sind diese Gedächtnisstrukturen und Verhaltensweisen vorteilhaft. Für die Wiederverwendung von Bauteilen kann diese Erfahrung genutzt werden, da bekannte Strukturen angeboten werden. Dies ist ein weiterer Anreiz, Methoden und Vorgehensweisen zu standardisieren; damit werden die Rahmenbedingungen für die Wiederverwendung durch die Entwickler gelegt. Diese Erkenntnisse können mit den oben gemachten verbunden werden; durch die Voraussetzung von Domänenwissen für Wiederverwendbarkeit kann durch die Bildung von Erfahrungswissen, das auf die gleiche Domäne und das gleiche Vorgehensmodell bezogen ist, Wiederverwendbarkeit auch in den erfahrungsbedingten Arbeitsabläufen erzeugt bzw. gefördert werden.

- **Erkennen von wiederverwendbaren Bauteilen**

Wiederverwendung von Bauteilen hängt auch von der Fähigkeit der Entwickler ab, sie zu erkennen, zu modifizieren und einzubauen. Woodfield, Embley und Scott wollten

458 Adelson, B.; Soloway, E. /The role of domain experience in software design/ zit. in: Curtis, B. /Cognitive Results/ S. 277.
459 Vgl. Curtis, B. /Cognitive Results/ S. 277.

mit ihrer Untersuchung feststellen, ob Programmierer aufgrund einer vorgegebenen Spezifikation die Wiederverwendungseignung eines ADT und seinen Modifikationsaufwand aus einer Bibliothek erkennen können[460]. Die Untersuchung legte nahe, Bauteile zu produzieren, die möglichst gut auf den Anwendungsfall passen und somit nicht nur den Aufwand zur Erkennung, sondern auch die Hemmschwelle zur Nutzung herabsetzen. Bauteile, die bei den Entwicklern weniger subjektiven Modifikationsaufwand hervorrufen, würden eher wiederverwendet – vgl. Untersuchung von Selby in Kapitel 4.2.1.1.1.

Die Untersuchung ergab auch, daß untrainierte Personen Schwierigkeiten mit der Aufwandsschätzung der wiederzuverwendenden ADT sowie mit der Erkennung von Bausteinen haben. Untrainierte haben zudem Schwierigkeiten mit dem Einbau, der Wissensakquirierung und der Methodenanwendung[461]. Daher wird es schwierig sein, diese Personengruppe mit wiederverwendbaren Bauteilen tätig werden zu lassen, da viele der Grundvoraussetzungen nicht genügend gegeben sind. Dazu gehört neben der Handhabung und dem Einbau von Bauteilen auch das notwendige Erfahrungs- und Prozeßwissen. Erst wenn vom Wissensstand her die Produzenten und Abnehmer wiederverwendbarer Bauteile etwa vergleichbar sind, kann die Standardisierung greifen und effizientes Arbeiten ermöglichen, da dann gegenseitiges Verstehen möglich ist.

4.2.6.2 Domänenspezifisches Wissen

Domänenspezifisches Wissen umfaßt Faktenwissen über die Domäne (Objekte und Beziehungen), was alle Sichten wie Funktionen, Daten, Kommunikations-, Prozeß- und Organisationsbeziehungen beinhalten kann. Domänenwissen kann als ein Netzwerk aus domänen- und methodenspezifischem Wissen[462] bezeichnet werden. Mit domänenspezifischem Wissen ist das Wissen über das Anwendungsgebiet gemeint, das Entwickler zur Umsetzung in ein Anwendungssystem benötigen. Domänenspezifisches Wissen wird durch Domänenanalysen erworben. Eine Domänenanalyse ist eine wissensintensive Aktivität, für die keine Methode oder irgendeine Art der Formalisierung oder Anleitung verfügbar ist. Sie ist informal und jedes Interview konzentriert sich auf die zu erreichenden Arbeitsergebnisse, nicht aber auf den Prozeß, der sie ergibt[463]. Die Domänenanalyse steht am Beginn jeder Anwendungsentwicklung. Der Erwerb von Domänenwissen ist für die Erstellung einer guten Spezifikation und eines guten Designs elementar. Für die Wiederverwendung erhofft man sich durch die Formalisierung und Speicherung des Domänenwissens das Wiederverwenden dieses Wissens in anderen Entwicklungs- oder Wartungsprojekten derselben Domäne. Um die Produktivitätseffekte voll nutzen zu können, muß dieses Material qualitativ hochwertig und fehlerfrei sein und zur Abbildung mehrerer Anwendungsfälle innerhalb einer Domäne geeignet sein. Als Ziel sieht man den Aufbau von abstrakten Domänenmodellen an, die (möglichst automatisch) auf verschiedene Anwendungsfälle der Domäne instanziiert werden können[464].

---

460   Vgl. Woodfield, S.; Embley, D.; Scott, D. /Can Programmers Reuse Software?/ S. 168ff.
461   Vgl. Holt, R.; Boehm-Davis, D. /Mental Representations of Programs/ S. 33ff.
462   Vgl. Maiden, N. /Analogy as a paradigm for specification reuse/ S. 3.
463   Vgl. Prieto-Díaz, R. / Domain Analysis for Reusability/ S. 347.
464   Vgl. Maiden, N. /Analogy as a paradigm for specification reuse/ S. 3.

Um ein Domänenmodell zu erstellen, müssen Charakteristika ähnlicher Systeme der betrachteten Domäne identifiziert und verallgemeinert[465] werden. Dazu wurden im Raytheon-Beispiel sowie im Beispiel der Ada-Projekte verschiedene, sich im Grunde ähnelnde Vorgehensweisen vorgestellt[466]. Gemeinsam ist allen – unabhängig ob objektorientiert bzw. funktional oder ob die Wiederverwendung von Funktionen oder Module im Vordergrund stand – die anfängliche Suche von Gemeinsamkeiten und ihre Gruppierung. Danach erfolgte meist – über die Anwendung der Hierarchisierung, Modularisierung, Verallgemeinerung, Detaillierung, Verkapselung und Abstraktion – eine hierarchische Verfeinerung und Abgrenzung sowie Definition der Wiederverwendungsobjekte. Wichtige Punkte neben der Extraktion der wesentlichen Funktionen und Objekte sind vor allem die Domänenabgrenzung sowie das Aufstellen von Richtlinien. Die Domänenabgrenzung verhilft vorhandenen Bausteinen und Bauteilen zum Einsatz, während die Richtlinien die richtige Verwendung, Instanziierung und Erstellung von Bauteilen[467] zum Ziel haben. Prieto-Díaz führt die unterschiedlichen Ansätze zu einem Vorgehen zur Domänenmodellerstellung[468] zusammen. Auf dieses soll hier verzichtet werden.

- **Ein objektorientiertes Domänenmodell**

Iscoe schlägt ein allgemeines objektorientiertes Domänenmodell vor[469], das in mehreren Domänen durch Instanziierung eingesetzt werden soll. Es soll als Ansatz zur Generierung von Anwendungssystemen in unterschiedlichen Domänen dienen. Ziel ist ein System zur Sammlung von Spezifikationen und zur automatischen Generierung von Anwendungen in spezifischen Domänen. Dazu wird ein Modell zur formalisierten Abbildung dieses Wissens entwickelt. Es wird auch ein domänenspezifisches Spezifikationsmodell und ein Modell der Abbildung der Entwurfsschritte benötigt. Ein Problem neben der Sammlung domänenspezifischer Informationen ist das Abbilden des Transformationsprozesses.

In der Realität sind die Anwendungsgebiete weder klar umrissen noch einfach formalisierbar. Dabei führt das Fehlen eines formalen Modells zur Repräsentation der Informationen der Anwendungsdomäne zu einem stetigen, aber sicheren Informationsverlust im Laufe des Abbildungsprozesses bis zum Code. Daher sollte ein objektorientiertes, allgemeines Anwendungsdomänenmodell erstellt werden[470]. Dieses soll den Informationsverlust verhindern, da in jeder Stufe auf die formalisierten Informationen zurückgegriffen werden kann. Iscoe unterscheidet die vier Entwurfsstufen Anwendungsdomäne, Computerdomäne, Sprachdomäne und Implementierungsdomäne[471]. Dabei wird eine Anwendungsdomäne, wie bspw. Library, auf die folgenden Entwicklungsstufen abgebildet.

---

465   Das aus der Erstellung wissensbasierter Systeme bekannte Problem der Abgrenzung des Wissensgebiets wird umgangen, indem man bereits existierende Systeme betrachtet. Das in ihnen inhärente Wissen wird herausgeschält.

466   Vgl. auch Prieto-Díaz, R. /Domain Analysis for Reusability/ S. 350.

467   Vgl. Prieto-Díaz, R. /Domain Analysis for Reusability/ S. 350.

468   Vgl. Prieto-Díaz, R. /Domain Analysis for Reusability/ S. 350.

469   Vgl. Iscoe, N. /Domain-Specific Reuse/ S. 299ff.

470   Vgl. Iscoe, N. /Domain-Specific Reuse/ S. 300.

471   Vgl. Iscoe, N. /Domain-Specific Reuse/ S. 300.

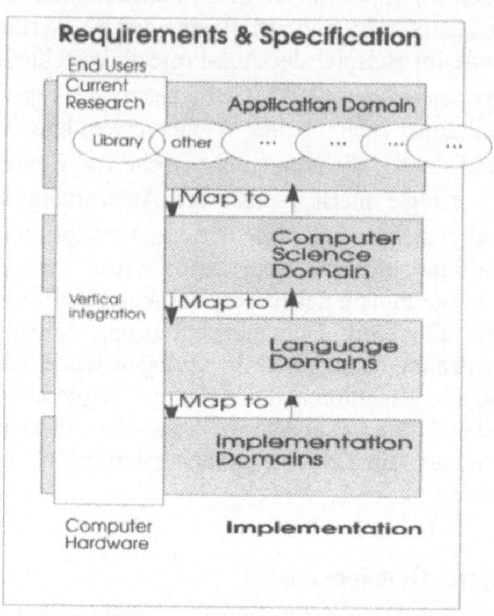

Bild 4.14:   Nutzung der verschiedenen Entwurfsstufen in der vertikalen Integration

Wie in Bild 4.14 dargestellt, ist der Abbildungsprozeß der spezifischen Anwendungsdomäne auf die vier Entwurfsstufen unabhängig von den anderen Anwendungsdomänen. Dabei liegt ein Forschungsschwerpunkt auf der Abbildung der Benutzeranfor-
derungen in der spezifischen Anwendungsdomäne und ihre Transformation – als vertikale Integration – über die verschiedenen Entwurfsstufen bis hin zum Code. Sie basiert
auf dem Wunsch, für die Domäne ein Transformationssystem einzusetzen. Wie bereits
oben dargestellt wurde, ist der Einsatz von Transformationssystemen derzeit technisch
in "echten" Anwendungsbereichen nicht machbar.

Erforderlich zur Realisierung des Ansatzes von Iscoe[472] sind erstens die Entwicklung
und partielle Formalisierung des Paradigmas für eine domänenspezifische Anwen-
dungsprogrammierung und ihre Nutzung durch Endanwender; zweitens die Entwicklung eines Modells, das das Wissen des relevanten Anwendungsgebietes für das
Paradigma festhält, und drittens eine detaillierte Analyse und Vergleich der
Instanziierung von mindestens zwei Domänen, um Gemeinsamkeiten festzustellen[473].

---

[472]   Vgl. Iscoe, N. /Domain-Specific Reuse/ S. 303.

[473]   Entsprechend sieht der Forschungsplan 9 Schritte vor: 1. Bau eines Modell für das Domänenwissen, 2.
Implementierung des Modells, 3. Instanziierung des Systems in der Domäne, 4. Spezifizierung und Ge-
nerierung von Programmen in der Domäne, 5. Instanziierung des Modells für eine andere Domäne, 6.
Verbesserung und Verfeinerung des Modells, 7. Vergleich der Instanziierungen, 8. Identifikation der
Charakteristika, die in verschiedenen Domänen gleich und verallgemeinerbar sind, und 9. Identifikation
von Algorithmen und Techniken, die über verschiedene Domänen hinweg genutzt werden können.

Die Bedeutung des Ansatzes liegt in der Ausnutzung der Vorteile der objektorientierten[474] Sprachen. So ist der Übergang zwischen Spezifikation, Konstruktion und Implementierung enger als in prozeduralen Sprachen. Iscoe gibt abgegrenzte Entwurfsstufen für die verschiedenen Entwurfsebenen vor. Damit kann durch das Modell zum einen die vertikale Integration zwischen den Stufen, aber auch die Wiederverwendbarkeit der Entwurfsebenen in einem neuen Fall derselben Domäne gefördert werden. Die objektorientierten Domänenmodelle dienen der Wiederverwendung und Integration für verschiedene Anwendungsfälle der gleichen Domäne. Das Domänenmodell ist Ausgangspunkt der Entwicklung für die Ableitung aller anderen Entwurfsprodukte.

Die Anwendung des Modells wird explizit auf ähnliche Domänen beschränkt. Die vorgesehene automatische Generierung von Code setzt die genaue Kenntnis der Umsetzungsregeln voraus. Ihre Realisierbarkeit ist nicht abzusehen. Für die Erstellung des Domänenmodells werden die Suche nach Gemeinsamkeiten und Unterschieden in den Mittelpunkt gestellt. Hier steht vor der Festlegung eines Domänenmodells die Übertragung des Gesamtmodells auf eine neue Domäne. Ein Problem besteht in der Wissensformalisierung des Anwendungsgebietes, so daß es halbautomatisiert mit Benutzerhilfe instanziierbar ist. In diesem Ansatz sind viele der Anwendungsvoraussetzungen zusammengefaßt. Er enthält ein Domänenmodell, festgelegte Entwurfsstufen sowie die Orientierung an einer Methodik. Wiederverwendet werden die generischen Entwurfsprodukte jeder Ebene sowie das Domänenmodell als auch die Umsetzungsmechanismen. Es ist als Konzept für die vertikale Wiederverwendung aller Entwurfsprodukte sowie des Umsetzungsmechanismus zu charakterisieren.

4.2.6.3 Prozeßwissen

Unter Prozeßwissen wird das Wissen subsumiert, welches notwendig ist, um von einem Produkt des Entwicklungsprozesses zu einem anderen Produkt zu gelangen. Der Prozeß der Softwareerstellung kann als Bestandteil von Software betrachtet werden. Die Formalisierung des von vielen Faktoren abhängigen Prozesses ist zur Nachvollziehbarkeit und Wiederholbarkeit der Softwareentwicklung notwendig. Prozeßbeschreibungen werden erstellt, um den Weg zu beschreiben, mit dem spezifische Produkte erstellt oder modifiziert werden[475]. Die Prozeßbeschreibung soll die Kommunikation zwischen Entwicklern, Managern und Anwendern vereinfachen helfen. Zudem gilt sie als Lernmaterial zum Nachvollziehen des Entwicklungsprozesses[476]. Durch die Materialisierung in Form einer Prozeßbeschreibung kann sie wiederverwendet werden. "It can be reused only when these individuals instantiate it and apply it to the execution of a specific software process"[477].

---

474   Vgl. Iscoe, N. /Domain-Specific Reuse/ S. 305.

475   Vgl. Osterweil, L. /Software Processes are Software too/ S. 6f.

476   Vgl. Osterweil, L. /Software Processes are Software too/ S. 6f.
       Vgl. Basili, V. /Experience Factory/ S. 3_1ff. Basili schlägt den Aufbau einer Erfahrungsdatenbank auf Basis eines generischen Prozeßmodells vor.

477   S. Osterweil, L. /Software Processes are Software too/ S. 6.

- **Prozeß der Softwareerstellung als Wiederverwendungsobjekt**

Osterweil[478] sieht starke Parallelen zwischen einem klassischen Anwendungsprogramm und einem Prozeßprogramm. Beide stellen Beschreibungen von Prozessen dar, deren Ziel die Erstellung oder Modifikation von komplexen Informationsgebilden ist. Jede der Beschreibungen wird durch Instanziierung einer Produktschablone und durch die Einbindung spezifischer Daten benutzt. Beide enthalten Anweisungen (meist in sequentieller Reihenfolge) und sollten ausführbar sein. Beide beschreiben eine Problemlösung: Das Anwendungsprogramm in Form maschinell ausführbarer Anweisungen, die Prozeßbeschreibung in Form manuell ausführbarer Anweisungen. Aufgezeichnet werden soll bspw. das Vorgehen eines Lösungsalgorithmus, die Testanwendung usw. in einer anwendungsnahen, pseudocode-ähnlichen Sprache. Auf die Darstellung wird hier verzichtet. Aufgrund der oben angeführten Eigenschaften dieser Prozeßbeschreibung soll sie nach einer Instanziierung ausführbar sein.

Es muß zwischen der statischen Prozeßbeschreibung und einem dynamischen Vorgang einer spezifischen Softwareentwicklung differenziert werden. Gute Prozeßbeschreibungen zeichnen sich durch die Anwendbarkeit auf mehrere Entwicklungsvorgänge aus. So sollte man die Erstellung eines Programms als speziellen Fall der Prozeßbeschreibung verstehen. Die Prozeßbeschreibung würde die in den Köpfen der Entwickler vorhandenen Schritte repräsentieren und damit auch anderen Entwicklern die Erfahrung zur Entwicklung gleicher Software offenlegen. Die Prozeßbeschreibungen sollen zur Erhöhung des Verständnisses des Prozesses dienen.

Die Idee der instanziierbaren Prozeßbeschreibung hat etwas utopisches; bisher waren Transformationssysteme nur auf begrenzten Gebieten bestenfalls semiautomatisch anwendbar. Daher wird es sich hier eher um eine Vision, besonders im Hinblick auf die Ausführung einer Prozeßbeschreibung, als um ein in nächster Zeit zu realisierendes Konzept handeln. Wichtig ist allerdings die Dokumentation des Prozesses der Softwareentwicklung, um wiederverwendungsfördernde, effizienzsteigernde Softwareproduktionsmethoden zu eruieren und zu fördern. Aus Projekten mit Prozeßdokumentation kann so nach und nach ein für eine Domäne optimaler Prozeß ermittelt werden. Für die Wiederverwendung ist ferner von Bedeutung, daß durch die Dokumentation der Prozesse der bisher noch weitgehend ungeklärte Prozeß der Wiederverwendung von Bauteilen (wann suchen, wann einbauen, wann validieren usw.) iterativ entwickelt und abgeleitet werden kann.

Als Ziel der Wiederverwendung sieht Osterweil entsprechend die erfolgreiche Integration von wiederverwendbaren Objekten in ein zu entwickelndes Produkt durch die Prozeßbeschreibung. "Thus effective reuse can only be achieved through the execution of a suitable process which should be defined by means of a suitable reuse process program"[479]. Aus der prozeßorientierten Perspektive ergibt sich, daß an bestimmten Punkten der Entwicklung des vorher programmierten Wiederverwendungsprozesses wiederverwendbare Software ausgeführt werden kann. D.h. nur auf der Basis des gleichen Entwicklungsprozesses kann Wiederverwendung i.S. der Einbettung in entstehende Systeme erfolgreich sein. Wiederverwendung kann nur realisiert werden, wenn die Struktur des neuen Systems der Struktur der Bauteile entspricht und wenn der Prozeß,

---

478   Vgl. Osterweil, L. /Software Processes are Software too/ S. 4.
479   S. Osterweil, L. /Software Processes are Software too/ S. 12.

durch den die wiederverwendbaren Bauteile entwickelt wurden, dem Prozeß der neuen Entwicklung folgt[480].

- **Wissensabhängigkeit des Designprozesses**

Der Designprozeß ist schlecht strukturiert, da meist unvollständige und somit mehrdeutige Spezifikationen der Ziele und kein vorgegebener Lösungsweg vorliegen. Zudem besteht die Notwendigkeit der Integration mehrer Wissensgebiete[481]. Der Designprozeß konfrontiert die Entwickler häufig mit neuen Fakten der Domäne, dem Prozeß und der Struktur von Software[482]. "(..) one expects design behaviors to vary according to the incompleteness and ambiguity of the problem specification, the amount of knowledge from different domains that need to be integrated, how familiar the designer is with a problem, how many structuring activities have already been performed, and the interactions between these variables"[483].

Zur Ermittlung der verwendeten Wissensquellen sahen Guindon und Curtis[484] einen Versuch zur Aufzeichnung des kognitiven Prozesses vor[485]. Ziel war, den Prozeß der frühen Phasen der Softwareentwicklung zu protokollieren und die Designkontrollstrategien zu ermitteln. Dem Versuch lag ein Modell über die kognitiven Prozesse zur Designerstellung zugrunde. Hauptkomponenten des Modells sind die Bestandteile Designprozeßkontrolle und Wissensquellen. Dabei kann der Designprozeßkontrolle immer eine Wissensquelle zugeordnet werden. Das Designmetaschema hängt mit der technischen Domäne (verteilte Systeme, Datenbanken) zusammen. Die von den Designern angewendeten Designschemata hängen mit der Anwendungsdomäne (Lagersystem, Ressourcenallokation) zusammen, wohingegen die Designmethoden mehr den Problembereichen (Banken, Aufzüge) zuzuordnen sind. Wiederum geben die Designmethoden das Wissen über den Beginn des Designs an. Die Designprozeßkontrolle besteht aus den fünf Komponenten, Designschema, Designmethoden, Designheuristiken, Primary Position und Designmetaschema.

Ein Designschema besteht aus einer Beschreibung der Bedingungen, unter denen der Lösungsweg relevant ist. Designmethoden, Notationen und Konzepte beinhalten das spezifische Designwissen erfahrener Designer über Designmethoden (JSD, SA/SD, SADT usw.) und Designnotationen (ERM, SC, DFD, State-Transition Diagrams), die Lösungswege und Konzepte ausdrücken[486]. Unter Designheuristiken werden Daumenregeln verstanden, die die Komplexität reduzieren und angewendet werden, wenn bestimmte Bedingungen auftreten. Primary Position beinhaltet "a small set of" Kriterien, die die Durchführung einer Lösung beeinflussen und gestalten. Designmetaschemata stellen einen Prozeß dar, der die Durchführung der Designaktivitäten steuert. Diese

480   Vgl. Osterweil, L. /Software Processes are Software too/ S. 12. Vgl. Curtis, B.; Kellner, M.; Over, J. /Process Modelling/ S. 79f.

481   Vgl. Guindon, R. /Designing the Design Process/ S. 308.

482   Vgl. Guindon R. /Designing the Design Process/ S. 308.

483   S. Guindon, R. /Designing the Design Process/ S. 323.

484   Vgl. Guindon, R.; Curtis, B. /Control of cognitive processes/ S. 263 ff.

485   Vgl. Guindon, R.; Curtis, B. /Control of cognitive processes/ S. 263.

486   Vgl. dazu Guindon, R. /Designing the Design Process/ S. 324. "A design method (..) dictates or suggests a sequence of activities performed".

fünf Teilwissensgebiete sind notwendiges Wissen für die Designprozeßsteuerung. Die Beobachtung bei drei Designern ergab

1. bei allen ein hoch iteratives, unterschiedlich vollständig und wenig geordnetes Verhalten,

2. daß beim Fehlen eines Designschemas das Vorgehen nicht strikt top-down, komplexitätsreduzierend war; auch wurde nicht jede in Frage kommende Lösung eines Subproblems zum gleichen Detaillierungsgrad entworfen und,

3. daß der Designprozeß durch teilweise Lösungen auf verschiedenen Detaillierungsgraden gesteuert zu sein schien.

Aus den Versuchen kann der Schluß gezogen werden, daß der Designprozeß an sich als auch die Prozeßkontrolle stark von der verwendeten Methode, dem Vorwissen und den Herangehensweisen der Entwickler abhängen. Bei der Erstellung eines Designs findet ein ständiger ineinandergreifender Wechsel zwischen den notwendigen Wissensgebieten (Lift Szenario, Requirements, Solution Level) statt. Designer wechselten ständig zwischen der Problemstrukturierung und einer Lösungsentwicklung[487]. Design erfolgt bei Unbekanntheit oder Neuigkeit nicht strikt nach dem Top-down-Prinzip. Es werden vielmehr Entscheidungen auf verschiedenen Abstraktionsebenen vermischt.[488]

Umgekehrt folgen Designer, die das Anwendungsgebiet und die Problembereiche kennen eher dem Top-down-Prinzip. Es wird bei nicht vorliegenden Problemlösungen intuitiv eine detaillierte Lösung für ein Subproblem erstellt, das das Problem zu strukturieren hilft. Auf die Wiederverwendung bezogen bedeutet dies, daß bei Kenntnis der Domäne und standardisierten Entwicklungsmethoden sich die Designprozeßkontrolle am Vorgehensmodell orientiert und daher strukturiertes Wissen zur Problemlösung anhand des Vorgehensmodells entsteht und dann für die Wiederverwendung bzw. Erstellung von Bauteilen genutzt werden kann. Damit vereinfacht sich der Einbauprozeß von Bauteilen, die nicht mehr durch ständig iteratives top-down und bottom-up eingesetzt werden. Vielmehr verläuft der Prozeß insgesamt top-down, mit Bottom-up- und Top-down-Iterationen beim Einbau von Bauteilen. Der Prozeß verläuft strukturierter.

Der Grad der Vollständigkeit der Anforderungsdefinition ist ausschlaggebend für die Häufigkeit des Abgleichs des entstehenden Designs mit der Spezifikation und für häufigere Änderungen am Design[489]. Beim Vorliegen von domänenspezifischen Spezifikationen – vgl. bspw. Gomaa oder Iscoe – resultierte ein geringerer Abgleich und eine höhere Vollständigkeit und geringere Änderungen am Design. Dies vermindert die Fehler im Abbildungsprozeß zwischen Spezifikation und Design. Die Nutzung eines domänenspezifischen Modells und eines einheitlichen Vorgehensmodells führt zu vergleichbaren Entwicklungsprodukten und vergleichbarem Designwissen.

---

[487]   Vgl. Guindon, R. /Designing the Design Process/ S. 320.
[488]   Vgl. Guindon, R. /Designing the Design Process/ S. 326.
[489]   Vgl. Guindon, R. /Designing the Design Process/ S. 335.

• Kommunikationsaufwand im Prozeß

Im Prozeß der Softwareentwicklung kommen verschiedene prozeßbezogene Probleme zum tragen. Als besondere Probleme des Entwicklungsprozesses stellten Curtis/Krasner/Iscoe[490] die Verbreitung von Anwendungsdomänenwissen (im Team), die sich verändernden und konfliktionären Anforderungen an die Software und die Breakdowns der Kommunikation und Koordination fest.

Diese Probleme führt zu zwischenmenschlichen Schwierigkeiten, die sich im Prozeß der Softwareentwicklung abbildet. Dabei wurde ein Modell des Verhaltens des einzelnen, des einzelnen im Team, im Projekt, innerhalb und außerhalb der Firma zugrundegelegt. Die ablaufenden Prozesse reichen von individuellen kognitiven Prozessen über die Gruppendynamik hin zum "organizational behavior". Anhand dieser menschlichen Beziehungen werden die oben geschilderten Probleme untersucht.

Durch fehlendes Anwendungswissen nahm die Wissensvermittlung einen breiten Raum in Form von Kommunikationstätigkeiten ein. Die Kommunikation nahm auch zu, wenn neue Vorgehensmodelle zugrundegelegt wurden[491]. Die Breakdowns der Kommunikation und Koordination nahmen bei größeren Projekten überproportional zu. Die Projektmitglieder mußten für jede Phase Begriffe, Darstellungsformen, Art und Weise des Informations- und Datenflusses klären. Da das Wissen verteilt vorlag, mußte durch einen hohen Kommunikationsaufwand ein einheitliches Anforderungsverständnis geschaffen werden[492]. Positiv auf die geschilderten Probleme könnte ein einheitliches Vorgehensmodell, das in einem Prozeßmodell festgehalten wird, sowie eine Erfahrungsdatenbank wirken.

Durch die Standardisierung des Entwicklungsprozesses kann ein einheitliches Vorgehensmodell in spezifischen Domänen positiv auf die überproportional steigenden Kommunikationsaufwände wirken. Zudem reduziert die Orientierung an Domänenmodellen – wie bspw. von Gomaa – den Kommunikationsaufwand, da viele Sachverhalte, die durch mangelndes Domänenwissen entstehen, dann bereits formalisiert vorliegen. Der Klärungsbedarf erstreckt sich auf die Detaillierungen eines Domänenmodells. Die Lösungen entwickeln ihre volle Tragweite – auch unter Berücksichtigung der Untersuchungen zum Erfahrungs- und Domänenwissen –, wenn die Entwickler domänenspezifisch eingesetzt würden. Dann nämlich würde ein standardisiertes Vorgehensmodell die gleichen Vorgehensweisen und Problemstrukturierungen bewirken wie auch ein Domänenmodell, das die Begriffe und Sachverhalte der Domäne strukturiert und definiert. Der Entwicklungsprozeß könnte von dem gemachten Erfahrungswissen viel mehr als bisher profitieren; nebenbei würde qualitativ bessere Software mit geringerem Kommunikationsaufwand produziert. Dazu wird ein Softwareprozeßmodell[493] als Technik zur Definition und Analyse signifikanter

---

490   Vgl. Curtis, B.; Krasner, H.; Iscoe, N. /Field Study of the Software Design Process/ S. 1268ff.

491   Vgl. Curtis, B.; Krasner, H.; Iscoe, N. /Field Study of the Software Design Process/ S. 1275.

492   Vgl. Curtis, B.; Krasner, H.; Iscoe, N. /Field Study of the Software Design Process/ S. 1282.

493   Ein Prozeßmodell ist eine Sammlung von beziehungsreichen Prozeßkomponenten. Dargestellt werden die Prozesse in Form von Netzen, die sequentielle und hierarchische Bestandteile aufweisen. Durch die Sammlung von Erfahrungswissen wird das generische Prozeßmodell für spezifische Entwicklungen genutzt. Das System soll Unterstützung bei der Planumstellung, der Entscheidungsunterstützung, der integrierten Produkt- und Prozeßqualitätsmetriken, Kostenplanung und Unterstützung für verschiedene Modellsichten bieten.

Aspekte eines Prozesses[494] vorgeschlagen. Ein Prozeßmodell beschreibt, wie ein bestimmter Prozeß unter spezifischen Zielen, Bedingungen eines Projekts oder einer Organisation durchgeführt wird[495]. Das Modell beinhaltet prototypische Sequenzen von Aufgaben zur Erreichung des Zieles unter Zugrundelegung eines Plans. Ein Plan ist die erarbeitete, spezielle Ausprägung eines generischen Prozesses. Die Informationen, die ein Prozeßmodell enthalten soll, sind Inhalt, Personal, Ort, Kosten, Zeitplan und Qualitätserfordernisse des Prozesses. Ein Prozeßmodell fügt dem "normalen" Vorgehensmodell Reviews der iterativ in den Phasen erstellten Produkte hinzu. Damit soll der Prozeß erfaßt, ausgewertet und gesteuert, d.h. qualitativ verbessert werden. Der Abstraktionsgrad des Prozeßmodells umfaßt gröbere Schritte, die von Entwicklern zur Durchführung des Lifecycles vollzogen werden, und detailliertere Schritte, die maschinell ausführbar sein sollen. Dies soll mit ausführenden Agenten durchgeführt werden[496]. Die Sammlung der Prozeßmodellinformationen soll die Durchführung des Prozesses kontrollieren und steuern. Die Durchführung solcher Pläne soll das prototypische Werkzeug SPMS[497] bewältigen[498].

Mit einem Prozeßmodell können alle Mitglieder des Entwicklungsteams unterstützt[499] sowie der Prozeß nachvollziehbar und steuerbar gemacht werden[500]. Wiederverwendung wird in bezug auf den Prozeß betrieben, indem Teile des Prozesses erfaßt, ausgewertet und – zunächst manuell – wiederverwendet werden. Dieses Vorhaben führt sicherlich zu qualitativ hochwertigeren Prozessen und damit auch zu besseren wiederverwendbaren Produkten. Es fehlt jedoch jegliche Betrachtung möglicher Anwendungsvoraussetzungen, wie beispielsweise Domänen- und Methodenorientierung. Es ist auch nicht deutlich, ob durch die Prozeßmodellierung eine Standardisierung des Prozesses resultiert.

- **Erfahrungsdatenbank**

Abschließend soll die Erfahrungsdatenbank von Basili[501], die auf dem SEI-Maturity-Modell und dem daraus abgeleiteten Quality-Improvement-Paradigma beruht, vorgestellt werden. Es sollen die Erfahrungen aus anderen Projekten gespeichert, aufbereitet

---

[494] Eines der Ziele der Softwareprozeßmodellierung ist die detaillierte Beschreibung aller Schritte, so daß sie die Steuerung durch den Entwicklungsprozeß unterstützt. Der Prozeß der Softwareerstellung ist aber geprägt durch das Hinzuziehen vieler Wissensgebiete, kreativer Problemlösungen und vielfältiger menschlicher Interaktionen.

[495] Vgl. Krasner,H.; et.al. /Lessons learned from a Software Process Modelling System/ S. 91.

[496] Vgl. Curtis, B.; Kellner, M.; Over, J: /Process Modelling/ S. 83.

[497] Vgl. Krasner, H.; et.al. /Lessons learned from a Software Process Modelling System/ S. 95. Ein in SPMS definiertes generisches Vorgehensmodell gibt Meilensteine, Aufgaben, Bedingungen und Produkte zur Produktion eines spezifischen Softwaresystems vor. Die prototypische Implementierung eines IEEE-Draft-Standard-Modells für Prozesse ergab ein wiederverwendbares Set, welches Prozeßwiederverwendung und den Einbau vorgefertigter Komponenten erlaubt.

[498] Vgl. Krasner, H.; et.al. /Lessons learned from a Software Process Modelling System/ S. 92. Die Features sind die Verbindung von Projektmanagementproblemen mit dem Prozeßmanagment, die Möglichkeit graphischer Prozeßmodellierung, die Integration von Produktqualitätsmetriken in das Prozeßmodell und eine Basis und Technik für die Synthese wiederverwendbarer Prozeßbestandteile. Das Werkzeug soll portable und integrierbare Systeme erreichen.

[499] Vgl. Curtis, B.; Kellner, M.; Over, J: /Process Modelling/ S. 75.

[500] Vgl. Curtis, B.; Kellner, M.; Over, J: /Process Modelling/ S. 75.

[501] Vgl. Basili, V. /The Experience Factory/ S. 3_3. Vgl. Koch, G. /The Bootstrap Initiative/ S. 2_1.

und anderen Mitarbeitern zur Verfügung gestellt werden. Die Zielsetzung der Erfahrungsdatenbank liegt in der Prozeßverbesserung. Wichtig für die Prozeßverbesserung sind die Evaluation und das Feedback für die Projektkontrolle und -steuerung und für das Lernen zur Prozeßverbesserung. Die Wiederverwendung von Erfahrung in Form von Prozessen, Produkten sowie möglichen anderen Wissensformen ist die Basis der Verbesserung. Betrachtungsgegenstand der Prozeßverbesserung sind Prozeß-, Produkt-, Ressourcenmodelle, Fehlerquellen und Qualitätssicherungsmaßnahmen. Sie können in den verschiedensten Formen vorliegen und sollen anderen Projekten zur Verfügung gestellt werden.

4.2.6.4 Zusammenfassung

In den obigen Untersuchungen und Ansätzen wurde durchweg festgestellt, daß für die Softwareentwicklung Wissen unabdingbar ist. Die notwendigen Bestandteile des Wissens konnten nicht in Form einer vollständigen Liste aufgeführt werden; vielmehr besteht Einigkeit darüber, daß es erstens ein Netzwerk aus Erfahrungs-, Domänen- und Modellierungswissen ist und zweitens, daß die Wissensbestandteile nicht separiert eingesetzt werden, sondern im Entwicklungsprozeß ineinandergreifen. Die wichtigste Rolle spielen Domänen- und Erfahrungswissen. Domänenwissen ist die Voraussetzung für die Erstellung guter Spezifikationen und guten Designs; es ist festzustellen, daß Erfahrungs- und Modellierungswissen alleine nicht zu guten Entwürfen führen. Erst das Wissen um die Fakten der Domäne erbringt ein qualitativ und inhaltlich gutes System. Daher wird bspw. bei Iscoe, Prieto-Díaz, Gomaa und den in praxi bewährten Ada-, BB/LX- und Raytheon-Projekten die Domänenanalyse an den Beginn der Entwicklung wiederverwendbarer Teile gestellt. Erst durch die Analyse der Domäne gelangten sie zu den "richtigen" Bauteilen, die die wesentlichen Fakten und Beziehungen der Domäne für die Wiederverwendung geeignet darstellten.

Erfahrungswissen wird bei jedem Projekt erneut angewendet. Die Lösungswege einer Domäne sind nicht ohne weiteres in eine andere Domäne übertragbar[502]. So versuchen die Entwickler, bekannte Lösungswege anzuwenden bzw. die neuen Anforderungen in bekannte Strukturen zu pressen. Hinsichtlich des Vorgehens wurden sie von den bisher gemachten methodischen und domänenspezifischen inhaltlichen Erfahrungen beeinflußt[503]. Die bekannten Lösungswege wurden erneut angewendet bzw. modifiziert. Dabei scheint Einigkeit darüber zu bestehen, daß die Entwicklungsvorgänge von einem Meta- oder Prozeßscript geleitet werden, die – nach Guindon et al. – aus Designmetaschemata, Designschemata und Designmethoden, Designnotationen und Konzepten bestehen. Bei Adelson/Soloway[504] enthält das Metascript die Formulierung und Simulation mentaler Modelle, die iterativ die Entwurfsebenen und möglichen Lösungswege einbeziehen. In beiden Fällen greift das methodische, erfahrungsbedingte und domänenspezifische Wissen beim Entwurfsprozeß ineinander. Mit zunehmender Erfahrung bilden Entwickler nicht nur spezifisches Methoden-, Vorgehens- und Domänenwissen, sondern bestimmte Gedächtnisstrukturen aus. Diese Gedächtnisstrukturen basieren auf gelernten Regeln und Richtlinien wie bspw. mnemotechnische

---

502   Vgl. Curtis, B. /Cognitive Issues/ S. 269f.
503   Vgl. Guindon, R.; Curtis, B. /Control of cognitive processes/ S. 264f.
504   Vgl. Curtis, B. /Cognitive Issues/ S. 269f.

Darstellungen und häufig vorkommenden Strukturen. Diese im Laufe der Zeit gelernten Sachverhalte werden als zusammenhängende Informationsstrukturen im Kopf gespeichert und bei Bedarf wieder abgerufen. Eine Auswirkung dieser Tatsache ist bspw., daß erfahrene Programmierer Bauteile schneller wiedererkennen und den Modifikationsaufwand besser einschätzen können als unerfahrene.

Das Gebiet der Prozeßmodellierung im Bereich der Softwareentwicklung ist noch sehr jung. Daher bestehen noch keine Verbindungen zwischen dem angestrebten Prozeßmodell und dem erfahrungsbedingten Vorgehen. Die Darstellungen des erfahrungsbedingten Vorgehens deuten allerdings darauf hin, daß die Suche nach einheitlichen Prozeßmodellen von Vorteil für die Qualität und Produktivität der Software sein kann.

Aus dem Gesagten können die Folgerungen gezogen werden, daß erstens ein Domänenmodell für die Wiederverwendung von Vorteil ist und zweitens ein standardisiertes Vorgehensmodell einer Domäne positiv auf die Entwicklungsvorgänge – auch als Basis für ein Prozeßmodell – wirkt. Dies läßt sich mit dem methodisch standardisierten Vorgehen begründen, das die Entstehung vergleichbarer Produkte am Phasenende bewirkt. Somit können die Lösungswege aller Entwickler ähnlich verlaufen, d.h. wiederverwendbare Bauteile sind einfacher produzier- und wiederverwendbar.

4.3 Anwendungsvoraussetzungen einer Wiederverwendungskonzeption

Die vorgestellten Ansätze zeigten die Wiederverwendbarkeit unterschiedlicher Objekte unter Einsatz verschiedener Techniken auf. Es wurde festgestellt, daß die Wiederverwendung spezifischer Objekte unter bestimmten Anwendungsvoraussetzungen möglich ist. Als Anwendungsvoraussetzungen wurden die die Wiederverwendbarkeit bestimmenden Einflußparameter herausgearbeitet.

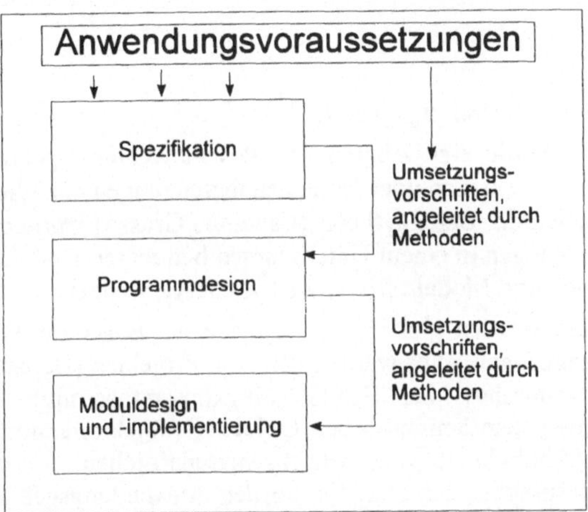

Bild 4.15: Zusammenhang zwischen Produkt und Vorgehen

Es besteht ein Zusammenhang zwischen Wiederverwendungsobjekt und Vorgehen. Die Wiederverwendung, d.h. die Tätigkeit des erneuten Suchens, Erkennens und Einbauens eines bereits entwickelten Bauteiles kann nur dann funktionieren, wenn das Erkennen sowie der Einbau der Bauteile möglich ist. Wie die Wissensansätze zeigten, ist es auf Basis bestimmter Entwicklungsrichtlinien leichter, Bauteile zu erkennen und einzubauen. Sie sind strukturiert, wenig komplex, in ihrer methodischen Darstellung bekannt und "passend". Diese Anwendungsvoraussetzungen wurden in den vorangegangenen Abschnitten bereits herausgearbeitet und werden im folgenden zusammengefaßt dargestellt.

Um Bauteile ohne Probleme einbauen zu können, müssen sie "passen". Es darf keine Schnittstellenprobleme geben, die Bauteile müssen eine definierte Funktionalität übernehmen, sie müssen in einer bestimmten Darstellungsform vorliegen, und sie müssen von guter Qualität sein. Die Bauteile müssen also "passend" entwickelt werden. Es besteht ein enger Zusammenhang zwischen dem aus dem Entwicklungsprozeß resultierenden Objekt und seiner Wiederverwendbarkeit sowie dem Entwicklungsprozeß.

Hinsichtlich der Entwicklung wiederverwendbarer Produkte ist es nicht mit der Festlegung einer definierten, methodischen Vorgehensweise zur Umsetzung von einem Entwurfsprodukt in ein anderes für jeweils alle notwendigen Entwurfsschritte getan. Vielmehr müssen darüber hinaus die sonstigen Einflußfaktoren betrachtet werden, die zu wiederverwendbaren Produkten führen. Zu diesen Anwendungsvoraussetzungen werden im folgenden

1. die Abgrenzung der Anwendungsgebiete,

2. die Festlegung gleichartiger Entwurfsmethoden,

3. die Definition wiederverwendbarer Objekte,

4. die Festlegung der Entwurfsstufen,

5. die Anwendung wiederverwendungsfördernder Entwurfsprinzipien und

6. die Wiederverwendung der Produkte durch Wissen

gezählt.

* **Abgrenzung der Anwendungsgebiete**

In vielen Ansätzen wurde eine Abgrenzung des Anwendungsgebietes derart vorgenommen, daß auf Basis existierender Domänenabgrenzungen ein Wiederverwendungskonzept aufgestellt wurde. Bei Raytheon (Lanergan/Grasso) wurden die betriebswirtschaftlichen Anwendungen in einem Unternehmen betrachtet. Dort wurden funktionale Programmschablonen und Module firmenweit wiederverwendet.

In anderen Ansätzen wurden gleichartige Projekte als Basis zur Wiederverwendung von Bauteilen herangezogen. Dies war bei den Ada-Projekten (Department of Defense, EVB: Flugkörpersteuerung), bei ECOS (Flugkörpersteuerung), bei BB/LX und COSMOS (Betriebssystemfamilien), bei ObjectiF (objektorientierte Softwarearchitektur), Goodell (Ähnlichkeit von betriebswirtschaftlichen Anwendungen) sowie DRACO (Domänensprache) der Fall. Es wurden Anwendungsgebiete festgelegt und abgegrenzt, für die wiederverwendbare Bauteile (von Modulen bis hin zur Designspezifikation und Umsetzungsmechanismen) definiert und konstruiert wurden.

In allen Fällen (bis auf Goodell) wurde neben der Abgrenzung des Anwendungsgebietes das Programmfamilienkonzept zugrundegelegt. Erst auf dieser Basis wurde mit der Definition der Wiederverwendungsobjekte, der Entwurfsmethode und den wiederverwendungsfördernden Richtlinien begonnen. Das Konzept der Programmfamilien sichert nicht nur die Abgrenzung des Anwendungsgebietes, sondern darüber hinaus die Variantenausprägungen und damit die Anzahl der zu entwickelnden Systeme in der Familie. Insofern sichert die Wiederverwendung der entwickelten Bauteile die in die Familie zusätzlich investierten Kosten; sie sichert außerdem die frühzeitige Amortisation dieser Investitionen durch die Wiederverwendung in Form höherer Produktivität und Qualität. Die Qualität wird gewährleistet durch in Anwendungen befindlichen Bausteinen und mit diesen erfahrene Entwickler.

Ein Anwendungsgebiet ist eine Domäne. Insofern stellt ein wie von Prieto-Díaz oder Maiden/Sutcliffe oder Iscoe vorgeschlagenes wiederverwendbares Domänenmodell einen (allgemeinen) Fall des Anwendungsgebietes dar. Aus diesem Domänenmodell werden konkrete Spezifikationen sowie die folgenden Entwurfsprodukte für einen Anwendungsfall der Domäne abgeleitet.

Der Vorteil der beschriebenen Vorgehensweisen auf der Basis einer Domäne liegt darin, daß

- das Domänenwissen lediglich – auf Basis mehrerer Anwendungsgebiete – einmal erhoben und in ein formalisiertes Modell mit Hilfe von Erfahrungs- und Methodenwissen umgesetzt wird,

- ein erstelltes abstraktes Domänenmodell leichter übertrag- und wiederverwendbar ist und daher die hohen Anfangsinvestitionen schneller amortisiert werden,

- ein erstelltes abstraktes Domänenmodell positiv auf die Vollständigkeit, Integrationsfähigkeit und Gebrauchsfähigkeit von Anwendungssystemen wirkt,

- die Wiederverwendung des validierten Domänenmodells erhöhte Qualität und Produktivität in der Entwicklung weiterer Produkte mit sich bringt,

- die Entwicklung wiederverwendbarer Bauteile für eine Programmfamilie leichter möglich wird,

- die Einarbeitung in die Domäne für Wiederverwendung und Wartung schneller ermöglicht wird,

- die Wiederverwendbarkeit von Bauteilen durch die Nutzung bekannter Modelle und Bauteile schneller und fehlerfreier vor sich geht.

- **Festlegung gleicher Entwurfsmethoden**

Neben der Definition der Domäne ist die Festlegung definierter Entwurfsmethoden von großer Bedeutung für die Wiederverwendbarkeit von Bauteilen. Die Festlegung definierter Entwurfsmethoden wurde bei den Raytheon- und Ada-Projekten, ObjectiF, ECOS, BB/LX, ARIES, IDeA und CORE durchgeführt. Die Entwurfsmethoden wurden in Abhängigkeit von dem gewählten Ansatz (objektorientiert bzw. funktional) und von der betrachteten Domäne definiert. Man kann von domänenspezifischen Entwurfsmethoden sprechen.

Die Anwendung domänenspezifischer Entwurfsmethoden führt, da im Entwurfsprozeß die Umsetzungsschritte methodisch vorgegeben sind, zu syntaktisch und semantisch vergleichbaren Entwicklungsprodukten. Wird beispielsweise SA/SD angewendet, ist das Ergebnis der Herunterbrechung der hierarchischen Datenflußdiagramme der Analyse eine Modulhierarchie, die die Verzweigungen, Daten- und Kontrollflüsse anzeigt. Die Anwendung definierter Entwurfsmethoden hat mehrere Vorteile. Die Erstellung syntaktisch und semantisch vergleichbarer Entwurfsprodukte bewirkt, daß

- die Entwickler ihr methodisches und erfahrungsbedingtes Wissen (bekannte Anwendungsdomäne und bekannte Lösungsstruktur, Existenz von Programmfragmenten und Programmplänen sowie Designschablonen) auf einer Methode basierend erwerben,

- dieses Wissen Gedächtnisstrukturen für den Lösungsweg, den Designprozeß und die Designfakten sowie für das Verständnis des Themengebietes durch vorhandenes Domänenwissen bei den Entwicklern schafft und die notwendige Verquickung der verschiedenen Wissensgebiete fördert,

- dieses Wissen ihr Wiederverwendungsverhalten positiv hinsichtlich Erkennen, Simulation und Notation von Alternativen sowie Einbau beeinflußt.

Damit wird eine leichtere Austauschbarkeit und Wiederverwendbarkeit von Bauteilen auch zwischen verschiedenen Entwicklern möglich. Die Darstellung von syntaktisch und semantisch vergleichbaren Ergebnissen ist notwendig, um ihre Austauschbarkeit und Wiederverwendbarkeit überhaupt zu ermöglichen. So basieren einige der Wiederverwendungsansätze auf den gleichen Entwicklungsmethoden (ARIES, IDeA, CORE) für die wiederzuverwendenen Produkte. Auf Basis eines definierten Vorgehensmodell mit aufeinander abgestimmten Entwicklungsmethoden ist auch der Aufbau eines Prozeßmodells möglich.

- **Definition wiederverwendbarer Objekte**

Zur Definition wiederverwendbarer Objekte müssen die Anwendungsgebiete (die Domäne) sowie die einzusetzenden Entwurfsmethoden feststehen. So bestimmt das Anwendungsgebiet mit seiner geplanten Variantenvielfalt über die Wirtschaftlichkeit der Erstellung von spezifischen Wiederverwendungsobjekten. Entsprechen sich beispielsweise das Programmdesign und die Modulspezifikationen für bestimmte Zielanwendungen, müssen nur die verschiedenen Modulimplementierungen als Varianten bestimmt werden. Dann ist aber lediglich ein Programmdesign mit mehreren Modulimplementierungen notwendig. D.h. die Programmfamilie folgt bis auf die Stufe der Modulspezifikation denselben Designentscheidungen. Sind aber beispielsweise in einer Domäne verschiedene grundlegende Ausprägungen von Anwendungssystemen gefragt (Finanzbuchhaltung für einen Industrie- bzw. Dienstleistungsbetrieb), muß auf der Ebene der Domäne ein allgemeines Modell erstellt werden, daß in den verschiedenen Ausprägungen wiederverwendet und differenziert wird. D.h. bereits auf der Ebene der Spezifikation wären im Beispiel der Finanzbuchhaltung andere Entwurfsentscheidungen erforderlich. Aber auch in diesem Beispiel kann sich, bei genügend häufiger Wiederverwendung, die Erstellung eines Domänenmodells rentieren. Dies ist vor allem von dem notwendigen Aufwand zur Erstellung eines Domänenmodells und damit der Komplexität und dem Bekanntheitsgrad der Domäne abhängig.

Somit kann sowohl ein Domänenmodell, eine Spezifikation, ein Programmdesign, eine Programmstruktur als auch eine Modulspezifikation oder -implementierung Wiederverwendungsobjekt sein. Grundsätzlich können sie in allgemeiner oder auch spezieller Ausprägung vorliegen, um wiederverwendet werden zu können. Dabei differiert die Ausprägung allgemein versus speziell in Abhängigkeit von der Entwurfsstufe.

DV-fernere Entwurfsstufen lassen, sofern sie auf Basis von Gemeinsamkeiten mehrerer konkreter Anwendungsgebiete allgemein erstellt wurden, eine höhere Freiheit in der Variantenbildung, da bis auf eine DV-nahe Umsetzung noch viele Entwurfsentscheidungen fallen. So kann beispielsweise ein abstraktes Finanzbuchhaltungsdomänenmodell auf unterschiedliche Branchen für die Finanzbuchhaltung angewendet werden. Außerdem können auf den folgenden Entwurfsstufen sehr viele unterschiedliche Entwurfsentscheidungen fallen, die die erforderliche Variantenvielzahl ermöglichen. Dies muß der Wiederverwendung von vorliegenden Spezifikationen in diesem Themengebiet nicht entgegenstehen. So ist denkbar, daß sich wiederum allgemeine Spezifikationen finden, die auf Industriebetriebe zugeschnitten sind, die diese wiederum konkretisieren können. Industriebetriebe, die außerdem ähnliche Rechnersysteme betreiben und die gleiche Spezifikation wiederverwenden, können wiederverwendbare Programmdesigns erstellen usw.

Bei der Wiederverwendung von DV-näheren Entwurfsstufen sind bereits mehr Entwurfsentscheidungen gefallen. So kann beispielsweise bei der Wiederverwendung der Modulspezifikationen bei unterschiedlichen Implementierungen dieselbe Spezifikation und dasselbe Programmdesign vorliegen. Hier ist das anwendungsspezifische Wissen dieser Wiederverwendungsplanung bereits in die Wiederverwendungsobjekte umgesetzt worden; bei Vorliegen weiterer Anwendungsvoraussetzungen ("Passen" der Bauteile, gleiche Darstellungsart) können diese für die verbleibende Vielfalt von Anwendungen wiederverwendet werden.

Allgemein kann gesagt werden, daß die Definition der Wiederverwendungsobjekte vom Anwendungsfall abhängig ist. Während DV-ferne Entwurfsprodukte noch viele Varianten zulassen und – bei entsprechender Bauweise – auf viele Anwendungsfälle zugeschnitten werden können, sind bei DV-nahen Entwurfsprodukten bereits viele Entwurfsentscheidungen gefallen und bilden die Grundlage für die Wiederverwendung ganz spezifischer Ausprägungen, beispielsweise die Modulimplementierungen in der Phase der Codierung.

Es kann festgehalten werden, daß bei Planung eines Wiederverwendungskonzepts unter Rückgriff auf die Phasenaufwände aus Kapitel 2 die Wiederverwendung DV-ferner Entwurfsprodukte potentiell eine schnellere Amortisation erbringt. Dies liegt an der kostenintensiven Erstellung von Domänenmodellen oder Spezifikationen und an der höheren Anzahl von möglichen Entwurfsentscheidungen beim Umsetzen auf die DV-näheren Entwurfsstufen. Zudem fördern die Domänenmodelle bzw. Spezifikationen die Integration, Migration, Wartung und Portierung von Anwendungssystemen.

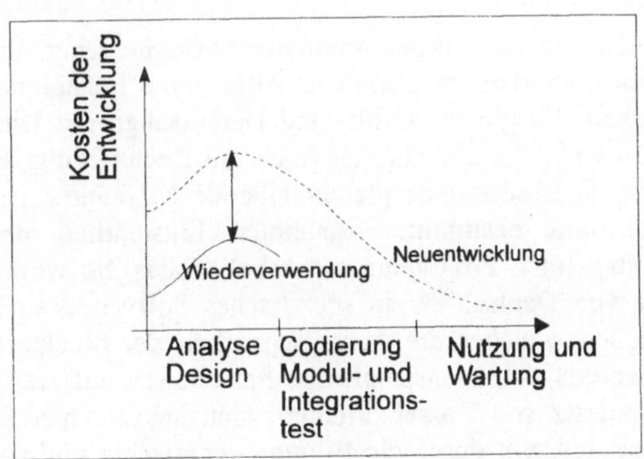

Bild 4.16: Kostenreduktion in der Entwicklung durch Wiederverwendung von frühen Entwicklungsinformationen[505]

---

505 Vgl. Vetter, M. /Strategie der Anwendungssystementwicklung/ S. 130.

In Bild 4.16 ist eine mögliche Kostenreduktion durch Wiederverwendung früherer Entwurfsprodukte mit der durchgezogenen Linie angedeutet. Sie soll die Kostenreduktion in der Entwicklung durch Wiederverwendung von Domänenmodellen oder Spezifikationen darstellen; der weitere Fortgang der Linie wurde offen gelassen, da sie von dem Modifikationsaufwand und dem Wiederverwendungsgrad in den folgenden Entwicklungsstufen abhängt. Die Kostenlinie liegt durch die Wiederverwendung weit unter der ursprünglichen, die gesamte Neuentwicklung charakterisierenden, Linie. Auch hier fallen Kosten zur Anpassung des wiederverwendeten Modelles an. Dabei hängt die Höhe der Kosten u.a. davon ab, wie genau das verwendete Modell auf das konkrete Anwendungsgebiet paßt bzw. wie hoch der Modifikations- und Anpassungsaufwand ist. Müssen umfangreichere Änderungen vorgenommen werden, verschiebt sich die Kostenlinie nach oben; werden keine Anpassungen vorgenommen (wird also das Modell 1:1 übernommen), verschiebt sich die Kurve weiter nach unten. Damit wird der Kostenblock der frühen Entwicklungsphasen, in denen die Fehler "Anforderungen falsch" oder "Anforderungen falsch verstanden" auftraten, durch die bereits erfolgte Wissensakquisition reduziert.

Dabei soll nochmals betont werden, daß die Wiederverwendung von Entwurfsprodukten die Fehleranzahl auf allen Entwurfsstufen normalerweise verringert, da sie bereits anderswo ihre Gebrauchsfähigkeit und Fehlerfreiheit unter Beweis gestellt haben. Zudem liegt mit ihnen bereits viel aufwendig einzubringendes Wissen vor.

Wie oben erklärt, ist auch das Programmdesign von der Anwendung abhängig. Bei Vorliegen guten wiederverwendbaren Designs wird seine Wiederverwendbarkeit durch die gegebene Sprachunabhängigkeit und eine weitgehende Basissystemunabhängigkeit beeinflußt. Je höher die Unabhängigkeit von einer Implementierung, desto höher ist die Wahrscheinlichkeit der Wiederverwendung. Bei Vorliegen eines Domänenmodells kann die Spezifikation und – mit den gemachten Einschränkungen – das Design grundsätzlich auf andere, die gleiche Funktionalität beinhaltende Anwendungen übertragen werden.

Programmschablonen basieren auf der Ähnlichkeit verschiedener Anwendungsfälle einer Domäne in den codierten Programmen. Allgemeine Schablonen setzen für ihre Wiederverwendbarkeit das gleiche Grob- und Detaildesign der Konstruktion voraus. Sie müssen daher sowohl die Domäne als auch die Rechnerumgebung beachten, um übertragbar zu sein. Dies setzt eine gleichbleibende Modularisierung in Form einer Softwarearchitektur und bestimmte Annahmen hinsichtlich der Betriebs- und Basissystemumgebung (incl. Programmiersprache) voraus. So wird beispielsweise im Framework-Ansatz von Deutsch[506] ein spezifisches Softwaredesign durch Interface-Festlegung vorgegeben, welches die Austauschbarkeit der objektorientierten Module ermöglicht. Dort werden domänenspezifische Schablonen auf Designebene gebildet. Auch der Frames-Ansatz von Basset orientiert sich an verschiedenen Anwendungsfällen einer Domäne und gibt durch die Bildung generischer und spezifischer Frames eine Designhierarchie für die Anwendungssysteme vor. In beiden Fällen dient die Domäne als Ausgangspunkt für die Entwicklung von Designschablonen. Das Design

---

[506]   Vgl. dazu auch
        Nawrot, B. /Objectif/ S. 14. bzw.
        Johnson, R.; Foote, B. /Designing Reusable Classes/ S. 22ff. bzw.
        Liebherr, K.; Riel, A.; Demeter, A. /Case Study of Software Growth/ S. 8ff.

kann im Verbund einer Programmfamilie bzw. in ähnlichen Anwendungen erneut Verwendung finden. In beiden Ansätzen werden auch die wiederverwendungsfördernden Entwurfsprinzipien angewendet, die sich in spezifischen methodischen Vorgehensweisen niederschlagen. Hier liegt eine deutliche Domänen- und Methoden- und Vorgehensorientierung vor, die den geplanten Einsatz ermöglicht. Damit können Schablonen im Kleinen wie im Großen gefertigt werden.

Die Wiederverwendung domänenspezifischer Schablonen setzt eine Standardisierung inhaltlicher, methodischer und prozeßorientierter Art voraus. Inhaltlich bezieht sie sich auf den semantisch passenden Einbau der Teile in ein bestehendes Design. Methodisch meint sie die gleiche Form und Semantik der Darstellung, so daß das Einfügen automatisiert geleistet werden kann.

- **Festlegung definierter Entwurfsstufen**

In einigen der oben geschilderten Ansätze wurden definierte Entwurfsstufen festgelegt. So wurde bei Jameson von drei definierten Entwurfsstufen ausgegangen, die über Transformation ineinander überführbar und jeweils wiederverwendbar waren. Iscoe schlug 4 Stufen, von der Application Domain über die Computer Science Domain und Language Domain zur Implementation Domain zur domänenspezifischen Nutzung, vor. In den Werkzeugen ARIES und CORE werden interaktiv bestehende Spezifikationen umgesetzt und sowohl die Spezifikationen, Teilspezifikationen als auch andere bestehende Designteile und Module wiederverwendet. Diese Konzepte zeigen die Trennung verschiedener Stufen des Entwurfes, die im Laufe der Entwicklung durch die Umsetzung des anwendungsnahen Wissens in DV-nahe Darstellungen notwendig werden. Dabei hängt die Definition der Entwurfsstufen eng mit der gewählten Vorgehensweise und den gewählten Methoden zusammen. So sieht beispielsweise eine nach der Methode SA/SD erstellte Analyse und das daraus folgende Design ganz anders bei Anwendung der Jackson Method und Jackson System Development aus. Aufgrund der gewählten Entwurfsmethode bzw. den in einem Vorgehensmodell zusammengestellten methodischen Vorgehensweisen werden im Rahmen dieses Umsetzungsprozesses syntaktisch und semantisch vergleichbare Ergebnisse bzw. Produkte erreicht. Die Festlegung solcher Entwurfsergebnisse basiert somit auf den verwendeten methodischen Vorgehensweisen. Sollen die Ergebnisse des Entwurfs auf den verschiedenen Stufen wiederverwendet werden, müssen sie folglich in das Gesamtentwurfskonzept passen. D.h. in einer Wiederverwendungskonzeption, die neben Spezifikationen auch das Design – sowohl der Funktionen wie auch der Daten – einbezieht, müssen die Entwurfsstufen und damit die Entwurfsergebnisse definiert werden. Bevor allerdings ein endgültiges Produkt erstellt oder die Entwurfsergebnisse wiederverwendet werden, ist eine gewissenhafte Qualitätssicherung vorzunehmen. Erst diese sichert die Wiederverwendbarkeit der Entwürfe.

Die Festlegung von Entwurfsstufen anhand eines domänenabhängigen Vorgehensmodells sichert nicht nur das Erreichen bestimmter syntaktisch und semantisch vergleichbarer Entwurfsergebnisse. Es sorgt gleichzeitig für das Erlernen des Umsetzungswissens der Entwickler auf der Basis eines methodischen Vorgehens; dies zieht die oben erwähnten Vorteile für die Wiederverwendbarkeit nach sich.

In ObjectiF wurden drei Ebenen von Klassen, von einer DV-nahen zu einer anwendungsnahen, festgelegt, die je nach Anwendung ganz oder teilweise wiederverwendet werden konnten. In COSMOS wurde das virtuelle Maschinenkonzept zur Schichtenbildung und Trennung von anwendungs- bzw. DV-nahen Schichten herangezogen. Es handelt sich hier, wie auch in dem Ansatz von Deutsch zur Clusterbildung durch Schnittstellendefinition, um programmdesignbezogene Konzepte. Sie legen für das Programmdesign eine bestimmte Softwarearchitektur zugrunde, die die Wiederverwendbarkeit einzelner Teile dieser Architektur erhöht. Denert trennt beispielsweise bei seiner in Kapitel 3 vorgestellten Softwarearchitektur basissystembezogene von anwendungsschnittstellenbezogenen und anwendungslösungsbezogenen Teilen[507], um die Unabhängigkeit einzelner Teile zu erhöhen. Durch die Unabhängigkeit sind je nach Basissystemabhängigkeit einzelne Teile dieser Architektur leichter wiederverwendbar[508]. Bei diesen Ansätzen wurde eine Softwarearchitektur vorgeschlagen, die das Ergebnis der Phase Konstruktion bzw. Design festlegt. Die Festlegung architekturaler Konzepte führt zur Standardisierung des Designs und somit zur Wiederverwendbarkeit von Design und Modulen.

Die Ansätze der Software-Base-Schema, IDeA, ECOS, ObjectiF, Jameson und MIL betrachten eine Standardisierung und Wiederverwendung des Designs unter Zugrundelegung einer standardisierten Entwicklungsmethode und -umgebung. So wurde das Design und die Module in der gewünschten Darstellungsform bzw. Sprache hinterlegt und wiederverwendet[509]. Design kann methoden- und domänenspezifisch standardisiert werden. Standardisiertes Design ist nicht nur Hilfsmittel zur Wiederverwendung von Modulen oder Schablonen, sondern auch selbst Wiederverwendungsobjekt. Dazu muß neben der gleichen Methode auch die gleiche Domäne gegeben sein, wie auch die Fixierung des wiederverwendbaren Designs in einer allgemein verständlichen Darstellung. Zur Repräsentation des Designs wurden oben Aussagen gemacht; Fixierungen in der Form einer MIL sind grundsätzlich denkbar. Die MIL definierten eine Softwarearchitektur sowie das Design und bewirkten die Wiederverwendbarkeit des Designs als auch der Module. Die Designrepräsentation sollte große Komponentenstrukturen erlauben, ohne sich auf die physische Systemumgebung festzulegen, um die Zusammenfügbarkeit von Designbauteilen zu einem großen Systemdesign zu erleichtern. Dies kann weiter durch die Beachtung von Softwarearchitekturen, bspw. durch die Trennung von anwendungssystem- und basissystemabhängigen Modulen im Schichtenmodell, ermöglicht werden.

- **Anwendung wiederverwendungsfördernder Entwurfsprinzipien**

Es konnte in fast allen Ansätzen die Anwendung der in Kapitel 3 definierten wiederverwendungsfördernden Entwurfsprinzipien festgestellt werden. So wurden in nahezu allen Ansätzen die Prinzipien der Modularität, Abstraktion, Verkapselung und Lokalität auf unterschiedliche Wiederverwendungsobjekte angewendet.

---

[507] Vgl. Denert, E. / Software-Engineering/ S. 221ff.

[508] Vgl. Denert, E. / Software-Engineering/ S. 48. Er stellt fest, daß in der Systemkonstruktion die Modularisierung teilweise anwendungsabhängig, aber kaum basissystemabhängig, der Datenbasisentwurf sowohl anwendungsabhängig wie auch basissystemabhängig und die Prozeßorganisation kaum anwendungsabhängig, aber basissystemabhängig ist.

[509] Vgl. Jameson, K. /Model for Reuse of Software Design Information/ S. 205.

Auf das Design wurden diese Prinzipien in ObjectiF, bei Deutsch, in den Ada-Projekten, in MIL, in ECOS, in COSMOS, bei Jameson und in BB/LX angewendet. Dort hing die Wiederverwendbarkeit von Modulen eng mit dem wiederverwendungsfördernden Design zusammen. Das Programmdesign trennte verschiedene Schichten, Hierarchien oder Teile voneinander, was die Unabhängigkeit und Wiederverwendbarkeit der Module steigerte. Dazu wurde dem Entwurf eine Softwarearchitektur mit Hilfe von Schichten oder strenger Hierarchisierung vorgegeben.

Das Prinzip der Abstraktion ist neben dem der Modularität eines der wichtigsten Prinzipien für die Wiederverwendbarkeit von Bauteilen. Es wird immer dort angewendet, wo vom Detail abstrahiert und das Wesentliche extrahiert wird. Dies kann auf jeder Entwurfsstufe zur Erstellung wiederverwendbarer Bauteile durchgeführt werden. So wird bei der Definition wiederverwendbarer Objekte auf der Ebene der Domänenmodelle genauso von den Details zugunsten des wesentlichen abstrahiert wie auf der Ebene der Module. Modularität wird im Entwurf durch die Vorgabe von Schichtenmodellen, durch die Hierarchisierung der Module sowie durch die Softwarearchitekturen erreicht.

Auf der Ebene der Module wurde das Prinzip der Abstraktion auf Daten wie auch auf Funktionen (SETL, Templates, UNIX, PARIS, Untersuchung von Emery, BB/LX, COSMOS) angewandt. Damit wurde eine erhöhte Flexibilität bei der Erstellung von allgemeinen Modulen erreicht. Diese werden bei ihrer Wiederverwendung mit den entsprechenden spezifischen Datenstrukturen und Funktionen bestückt und dann in den Code integriert. Eng mit dem Prinzip der Abstraktion hängt das Prinzip der Verallgemeinerung zusammen, das aus vorliegenden Produkten die wesentlichen Bestandteile herausfiltert und die Wiederverwendbarkeit in konkreten Fällen ermöglicht. Allgemeine Module können durch die Abstraktion von Daten (bspw. Datenstrom in Unix) und Funktionen (bspw. generische Funktionen, Raytheon-Projekte) im Detail entworfen und wiederverwendet werden. Allgemeine Domänenmodelle oder Spezifikationen werden mit den gleichen Prinzipien mit den allgemeinen Strukturen der Domäne bzw. des Anwendungssystems abgebildet.

Ein weiteres wichtiges Prinzip ist die Hierarchisierung, die auf jeder Entwurfsstufe die Komplexität reduziert. Anwendet wurde dieses Prinzip bei den Frames, den Programmstrukturen, den Templates, bei COSMOS, bei BB/LX, bei DRACO und bei ARIES sowie bei allen Anwendungen des Schichtenmodells. Durch die Hierarchisierung werden anwendungsnahe von DV-nahen Schichten getrennt sowie die Modularisierung unterstützt.

Auch die Prinzipien der Lokalität, der Verkapselung und des Information Hiding wurden bei den Ada- und Raytheon-Projekten, in BB/LX, in COSMOS, bei den Frames und den Frameworks unterstützt. Sie beeinflussen die Austauschbarkeit von Modulen.

Die Objektkonzepte nutzten die Vorteile, die die Sprachkonzeption für die Wiederverwendbarkeit bietet. So unterstützt die Objektorientierung die Wiederverwendbarkeit nicht nur durch Anwendung von wiederverwendungsfördernden Prinzipien (Lokalität, Modularität, Verkapselung, Abstraktion und Detaillierung, Trennung von Spezifikation und Implementierung), sondern durch die Vorteile des Entwurfs. Diese sind die leichtere Übertragbarkeit der "richtigen" Objekten der realen Welt in ein Objekt, leichtere Variantenbildung durch Generalisierung und Spezialisierung sowie die mögliche Clusterbildung. Die Modularisierung erfolgt vor allem durch die Verkapselung. Dies drückte sich in einer leichten Überlegenheit des objektorientierten Ansatzes gegenüber dem prozeduralen Ansatz aus. Neben dem Konzept der objektorientierten Sprachen waren aber zusätzliche Strukturierungen in Form einer Softwarearchitektur und wiederverwendungsfördernden Richtlinien (ObjectiF, Frameworks, BB/LX, Ada-Projekte) notwendig, um die Wiederverwendbarkeit im Großen zu realisieren. Für die Wiederverwendbarkeit in funktional orientierten Systemen waren die gleichen Strukturierungsmittel notwendig; sie sind daher im Prinzip genauso geeignet, um Wiederverwendbarkeit zu realisieren.

In den objektorientierten Sprachansätzen Meld und OBJ2 stand mehr die Daten- und Funktionenabstraktion im Vordergrund. Wie auch bei Hall wird auf eine weitgehende Flexibilität bei der Zusammensetzung der Module geachtet. Neben dem Problem der Erlernbarkeit und Werkzeugunterstützung dieser Ansätze fehlt ein ausreichendes Konzept zur Strukturierung der Wiederverwendungsobjekte und damit zur Realisierung der Wiederverwendbarkeit im Großen, beispielsweise durch Softwarearchitekturen[510].

- **Wiederverwendung von Wissen**

Wie oben erklärt, fließt in die Entwicklung wiederverwendbarer Bauteile spezifisches Wissen über die Domäne und die methodische Umsetzung sowie Erfahrungswissen ein. Ein Problem der Entwicklung ist die kostenintensive Umsetzung des informalen Domänenwissens; dieses bezieht sich zum einen auf die fachlichen Aspekte der zukünftigen Anwendung und zum anderen auf die ablauforganisatorischen Aspekte. Die Anpassung der Anwendungssysteme an die bestehende Organisationsstruktur ist ein Kriterium für die Eigenentwicklung von Anwendungssystemen. Um hier wiederverwendbare Strukturen vor allem in den frühen Entwicklungsphasen zu erstellen, ist viel Domänen-, Methoden- und Erfahrungswissen notwendig. Gerade aufgrund des einfließenden kostspieligen Wissens ist die Wiederverwendung der frühen Entwicklungsprodukte wirtschaftlich sinnvoll. Es wird versucht, diese verquickten Wissensgebiete getrennt darzustellen.

Zur Fixierung von Domänenwissen eignen sich Domänenmodelle. Sie müssen die wesentlichen Bestandteile der Domäne wiedergeben und in guter Qualität und verständlicher Darstellungsform vorliegen. Auf dieser Basis ist das darin enthaltene anwendungsspezifische Wissen für die Wiederverwendung bzw. weitere Entwicklung nutzbar. Die Nutzung ist vielschichtig; das Domänenmodell kann zur Einarbeitung in die Bestandteile der Domäne in jedem (Entwicklungs-, Wiederverwendungs- und Wartungs-) Projekt dienen, es kann wiederverwendet und modifiziert werden, und es kann zur Entwicklung und Wiederverwendung nachfolgender Entwurfsprodukte in allgemeiner oder konkreter Ausprägung dienen.

Zur Erstellung eines wiederverwendbaren allgemeinen Domänenmodells – als Grundlage für anwendungsspezifische Spezifikationen – muß

- eine allgemein anerkannte Darstellungsform gewählt werden,

---

510   Da heute bereits Anwendungsgeneratoren für die Programmierung eingesetzt werden, ist der Beitrag der
       wiederverwendbaren Module bzw. Codeteile zur Systementwicklung recht gering.

- aus verschiedenen Anwendungen der Domäne das Wesentliche (vgl. das Domänenmodell von Iscoe, Balzert, Prieto-Díaz) abstrahiert und extrahiert werden,

- das Wesentliche in allgemeiner Form festgehalten werden,

- das Anwendungswissen und Ablaufwissen in semantisch geeigneter Darstellung mit Dokumentation festgehalten werden,

- das Domänenmodell als Grundlage für die weitere Anpassung und Verfeinerung (nach den Vorschlägen in ARIES, CORE, IDeA und den Analogieschlüssen) dienen können.

Die Domänenmodellierung ist derzeit der einzige Weg zur Identifikation, Formalisierung und Fixierung des anwendungsspezifischen Wissens. Das Domänenmodell dient der Reduktion des Akquirierungsaufwandes von Domänenwissen in jeder der darauf aufbauenden Entwicklungen. In einem Referenzmodell der Domäne sollen die, für die Domäne wichtigen Sichten dargestellt werden; d.h. es kann eine organisatorische Sicht, die das Wechselspiel Mensch-Maschine berücksichtigt implementiert werden. Durch mehrfache Anwendung von domänenspezifischen Referenzmodellen wird darüber hinaus das Wissen über den organisatorischen Ablauf in Form dieses Modells und auch in Form von Entwicklerwissen weitergegeben und damit wiederverwendet. Die Erstellung von allgemeinen Domänenmodellen hat den Vorteil, daß in den weiteren Entwicklungen mit einer Vorlage gearbeitet wird, die inhaltlich vollständigere, richtigere und mit geringeren Fehlern versehene Folgeprodukte bewirkt. Zudem kann in den Folgeentwicklungen – was Wiederverwendung, Wartung oder die Erstellung von nachfolgenden Entwurfsstufen bedeutet – auf das implizite Organisationswissen zurückgegriffen werden.

In den Ansätzen verschiedener Firmen (EVB, Raytheon, IBM) zeigte sich, daß mit der Durchführung von Domänenanalysen in geplanten Programmfamilien wiederverwendbare Komponenten entstanden, die auch wirklich eingesetzt wurden. Auf Domänenanalysen basierende Bauteile sind für die Wiederverwendung sehr gut geeignet, da sie die essentielle Funktionalität der Domäne wiedergeben und mit zunehmender Projekterfahrung auch das notwendige Wissen erworben wird. Diese Bauteile sind vor allem innerhalb einer Programmfamilie mit einheitlichen Entwurfsentscheidungen in Spezifikation und Design leichter wiederverwendbar. Sie sind in domänenspezifischen Projekten einfacher nutzbar[511]. Die Wiederverwendung des mit der Erstellung, der Anpassung und dem Einbau verbundenen Wissens hängt eng mit definierten Vorgehensmodellen und Entwicklungsstandards zusammen, wie sie auch in den Projekten erlassen wurden.

Die Erstellung von Domänenmodellen basiert meist auf der Betrachtung existierender bzw. zu entwickelnder Systeme der abgegrenzten Domäne. Sie wird auf Basis einer geplanten Programmfamilie vorgenommen. Welche Inhalte im einzelnen abgebildet werden, hängt nicht nur von der Domänenabgrenzung, sondern von den einbezogenen Sichten und der zugrundegelegten Methode sowie den gewählten Wiederverwendungsobjekten ab. So scheint sich die objektorientierte Herangehensweise (Ada-Projekte, Booch) besser zur Abbildung zu eignen, da verschiedene Sichten der Domäne wie Daten, Funktionen, Kommunikation und zeitlicher Bezug modelliert werden können.

---

511   Vgl. Prieto-Díaz, R. /Domain Analysis for Reusability/ S. 347.

Die Modellierungsmethode muß auf jeden Fall geeignet sein, die wesentlichen problemrelevanten Bestandteile abzubilden. Bestimmungen darüber, welche Sichten funktionen- oder objektorientiert modelliert werden sollen, hängen von den Inhalten der Domäne und der gewählten Methode ab.

Mit einheitlichen Methoden modellierte allgemeine Domänenmodelle und ihre Instanziierung in diversen Projekten bewirken den Aufbau von damit verbundenem Erfahrungswissen. Aufbauend auf einem standardisierten, methodisch fundierten Vorgehensmodell können Prozeßmodelle zur Fixierung und Dokumentation des Erfahrungswissens erstellt werden. Basierend auf den Erfahrungen, daß Entwickler für neue Anwendungen bereits bekannte Programmpläne, Strukturen und Designschemata anwenden und ein Metascript die Lösung anleitet, wird die Wiederverwendbarkeit dieses Wissens durch ein Prozeßmodell (aufbauend auf einem standardisierten Vorgehensmodell) gefördert. Die Ausbildung vergleichbarer Strukturen bei allen Entwicklern erleichtert die Wiederverwendbarkeit der Bauteile. Gleichzeitig kann das Vorgehensmodell aufgrund der gemachten Erfahrungen zu einem Prozeßmodell für die Weitergabe und Dokumentation des Erfahrungswissens ausgebaut werden. Mit dem – iterativ zu verbessernden – Prozeßmodell ist das methodische und umsetzungsspezifische Wissen verbunden, das andere Entwickler in dieser Domäne und dem vorgegebenen Vorgehensmodell anleitet. Das Prozeßmodell kann dabei unterschiedlichen Charakter haben; es kann sich um eine Erfahrungsdatenbank oder auch eine Umsetzungsanleitung handeln. Ergebnis ist ein Verhalten, das den "Wiederverwendern mit Domänenerfahrung" entspricht: Es werden die Entwicklungsschritte und Interaktionen der Module simuliert und notiert sowie die Vollständigkeit geprüft. Es kann ein tiefes Verständnis der Domänen (ihrer Gemeinsamkeiten und Unterschiede) gefördert werden. Für sich wiederholende Programmstrukturen werden im Laufe der Zeit im Gedächtnis größere Informationseinheiten gebildet, die abgerufen werden können. Der Aufbau eines Prozeßmodells kann sich insbesondere für die Wiederverwendbarkeit der Referenzmodelle bzw. Bauteile in einer Programmfamilie wie auch für die Wartungsphasen der entstandenen Systeme lohnen. In den Wiederverwendungs- bzw. Wartungstätigkeiten kann im Sinne einer Dokumentation auf das inhärente entwurfsspezifische Wissen zurückgegriffen werden.

Ziel der Prozeßmodellierung ist die Wiederbenutzung des im Prozeß enthaltenen Wissens über die Entwicklungsorganisation, die Lösungsstrukturen und den Lösungsweg. Für die Wiederverwendung sollte daher ein problem- und domänenspezifischer Prozeß definiert werden, um ihn in jeder Entwicklung wiederverwenden zu können. Der Suchprozeß[512] nach einer Lösung wird bei der wiederverwendungsorientierten Entwicklung minimiert, wenn eine grobe Strukturierung in Form eines standardisierten Vorgehensmodells vorgegeben wird. Mit Hilfe des Prozeßmodells kann das gesammelte Prozeß- und Erfahrungswissen an andere Entwickler ähnlicher Problemstellungen weitergegeben werden.

Da ein Prozeßmodell die inhaltliche und organisatorische Steuerung der Entwicklungsprozesse aufgrund des gesammelten und dokumentierten Wissens übernimmt, resultieren standardisierte Entwicklungsprodukte jeder Entwurfsstufe. Diese standardisier-

---

[512] Unter Suchprozeß wird die Arbeit der Präferenzenermittlung, der Abschlätzung der möglichen Lösungsmöglichkeiten und der Auswahl einer Lösungsmöglichkeit verstanden.

ten Entwicklungsprodukte jeder Entwurfsstufe vereinfachen die Wiederverwendbarkeit dieser Bauteile. Sie fördern die vertikale Wiederverwendbarkeit. Die Förderung der vertikalen Wiederverwendbarkeit liegt nicht nur in der inhaltlichen Standardisierung der Bauteile, sondern auch in der "Standardisierung" des Erfahrungs- und Lösungswegwissens der Entwickler. Das Prozeßwissen wird in jeder Entwicklung und damit auch als Produkt früherer Entwicklungen wiederverwendet.

5 Anforderungen an eine wiederverwendungsfördernde Architektur

Die Anwendungsvoraussetzungen der dargestellten Ansätze wurden bereits herausgefiltert; dabei stand die Domänen- und Methodenorientierung im Vordergrund. Wesentliche Entwurfskonzepte waren das Konzept der Programmfamilien, die auf jede Entwurfsstufe anwendbaren, wiederverwendungsfördernden Entwicklungsprinzipien und die Softwarearchitekturen. Dabei stand die Bedeutung des einheitlichen Domänen- und Vorgehensmodells möglichst im Rahmen einer Programmfamilie im Vordergrund.

5.1 Forderung nach einem domänenspezifischem Vorgehensmodell

Die Domänen- und Methodenorientierung hängen eng miteinander zusammen; die methodische Vorgehensweise bestimmt den Inhalt und die Darstellungsform der domänenspezifischen Entwicklungsprodukte. Ein standardisiertes, die wiederverwendungsfördernden Prinzipien durch methodisch unterstützte Vorgehensweisen berücksichtigendes Vorgehensmodell ist für die Entwicklung syntaktisch und semantisch vergleichbarer Produkte und damit für ihre Wiederverwendbarkeit der Bauteile Voraussetzung. Die Entwicklung wiederverwendbarer Bauteile setzt somit ein standardisiertes Vorgehensmodell in einer abgegrenzten Domäne voraus.

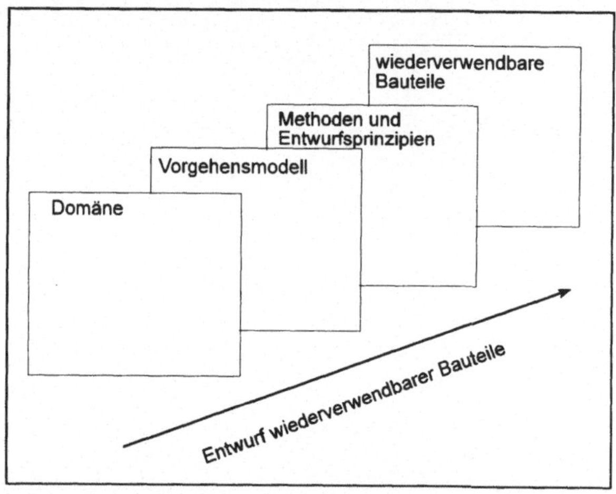

Bild 5.1:   Abhängigkeit der wiederverwendbaren Bauteile von der Domäne

Die Entwicklung und Verwendung wiederverwendbarer Referenzmodelle bzw. Bauteile bewirkt darüber hinaus den Aufbau von entsprechendem Erfahrungswissen. Die Verfügbarkeit von Erfahrungswissen beeinflußt die Wiederverwendung der Bauteile positiv. Aufgrund der damit ausgeprägten Erfahrungen (Metascript, Designschemata, bekannte Lösungsteile und -wege, Lösungssimulation) wird sowohl der Bau wiederverwendbarer Bauteile als auch das Erkennen und der Einbau dieser Bauteile leichter und effizienter.

Das in einer Domäne gewählte methodische Vorgehen wird durch ein Vorgehensmodell repräsentiert. Dieses bestimmt die Folge der Produkte im Entwicklungsprozeß. Es determiniert die Vorgehensweise und die Ergebnisse des Entwicklungsprozesses. In einem Wiederverwendungskonzept muß diese Abhängigkeit Berücksichtigung finden. In einem standardisierten Vorgehensmodell müssen die definierten Entwicklungsmethoden, -verfahren und -prinzipien sowie die Entwurfsprodukte festgelegt werden. Das Vorgehensmodell muß darüber hinaus genügend Flexibilität zur Anpassung verschiedener Bauteile an ihre organisatorische bzw. rechnerspezifische Zielumgebung mit Hilfe unterschiedlicher Verfahrensweisen zulassen.

Die Abhängigkeit der Bauteile von den eingesetzten Methoden, vom Vorgehensmodell und letztlich von der Domäne kann von einer Entstehungs- und einer Verwendungsseite betrachtet werden. Die Entstehungsseite betrachtet den Entwurf wiederverwendbarer Bauteile und wird im folgenden betrachtet. Die Verwendungsseite betrachtet den Einbau wiederverwendbarer Bauteile über anzuwendende Prinzipien und über das Vorgehensmodell in den Entwurf eines Anwendungssystems der Domäne.

Die aufgrund einer standardisierten Domäne und Vorgehensweise entstandenen Bauteile weisen die Vorzüge auf, daß sie

- qualitativ hochwertig und durch mehrfachen Einsatz erprobt sind und damit die Voraussetzung für ihre Wiederverwendbarkeit erfüllen

- den Entwicklern in ihrer Funktionalität, ihrer Struktur und ihren Fehlern bekannt sind und daher die Hemmschwelle, sie zu nutzen, geringer ausfällt,

- auf ihrer jeweiligen Entwurfsstufe in bestimmter Darstellungsform das inhärente Domänen- und Erfahrungswissen wiedergeben und somit – verglichen mit völliger Neuerstellung – kostenreduzierend einzusetzen sind,

- den Aufbau von Prozeßmodellen ermöglichen und somit Entwicklern ermöglichen, auf in gleicher Art und Weise gebildetem Erfahrungswissen aufzubauen,

- durch ihren bereits erfolgten Einsatz auch die zweckmäßige Anpassung an spezifische Organisationsbedingungen aufgezeigt haben.

5.2 Vertikale Wiederverwendbarkeit

Die Forderung nach vertikaler Wiederverwendbarkeit der in einer Architektur enthaltenen Bauteile begründet sich aufgrund ihres hohen Nutzens. Die vertikale Wiederverwendbarkeit bedeutet, daß bestimmte Bauteile in neuen Anwendungen und mit ihren in der Entwicklung folgenden Produkten wiederverwendet werden. In den Ansätzen des objektorientierten Domänenmodells von Iscoe (vertikale Integration), in IDeA, ARIES und DRACO wurde neben der Wiederverwendung der Spezifikation auch die Wiederverwendung der vorhandenen Designteile und Module vorgeschlagen.

Der Nutzen der vertikalen Wiederverwendung von Produkten liegt vor allem darin, daß ein maximaler Nutzen in der individuellen Softwareentwicklung durch die Wiederverwendung von Bauteilen aller Entwurfsstufen entsteht. Dieser Nutzen resultiert aus der

- Ersparnis durch die Nutzung vorhandener Bauteile in allen Entwicklungsstufen,

- Ersparnis durch die Nutzung qualitativ hochwertiger Bauteile,

- Ersparnis durch geringen Aufwand bei der Akquirierung von Domänen- und Methodenwissen,

- Ersparnis durch geringen Aufwand bei der Umsetzung durch Verwendung vorgefertigter Entwurfsstufen,

- Ersparnis durch die Wiederverwendung von Erfahrungswissen,

- Ersparnis durch die Wiederverwendung von impliziten organisatorischem Wissen sowie den bereits erfolgten organisatorischen Anpassungen,

- Möglichkeit, die, in den folgenden ebenfalls wiederverwendbaren Entwurfsstufen möglichen Freiheitsgrade bei den notwendigen Anpassungsentscheidungen zu nutzen,

- Wiederverwendung der Entwicklungsinformationen in der Wartung als Dokumentation vieler Entwicklungsergebnisse,

- Festlegung definierter Entwurfsstufen und dem Entstehen von entsprechenden Wissensstrukturen, was für die Wiederverwendung und Wartung der Bauteile wie auch Systeme wichtig ist.

Die vertikale Wiederverwendung hat einen hohen Anreiz durch den zu erzielenden Produktivitäts- und Qualitätsvorteils, der sich auf alle wiederverwendeten Entwurfsunterlagen bezieht. Wird beispielsweise ein abstraktes Domänenmodell wiederverwendet, wird der Nutzen durch die Nichtaufstellung eines eigenen Domänenmodells erreicht. Liegen neben dem abstrakten Domänenmodell auch weitere Entwurfsstufen wie Spezifikationen, Design und Module vor, erhöht sich der Nutzeneffekt um die Arbeitsersparnis im Verhältnis zu einer vollständigen Neuentwicklung. Die Kosten der Entwicklung liegen dann hauptsächlich in der Anpassung bzw. Modifikation dieser Modelle auf die jeweilige Organisationsstruktur und die jeweiligen Zielumgebungen. Der Nutzen liegt zudem in der Wiederverwendung des validierten Wissens der Modellaufstellungen sowie der validierten Entwurfsergebnisse.

Eine wesentliche Forderung zur Realisierung der vertikalen Wiederverwendung liegt daher in der Formulierung einer Architektur, die die für eine Domäne wesentlichen Entwurfsstufen in allgemeiner Darstellung bereitstellt.

Die domänenspezifische vertikale Wiederverwendung hat zudem den Vorteil, daß das Domänenmodell und die nachfolgenden Entwurfsprodukte das Domänenwissen als auch die Entwicklungsgeschichte dokumentieren und so zu geringeren Einarbeitungszeiten für die Wartung des Systems beitragen. Die allgemeinen, domänenspezifischen Entwicklungsprodukte können als Vorlage, aber auch als Ausgangsprodukt für die Entwicklung neuer Systeme durch Instanziierung genutzt werden. Liegen die domänenspezifischen wiederverwendbaren Bauteile darüber hinaus in allgemeiner Form vor, so führen sie zu richtigeren und vollständigeren Ergebnissen im spezifischen Entwurf.

Wird eine domänenspezifische Wiederverwendungsarchitektur allgemein konzipiert und ist sie auf mehrere Entwicklungen in dieser Domäne anwendbar, so kann sich der Aufwand zum Entwurf allgemeiner Modelle und für die Verwaltung und Pflege der Bauteile in einem stark reduzierten Entwicklungsaufwand für diese Domäne niederschlagen. Durch den mehrfachen Einsatz von Wiederverwendungsobjekten rentiert sich der Aufbau eines Wiederverwendungskonzeptes.

5.3 Domänen- und Vorgehensmodell zur Erstellung wiederverwendbarer Bauteile

Ein Domänenmodell dient

- dem Festhalten des Domänenwissens in formalisierter Form,

- als Basis der Entwicklung eines wiederverwendungsspezifischen Vorgehensmodells,

- als Basis zur Herstellung wiederverwendbarer Bauteile,

- als Basis zur Ableitung einer oder mehrer Spezifikationen und Konstruktionen und

- als Basis der Konzeption einer Programmfamilie.

Im folgenden werden kurz die Charakteristika, die ein Domänen- bzw. Prozeßmodell für die Wiederverwendung aufweisen sollte, diskutiert. Sie sind die Grundlage für die Konzeption einer wiederverwendungsfördernden Architektur.

5.3.1 Forderungen an ein Domänenmodell

In einem Domänenmodell werden in formalisierter Form die problemorientierten Bestandteile einer Domäne dargestellt. Um als Basis für die vertikale Wiederverwendung in einem anderen Anwendungsfall zu dienen, muß das Domänenmodell allgemein formuliert sein, um so auf verschiedene Anwendungsfälle einer Domäne zu passen. Daraus ergibt sich die Forderung nach einem Domänenmodell, das als Ausgangspunkt der Entwicklung in verschiedenen Anwendungsfällen dient. Domänenmodelle sollten die wesentlichen Bestandteile der Domäne und ihre Zusammenhänge in allgemeiner Form darstellen, um auf mehrere Anwendungsfälle derselben Domäne übertragbar zu sein. Sie müssen darüber hinaus die Domäne in ihren wesentlichen problemorientierten Bestandteilen formalisiert, vollständig und genau abbilden. Dabei muß von Anwendungsfall zu Anwendungsfall über den Abstraktionsgrad und die Vollständigkeit entschieden werden. Beispielsweise ist denkbar, daß ein Domänenmodell auch in allgemeiner Form die wesentlichen

Bestandteile wenig detailliert und nicht vollständig darstellt und gerade deswegen häufiger auf verschiedene Anwendungsfälle anwendbar und damit leichter wiederverwendbar ist. In diesem Fall ist die Anpassung aufwendiger.

5.3.1.1 Entwurfsebenen

Ein allgemeines Domänenmodell kann in einem konkreten Anwendungsfall unternehmensspezifisch instanziiert werden. Dabei kann es als Vorlage für die Anwendungsentwicklung dienen, um die Vollständigkeit, Genauigkeit und Validität der domänenspezifischen Entwicklung sicherzustellen. Neben dem Domänenmodell können auch die nachfolgenden Entwurfsstufen (allgemeine Spezifikationen, Konstruktionsunterlagen und Bausteine sowie Implementierungsbeschreibungen) in einer konkreten Anwendungsentwicklung wiederverwendet werden. Zeitlich vor dem inhaltlichen Aufbau des Domänenmodells muß im Zusammenhang mit der Festlegung des Vorgehensmodell die Definition der Entwurfsstufen erfolgen. Also muß beispielsweise festgelegt werden, daß eine Analyse mit Hilfe der Methode SA bis zur dritten Detaillierungsebene erstellt wird; das gleiche gilt für die folgenden Entwurfsstufen. Erst mit der Festlegung der Anzahl, des Detaillierungsgrades und der Darstellungsverfahren im Zusammenhang mit dem methodisch fundierten Vorgehensmodell kann eine Wiederverwendungskonzeption erfolgreich sein.

Zwar ist die Spezifikation noch rechnerunabhängig und daher leichter übertrag- und wiederverwendbar, doch auf der Konstruktionsebene müssen Hardwaregegebenheiten mit in den Systementwurf einbezogen werden. Diese sind nur dann leicht übertrag- und damit wiederverwendbar, wenn sie an gängigen Technologien und Standards orientiert entworfen werden. Damit können für die Konstruktion, die Modulspezifikation und -implementierung Bausteine vorbereitet werden, die allgemeinen Charakter haben, um im konkreten Anwendungsfall instanziiert werden zu können, und so übertragbar, anpaßbar und wiederverwendbar zu sein. Es müssen auf der Konstruktionsebene Annahmen über die eingesetzten Techniken getroffen werden, um aufbauend auf dem Domänenmodell wiederverwendbare Konstruktionsunterlagen und Bausteine zu produzieren. Dies kann beispielsweise durch die Separierung zwischen basis- und anwendungssystemabhängigen Modulen in der Softwarearchitektur geschehen. Damit wäre ein großer Teil des Entwurfs sowie die dazu passenden Bausteine innerhalb einer Domäne und für eine spezifische Spezifikation wiederverwendbar.

Die Festlegung definierter Entwurfsstufen führt zur Planung der Varianten pro Ebene. So ist beispielsweise erst auf Basis einer definierten Spezifikation die Erarbeitung mehrerer Designvarianten und Bausteine entsprechend der Variantenausprägung der Domäne möglich. Um diese Flexibilität bereitzuhalten, müssen in einer Wiederverwendungskonzeption das Vorgehensmodell und die Ausprägung der Entwurfsstufen simultan festgelegt werden. Damit wird auch die Planung und Variantenbildung durch Instanziierung bei einzelnen Anwendern möglich; dies fördert die Wiederverwendbarkeit der durch ein Domänenmodell und Vorgehensmodell definierten Objekte durch die Schaffung eines breiteren Anwendungsrahmens.

Das Domänenmodell muß auf einem Abstraktionsniveau vorliegen, das von jeder Annahme über zugrundeliegende Hardware abstrahiert und die Domäne so abbildet, daß die Übertragbarkeit anhand der abstrakten Vorlage leicht durchgeführt werden kann. Je abstrakter die Modelle sind, desto mehr Umsetzungs- und Detaillierungsschritte sind notwendig. Je konkreter die Modelle sind, desto weniger Aufwand ist zur Übertragung nötig. Die Festlegung des Abstraktionsniveaus sollte auf die Anzahl der geplanten Anwendungssysteme ausgerichtet werden. Abstraktere Schablonen umfassen die Entwurfsentscheidungen einer größeren Anzahl von Programmteilen bzw. Schablonen, beispielsweise in einer Programmfamilie.

5.3.1.2 Inhalt des Domänenmodells

Das Domänenmodell sollte die wesentlichen das Anwendungssystem betreffenden Bestandteile abbilden. Dies sind im Kern die Funktionen und Daten sowie die notwendigen Kommunikationsvorgänge; je nach Domäne kommen noch die zeitlichen, prozeßbedingten und benutzerseitigen Aspekte hinzu. Die letzten beiden Bestandteile sind nur in weniger Modellierungsmethoden vorgesehen.

Es bietet sich die Möglichkeit der Darstellung durch Funktionen-, Daten- und Kommunikationsmodelle, aber auch durch ein objektorientiertes Modell. Im ersten Fall, der Abbildung von Funktionen, Daten und Kommunikationsbeziehungen müssen separate Modelle der Sichten auf der Grundlage des gewählten Vorgehens gebildet werden. Im Bereich der Funktionenmodellierung werden Funktionen häufig in Hierarchiebäumen, manchmal verbunden mit einer prozeßorientierten Sicht dargestellt. Ein Datenmodell kann bspw. auf der verbreiteten Darstellung des Entity-Relationship-Modell beruhen und die wesentlichen Daten der Domäne mit ihren Beziehungen abbilden. Die Verbindung von Funktionen- und Datenmodellen ist wichtig, da sie in der Anwendungsentwicklung notwendig wird[513]. Ein Kommunikationsmodell ist zur Abbildung der Kommunikationsvorgänge erforderlich. Die zeitliche Modellierung berücksichtigt die, in den Abläufen des Anwendungssystems notwendigen zeitlichen Reihenfolgen zwischen den Daten, Funktionen und Kommunikationsvorgängen. Ein objektorientiertes Modell kann hingegen – abhängig von der gewählten Modellierung – die Daten mit den dazugehörigen Funktionen sowie die Kommunikation und zeitlichen Bezüge zwischen den Objekten abbilden. Die Entscheidung für eines der Modelle hängt u.a. stark von den Inhalten der Domäne und den sie gut abbildenden Darstellungsverfahren und Methoden ab. Die wesentlichen Bestandteile sind dabei stark von den Inhalten der Domäne und dem Modellierungsverfahren abhängig.

Ein Domänenmodell soll auch dem Abgleich zwischen Quell- und Zieldomäne dienen. Die inhaltliche Übereinstimmung ist Voraussetzung für die Wiederverwendung der Bauteile[514]. Die Abgrenzung – vgl. Bild 5.2 – ist notwendig, um den Grad der Wiederverwendbarkeit eines solchen Modelles festzustellen.

---

513   Die Verbindung ist heute auf Werkzeugebene bspw. durch Cross-Referenzierung möglich, bei der von den Daten auf die sie benutzenden Funktionen referenziert wird und umgekehrt. Eine solche Verwaltung setzt Werkzeuge voraus, die allen Anforderungen an wiederverwendungsorientierten Entwicklungsumgebungen gerecht werden. Es gibt solche Werkzeuge noch nicht. Eine andere, meist werkzeuggestützte Verwaltungsmethode ist die der Datenverwendungstabellen. Die Verbindung der Modelle erfordert eine aufwendige Verwaltung.

514   Dabei scheint ein Domänenmodell leichter übertragbar zu sein, wenn es spezifische Aufgabenbereiche abbildet. Die Abbildung der relevanten Sichten der Aufgaben in Modellen, die unabhängig von einer

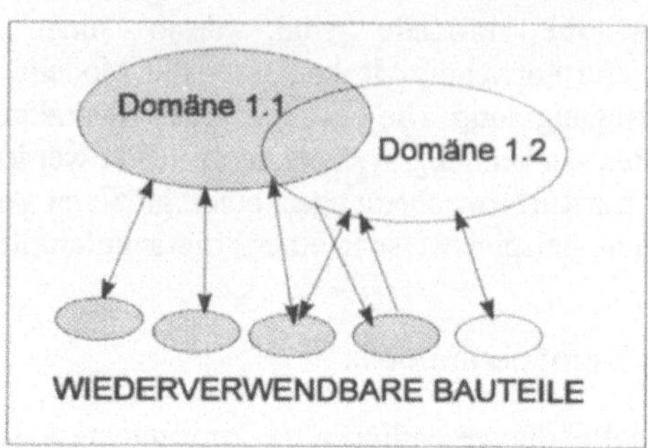

Bild 5.2:   Abgrenzung von Domänenmodellen

Um die Bauteile einer Domäne in einer anderen Domäne wiederverwenden zu können, müssen die Elemente der Domäne und die Domänenabgrenzung identifiziert und verglichen werden können. Entsprechen sich bspw. die Domänenabgrenzungen (und -darstellungen) nur zum Teil, so sind die wiederverwendbaren Bauteile nur begrenzt einsetzbar, also ihr Wiederverwendungsgrad gering. Damit ist eine Abgrenzung der unternehmensspezifischen Domäne gegenüber dem Referenzmodell möglich.

5.3.1.3 Abbildung der Domäne

Neben die Anforderung der Abbildung der problemrelevanten Sichten und Bestandteile der Domäne in allgemeiner Form treten noch andere notwendige Festlegungen. Die Domäne muß in dem gewählten Domänenmodell fehlerfrei und hinsichtlich der in jeder Domäne vorkommender Bestandteile und ihrer Beziehungen vollständig und inhaltlich richtig sein und außerdem die Möglichkeit der Detaillierung hinsichtlich der spezifischen Gegebenheiten ermöglichen.

Die Abbildung der Domäne muß in bezug auf die Semantik die Domäne in, für Entwickler wie Nutzer verständlicher, genauer, allgemeiner und modifizierbarer Form dargestellt werden. Sie muß für die spezifische Instanziierung bzw. Modifikation geeignet sein. Die Wahl eines akzeptierten Modellierungsverfahrens beeinflußt die Akzeptanz des Modells durch den möglicherweise hohen Einarbeitungsaufwand bei unbekannten Verfahren. Die Eignung der gewählten Modellierungsverfahren auf jeder Entwurfsstufe hängt von ihrer Verbreitung, dem Lernaufwand und der verfügbaren Werkzeugunterstützung ab. Die Verwendung unbekannter Verfahren führt auch nicht zur Nutzung des gedanklichen Erfahrungs- und Methodenwissens; der erhoffte Produktivitätseffekt tritt nur vermindert ein.

Weiter ist die Integrierbarkeit der Bauteile auf jeder Entwurfsstufe von entscheidener Bedeutung für ihre Wiederverwendbarkeit. Dies gilt für die Integration von Bauteilen auf jeder Entwurfsstufe wie auch für die Integration in unternehmensweite Modelle. So sollte beispielsweise ein Domänenmodell in ein ein Unternehmensmodell integrierbar

---

Aufbauorganisation sind, hat den Vorteil der leichteren Übertragbarkeit auf unterschiedliche Organisationen.

sein. Dies ist eine weitere Anforderung an die Abbildungsform. Die Bauteile müssen in bezug auf die Syntax und Semantik in den Kontext zu integrieren sein. Dasselbe gilt für die Entwurfsebenen der Spezifikation und Konstruktion. Mit der Verbindung auch dieser domänenspezifischen Modellebenen können leichter integrierte Anwendungssysteme realisiert werden.

Ein Problem der Abbildung der Domäne in einem Modell ist die Stationarität des Modells. Sie sind – in Abhängigkeit von der Abbildung i.d.R. – statisch und daher nicht geeignet, die Weiterentwicklung eines Unternehmens im Laufe der Zeit wirklich abzubilden. Das Unternehmen übernimmt im Laufe der Zeit veränderte Aufgaben, die in statischen Modellen nicht abgebildet werden. Das Problem der Veränderung in Abhängigkeit von der Zeit führt zu den hohen Kosten der Anpassungs- und Erweiterungswartung. Es sollte daher nach Abbildungsmöglichkeiten der Domänenmodelle gesucht werden, die eine leichte Weiterentwicklung methoden- und werkzeuggestützt ermöglichen.

5.3.1.4 Integration von Domänenmodellen

Ein domänenspezifisches Referenzmodell soll die Integrierbarkeit mit anderen Domänenmodellen ermöglichen. Werden in einem Unternehmen zwei verschiedene domänenspezifische Referenzmodelle eingesetzt, so soll ihre Verbindung und die Integration der Anwendungssysteme möglich sein. Die Integration von Domänenmodellen wird notwendig, da jedes Unternehmen andere spezifische Aufgaben zu erfüllen hat und für unterschiedliche Aufgabenbereiche unterschiedliche Domänenmodelle zur Anwendungsentwicklung einsetzen kann. Ein Unternehmen kann somit durch vertikale Wiederverwendung auf der Basis von aufgabenspezifischen Domänenmodellen das Anwendungsportfolio individueller Anwendungssoftware zusammenstellen und produktiver herstellen. Daher besteht die Forderung nach Integration von Domänenmodellen in einem unternehmensspezifisches Modell zur Förderung der integrierten Anwendungsentwicklung. Die Integration hängt wiederum von dem gewählten objekt- oder funktionalorientierten Ansatz, den definierten Sichten, ihrer Bestandteile und der Darstellungsform ab. Ziel soll eine Integrationsplanung auf jeder Entwurfsebene – also auch auf Spezifikations-, Konstruktions- und der Implementierungsebene – des Referenzmodells sein. Damit wird es möglich, durch Wiederverwendung domänenspezifischer Referenzmodelle die Anwendungssysteme zu integrieren.

Um die sukzessive Integration der domänenspezifischen Domänenmodelle und die Wiederverwendung der folgenden Entwicklungsphasen zu realisieren, muß das Domänenmodell geeignet sein, in ein Unternehmensmodell integriert zu werden. Eine Möglichkeit besteht in der Förderung der Modularität und Geschlossenheit der Domänenreferenzmodelle und ihrer Integration in einem abstrakten Modellrahmen[515]. Aber nicht nur auf der Ebene der Domänenmodelle, sondern auch in den darunter liegenden Entwurfsstufen muß auf Voraussetzungen geachtet werden, die eine Integration der Anwendungssysteme ermöglichen. Dies sind beispielsweise standardisierte Entwurfsprinzipien und -methoden, sowie die konsequente Realisierung offener und

---

515   Vgl. Endl, R.; Fritz, B. /Integration/ S. 38ff.
       Vgl. Hildebrand, K. /Referenzmodell/ S. 6ff.

kompatibler Systeme. Die Investitionssicherheit in einem Migrationsrahmen ist eine wichtige Voraussetzung für die Realisierbarkeit des Konzepts.

5.3.2 Forderungen an ein Vorgehensmodell

Ein Vorgehensmodell für die Wiederverwendung hat innerhalb einer Wiederverwendungskonzeption verschiedene Aufgaben. Zum einen müssen inhaltliche Vorgaben für die Entwicklung gemacht werden; diese beziehen sich auf die dargestellten methodisch einheitlich fundierten Verfahrensweisen und ihre Standardisierung. Zum anderen dient das Vorgehensmodell der Definition der Entwicklungsergebnisse. Das Vorgehensmodell ist die Grundlage zur Entwicklung und somit der Aneignung des vorgehensspezifischen und wiederverwendungsfördernden Wissens. Es kann aber auch, unter der Voraussetzung der ständigen Verbesserung, als Wiederverwendungsobjekt an sich dienen, da es in jeder domänenspezifischen Entwicklung erneut verwendet wird. Das Prozeßwissen ist an ein spezifisches Vorgehen gebunden. Beim Bau von Referenzmodellen muß ein Vorgehensmodellstandard formuliert werden; dieser sollte sich an den existierenden Standards (ISO 9000, Vorgehensmodell der Bundesministeriums des Inneren[516], SSADM usw.) orientieren, um auf breite Akzeptanz zu stoßen.

Durch die Standardisierung des Vorgehensmodells erfolgt die Standardisierung der Ergebnisse des Entwicklungsprozesses. Sie kann beispielsweise in Form einer domänenspezifischen Standardsoftwarearchitektur unter Berücksichtigung einer Anzahl von Implementierungsvarianten (i.S. einer Familie) vorgegeben werden[517]. Diese führt zu einem domänenspezifischem Design und folglich zu einer Übertragbarkeit des Designs auf andere Anwendungsfälle der gleiche Domäne. Zudem können durch die Entwicklung einer domänenspezifischen Standardsoftwarearchitektur Module austauschbar entworfen und implementiert werden. Neben diesen Standardisierungen der Vorgehensweise und der Ergebnisse des Entwicklungsprozesses ist die Einführung von Standards auf Implementierungsebene ebenso bedeutsam. Das sind bspw. die Normierung der Benutzerschnittstellen, der Kommunikationsprotokolle, der Betriebssystemschnittstellen usw. Dies bewirkt, daß die Module einer Standardsoftwarearchitektur nur eine gewisse Anzahl von Implementierungen aufweisen, was den Bau von generischen bzw. spezifischen Modulen vereinfacht. Die Orientierung am Schichtenmodell läßt die Separierung einzelner spezifischer Schichten zu und macht Software portabel. Durch die weitere Aufteilung in Form einer Standardsoftwarearchitektur einer Domäne wird die Modularisierung entsprechend bestimmter Spezifikationen mit möglicherweise verschiedenen Implementierungen erreicht. Dies erleichtert die Austauschbarkeit der Module und damit die Wiederverwendbarkeit. Es soll damit ein familienspezifisches Konzept verfolgt werden, das auch die ökonomische Rechtfertigung bewirkt.

Neben diesen Aspekten muß speziell für die Wiederverwendung eine weitere Differenzierung vorgenommen werden. Man muß den erstellungs- vom verwendungsorientierten Aspekt eines Vorgehensmodell unterscheiden. Die Wiederverwendung von Bauteilen ist erst dann möglich, wenn der Prozeß der Softwareerstellung und Bauteilwiederverwendung klar strukturiert ist.

---

[516]   Vgl. Bröhl, A.-P.; Dröschel, W. (Hrsg.) /Das V-Modell/
[517]   Vgl. die Vorschläge von Best. L. /Application Architecture/ für das Design großer Anwendungssysteme.

Dann herrscht Klarheit, an welchem Punkt des Prozesses Bauteile gesucht, eingebaut und modifiziert werden müssen. Der Prozeß des Einbaus wiederverwendbarer Bauteile kann nicht völlig sequentiell verlaufen, da durch den Einbau von Bauteilen auf jeder Entwicklungsstufe Rückgriffe auf die vorhergehenden Stufen notwendig sind. Zu dem Einbauprozeß gehört die Kontrolle, ob Bausteine vorhanden, zu modifizieren und einzubauen sind. Die Vorgabe eines Vorgehensmodells basiert andererseits auf einer genauen Prozeßkenntnis und einer stabilen Domänenmodellierung. Insofern ist die Domänenmodellierung und die domänenspezifische Vorgehensmodellierung Voraussetzung für den Einbau wiederverwendbarer Bauteile. Dies erklärt sich durch die Notwendigkeit, die wiederverwendbaren Bauteile mit den richtigen semantischen Inhalten und in der richtigen Darstellungsform zu finden, um sie in den Entwurf integrieren zu können. Zum anderen wird die passende Stuktur eines Bauteils bei der Wiederverwendung erst durch die Einbindung in denselben Prozeß möglich gemacht[518].

Auf der erstellungsorientierten Seite muß ein Vorgehensmodell die Vorgehensweise zur Erstellung eines wiederverwendbaren Referenzmodells auf jeder der definierten Entwurfsstufen vorgeben. Es sollte anleiten, wie auf Basis eines Domänenreferenzmodells ein allgemeines Design herstellbar ist, so daß Design und Module wiederverwendbar sind. Das domänenspezifische Vorgehensmodell soll die Umsetzung des Domänenmodells derart steuern, daß wiederverwendbare Teile entstehen, die in dieser Domäne mehrfach eingesetzt werden können. Das bedeutet, wie in Kapitel 4 ausgeführt wurde, die Suche nach Ähnlichkeiten, Gemeinsamkeiten, Unterschieden und die danach notwendige Verallgemeinerung, Detaillierung und Aggregation bis wiederverwendbare Modelle entstanden sind. Ein wiederverwendungsförderndes Vorgehensmodell muß somit auf Basis eines Standardvorgehensmodells die Erstellung allgemeiner wie spezieller Bauteile anleiten. Zudem muß dieses Vorgehensmodell genügend Varianten für die organisatorischen wie rechnerbedingten Einflußfaktoren berücksichtigen. So kann ein Domänenmodell an unterschiedliche Organisationsformen angepaßt bzw. im Entwurf auf verschiedene Rechnerumgebungen zugeschnitten werden. Das Vorgehensmodell muß über genügend inhärente Flexibilität zur Realisierung dieser Forderungen verfügen. Es muß allgemein und anpaßbar sein.

5.4 Architekturrahmen

Die Bestandteile der Wiederverwendungskonzeption sollen als Referenzmodell dienen; d.h. es besteht die Möglichkeit, dieses Modell an sich wiederzuverwenden oder auch Teile dieses Modells zu benutzen und zu verändern. Um diese Austauschbarkeit und Wiederverwendungsmöglichkeiten zu bieten, muß sich das Referenzmodell an einer Struktur orientieren. Ein Konzept zur Strukturierung eines komplexen Systems, das sowohl die Einzelteile als auch die Schnittstellen beschreibt, ist eine Architektur.

Eine Architektur sollte, um den Bau wiederverwendbarer Teile zu fördern

- den Bestandteilen (Domänenmodell, Entwurfsebenenmodelle, Vorgehensmodell) einer Wiederverwendungskonzeption eine Stelle in der Architektur einräumen,

---

518 Vgl. Osterweil, L. /Software Processes are Software too/ S. 12.

- die Bestandteile der Wiederverwendungskonzeption mit definierten Schnittstellen gegeneinander abgrenzen,

- alle wesentlichen Inhalte und Sichten der Domäne enthalten,

- alle wesentlichen Variationen der organisatorischen und rechnerbedingten Umgebung im Vorgehensmodell enthalten,

- ein allgemeines, den in der Domäne anerkannten und akzeptierten Methoden, Verfahren und Darstellungsformen entsprechendes Vorgehensmodell als Anleitung jeglicher Entwicklungsarbeit definieren,

- ein allgemeines und flexibles, den Bestandteilen der Domäne entsprechendes Domänenmodell als Ausgangspunkt jeglicher Entwicklungsarbeit definieren,

- eine Rahmenarchitektur für die Spezifikationsebene zur organisatorischen Anpassung vorgeben,

- eine Rahmenarchitektur für die Ebenen der Konstruktion und Modularisierung und Implementierung in dem Sinne vorgeben, daß die Austauschbarkeit innerhalb dieser Ebenen des Referenzmodells gewährleistet ist,

- verschiedene Implementierungen eines Referenzmodells i.S. einer Programmfamilie zulassen,

- und entsprechende Implementierungsstandards, die sich an offenen Systemen orientieren, für die Versionen der Bestandteile definieren und festlegen,

- die Verwaltung mehrerer Versionen jedes Bestandteils erleichtern.

Die Orientierung an einem allgemeinen Domänen- und Vorgehensmodell ermöglicht die Entstehung wiederverwendbarer und austauschbarer Bauteile durch die inhärente Flexibilität. Die Architektur soll den Bestandteilen des Referenzmodells sowie dem Vorgehensmodell einen Rahmen und eine Struktur geben, innerhalb derer die Austauschbarkeit von Teilen sowie ihre Weiterentwicklung möglich ist. Letztlich führt die Rahmenarchitektur der Entwicklung verschiedener auf dem Vorgehens- und dem Domänenmodell sowie den vorgegebenen Standards basierender Teilprodukte zu einer Programmfamilie; dies erklärt sich aus den möglichen Variationen jedes Bauteils innerhalb diesen Rahmens. Die Architektur dient somit als Rahmen für die Entwicklung und Wiederverwendung von Bauteilen jeder Entwurfsstufe.

Die Architektur muß, um die Wiederverwendung zu steuern, neben den genannten Bestandteilen auch Regelungen hinsichtlich der einzuhaltenden Standards auf Konstruktions- und Implementierungsebene vorgeben. In diesen Entwurfsstufen werden die technischen Möglichkeiten im Softwareentwurf berücksichtigt; d.h., um eine Wiederverwendbarkeit von Bauteilen auf jeder Entwurfsebene anzustreben, müssen architekturrelevante Standards und Normen als Richtlinien vorgegeben werden. Daraus ergibt sich die grobe Konzeption einer Architektur, wie sie in Bild 5.3 dargestellt ist.

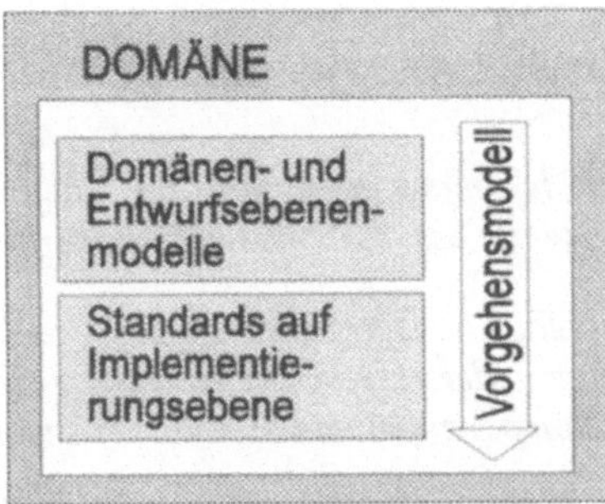

Bild 5.3:   Grobkonzept einer domänenspezifischen Architektur zur Förderung
der Wiederverwendbarkeit von Bauteilen jeder Entwurfsstufe

Dieses Grobkonzept beinhaltet die aufgeführten und erklärten Bestandteile. Die Entwurfsschritte des Vorgehensmodells müssen die Festlegung der in die Architektur integrierten Standards, die Anwendungs- bzw. Softwarearchitektur betreffend, berücksichtigen.

Dieses architekturale Grobkonzept soll den allgemeinen Informationsbedarf einer Domäne unabhängig von der bestehenden Organisationsstruktur unter Berücksichtigung des Integrationsbedarfs so wiedergeben, daß innerhalb diesen Rahmens die Anwendungsentwicklung auf Wiederverwendung und Integration aufbauen kann.

Mit dieser Rahmenkonzeption wird die Entwicklung wiederverwendbarer Produkte sowie die Wiederverwendung dieser Produkte gefördert. Neben der Wiederverwendbarkeit der aufgeführten Produkte bzw. Bauteile (Teile der Spezifikation, Konstruktion, einzelne Bausteine, Vorgehensmodell usw.) wird auch das in den Produkten formalisierte Wissen (Erfahrungs-, Domänen- und Prozeßwissen) wiederverwendet. Die vertikale Wiederverwendbarkeit wird durch die Flexibilität in Form definierter, austauschbarer Teile dieser Architektur realisiert.

6   Konzeption einer wiederverwendungsfördernden Architektur

"Although (..) "architecture" has many definitions, it is often used in data processing to describe the set of fundamental assumptions which underlie a technology"[519].

Das Forschungsziel hinsichtlich der Architektur der Wiederverwendbarkeit ist die Definition einer vollständigen Menge von Elementen, die benötigt werden, um ein neues System aus Standardkomponenten und Modulen zusammenzubauen[520].

Ein marktorientiertes Unternehmen verfolgt spezifische Aufgabenstellungen, die sich aus ihren speziellen Produkt-Marktkombinationen ergeben. Diese Aufgaben dienen der Zielerreichung und werden zu ihrer Ausführung auf eine entsprechend abgestimmte Organisation verteilt. In der Regel arbeiten mehrere Stelleninhaber an der Erfüllung einer Aufgabe mit. Zur Unterstützung der Aufgaben und Abläufe werden Informationssysteme eingesetzt, die die notwendigen Tätigkeiten unterstützen sollen. Die Informationssystemplanung sollte unter informationslogistischer Betrachtung die Unterstützung einzelner Aufgaben wie der Erhöhung der Wertschöpfung – vgl. Kapitel 2 – dienen. Die Integration der Anwendungssysteme im Sinne der Querschnittsfunktion Informationslogistik muß durch eine langfristige integrierte Planung von aufgabenunterstützenden Anwendungssystemen unterstützt und gesteuert werden.

6.1 Architekturbegriff

"Eine Architektur gibt einer Anzahl von Elementen eine Struktur"[521]. Architekturen werden meist als grafische Kästchen[522] unterschiedlichen Inhalts zweidimensional angeordnet. Diese Definitionen treffen keine Aussage über Aufgabe und Inhalt einer Architektur. Aufgabe einer Architektur ist die Definition eines ganzheitlichen Ansatzes, der hardware- und softwaretechnische und organisatorische[523] und evtl. strategische Aspekte mitberücksichtigt. Dabei soll sich eine Architektur auf die wesentlichen Eigenschaften eines Systems beschränken, da es von der Zielsetzung abhängt, nach der eine Architektur entworfen wird[524]. Der Inhalt einer Architektur hängt stark von der Zielsetzung und dem Betrachtungsgegenstand ab und unterscheidet sich folglich auch in den Bestandteilen.

Die hier verfolgte Zielsetzung ist die Förderung der vertikalen Wiederverwendbarkeit. Der Inhalt ergibt sich aus den skizzierten Bestandteilen. Die Wiederverwendbarkeit von Bauteilen in einer Architektur fördert gleichzeitig die Integration. Integration und Wiederverwendung sind zwei Seiten einer Medaille[525]. Es ist daher im folgenden eine Struktur für eine aufgabenspezifische Unterstützung anzustreben, die auch die

---

519   S. Jones, C. /Reusability in Programming/ S. 51.
520   Vgl. Jones, C. /Reusability in Programming/ S. 52.
521   Vgl. Krcmar, H. /Bedeutung und Ziele von Informationssystem-Architekturen/ S. 396.
522   Vgl. Krcmar, H. /Bedeutung und Ziele von Informationssystem-Architekturen/ S. 397.
523   Vgl. Gora, W. /Informatikarchitektur/ S. 20.
524   Vgl. Strunz, H. /Lehre von der Architektur/ S. 441.
525   Vgl. Frank, U. /Multiperspektivische Unternehmensmodellierung/

Integration und Wiederverwendung der Anwendungssysteme in den Unternehmen fördert.

"Ein Architekturmerkmal beinhaltet stets die Angabe der Systemkomponente, auf die es sich bezieht und die genaue Festlegung einer von vielen möglichen Gestaltungsvarianten dieser Komponente. Von den vielen Komponenten eines Informationssystems können insbesondere solche architekturrelevant sein, die entweder die Konstruktion des Systems oder die Schnittstellen verschiedener Systemkomponenten zueinander oder zur Umwelt betreffen"[526]. Die Definition und Abgrenzung von Bauteilen innerhalb einer wiederverwendungsfördernden Architektur dient der Wiederverwendbarkeit und Austauschbarkeit der Bauteile.

6.2 Architekturen für Informationssysteme

Architekturen hängen – wie oben dargestellt – vom Ziel und vom Betrachtungsgegenstand ab. Im allgemeinen werden sie auf Informationssysteme angewendet, um die Architekturkomponenten dieser Systeme zu visualisieren und für die Entwicklung von Anwendungssystemen zu verdeutlichen. Die im folgenden dargestellten Architekturen zielen auf die Ableitung der Architektur als Rahmen für die Entwicklung integrierter Informationssysteme. Ein solcher "Generalbebauungsplan"[527] ist Grundlage der langfristigen Planung der Informationssysteme, gewährleistet die Integration der bestehenden und neuen Informationssysteme und verbessert die mittelfristige Wertschöpfung[528]. Da ein Wiederverwendungskonzept die Strukturierung durch eine Architektur benötigt, werden im folgenden die bereits existierenden Architekturen vorgestellt und hinsichtlich ihrer Eignung zur Unterstützung der Wiederverwendung entlang der oben aufgestellten Voraussetzungen bewertet. Da sie als Rahmen zur Entwicklung integrierter Informationssysteme dienen, kann aus ihnen eine Architektur zur Realisierung der vertikalen Wiederverwendung abgeleitet werden.

6.2.1 Information System Architecture

Zachman entwickelte eine Information System Architecture in Anlehnung an ein Beispiel aus dem Hausbau, in dem jede der daran beteiligten Personen (Planner, Owner, Designer, Builder, Subcontractor) eine spezifische Sicht auf diesen Hausbau hat[529]. Entsprechend haben die bei der Erstellung eines Anwendungssystems beteiligten Personen unterschiedliche Perspektiven auf die Elemente. Die Elemente eines information system framework beantworten die Fragen nach dem Was (Daten), dem Wie (Funktionen), dem Wo (Netze), dem Wer (Menschen), dem Wann (Zeit) und dem Warum (Motivation).

---

526   S. Strunz, H. /Lehre von der Architektur/ S. 443f.
527   Vgl. Mährländer, H.-J. /Strategische CASE-Planung/ S. 111.
528   Vgl. Hansen, W.-R. /Informationsmanagement/ S. 5ff.
529   Vgl. Sowa, J.; Zachman, J. /Extending and formalizing/ S. 592.

	DATA	FUNCTION	NETWORK	PEOPLE	TIME	MOTIVATION
SCOPE **Planner**	LIST of things important to the business	LIST of processes the business performs	LIST of locations	LIST of organizations / people	LIST of events	LIST of business goals
ENTERPRISE MODEL **Owner**	e.g., ERM- DIAGRAM	e.g., PROCESS FLOW	e.g. , LOGISTIC NETWORK	e.g., ORGANIZA- TIONAL CHART	e.g., MASTER SCHEDULE	e.g., BUSINESS PLAN
SYSTEM MODEL **Designer**	e.g., DATA MODEL	e.g., DATA FLOW DIAGRAM	e.g., DISTRIBUTED SYSTEM ARCHITECTURE	e.g., HUMAN INTERFACE ARCHITECTURE	e.g., PROCESSING STUCTURE	e.g., KNOWLEDGE ARCHITEC- TURE
TECHNOLOGY MODEL **Builder**	e.g., DATA DESIGN	e.g., STRUCTURE CHART	e.g., SYSTEM ARCHITECTURE	e.g., HUMAN / TECHNOLOGY INTERFACE	e.g., CONTROL STRUCTURE	e.g., KNOWLEDGE DESIGN
COMPONENTS **Subcontractor**	e.g., DATA DEFINITON DESCRIPTION	e.g., PROGRAM	e.g., NETWORK ARCHITECTURE	e.g., SECURITY ARCHITECTURE	e.g., TIMING DEFINTION	e.g., KNOWLEDGE DEFINTION

Bild 6.1:   Information System Architecture[530]

---

530   Vgl. Sowa, J.; Zachman, J. /Extending and formalizing/ S. 593.

Jedes der Elemente kann durch die Sichten der involvierten Personen (Planner, Owner, Designer, Builder, Subcontractor) als Ebenen des Frameworks näher beschrieben werden. Die Sichten können auch als Ebenen des Frameworks bezeichnet werden, die Zachman als Scope, Enterprise Model, System Model, Technologie Model und Komponenten beschreibt. So ergibt sich ein Rahmen aus 6 Elementen und 5 Perspektiven mit insgesamt 30 Sichten. Jede dieser Sichten muß einmalig sein.

Jede dieser Sichten wird durch ein Beschreibungsmittel beispielhaft visualisiert und somit in unterschiedlicher Semantik in das Rahmenmodell eingebracht. Dabei sind innerhalb einer Spalte die Sichten aufeinander abzustimmen. "The composite or integration of all cell models in one row constitutes a complete model from the perspective of that row"[531]. Hingegen sind die Elemente innerhalb einer Perspektive (Elemente in einer Zeile) unabhängig voneinander. Neben den Kernelementen Daten, Funktionen und Netzwerk hat Zachman in das extended framework auch die Elemente Mensch, Zeit und Motivation aufgenommen. Die Mensch-Spalte modelliert die Mensch-zu-Mensch-Beziehung beziehungsweise die Interaktion in einem Unternehmen. Zachman/Sowa weisen auf die Beziehung von Organisations- und Aufgabenunterstützung hin: "the organization design challenge has to do with the allocation of work and the structure of authority and responsibility. Therefore, the basic columnar model is people-people-work, and the classic organization chart is a graphic depiction of the basic model"[532]. In das Element Mensch fließt eine Aufgabenbeschreibung und die Zuweisung von Verantwortung und Autorität in der Darstellungsform einer klassischen Organisationsbeschreibung ein. Unter dem Element "Time" wird die Abbildung zeitlicher Abläufe und der sie festlegenden Kontrollstrukturen[533] als Framework vorgegeben. Der Aspekt "Motivation" stellt die Ziel-Mittel-Beziehungen wie Ziele, Strategien und Bedingungen in verschiedenen Abstraktionsgraden dar. Die Spalten sollen keine Ordnung wiedergeben. Sie stellen die notwendigen Elemente in verschiedenen Abstraktionsstufen – oben als Entwurfsstufen definiert – dar.

Die Elemente, die zunächst unverbunden nebeneinander stehen, sollen miteinander verbunden werden. So werden die Kernelemente Daten, Funktionen und Netzwerke durch einen Basic Entity Connector, der eine reduzierte Sichtweise auf Entity und Relationship, Function und Argument sowie Node und Link aufbaut, in einem generischen Metamodell miteinander verbunden. Die ursprüngliche multiperspektivische Sicht wird auf einige Aspekte beschränkt, was eine Verbindung durch konzeptuelle Graphen ermöglicht[534].

Der Architekturrahmen in Bild 6.1 kann als Grundlage für die Erstellung von Anwendungssystemen für Mensch-Maschine-Systeme vieler möglicher Domänen angesehen werden. In die Entwicklung der Anwendungssysteme wird für jedes der Elemente jede der Sichten eingebracht und zwar auf den Ebenen der Planung, des Unternehmensmodells, des Systemmodells, des Technologiemodells und der Kom-

---

531 S. Sowa, J.; Zachman, J. /Extending and formalizing/ S. 603.
532 S. Sowa, J.; Zachman, J. /Extending and formalizing/ S. 596. Sowa/Zachman schlagen eine Art von Marktmechanismus als klaren und eindeutigen Regelungsmechanismus für die Zuteilung von Menschen zu den zu erfüllenden Aufgaben vor. Damit würde die komplexe und schwer durchschaubare Organisationsstruktur transparenter und die Aufgaben effizienter erfüllt.
533 Vgl. Frank, U. /Multiperspektivische Unternehmensmodellierung/ S. 150.
534 Vgl. Sowa, J.; Zachman, J. /Extending and formalizing/ S. 602ff.

ponenten. Eingebracht werden die Sichten durch die entsprechenden Spezialisten der jeweiligen Entwurfsebenen[535].

Die Information System Architecture umfaßt die als wichtig empfundenen Sichten für betriebswirtschaftliche, als auch prozeßorientierte Systeme. Sie enthält, mit Darstellungsverfahren beschriebene, unabhängige Sichten auf jeder definierten Entwurfsebene. Durch die Vielfalt der Sichten können die unabhängigen und problemrelevanten Elemente einer Domäne gut beschrieben werden. Für jede der Teilarchitekturen (Sichten je Element) können voneinander unabhängige Bauteile entstehen. Die Information System Architecture scheint für die Wiederverwendung durch ihre flexible, stark modulare Aufbauweise geeignet zu sein. Diese Architektur gibt perspektivenabhängige Beschreibungsmittel vor. Sie wird der Forderung nach standardisierten Beschreibungsmittel gerecht, um klare Regeln für den Inhalt vorzugegeben und den Partner aus Fachabteilungen eine Kommunikationsgrundlage und klare Regeln und Abgrenzungen an die Hand zu geben[536].

Die Information System Architecture gibt Modellebenen sowie Beschreibungsverfahren je Element an, formuliert aber keine Methoden oder Implementierungsstandards, die die Vorlage für ein standardisiertes Vorgehensmodell abgäben.

6.2.2 Informationssystem-Architektur

Krcmar entwickelt in Anlehnung an Zachman eine unternehmensstrategieorientierte Informationssystem-Architektur. "Eine Informationssystem-Architektur versteht sich im wesentlichen als eine Beschreibung von Strukturen"[537]. Bild 6.2 verdeutlicht die kästchenförmige Zusammensetzung der Informationssystem-Architektur. Die Unternehmensstrategie wird durch abgeleitete Aufgaben auf Basis einer Prozeß- und Aufbauorganisation umgesetzt[538]. Die Organisationsarchitektur setzt die aus der Unternehmensstrategie resultierenden Aufgaben abhängig von der Prozeßarchitektur um. Die Prozeß- und Aufbauorganisation soll durch Informationssysteme bei der Durchführung bestimmter Tätigkeiten unterstützt werden. Um die Flexibilität und Integration der Informationsinfrastruktur sowie die Unabhängigkeit von der Implementierung zu fördern, wird die Prozeß- und Aufbauorganisation zunächst auf eine logische Ebene der Informationssysteme abgebildet.

Diese logische Ebene beinhaltet die Anwendungs-, Daten- und Kommunikationsarchitektur. Die Anwendungsarchitektur beschreibt Funktionen, die leichter Änderungen aufgrund veränderter Umwelt-Anforderungen unterliegen als die anderen beiden Architekturteile[539]. Die Datenarchitektur beschreibt den recht stabilen, aber statischen Zusammenhang zwischen den Unternehmensdaten, die sich in Form von Datenmodellen abbilden lassen. Die Kommunikationsarchitekturen "beschreiben die logische Dimension der Infrastruktur"[540]. Diese drei Architekturen bilden einen Puffer zwischen

---

535   Die aufgeführten Teilsichten eines Systems werden erst im Laufe der Entwicklung beispielsweise durch die Verbindung von Ein- und Ausgabe von Funktionen mit Entitäten und Attributen hergestellt.

536   Vgl. Scheer, A.-W. /Architektur integrierter IS/ Vorwort.

537   Vgl. Krcmar, H. /Bedeutung und Ziele von Informationssystem-Architekturen/S. 396.

538   Vgl. Krcmar, H. /Bedeutung und Ziele von Informationssystem-Architekturen/S. 399.

539   Vgl. Krcmar, H. /Bedeutung und Ziele von Informationssystem-Architekturen/S. 400.

540   Vgl. Krcmar, H. /Bedeutung und Ziele von Informationssystem-Architekturen/S. 400.

den sich schnell ändernden Strategien und der längerfristig festgelegten Technologie-
architektur. Sie ist als eigenständiges Gestaltungselement zu begreifen.

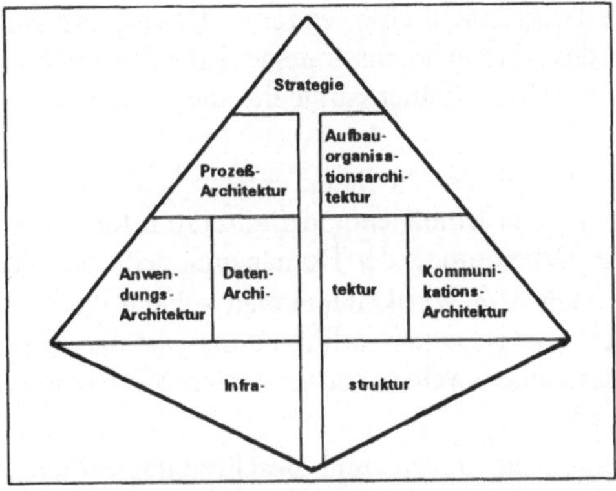

Bild 6.2:   Informationssystem-Architektur von Krcmar

Die vierte Schicht, die der technischen Infrastruktur, zeigt auf, wo welche Informa-
tions- und Kommunikationstechnik in dem Unternehmen eingesetzt wird[541]. Sie muß
ebenfalls in die Planung einbezogen werden, da die Technologiesprünge und -einsätze
den Unternehmenszielen adäquat behandelt werden müssen. Daraus ergibt sich der
dargestellte Kreisel. Alle Teilarchitekturen müssen aufeinander abgestimmt werden,
damit das ganze System nicht aus dem Gleichgewicht gerät. Die Architektur "erlaubt
durch die Darstellung unterschiedlicher Objekte und die Berücksichtigung unterschiedlicher Zielgruppen eine entsprechende Zweckorientierung"[542].

Die explizite Aufnahme der Unternehmensziele in eine Informationssystem-Architektur bewirkt die Ableitung der Infrastruktur aus der Geschäftsstrategie, aber auch die
Rückkopplung, so daß die Geschäftsstrategie von den informationstechnischen Möglichkeiten geprägt wird[543]. Das Modell kann für die Ableitung einer unternehmensei-
genen Architektur dienen. Sie weist aber keinen konkreten Bezug zu einer konzeptionellen oder logischen Ebene auf; bspw. wird die Datenarchitektur nicht mit dem Datenmodell oder der Datenbasis gleichgesetzt. Dasselbe gilt für die Kommunikations-
und Anwendungsarchitektur. Es erfolgt eine Separierung der Anwendungsarchitektur
von der Daten- und Kommunikationsarchitektur[544]. Aufgrund der separierten Darstellung kann die logische Dimension nicht als Ausgangspunkt für die konkrete Anwendungsentwicklung herangezogen werden. Es müßten erst unternehmensweit die Architekturen aufgestellt werden, um dann mit der projektspezifischen Anwendungsentwicklung zu beginnen. Diese projektspezifischen, oder auch anwendungsbereichsspezifi-

---

541   Hier werden den Aufgaben Übertragung, Speicherung, Ein- und Ausgabe Techniken zugeordnet.
542   S. Krcmar, H. /Bedeutung und Ziele von Informationssystem-Architekturen/ S. 399.
543   Vgl. Krcmar, H. /Bedeutung und Ziele von Informationssystem-Architekturen/ S. 399.
      Vgl. Gora, W./ Informatikarchitektur/ S. 19.
544   Es werden in den Anwendungssystemen die Kommunikationsschnittstellen realisiert, so daß eigentlich
      der Block Anwendungs-, Daten- und Kommunikationarchitektur geschlossen dargestellt werden
      müßten.

schen Abgrenzungen entsprächen der bisher definierten Domäne. Zur Umsetzung fehlten die notwendigen Beschreibungsmittel zur Bestimmung der Teilarchitekturen.

Das Modell zeigt die Ausrichtung der Architekturbestandteile auf die Unternehmensstrategie und fordert eine ganzheitlich orientierte Planung; die Aufbau- und Prozeßorganisation unterstützt die Unternehmensstrategie. Eine Informationssystem-Architektur ist demnach an der, die Unternehmensstrategie unterstützenden Organisationsschicht auszurichten.

Da Domänenmodelle je nach den in ihnen enthaltenen Teilen die organisatorischen Abläufe unterstützen, müssen Domänenmodelle in die Informationssystem-Architektur integrierbar sein. Eine Orientierung der Domänenmodelle an spezifischen Teilaufgaben – beispielsweise nach dem Wertkettenmodell – kann die Integration in ein unternehmensweites Modell der gesamten Informationssystemarchitektur erleichtern. Die Übertragung von unternehmensweiten konzeptuellen Modellen wird in nur in einzelnen Fällen möglich sein.

Dieser Architektur fehlen die Inhalte und Beschreibungsmittel der Teilarchitekturen sowie entsprechende Vorgehensmodelle, um zu einer Anwendungssystemplanung zu gelangen. Ferner fehlt die Festlegung definierter Entwurfsstufen, die eine Wiederverwendung einzelner Teile ermöglichen.

6.2.3 CIM-Open System Architecture

CIM-OSA (Computer Integrated Manufacturing - Open System Architecture) wurde im Rahmen von ESPRIT als Referenzarchitektur für Fertigungsunternehmen in Zusammenarbeit von Anbietern und Anwendern entwickelt. Ziel der Entwicklung des Referenzmodells war die Integration der CIM-Anwendungen und die Erreichung einer hohen Wiederverwendbarkeit durch die Vorbereitung von Komponenten[545]. Ausgehend von den spezifischen benutzerseitigen Anforderungen soll die Referenzarchitektur alle Aspekte der notwendigen Funktionalität einem Fertigungsunternehmen in allen Branchen, Fertigungsarten und Größenklassen abbilden. Dazu wird eine Referenzarchitektur mit Konzepten zur Implementierung angeboten. Sie soll auf der Basis offener Systeme implementiert werden, um integrierbar, flexibel, erweiterbar und portabel zu sein.

Die Referenzarchitektur stellt sich als dreidimensionaler Würfel dar. Parallel zur Y-Achse befinden sich die Hauptmodellierungsebenen Requirements Definition, Design Specification und Implementation Description des Referenzmodells. Sie werden schrittweise mit Hilfe des Stepwise Refinement abgeleitet. Entlang der X-Achse, werden per "stepwise instantiation" die generischen Referenzmodelle in partielle Referenzmodelle abgeleitet, die Einschränkungen hinsichtlich Branchen und Größenklasse wiedergeben. Im weiteren Verlauf wird der "particular level" abgeleitet, der mit der "particular architecture" identisch ist. "As such it contains the specific requirements for the specific enterprise operations and all specified, selected and implemented system components which satisfy these requirements"[546]. Parallel zur Z-Achse befinden sich die zur Durchführung der güterlichen Transformation notwendigen Sichten. Dazu ge-

---

[545]   Vgl. ESPRIT Consortium AMICE (Ed.) /Open System Architecture for CIM/ S. 14.
[546]   S. ESPRIT Consortium AMICE (Ed.) /Open System Architecture for CIM/ S. 17.

hören die Sichten der Funktionen, Organisation, Ressourcen und Information[547]. Per "Stepwise Generation" werden aus der Funktionssicht die anderen Sichten generiert. Der Architekturrahmen läßt sich durch folgende Abbildung verdeutlichen:

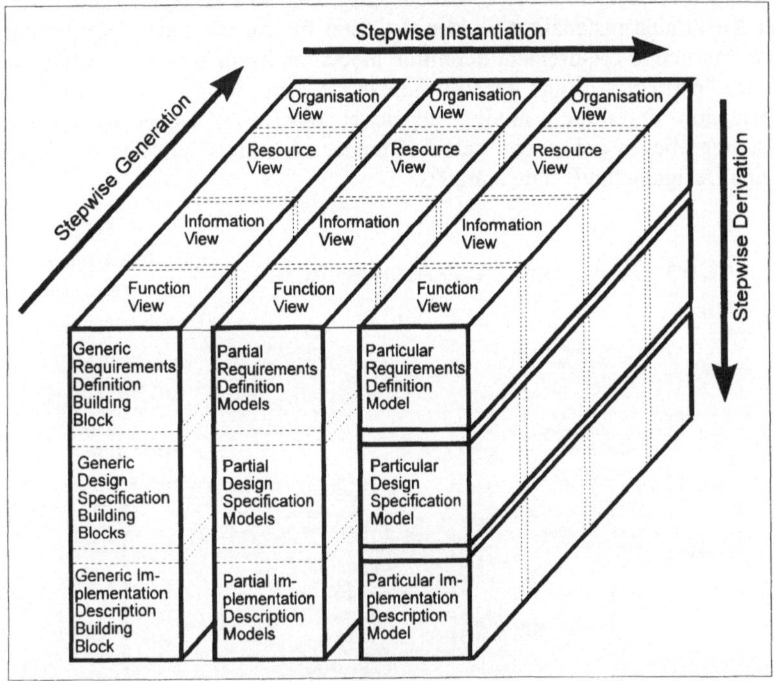

Bild 6.3:   CIM-OSA Framework[548]

Aus den "Generic Requirements Definition Building Block" werden durch schrittweise Ableitung die Entwurfsstufen "Generic Design Specification Building Block" und "Generic Implementation Description Building Block" erzeugt. Jede dieser Entwurfsableitungen soll auf das "Partial Model" übertragen werden, das bereits branchen- und größenspezifische Eingrenzungen einschließt und durchführt. Aus den Komponenten des "Partial Model" wird dann das unternehmensspezifische "Particular Model" mit den entsprechenden Sichten und Entwurfsstufen abgeleitet[549]. Aus dem Referenzmodell mit seinen unterschiedlichen Sichten werden die spezifischeren Domänenmodelle für das "Partial Model" und "Particular Model" abgeleitet. Das allgemeine Referenzmodell soll alle Gemeinsamkeiten unter Vernachlässigung der Details der darunter liegenden Domänenmodelle beinhalten.

---

547 Die Begriffsbildung ist im Vergleich zu Zachman/Sowa ein wenig anders. Bei Zachman/Sowa werden Daten, Funktionen usw. als Elemente bezeichnet, in CIM-OSA werden sie als Sichten bezeichnet.
548 Vgl. ESPRIT Consortium AMICE (Ed.) /Open System Architecture for CIM/ S. 46.
549 Vgl. Stotko, E. /CIM-OSA/ S. 10.

Jede der generischen Ebenen weist in ihrer internen Struktur drei Modellierungsbereiche und vier Views auf. So wird für den "generic requirements definition building block" je eine View für Funktionen, Informationen, Ressourcen und Organisation entwickelt. Diese Views der "generic requirements definition building block" können für verschiedene Unternehmensgrößen und -branchen mit Hilfe vorgegebener Richtlinien instanziiert werden. Ist dann für ein spezielles Unternehmen das passende "particular requirement definition model" mit seinen Sichten gefunden, kann daraus das "particular design specification model" und anschließend das "particular implementation description model" abgeleitet werden[550]. Dabei basiert jede der Modellierungsebenen auf einem "set of reference constructs" und die Ableitung wird durch eine Designmethode unterstützt[551].

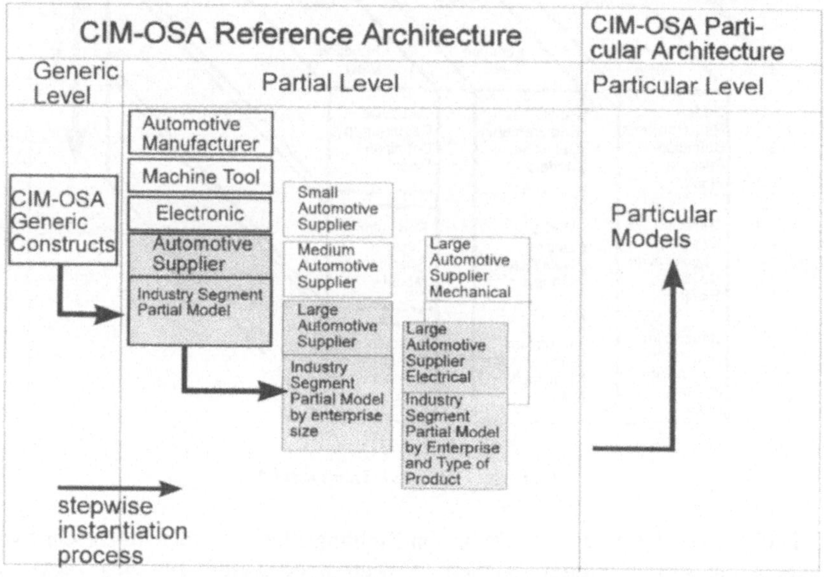

Bild 6.4:   Ableitung des CIM-OSA Partial Level[552]

Der Generische Level besteht aus einem Referenzkatalog der Basis-CIM-OSA Architekturkonstrukte (Building Blocks) für Komponenten, Bedingungen, Regeln, Begriffe, Servicefunktionen und Protokolle[553]. Der Partial Level mit partiell instanziierten Modellen ist auf eine spezielle Kategorie von Fertigungsunternehmen anwendbar. Diese

---

550   Vgl. ESPRIT Consortium AMICE (Ed). /Open System Architecture for CIM/ S. 46.
551   Vgl. ESPRIT Consortium AMICE (Ed). /Open System Architecture for CIM/ S. 50.
552   Vgl. ESPRIT Consortium AMICE (Ed.) /Open System Architecture for CIM/ S. 48.
553   In der geplanten CIM-OSA-Referenzarchitektur sollen Referenzmodelle für jede industrielle Umgebung, für Einzelteilfertiger aller Branchen (Flugzeugbau, Maschinenhersteller, IT-Industrie usw.), für alle Funktionen enthalten sein. CIM-OSA soll über einen Referenzkatalog für Unternehmens-, Design- und Implementierungsmodellierung sowie ein Systemdesign für eine endliche Anzahl an Building Blocks enthalten, die die rechnergestützte Modellierung unterstützen.

Instanziierung enthält typische Strukturen für Kategorien wie Industrietypen, Unternehmensgröße, nationale Besonderheiten usw.[554] Die Anforderungen an diesen Level müssen mit der Zeit noch entstehen. Der Particular Level, der die spezifischen Industrieanforderungen enthält, ist als umsetzbare abstrakte Vorlage für ein Unternehmen instanziierbar.

Das Referenzmodell enthält Modellebenen, Sichten und Spezialisierungsebenen. Sie sind zunächst unabhängig von der zugrundeliegenden Hardware. Als Plattform wird die CIM-OSA "Integrating Infrastructure" vorgeschlagen, die – basierend auf dem OSI-Modell – den systemweiten Austausch von Informationen zur Integration der Systeme bzw. der unternehmensweiten Operationen ermöglicht. Die "Integrated Infrastructure" ist bereits z.T. ausgearbeitet; sie sieht aufbauend auf dem OSI-Standard spezifische Ausprägungen des Kommunikationsmanagements, des systemweiten Datenaustausches, der systemweiten Datenhaltung, der Maschinen-Frontend-Services und detaillierte Vorschläge zu den zu realisierenden Protokollen vor. Die "Integrated Infrastructure" als Infrastruktur für die das "Integrated Enterprise Engineering" und das "Particular Implementation Description Model" wurde basierend auf dem OSI-Modell definiert[555], so daß die spezifischen Architekturen in einer standardisierten Protokoll-Umgebung ablaufen. Zielsetzung ist, daß die am Projekt beteiligten Hersteller sich an dieser Architektur orientieren und Bestandteile dazu anbieten.

Die in der "Integrating Infrastructure" zu realisierenden Prinzipien sind Abstraktion, Modularität, Generizität und Instanziierung, Modellierung, Ableitung und Generierung, Open-Endedness und Isolierung der Nutzeranforderungen von der Systemimplementierung. Dazu werden die Strukturierungskonzepte beschreibender Sprachen, Separierung von Funktion und Kontrolle, generische Dienste und Protokolle und ein definierter System-Lifecycle genutzt[556]. Die Modellierungsebenen "Requirement, Design und Implementation Description Model" werden für die verschiedenen Sichten unter Berücksichtigung der spezifischen Aktivitäten und der Struktur des Unternehmens mit Bausteinen – für die ein Markt entstehen soll – gefüllt. Aufbauend auf den Modellierungslevel wird ein Vorgehensmodell vorgeschlagen, das die Anpassung der generischen Teile an die spezifischen Erfordernisse vorsieht. Mit diesem Vorgehensmodell soll gleichzeitig die Versions- und Releaseeinführung geregelt werden[557].

Die Domäne des Computer-Integrated Manufacturing wird in den Mittelpunkt der Entwicklung und Wiederverwendungskonzeption gestellt, um eine Lösung des schwierig zu integrierenden und thematisch komplexen Anwendungsbereichs für alle möglichen Fertigungsunternehmen zu ermöglichen. Mit Hilfe eines Referenzmodells einer generischen "Requirement-Ebene", auf der die für ein CIM-System wichtigen Sichten (Information, Ressourcen, Funktionen, Organisation) vorgegeben sind und im Entwurf modelliert werden sollen, wird Wiederverwendung betrieben. Das mit unterschiedlichen Sichten ausgestattete, generische Modell soll dann auf die spezifischen Bedürfnisse von unterschiedlichen Fertigungsunternehmen abgestellt werden und damit einen Rahmen für die unternehmensspezifische Entwicklung vorgeben. Problem ist u.a., daß bisher keine geeigneten Beschreibungsmittel für die Sichten Ressource und Informa-

---

554   Vgl. ESPRIT Consortium AMICE (Ed). /Open System Architecture for CIM/ S. 47.
555   Vgl. ESPRIT Consortium AMICE (Ed.) /Open System Architecture for CIM/ S. 93ff.
556   Vgl. ESPRIT Consortium AMICE (Ed.) /Open System Architecture for CIM/ S. 39f.
557   Vgl. ESPRIT Consortium AMICE (ED) /OPS Architecture for CIM/ S. 193ff.

tion existieren. Auch wird wenig über die Integration der Teilsichten gesagt. Allerdings werden in dieser Architektur, zumindestens für die Teilsichten Organisation und Funktionen Beschreibungsmittel und Vorgehensweisen an die Hand gegeben. Da aber das generische Modell unvollständig ist, ist eine echte Anwendungssystementwicklung derzeit nur auf Basis der definierten Infrastruktur möglich. Wenn aber die generischen und partikulären Modelle existieren, sind sie als Vorlagen für die Spezifikation und als Rahmen für den Bau von Komponenten zur Wiederverwendung geeignet. Auch die vorgesehene Integration mit anderen Unternehmensfunktionen und die Orientierung am OSI-Modell kommen den Forderungen nach einer wiederverwendungsfördernden Architektur entgegen. Das Referenzmodell bietet Beschreibungsmittel für die einzelnen Schritte der Generierung und Instanziierung an, so daß es als Grundlage zum Bau wiederverwendbarer instanziierbarer Domänenmodelle, generischer Designs sowie implementierungsnaher domänenspezifischer Bausteine dienen kann. In diesem Falle liegt die Kooperation zwischen Herstellern und Nutzern zugrunde, so daß – würde diese Referenzarchitektur mit Leben gefüllt – ein Markt an domänenspezifischen, wiederverwendbaren Teilen entstehen kann.

Die Forderung nach Abdeckung differenzierter Belange der Fertigungsindustrie entspricht der domänenspezifischen Wiederverwendung von Teilbereichen eines Referenzmodells. CIM-OSA dient als Referenzmodell der Entwicklung mehrerer definierter Entwurfsstufen, Sichten und Variationen innerhalb dieser Konstrukte, so daß eine Vielfalt an austauschbaren Bauteilen entstehen kann. Die Forderung nach Schaffung eines einheitlichen Referenzrahmens für Terminologie, Architekturen und Standardisierungen führt zur Übertragbarkeit einer Referenzarchitektur auf andere Anwendungsfälle der Domäne. Die geforderte Standardisierung der Entwicklung, der Implementierungsebene und der Terminologie bewirkt, daß entwickelte Produkte, bspw. Design und/oder Bausteine leichter übertragbar und damit wiederverwendbar sind. Die Forderung nach Unterstützung der Systementwicklungsarbeiten vom Entwurf über die Implementierung entspricht den Forderungen nach einem standardisierten Vorgehen im Entwicklungsprozeß. Nicht explizit berücksichtigt wurde die Bedeutung des Vorgehensmodells; der Vorschlag in dieser Hinsicht in CIM-OSA ist noch unvollständig. Entsprechend fehlen die verbindlichen, methodischen Darstellungsverfahren für jede der Entwurfsebenen.

6.2.4 Systems Application Architecture

"In March 1987, IBM introduced Systems Application Architecture (SAA), a significant new direction for IBM software which provides the framework for the development of consistent applications across the major IBM computing environments - System /370, AS/400^{TM}, and Personal System/2^R"[558]. IBM will mit SAA die Ziele Benutzerfreundlichkeit, erhöhte Produktivität, verbesserte Kommunikationsfähigkeiten

---

[558]　S. Wheeler, E. F.; Ghanek, A.G. /Introduction to Systems Application Architecture/ S. 250.

und Nutzbarmachung der vorhandenen Daten und Programme[559] und die Sicherung der Marktchancen in Zukunft erreichen[560].

SAA definiert einen Standard für eine Familie von Betriebssystemen, um diese Ziele zu erreichen. SAA ist gekennzeichnet durch drei Kernelemente: Common User Access (CUA), Common Communication Support (CCS) und Common Programming Interface (CPI). Darüber hinaus wird IBM eigene Software für alle Umgebungen anbieten[561]. Bei SAA handelt es sich im Kern um eine Softwarearchitektur, die mit Hilfe der Festlegung verschiedener Schnittstellen und Protokolle die Betriebssysteme der Plattformen für die Programmierer und Benutzer vergleichbar macht. Durch die Vorhaltung derselben Systemdienste in jedem Betriebssystem wird die Portabilität, Offenheit und Übertragbarkeit von Entwurfsinformationen von einer Plattform auf eine andere erreicht.

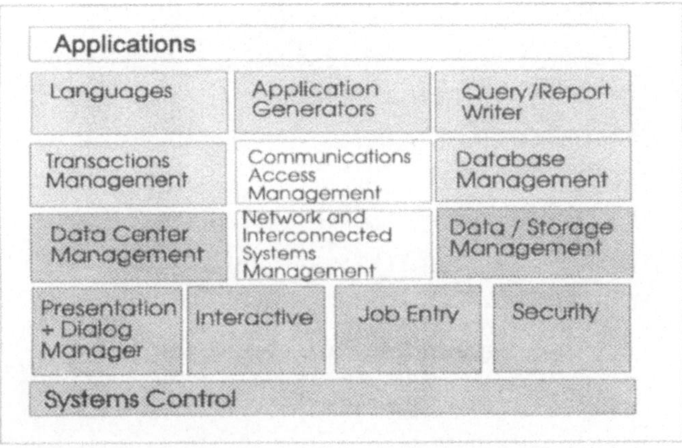

Bild 6.5:   General Software Structure[562]

Die unterste Schicht des Betriebssystems übernimmt die hardwarenahen Aufgaben. Eine mittlere Schicht übernimmt die Kommunikationsaufgaben zwischen Anwendungen, Netzwerken und Systemen. Die obere Schicht (application enabler) stellt die einheitliche Basis für Anwendungen dar. Die oberste Schicht repräsentiert problemlösungsorientierte Anwendungen wie bspw. CIM. Die Betriebssysteme stellen für jede Plattform die gleichen Dienste zur Verfügung, die durch die Kernelemente CUI, CCS und CPI eine unternehmensweite Infrastruktur realisieren helfen[563].

---

[559]   Eine Forderung der bestehenden Kunden geht in Richtung Integration von Anwendungen über Daten und Funktionen.

[560]   Vgl. Wheeler, E. F.; Ghanek, A.G. /Introduction to Systems Application Architecture/ S. 250. Vgl. IBM /Writing Applications: A Design Guide/ S. 6.

[561]   Vgl. Wheeler, E. F.; Ghanek, A.G. /Introduction to Systems Application Architecture/ S. 250. Die den Betriebssystemen zugrundeliegende Struktur soll konsistent für alle Ziel-Plattformen sein.

[562]   Vgl. Wheeler, E. F.; Ghanek, A.G. /Introduction to Systems Application Architecture/ S. 254.

[563]   S. Wheeler, E.; Ganek, A.. /Introduction to Systems Application Architecture/ S. 255.

- **CUA**

Das CUA beinhaltet eine Anzahl von Regeln und Richtlinien zur Gestaltung des Nutzer-Interfaces[564]. Es spezifiziert eine Anzahl von User-Interface-Komponenten für Entwickler[565]. CUA will den Nutzern einheitliche Benutzersichten[566] unabhängig vom benutzten System bieten. Dies gilt sowohl für den semantischen Kontext (Konzepte, Objekt/Aktion-Bedeutung), für den syntaktischen Kontext (Bild-Layout, Aktionsfolgen) wie auch für den physischen Kontext (Keyboard, Mouse)[567].

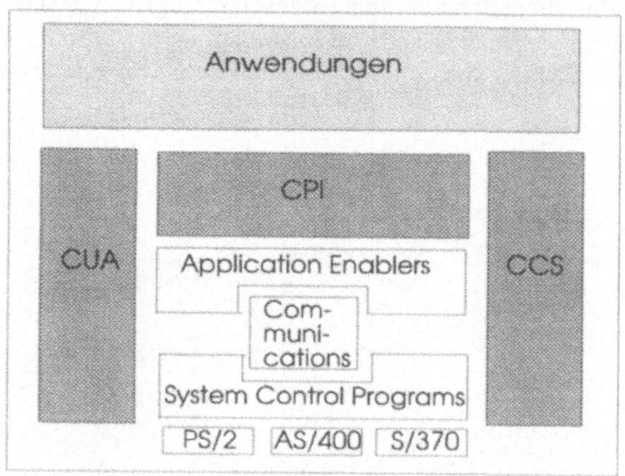

Bild 6.6:   SAA-Architektur[568]

- **CCS**

Das CCS spezifiziert Protokolle für die Verbindung von und den Datenaustausch zwischen Programmen und Endanwendern auf verschiedenen Rechnern[569]. CCS soll verteilte Datenhaltung, Programm-zu-Programm-Kommunikation und Netzwerkmanagement für den Nutzer unterstützen. CCS enthält die Standards CCITT X.25 und IEEE 802.2 für das "Logic Link" und 802.5 für Token-Ring[570]; es unterstützt SNA. Zur Unterstützung des Presentation Interface bedient es sich "Data streams"[571]. Das "Distributed Office" wird durch die DCA (Document Content Architecture), auf Basis der DIA (Document Interchange Architecture) und den SNA Distributed Services Architecture, unterstützt[572]. Verteilte Datenverarbeitung wird durch einen "Distributed

---

564   Vgl. Berry, R. /Common User Access/ S. 281.
565   Vgl. Berry, R. /Common User Access/ S. 281.
566   Vgl. IBM /Writing Applications: A Design Guide/ S. 14.
        Vgl. Berry, R. /Common User Access/ S. 283f.
        Vgl. Uhlir, S. /Enabling the User Interface/ S. 306.
567   Vgl. Berry, R. /Common User Access/ S. 288.
568   Vgl. IBM /Writing Applications: A Design Guide/ S. 13.
569   Vgl. Ahuja, V. /Common Communications Support/ S. 264.
570   Vgl. Ahuja, V. /Common Communications Support/ S. 266.
571   Vgl. Ahuja, V. /Common Communications Support/ S. 270.
572   Vgl. Ahuja, V. /Common Communications Support/ S. 271.

Data Manager" unterstützt, der die Dateiverschickung zwischem lokalem und entferntem Rechner verwaltet.

- **CPI**

Das CPI enthält eine Anzahl konsistenter Spezifikationen für Sprachen und Hilfsprogramme zur Entwicklung von Systemen auf jedem Rechnertyp[573]. Es soll die Portabilität der Anwendungssysteme und des Programmiererwissens vereinfachen[574]. Das CPI selbst wird durch die drei Ebenen[575] "Dialog Display and Management", "Functional Logic" und "Data Storage and Access" beschrieben. Das "Dialog Display and Management", das das Dialog Interface beschreibt, soll durch das IBM-Produkt ISPF (Interactive System Productivity Facility) und die EZ-VU Runtime Facility realisiert werden. Das Presentation Interface soll auf dem GDDM (Graphical Data Display Manager) basieren. Die "Functional Logic" wird durch die genormten Programmiersprachen C, Cobol, RPG, Fortran, REXX und einen Anwendungsgenerator[576] realisiert. Außerdem wird der genormte Zugriff auf das Communications Interface genutzt[577], um PCs als Frontends an Großrechner anzuschließen. "Data Storage and Access" wird durch standardisierte Datei-(Eingabe/Ausgabe)-Zugriffe bzw. über SQL (ANS) und QMF realisiert. Remote Data Access und Data Interchange sollen die Datenintegration fördern[578]. Funktionen sollen über die Netzwerke hinweg über das APPC (Advanced-Program-to-Program-Communication) auf der Basis von SNA integriert werden[579].

Durch die Erstellung eines CPI für alle Umgebungen und den Hinweis auf Modularität in Programmen – "specifically, the use of structured concepts to separat functions is what allows the reuse of common functions"[580] – wird die Wiederverwendung von Modulen aufgrund eines einheitlichen Designs sowie die Portabilität von Programmen erleichtert. "When separating the functions, it is important to strictly separate I/O operations from modules containing the business process-logic. This is a valuable procedure because the logic is the most easily ported component, and the I/O is most likely to require change and probably the easiest to write"[581].

SAA bietet auf einer rechnernäheren Ebene einige Gestaltungsmöglichkeiten für eine wiederverwendungsfreundliche Anwendungsarchitektur. Diese begründen sich vor allem auf die Standardisierung der Betriebssystemfunktionen, die Förderung der Portabilität, die Wiederverwendung der logischen und konzeptuellen Entwurfsebenen und Programme, sowie auf den modularen Aufbau der Anwendungssysteme. Mit der Technik, möglichst alle generischen Funktionen in die Betriebs- und Dienstsysteme zu legen, konzentriert sich die Anwendungsentwicklung mehr auf die Notwendigkeiten

---

573   Vgl. Wolford, D. /Application enabling in SAA/ S. 303.
      Vgl. IBM /Writing Applications: A Design Guide/ S. 18f.
574   Vgl. Wolford, D. /Application enabling in SAA/ S. 302f.
575   Vgl. IBM /Writing Applications: A Design Guide/ S. 18ff.
576   CSP: Cross System Product, wird in Verbindung mit ADW eingesetzt.
577   Vgl. Ahuja, V. /Common Communications Support/ S. 264.
578   Vgl. Buchwald, L.; Davison, R.; Stevens, W. /Integration Applications with SAA/ S. 317ff.
579   Vgl. Buchwald, L.; Davison, R.; Stevens, W. /Integration Applications with SAA/ S. 320.
580   S. Buchwald, L.; Davison, R.; Stevens, W. /Integration Applications with SAA/ S. 320.
581   S. Buchwald, L.; Davison, R.; Stevens, W. /Integration Applications with SAA/ S. 320.

der anwendungsspezifischen Probleme[582]. "Applications using general functions are more portable, because these functions will be implemented with the same interface in each SAA environment"[583]. Beim Portieren von Funktionen wird eventuell der Code, immer aber auch die Logik des Programms wiederverwendet[584]. Damit können Programme und Entwurfslogik auf andere Rechner übertragen werden[585]. Ziel soll es sein, eine Anwendungslösung für alle Plattformen zu bauen[586] und so die vorhandenen Produkte wiederverwenden bzw. portieren zu können. Dafür sollen Spezifikationen und Designs erstellt, einmal codiert und dann überall genutzt werden können. Durch die Isolierung des "common service code" von dem Workstation "interface code" wird erreicht, " thus improving the probability that service code can be reused at a tolerable cost"[587]. Portabilität ist hier eine Ausprägung der Wiederverwendung des Designs, der Entwurfsinformationen der Anwendungs-, Dialog- und Kommunikationslogik sowie der Wiederverwendung von Code und alter Datenbestände. Dabei wird die Wiederverwendung der Funktionalität über standardisierte Schnittstellen erreicht. Damit wird eine portabilitäts- und wiederverwendungsfördernde Modularisierung der Anwendungssysteme durch das Design gefordert.

Förderlich für die Wiederverwendung sind in SAA folgende Punkte:

- die Realisierung der logischen Unabhängigkeit von Dialog, Benutzer-Schnittstelle, Kommunikation, Datenbehandlung und Anwendungslogik auf jeder Plattform,

- die Anwendung der gleichen Standards auf allen Anwendungssystemen, als Basis für die Konnektivität,

- die Beachtung derselben Datenkonventionen, durch übergeordnete Datenmodelle auf verteilten Rechnern,

- die enge Verknüpfung von standardisierten Teilarchitekturen mit den Standards auf Technikebene – als Charakteristikum einer Anwendungsarchitektur – und ihre Realisierung durch das Design,

- die genaue Planung auch der Benutzerschnittstelle; es soll nicht nur die gleiche Nutzerführung sondern auch Transparenz der Local-Remote-Beziehungen ermöglichen,

- die Abgabe von möglichst vielen Funktionen an untergeordnete Dienste auf allen Plattformen; so kann sich die Anwendungsentwicklung voll auf die logische Unabhängigkeit und die Wiederverwendung von Bausteinen konzentrieren,

---

582 Boehm stellt in seiner Untersuchung beispielsweise die hohe Anzahl an Housekeeping-Funktionen heraus, die mit der Einlagerung in die Basissysteme abnehmen.

583 S. Buchwald, L.; Davison, R.; Stevens, W. /Integration Applications with SAA/ S. 320.

584 D.h. im Grunde liegt aufgrund der Vernetzung verschiedener Rechnertypen eine Notwendigkeit der Portierung von Programmen auf die anderen Umgebungen vor, solange die zur Verfügungstellung von Funktionen über die Netze für andere als die lokalen Rechner noch nicht realisiert ist. Diese Notwendigkeit der Portierung zeigt die Vorteile der wiederverwendungsorientierten Entwicklung i.S. einer einheitlichen Vorgehensweise und sinnvollen Modularisierung auf.

585 Vgl. Dunfee, W.; McGehe, J.; Rauf, R.; Shipp, K. /Designing SAA applications/ S. 328.

586 S. Dunfee, W.; McGehe, J.; Rauf, R.; Shipp, K. / Designing SAA applications/ S. 329.

587 S. Dunfee, W.; McGehe, J.; Rauf, R.; Shipp, K. / Designing SAA applications/ S. 344.

- die Verfügbarkeit derselben Funktionen auf jeder Plattform erleichtert die Portierung bzw. Wiederverwendung der Spezifikationen, des Designs und des Codes,

- die Standardisierung des Datenzugriffs, bspw. durch genormte SQL-Schnittstellen oder File-Interfaces jeder der designierten Programmiersprachen[588]. Zum einen sollen die unterstützten Filetypen jeder Programmiersprache die gleichen sein, zum anderen soll das DDM den verteilten Dateizugriff gewährleisten[589], und

- die Wiederverwendung von Spezifikation, Design und Code auf allen Plattformen durch die Vorgabe spezifischer Schnittstellen im Design.

SAA stellt mit seiner Anwendungsarchitektur eine Basis für die Ausformulierung einer wiederverwendungsfördernden Architektur auf Design- und Implementierungsebene dar. Sie ist herstellerbezogen und schränkt daher die Wiederverwendbarkeit von Bauteilen außerhalb der SAA auf Ebenen unterhalb der Spezifikation ein. Es fehlen aber, bei Zugrundelegung der Forderungen an eine wiederverwendungsfördernde Architektur, die einheitlichen Beschreibungsmittel zur Systementwicklung, eine organisierte Vorgehensweise anhand eines Vorgehensmodells, und die Zugrundelegung einer (domänenspezifischen) Softwarearchitektur der Anwendungssysteme. Eine Modularisierung entsprechend einer Standardarchitektur liegt hier implizit durch die Forderung nach logischer Unabhängigkeit der Systemteile Kommunikations-, Benutzer-, Dialog- und Datenschnittstelle von der Anwendungslogik zugrunde. SAA ist in der Form als Beispiel einer wiederverwendungsfördernden Anwendungsarchitektur nützlich, da die technische Seite für die Anwendungsentwicklung festgelegt wird, und Systeme innerhalb dieser Familie offen sind, so daß durch die Konzentration auf Anwendungslösungen die Wiederverwendbarkeit vereinfacht wird.

Im Kontext mit dem CASE-Produkt ADW werden Methodik und Beschreibungsmittel zur Verfügung gestellt. Damit werden auch die entwickelten Anwendungslösungen von den Beschreibungsmitteln her vergleichbar und damit leichter wiederverwendbar. Nicht zu vernachlässigen ist allerdings der Aspekt, daß dasselbe System auf die verschiedensten Arten entworfen und modelliert werden kann und daher auch innerhalb SAA eine Anwendungslösung einer Domäne noch nicht auf einen anderen Anwendungsfall übertragbar ist. Darüber hinaus baut IBM anwendungsbereichbezogene Daten- und Funktionenmodelle für seine Kunden auf, die durchaus dem hier verfolgten Zweck der Domänenmodelle dienen können. Mit den anwendungsbezogenen Daten- und Funktionenmodellen wird der notwendige Referenzrahmen zur Modellierung unternehmensspezifischer Anwendungen vorgegeben. Anwendungssystementwürfe orientieren sich an dem Referenzrahmen und sind damit leichter wiederverwendbar. Mit dem beschriebenen Umfeld wird die Produkt-Architektur zu einer brauchbaren Basis, eine wiederverwendungsorientierte Architektur zu entwickeln.

Der Begriff der Anwendungsarchitektur wird im folgenden entsprechend SAA verwendet. D.h. sie definiert eine Reihe von Standards und Schnittstellen der Basis- und Betriebssysteme, um Anwendungen portabel und wiederverwendbar zu gestalten.

---

[588]   Vgl. Demers, R. /Distributed files for SAA/ S. 349.
[589]   Vgl. Demers, R. /Distributed files for SAA/ S. 350.

6.2.5 Softwarearchitekturen

Softwarearchitekturen[590] realisieren die Struktur von Anwendungssystemen in einem gegebenen technischen Umfeld. Sie geben Anwendungssystemen auf der Basis von modularen Schichtenmodellen sinnvolle und austauschbare Strukturen. Softwarearchitekturen formulieren explizit das Zusammenwirken von Modulen und legen die Funktionalität von Modulen fest. Sie standardisieren die in den Anwendungssystemen benötigte Funktionalität in definierten Modulen (Dialogkomponenten, Kommunikationskomponenten, Ein- und Ausgabekomponenten usw.). Softwarearchitekturen können domänenspezifisches Standarddesign aufgrund der Abhängigkeit des Designs von der Domäne realisieren, wie es in CIM-OSA modellhaft vorgeschlagen wurde. Zum einen ist dieses Standarddesign innerhalb einer Domäne leichter übertragbar und zum anderen sind sich funktional entsprechende Module innerhalb dieses Designs leichter austauschbar. Drittens ist der Bau von generischem Design, generischen Bausteinen und generischen Schablonen möglich, die bei Übertragung auf einen anderen Anwendungsfall derselben Domäne "nur noch" instanziiert werden müssen. Die Wahrscheinlichkeit der Wiederverwendung einzelner Bauteile steigt mit der Realisierung einer domänenspezifischen Softwarearchitektur.

Wie SAA zeigt, ist die Wahrscheinlichkeit der Austauschbarkeit der Module wesentlich höher, wenn zudem Standards auf der Implementierungsebene – wie bspw. das CCS oder CUA oder das von IBM definierte API – gewählt werden. Diese Anwendungsarchitektur ist ein Beispiel[591] für die Bestrebungen, die Zielumgebungen vergleichbar und damit Entwicklungsprodukte leichter portierbar bzw. wiederverwendbar zu machen. Dazu werden spezifische Standards definiert und in einer Softwarearchitektur realisiert. Eine Softwarearchitektur gibt das Design für Module vor; Module werden unter Beachtung spezifischer Programmiersprachen und Datenbankabfragesprachen, Benutzerinterfaces usw. implementiert. Damit ist die Festlegung von Standards in einer Anwendungsarchitektur für die Austauschbarkeit und Wiederverwendbarkeit von Design und Modulen in einer Softwarearchitektur unerläßlich. Dies gilt insbesondere für die Produktion von wiederverwendbaren Komponenten im großen Stil. Die Standards bestimmen somit die Wahrscheinlichkeit der Wiederverwendbarkeit von Modulen. Beispielsweise bestimmt die Datenbankschnittstelle über die Abfragesprache (und -art), und über die in den Modulen zugrundegelegte Logik. Liegen den Anwendungssystemen die gleichen Kommunikationsprotokolle zugrunde, so erleichtert dies die Integrierbarkeit der Anwendungssysteme und damit auch die Wiederverwendung von Bauteilen. Das Einfügen existierender Module wird vereinfacht, weil die gleiche Modularisierung vorliegt. Die Modularisierung und auch das Design sind von der gewählten Implemen-

---

590   Vgl. Nagl, M. /Softwaretechnik/
       Vgl. Denert, E. /Software-Engineering/
       Vgl. Best. L. /Application Architecture/

591   Eine ähnliche Architektur, was das Angebot gleicher Dienste auf den Betriebssystemen anbelangt, entwickelt CA mit ihrer Architektur der 90er Jahre. Sie entwickeln für das Betriebssystem UNIX auf verschiedenen Endgeräten denselben Vorrat an Dienstprogrammen usw., so daß in hohem Maße Portabilität und Konnektivität entsteht. Die Grundlage für die Wiederverwendung ist die Vorgabe eies Anwendungsarchitekturrahmens wie es beispielsweise SAA zeigt. Eine Lösung auf herstellerunabhängigen Plattformen ist natürlich zu bevorzugen. Vgl. CA /CA90s/

tierungsplattform abhängig, so daß das Entwurfsprinzip der Trennung von Spezifikation und Implementierung auf austauschbare Module angewendet wird. Die systemseitige Realisierung von "offenen Systemen" erleichtert die Übertragbarkeit des Designs, der generischen Module und auch des Quellcodes.

Die Herstellerarchitekturen geben keine Hinweise über die Art und Weise, wie betriebliche Anwendungssysteme wiederverwendbar sind. In SAA wird die Übertragbarkeit des Designs und (in Grenzen) des Quellcodes proklamiert. Da im Design der Inhalt der Domäne in den Entwurf unter Berücksichtigung des technischen Umfeldes umgesetzt wird, muß die inhaltliche sowie die technische Seite des Designs berücksichtigt werden. Die inhaltliche Seite wird durch den Vergleich mehrerer Domänen und die technische Seite durch die Vorgabe von Standards auf Implementierungsebene bestimmt. Beide Seiten müssen in einem generischen, übertragbaren Design berücksichtigt werden.

6.2.6 Zusammenfassung

Die vorgestellten Architekturansätze verfolgten alle eigene Ziele. Die Architektur von Krcmar verfolgte den Zweck der Ableitung der Informationsinfrastruktur über konzeptionelle Ebenen aus den Unternehmensstrategien. Sie befindet sich damit auf einem höheren Abstraktionsniveau als CIM-OSA oder SAA. Die Ableitung der Anwendungssysteme aus den Unternehmenszielen ist aus betriebswirtschaftlichen Gründen wichtig und muß bei der Konzeption einer Wiederverwendungsarchitektur berücksichtigt werden. Der Ansatz reicht für eine Wiederverwendungskonzeption nicht aus, da die Forderungen der Definition der problemrelevanten Sichten in Domänenmodellen, die Formulierung von standardisierten Vorgehensmodellen und Vorgaben für die Konstruktion und Fertigung von Bausteinen nicht erfüllt werden.

Unternehmen verfolgen unter arbeitsteiligen und marktwirtschaftlichen Rahmenbedingungen unterschiedliche Zielsetzungen. Das bedeutet, daß sich auch die Aufgabenfelder im Einzelfall unterscheiden. Zwar hat jedes Unternehmen in gewissen Bereichen dieselben Aufgaben wie beispielsweise die Finanzbuchhaltung zu erledigen, doch auch solche typischen Anwendungssysteme sind von den Anforderungen der Branche und der individuellen Unternehmens-Markt-Kombination abhängig. So hängt bspw. auch ein Kontenrahmen von der Branche und seine detaillierte Ausformulierung von den Anforderungen des Unternehmen ab. Damit unterscheiden sich Unternehmensbestandteile sowie ihre Abbildung in Modellen, so daß ein spezifisches Unternehmensmodell (wie in der Informationssystem-Architektur enthalten) nur schwer auf andere Unternehmen übertragen werden kann. Vielmehr ist die Konzentration auf einen Anwendungsbereich, der eine spezifische Aufgabe oder spezifische Vorgänge betrachtet, für die Wiederverwendung vorteilhafter. Die domänenorientierte Betrachtung hat den Vorteil, daß sie in vielen Unternehmen die Aufgaben durch integrierbare, und auf Wiederverwendung basierende Anwendungssysteme unterstützen kann. Damit kann eine domänenspezifische Wiederverwendungsarchitektur wirtschaftlich sinnvoll erstellt werden, da sie auf einen größeren Markt stößt. Dies wird durch die Formulierung von domänenspezifischen Referenzmodellen untermauert. Es ist die Ableitung von spezifischen Modellen aus dem Referenzmodell entsprechend dem Familienkonzept möglich.

In der Architektur von Krcmar bildet die Organisation das Vorbild für die Abbildung der Teilarchitekturen. Die Ausrichtung an der Organisation kann, neben dem genannten Aspekt der unternehmensindividuellen Aufgabenbereiche und damit der spezifischen Organisationsstruktur, problematisch sein. Anwendungssysteme bilden die Organisation im Ist- oder Sollzustand zu einem bestimmten Zeitpunkt ab. Abgesehen von dem Problem, daß Organisationen i.d.R. einer Weiterentwicklung unterliegen, kann die Unterstützung durch Anwendungssysteme die Organisation, insbesondere die Ablauforganisation, ändern. Die effiziente Gestaltung der Aufgabenunterstützung mit Hilfe von neuen Anwendungssystemen und einer modifizierten Organisation unterbleibt somit. Sinnvoller ist somit die Orientierung von konzeptuellen Modellen an Aufgaben und die Übernahme des inhärenten organisatorischen Wissens.

In CIM-OSA wird mit Hilfe der problemrelevanten Sichten – Information, Funktion, Ressource und Organisation – ein allgemeines Domänenmodell (Generic Level) vorgeschlagen, das wiederum für jede der Sichten definierte Entwurfsstufen enthält. Der "Generic Level" und der "Partial Level" wurden bisher nicht ausformuliert. Es gibt erst Vorschläge für einzelne Sichten (Funktionen und Information) für den "Particular Level". Dies verdeutlicht, daß die Formulierung von allgemeinen, sehr umfassenden Domänenmodellen umfangreich und aufwendig ist. CIM-OSA gibt aber mit der "Integrated Infrastructure" Hinweise auf die Anwendungsarchitektur; die Protokolle für den Datenaustausch sollen standardisiert werden. Dieser Aspekt ist für diese Domäne ausgesprochen wichtig (Integration der Fertigungssteuerung) und verdeutlicht die zielbezogene Formulierung der Architektur. Sie ist von vornherein auf die Nutzung von Domänenmodellen und von vorgefertigten Bausteinen auf den verschiedenen Entwurfsebenen ausgelegt worden und entspricht somit vielen der Forderungen einer Wiederverwendungsarchitektur. Allerdings werden Beschreibungsmittel (für einzelne der Sichten) und Vorgehensmodell nur vorgeschlagen und nicht explizit definiert. Da auch keine Domänenmodelle vorgegeben werden, kann die Realisierung der Wiederverwendung auch auf den anderen Entwurfsebenen in dieser Architektur derzeit nicht stattfinden. Es wird eine spezifische Domäne betrachtet und Vorgänge in den Mittelpunkt der Betrachtung gestellt. Es stellt sich die Frage nach einer möglichen Verallgemeinerung dieser Architekturen über CIM hinaus[592].

SAA formuliert eine Anwendungsarchitektur, die für definierte Rechner die Betriebs- und Basissysteme mit Hilfe von festgelegten Protokollen standardisiert. Damit wird für die Ebene der Konstruktion und Implementierung von Anwendungssystemen Wiederverwendbarkeit erreicht. Die Festlegung von Basisfunktionen in den Betriebssystemen und Definition von Protokollen führt zu einer Anwendungsarchitektur; diese soll als Beispiel für die Notwendigkeit der Festlegung und Standardisierung von Protokollen dienen, um Wiederverwendbarkeit für die Konstruktion und die Bausteine zu erreichen. Es fehlt allerdings jede Anwendungsorientierung in Form von problemrelevanten Sichten in einem Domänenmodell bzw. Vorgabe von Spezifikationen oder Definition eines Vorgehensmodelles usw. Dies entspricht der Absicht des Herstellers. Aufbauend auf SAA werden domänenspezifische Daten- und Funktionenmodelle entwickelt, die die Integration von Anwendungssystemen und die Wiederverwendbarkeit fördern.

---

592   Vgl. dazu auch Scheer, A.-W. /Architektur integrierter IS/ und
      Vgl. Scheer, A.-W./Modellierung betriebswirtschaftlicher Informationssysteme/

Softwarearchitekturen realisieren Anwendungen innerhalb einer Anwendungsarchitektur; dies geschieht unter Berücksichtigung der wiederverwendungsfördernden Entwurfsprinzipien und Methoden sowie anwendungsarchitekturspezifischen Standards im Design. Mit Hilfe des auf virtuellen Maschinen, Schichtenmodellen oder Clusterings aufbauenden Designs können standardisierte Softwarearchitekturen in einer Domäne zur Wiederverwendung beitragen. Sie dienen damit sowohl der Wiederverwendung des Designs als auch der daraus entstandenen Module.

Zachmann gibt in seiner Information System Architecture, ohne den direkten Bezug zu einer Domäne, sechs Elemente eines Informationssystems als deren wesentliche Bestandteile an. Inhaltlich verwirrend scheint zunächst das Fehlen des Elements "Organisation". Er stellt explizit die Mittel/Zweck-Beziehungen in Form des Elements "Motivation" dar. Das Element "Mensch" steht für die Übertragung der Arbeit auf die Organisationsstruktur. Zachman vermeidet durch die Betrachtung der Elemente "Motivation" und "Mensch" die explizite Abbildung der existierenden Ablauf- und Aufbauorganisation. Sein Vorschlag läßt eine flexiblere Zuordnung der Menschen und ihrer Sicht auf das Anwendungssystem zu den Aufgaben zu. Die Zeitsicht regelt die zeitlichen Beziehungen zwischen bzw. in den Sichten. Ihr fällt die Steuerungsaufgabe zu.

In dieser Architektur werden allgemein für die Elemente eines Informationssystems die Sichten der verschiedenen involvierten Personen, die den Entwurfsebenen entsprechen, jeweils Beschreibungsmittel angegeben. Damit werden im Gegensatz zu den obigen Modellen in allgemeiner Form die für Informationssysteme relevanten Elemente mit ihren entwurfsspezifischen Beschreibungsmitteln vorgegeben. Die Orientierung an einer Domäne, wie bei CIM-OSA, Scheer oder an einer Anwendungsarchitektur wie SAA fehlt zugunsten der expliziten Definition der elementspezifischen Beschreibungsmittel für jede der Entwurfsebenen. Diese Architektur bietet die Möglichkeit allgemein, für jedes Informationssystem, die relevanten Elemente auf verschiedenen Entwurfsebenen vorzugeben. Dies läßt eine problembezogene Modellierung zu, ohne die Sichten (Elemente des Informationssystems) zu stark einzuschränken. Die Architektur ist auch offen für die Ausformulierung einer Anwendungs- und Softwarearchitektur; sie kann auf die verschiedensten Zielumgebungen und Softwarearchitekturen ausgerichtet werden. Sie ist damit als Grundlage einer wiederverwendungsfördernden Architektur geeignet.

6.3 Architektur zur domänenorientierten und integrierten Wiederverwendung von Software (ADONIS)

Auf der Grundlage der in Kapitel 4 festgestellten Ergebnisse und der in Kapitel 5 formulierten Anforderungen soll, unter Berücksichtigung der geschilderten Architekturansätze, im folgenden das Konzept einer wiederverwendungsorientierten Architektur dargestellt werden. Diese Architektur zur Realisierung der vertikalen Wiederverwendung trägt einerseits den Integrationsbemühungen der Unternehmen Rechnung. Andererseits vereint sie die zur Realisierung der vertikalen Wiederverwendung notwendige Domänen- und Methodenorientierung mit Vorschlägen zur notwendigen Festlegung der Anwendungs- und Softwarearchitekturen.

In ADONIS wird erstens berücksichtigt, daß die Aufgaben eines Unternehmens und somit auch die Unterstützung durch Anwendungssysteme von den Unternehmenszielen und -strategien abhängig sind. Zweitens liefert ADONIS durch die Integration der Domänenmodelle auf Unternehmensmodellebene einen Beitrag zur Integration von Anwendungssystemen. Die Integration wird ferner durch die Anwendungssystementwicklung auf Basis der Domänenmodelle, für das Anwendungssystem innerhalb der Domäne, realisiert. Drittens beachtet ADONIS die notwendige Domänen- und Methodenorientierung zur Realisierung der vertikalen Wiederverwendbarkeit. Viertens werden Hinweise zur Realisierung der wiederverwendbaren rechnernäheren Bauteile auf den Ebenen der Konstruktion und Implementierung gegeben.

In ADONIS werden die Aufgaben aus den Unternehmenszielen abgeleitet. Ein Unternehmen hat entsprechend seiner Produkt-Markt-Kombination die unterschiedlichsten Aufgaben zu erfüllen. Diese Aufgaben sollen durch Anwendungssysteme effizient und möglichst integriert unterstützt werden. Daher bietet sich ein Rückgriff auf das Wertkettenmodell an, der zwischen primären Aktivitäten, die hier als Aufgaben bezeichnet werden, und sekundären Aktivitäten, den sogenannten Querschnittsaufgaben, u.a. die Unternehmensinfrastruktur und Technologieentwicklung, differenziert. Die Aufgaben werden in Aufgabenteile zerlegt und schließlich als Unternehmensfunktionen einer Wertkettenanalyse unterzogen. Damit wird festgestellt, welche Teilbereiche effizient unterstützt werden können. Diese stehen als Anwendungsbereich, bzw. Domäne im Mittelpunkt der Anwendungsentwicklung. Die Konzentration auf einen Anwendungsbereich, der eine spezifische Aufgabe bzw. Vorgänge betrachtet, hilft die vertikale Wiederverwendung zu realisieren. Damit können Schwerpunkte betrieblicher Aufgabenunterstützung als Domänen definiert werden, die wiederum der Ausgangspunkt für die Entwicklung der oben definierten Bestandteile einer wiederverwendungsfördernden Architektur sind. In ADONIS soll nicht die Festlegung auf einen Aufgabenbereich, wie bspw. CIM, erfolgen; vielmehr soll aufgrund der hergeleiteten Anforderungen und Voraussetzungen der Wiederverwendbarkeit eine allgemeine, domänenorientierte Architektur vorgestellt werden. Auf Basis der Orientierung an Aufgaben können domänenspezifische Referenzmodelle zur vertikalen Wiederverwendung gebildet werden.

6.3.1 Grundkonzeption einer wiederverwendungsfördernden Architektur

Wie oben festgestellt, werden Aufgaben aus den Unternehmenszielen abgeleitet. Die Aufgaben sollen separat, wie die primären Aktivitäten im Wertkettenmodell betrachtet werden. Auf Basis dieser Aufgaben sollen domänenspezifische Referenzmodelle entwickelt werden, die die Gemeinsamkeiten mehrerer Anwendungsfälle einer Domäne wiedergeben. Die domänenspezifischen Referenzmodelle sind Ausgangspunkt der Architekturkonzeption zur vertikalen Wiederverwendung.

Betriebliche Aufgaben repräsentieren Arbeit in unterschiedlichen Problembereichen; so weist bspw. die Produktionsplanung und -steuerung andere organisatorische Abläufe und Strukturen als die Finanzbuchhaltung auf. Daher müssen in der Definition von domänenspezifischen Referenzmodellen diese Problembereiche berücksichtigt werden. Dies geschieht durch die domänenspezifischen Sichten auf das Informationssystem. Beispielsweise konnte festgestellt werden, daß in CIM-OSA die problemrelevanten Sichten Funktionen, Information, Ressource und Organisation Berücksichtigung finden[593]. Entsprechend müssen derartige, problem- und domänenspezifische Sichten in einer Wiederverwendungsarchitektur Berücksichtigung finden. Ein allgemeines domänenspezifisches Referenzmodell innerhalb von ADONIS muß also problemrelevante Sichten auf Informationssysteme in allgemeiner Form darstellen.

Zweck der Architektur ist die Förderung der vertikalen Wiederverwendung. Sie soll Referenzmodelle auf den domänenspezifischen Entwurfsebenen Domänenmodell, Spezifikation und Konstruktion enthalten. Damit wird erreicht, daß die Produkte der Entwurfsebenen in Form von Bauteilen in der betrachteten Domäne wiederverwendbar sind. Notwendig zur Erstellung definierter Produkte auf jeder Entwurfsstufe ist die Standardisierung des Vorgehensmodells. Damit entstehen auf jeder Entwurfsstufe syntaktisch und semantisch vergleichbare Produkte, so daß auf jeder der Ebenen die entsprechenden Architekturteile leichter übertragbar sind. Damit sind für eine Domäne auch wiederverwendbare Bauteile auf jeder Entwurfsstufe produzierbar und wiederverwendbar.

Das domänenspezifische Referenzmodell gibt für eine Domäne die wesentlichen problemrelevanten Sichten auf das Anwendungssystem wieder und muß darin die für die Domäne wesentlichen Bestandteile beinhalten. Diese Sichten müssen in den folgenden Entwurfsstufen betrachtet und in der generischen Spezifikation und Konstruktion weiter geführt werden.

In der Grundkonzeption enthält die Wiederverwendungsarchitektur als wesentliche Bestandteile das Domänenreferenzmodell, das Vorgehensmodell und die wiederverwendbaren Bauteile. Es wird – vgl. Bild 6.7 – in Anlehnung an die drei Ebenen von CIM-OSA zwischen den Entwurfsstufen generisches Domänenmodell, generische Spezifikation und generische Konstruktion unterschieden. So wird eine Differenzierung zwischen dem Domänenmodell und der Spezifikation vorgenommen. Es wird die Anwendbarkeit des Domänenmodells mit verschiedenen Spezifikationen manifestiert. Damit

---

593   Bei Scheer, der den gleichen Problembereich betrachtet, baut die Architektur ebenfalls auf den problemrelevanten Sichten der Daten, Vorgänge (mit Funktionen gleichgesetzt), Organisationen und Ressourcen auf. So stellt die vorgangsorientierte Sichtweise mit den genannten Sichten, eine Ausprägung des Problembereichs CIM dar.

wird die Flexibilität der Referenzmodelle gewahrt, da innerhalb einer Domäne verschiedene Ausprägungen von Spezifikationen existieren können. So ist denkbar, daß
sich im Laufe der Zeit Teildomänen innerhalb der Domäne ergeben, die eine eigene
Unterstützung erforderlich machen[594]. Auch für die Entwurfsebene der Konstruktion
sind mehrere Ausführungen für eine Spezifikation denkbar; diese Entwicklung hängt
stark von der Domäne und der Anzahl ihrer Implementierungen ab. Die generische
Konstruktion (als Entwurf der sichtenspezifischen Produkte, bspw. Datenbasis, Modularisierung, Prozeßorganisation) wird in ihrer spezifischen Ausprägung die Umsetzung
der domänenspezifischen Anwendung, unter Beachtung der Standards auf der Implementierungsebene, realisieren. Die Wiederverwendung der Bestandteile der Entwurfsebene der Konstruktion wird durch eine Softwarearchitektur unterstützt.

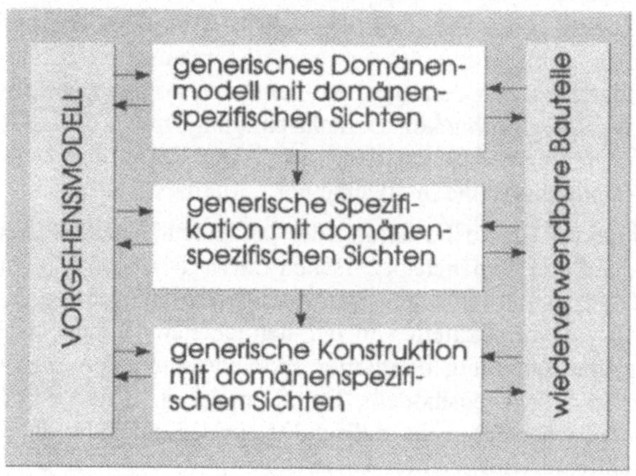

Bild 6.7:   Grundkonzept einer wiederverwendungsorientierten Architektur

Die generischen, dem Domänenreferenzmodell angehörenden Modellebenen können in
einer neuen Entwicklung der gleichen Domäne als Bauteile wiederverwendet werden;
dabei können sie vollständig oder nur teilweise oder mit geringen bzw. großen
Modifikationen angepaßt wiederverwendet werden. Gleichzeitig geben sie auf der jeweiligen Ebene einen Rahmen für die Einbindung von wiederverwendbaren Bauteilen
DV-näherer Entwurfsstufen ab. So ist beispielsweise denkbar, daß auf Basis einer
Spezifikation mehrere Ausfertigungen auf Konstruktionsebene erstellt werden, die wiederum durch eine vielfache Anzahl von Modulen (Bausteinen) realisiert werden. Dieses domänenspezifische Referenzmodell dient somit als flexibler Rahmen zur Erstellung von austauschbaren, wiederverwendbaren Bauteilen und Bausteinen. So können
beispielsweise auf der Konstruktionsebene mehrere Anwendungsarchitekturvarianten
in der Software realisiert werden; dies führt zu einem Baustein- und Bauteilvorrat, der
die flexible Implementierung des Domänenreferenzmodells ermöglicht. Diese Flexibi-

---

594   Ähnliches wurde in CIM-OSA mit der Differenzierung verschiedener Particular Models vorgegeben.

lität läßt viele der möglichen Entwurfsentscheidungen offen, so daß das Referenzmodell stärker angepaßt werden kann.

Ausgehend vom Domänenmodell können mit Hilfe eines standardisierten Vorgehensmodells die definierten Entwurfsebenen des Domänenreferenzmodells sowie die wiederverwendbaren Bauteile und Bausteine erzeugt werden. Die wiederverwendbaren Bauteile und Bausteine sind dabei zunächst generischer Natur. Nach einer ausreichenden Anzahl an Implementierungen in spezifische Modelle und der Realisierung in Anwendungssystemen existieren auch spezifische Bauteile und Bausteine, die verwendet werden können. Dabei müssen die Entwurfsebenen, ebenso wie das Domänenmodell, die wesentlichen Bestandteile der Domäne in ihrer spezifischen Darstellungsform beinhalten. Das bedeutet, daß die problemrelevanten Bestandteile in allen diesen Ebenen des Domänenreferenzmodells enthalten sind.

Ein entsprechendes Vorgehensmodell muß die methodisch fundierten Beschreibungsmittel enthalten, die die Domäne bestmöglich abbilden. Das Vorgehensmodell soll domänenspezifische Standards im Bereich der Entwicklung berücksichtigen, um die Akzeptanz und Durchsetzbarkeit sowie Vereinbarkeit mit Altbeständen zu gewährleisten. Das Vorgehensmodell muß zum Standard in der Erstellung und dem Einsatz der Bauteile werden. Mit einem domänenspezifischen Vorgehensmodell ist die Ableitung und Instanziierung der unternehmensspezifischen Entwurfsebenen aus dem Domänenmodell möglich. Dabei muß das Vorgehensmodell den Einbau von Bausteinen bzw. ihre Modifikation auf jeder Stufe berücksichtigen. Da das Vorgehensmodell für die Erstellung und Verwendung auf denselben methodischen Beschreibungsmitteln aufbauen muß, wird damit die Wiederverwendung der produzierten Bauteile gewährleistet.

Im Grundkonzept sind auch die domänenspezifischen, wiederverwendbaren Bauteile dargestellt. Ein domänenspezifisches Referenzmodell ermöglicht die Wiederverwendung der Domänenmodelle wie auch der darauf folgenden Entwurfsebenen ganz oder teilweise als Bauteile. Die Separierung der Sichten und Entwurfsebenen mit der Möglichkeit der Austauschbarkeit der Perspektiven wird weiter unten erläutert. Durch die Ableitung aller Entwurfsstufen mit einem einheitlichen Vorgehensmodell aus einem Domänenmodell sind die Entwurfsstufen syntaktisch und semantisch vergleichbar und die Bestandteile der Entwurfsstufen austauschbar.

Im Grundkonzept sind die Entwurfsebenen des Domänenmodells, der Spezifikation und der Konstruktion unterschieden worden. Domänenmodell und Spezifikation sind zielumgebungsunabhängig; hier kommt es vor allem auf die Inhalte der Modelle und ihrer Anpassung an die spezifischen Bedarfe an. Die Konstruktion ist z.T. zielumgebungsabhängig. Alle drei Entwurfsstufen des Grundkonzepts bedürfen der architekturalen Gestaltung. Ihre Inhalte, ihre Darstellung (vorgehensmodellabhängig) und ihre Flexibilität müssen ihre Übertragbarkeit gewährleisten. Daher werden im Grundkonzept generische Modelle der Entwurfsstufen vorgesehen. Bei der Konzeption dieser generischen Entwurfsstufen kommt es im wesentlichen auf die Abstraktion von Details und die Verallgemeinerung von Gemeinsamkeiten der zugrundeliegenden Domänen an. Die Betrachtung mehrerer Domänen führt zum Festlegen der gemeinsamen und unterschiedlichen Entwurfsentscheidungen in einem programmfamilienähnlichen Konzept. Durch das Feststellen dieser Entwurfshierarchien kann auch die Erstellung von Bauteilen auf jeder der Stufen geplant werden. Zur Erstellung von

Bauteilen sind die Bestandteile jeder Stufe festzulegen. Sowohl die Ableitung der Entwurfsstufen als auch die Feststellung der Varianten der Bestandteile jeder Stufe sind eng mit dem Vorgehensmodell verknüpft.

6.3.2 Domänenreferenzmodell

Das Domänenreferenzmodell besteht aus den Ebenen des generischen Domänenmodells, der generischen Spezifikations- und Konstruktionsmodelle sowie der realisierten Bauteile. Das Domänenreferenzmodell dient als Rahmen, in dem verschiedene Varianten einer Programmfamilie erstellt werden können.

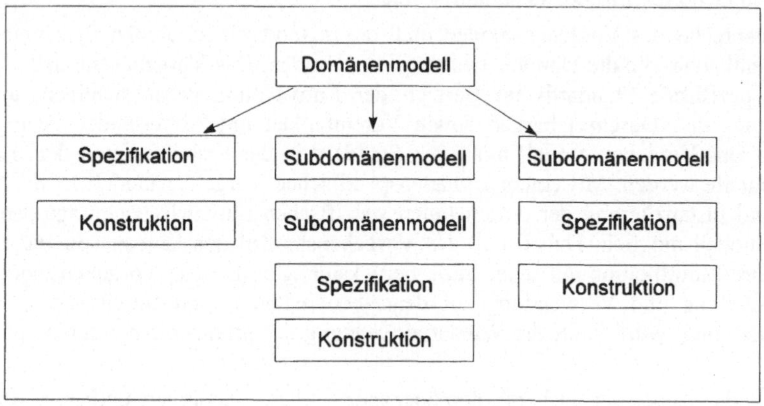

Bild 6.8: Mögliche Hierarchie der Entwurfsstufen in einer Programmfamilie

Die Erstellung eines Domänenreferenzmodells wird an bereits definierten und abgegrenzten Domänen orientiert. Vorliegende Erfahrungen mit den Entwicklungsmethoden, den domänenspezifischen Abläufen und den Problemen der Anwendungssystemerstellung in der Domäne erleichtern eine geeignete, problemorientierte Darstellung eines Domänenmodells. Die für die Wiederverwendung in Betracht kommenden Domänen sind – wie die Beispiele CIM, Flugkörpersteuerung, verteilte Systeme zeigen – komplex, mit präzisen Anforderungen an den Unterstützungsbedarf, und daher als kostspielig in der Entwicklung zu charakterisieren. Die Erstellung rechtfertigt sich auch in den Domänen, in denen spezifische Systeme mit einer hohen Variantenanzahl notwendig sind, um auf die vielfältigen organisatorischen und rechnerbedingten Einflußfaktoren einzugehen; in diesen Domänen und in einer Programmfamilie eignet sich die Erstellung einer Wiederverwendungsarchitektur, wenn grundlegende Gemeinsamkeiten in den Sichten des Domänenmodells definiert werden können.

Geeignete Domänen müssen auf ihre Variantenanzahl und ihre Modellierbarkeit im Entwurf geprüft werden. Daraus kann die Anzahl der Entwurfsebenen und des gewünschten Abstraktionsgrades abgeleitet werden. Dabei wird je nach zugrundegelegter Domäne – vergleiche Bild 6.8 – die Bildung von Subdomänen zur Abgrenzung von

Ausschnitten der Hauptdomäne und die Ausprägung der entsprechenden Entwurfsstufen möglich.

Die Domäne muß abgrenzbar, analysierbar und darstellbar sein. Es müssen die problemspezifischen Sichten der Domäne bzw. ihre relevanten Bestandteile festgelegt werden. Diese können den vorgeschlagenen Sichten in ADONIS entsprechen, sie können aber auch davon abweichen. Für Domänenmodelle kristallisieren sich i.a. die Kernsichten Daten, Funktionen und Kommunikation heraus, so daß diese in jedem Domänenmodell enthalten sein solllen. Innerhalb der Sichten werden die allen zugrundeliegenden Domänen gemeinsamen Bestandteile extrahiert und definiert. In dem Prozeß der Feststellung von Gemeinsamkeiten und Unterschieden muß über die zu verfolgende Modellierungsstrategie entschieden werden, d.h. ob ein Domänenmodell oder oder mehrere, im Sinne einer Familie, erstellt werden. Damit sind Entscheidungen über den Abstraktionsgrad und die Inhalte des Domänenmodells verbunden.

Dieses Problem hängt eng mit der Domänenabgrenzung zusammen. Sind die Domänenmodelle zu abstrakt, ist der Nutzen alleine dieser Modelle für die Anwendungsentwicklung nicht sehr hoch. Es muß auf Basis der betrachteten Domänen ein Abstraktionsniveau für die Abbildung gewählt werden, das die einfache Umsetzung in eine spezifische Spezifikation und damit eine einfache Wiederverwendung des allgemeinen Modells ermöglicht. Der gewählte Abstraktionsgrad des Domänenreferenzmodelles hängt auch mit der Möglichkeit zusammen, Domänen in Subdomänen einzuteilen. Besteht die Möglichkeit, eine Domäne in Subdomänen einzuteilen, kann die Erstellung mehrerer, evtl. hierarchisch geordneter Domänenmodelle im Sinne eines Familienkonzeptes[595] in Betracht gezogen werden. Sinnvoll ist die Betrachtung existierender Domänen zur Erstellung solcher Modelle; damit werden Irrtümer vermieden und die wesentlichen Dinge in allgemeinen Modellen abgebildet.

Domänenspezifische Referenzmodelle müssen möglichst funktional zusammenhängen und gut gegenüber anderen Domänenreferenzmodellen abgegrenzt sein. Zweck ist die Erreichung der Unabhängigkeit und Abgegrenztheit von Domänenreferenzmodellen. Damit sind sie zum einen leichter für einzelne Unternehmen umsetzbar, da sie genau eine Domäne beschreiben. Zum anderen sind in einem Unternehmen mehrere Domänenreferenzmodelle für jeweils andere Aufgaben einsetzbar, eben weil sie eine minimierte Anzahl an Schnittstellen zu anderen Domänenreferenzmodellen aufweisen. In einem Unternehmen könnte dann ein Portfolio von Referenzmodellen betrachtet werden, das zur Unterstützung der Aufgaben eingesetzt und über die Schritte der Initialisierung und Anpassung in unternehmensspezifische Anwendungssysteme umgesetzt werden kann. Domänenreferenzmodelle können wie durch eine projektspezifische Softwareentwicklung unter Wiederverwendung der Bauteile umgesetzt werden.

Domänenspezifische Referenzmodelle unterstützen den Integrationsbedarf in Unternehmen. Erstens haben nicht alle Unternehmen dieselben Aufgaben und Organisationsstrukturen; folglich haben sie, unternehmensweit verglichen, nicht den gleichen Informationsbedarf. Zweitens haben die oben aufgeführten Wiederverwendungsansätze gezeigt, daß die aufgabenspezifische Domänenorientierung Erfolge in der Wiederverwendung von Softwareteilen mit sich bringt. Die Entwicklungen in der Praxis zeigen in

---

595   Vgl. CIM-OSA.

Richtung domänenspezifischer Architekturen zur aufgabenspezifischen Unterstützung. Drittens unterstützt ein Referenzmodell die Integration aller Sichten innerhalb dieser Domäne. Die einheitliche Modellierung von Daten, Funktionen und Kommunikationsbeziehungen kann zur leichteren Entwicklung oder Migration integrierter Anwendungssysteme führen. Wiederverwendung von domänenspezifischen Referenzmodellen scheint dort sinnvoll zu sein, wo Anwender einen hohen Integrationsbedarf haben und Domänen aufwendig zu modellieren sind. Die Wiederverwendung von domänenspezifischen Referenzmodellen führt damit zum einen zur Integration von Anwendungssystemen und zum zweiten zur domänenspezifischen, vertikalen Wiederverwendung der folgenden Entwicklungsstufen.

Ein Domänenreferenzmodell formuliert die problemrelevanten Sichten auf Domänenmodellebene. Die Festlegung und Benennung von Bestandteilen innerhalb der Sichten ist elementar für die Gebrauchsfähigkeit eines Domänenreferenzmodells. Die Sichten werden den folgenden Entwicklungsstufen wie Spezifikation und Konstruktion (und Implementierung) in allgemeiner Form – vergleiche Bild 6.9 – vorgegeben; erst nach ihrer inhaltlichen und darstellungstechnischen Festlegung im generischen Domänenmodell können sie mit Hilfe des festzulegenden Vorgehensmodells in die folgenden Entwurfsstufen umgesetzt werden.

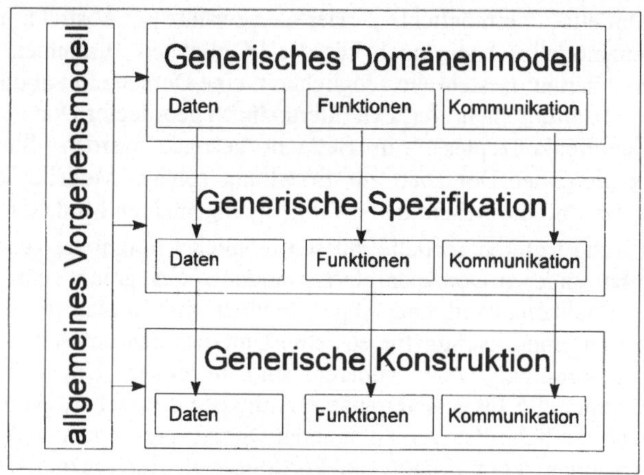

Bild 6.9: Verquickung der Entwurfsstufen und Sichten mit dem Vorgehensmodell

Im Bild sind die Entwurfsebenen des Grundkonzeptes dargestellt. Sie müssen im folgenden um die Implementierungsebene erweitert werden. Für alle Sichten und Entwurfsebenen sind in Zusammenhang mit der Festlegung des Vorgehensmodells auch Entwicklungsrichtlinien und Standards für die jeweilige Organisation und Rechnerumgebung festzulegen. In Bild 6.9 werden die Entwurfsebenen und das Vorgehensmodell in allgemeiner Form dargestellt. Da es um die Aufstellung eines Domänenreferenzmodelles geht, interessieren zunächst nur die modellierbaren Gemeinsamkeiten der Domäne. Diese werden inhaltlich in Form allgemeiner Sichten jeder Entwurfsstufe dargestellt. Das allgemeine Vorgehensmodell bildet ebenfalls die

wesentlichen zu definierenden Methoden, Vorgehensweisen und Entwicklungsrichtlinien für die Domäne ab. Die Bestandteile Vorgehensmodell und Referenzmodell sind
gleichzeitig festzulegen. Das Vorgehensmodell muß darüber hinaus Tests zur
Qualitätssicherung auf jeder Entwurfsstufe definieren. Die Ausprägung des
Vorgehensmodell und der Sichten der Entwurfsstufen in ADONIS hängen von der
gewählten Domäne und damit den erforderlichen Modellierungstechniken ab.

6.3.3 Ebenen des Domänenreferenzmodells

Ein generisches Domänenreferenzmodell ist ein allgemeines Modell für die Ableitung
wiederverwendbarer Modelle der Domäne in der Anwendungsentwicklung.
Wiederverwendbare Produkte sind die Sichten der festzulegenden Entwurfsebenen in
abstrakter Form zur spezifischen Instanziierung. D.h. es wird nicht nur das
Domänenmodell, sondern auch die folgenden Entwicklungsprodukte als Bauteile ganz
oder teilweise oder nur als Vorlage wiederverwendet. Es ist auf den Phasenverlauf der
Entwicklung zu verweisen; dort wurde deutlich, daß die Wiederverwendbarkeit der
frühen, rechnerunabhängigen Entwurfsstufen eine höherere Aufwandsreduktion und
Qualitätsverbesserung erbringt. Für die teilweise zielssystemabhängige Ebene der
Konstruktion können verschiedene Ausprägungen der Sichen (wie auch des Vorge-
hensmodells) konzipiert werden. Für die zielssystemabhängige Ebene der Implementierung müssen Richtlinien (bspw. entsprechend Standards) erlassen werden, um
wiederverwendbare Bauteile zu erstellen. Damit wird deutlich, daß ein allgemeines
Domänenreferenzmodell viele mögliche Entwurfsentscheidungen zur vielseitigen
Wiederverwendbarkeit offen läßt.

In CIM-OSA werden drei Modellierungsebenen Anforderungsdefinition, Designspezifikation und Implementierungsbeschreibung vorgegeben. Auf der obersten Ebene
wird die fachliche Seite der Anwendung modelliert. Auf der zweiten Ebene wird das
fachliche Konzept im Entwurf umgesetzt. Auf der dritten Ebene werden Imple-
mentierungsvorschläge gemacht. Zachman unterscheidet unterhalb des Enterprise
Model die drei Ebenen System Model, Technology Model und Components.

Zu beachten ist bei der Festlegung der Entwurfsstufen zum einen die übliche
Vorgehensweise in der Domäne, die die Entwurfsergebnisse bestimmt und zum ande-
ren die Berücksichtigung der erforderlichen Variantenbildung in der Domäne. Die
Ansätze unterschieden neben dem Domänenmodell, das der Ableitung von
Spezifikation und Design diente, die Entwurfsstufen Analyse, Design und
Modulebene. Daher sollen die gebräuchlichen Entwurfsstufen in ADONIS berücksichtigt werden. Vier Ebenen erscheinen auch hinsichtlich der Variantenbildung vorteilhaft. Um die vertikale Wiederverwendung von Bauteilen zu unterstützen, ist die
Herausarbeitung vieler Varianten zur Produktivitätserhöhung in der Entwicklung sinn-
voll. Die Variantenbildung wird durch die Anzahl der Entwurfsstufen und die Anzahl
der Sichten je Entwurfsstufe erhöht. Das bedeutet nicht, daß bei jeder
Wiederverwendung die Bauteile aller Entwurfsstufen übernommen werden; vielmehr
ist durchaus die Wiederverwendbarkeit lediglich einer Entwurfsstufe denkbar. So kann
beispielsweise auf der Grundlage derselben Domäne und derselben Zielumgebung die
Konstruktion wiederverwendet werden. Dies reduziert die Anzahl der möglichen
Entwurfsentscheidungen, was im Einzelfall wirtschaftlicher sein kann.

Die Bildung der Entwurfsebenen hängt auch mit der Weitläufigkeit und Abgegrenztheit der Domäne zusammen. In CIM-OSA wurden drei Ebenen von Domänenmodellen gebildet, die einen unterschiedlichen Allgemeinheitsgrad aufwiesen. In diesem Fall war es offenbar zweckmäßig, in verschieden abstrakte Domänenmodelle zu differenzieren. Auf jeder Abstraktionsstufe wurden aber dieselben definierten Sichten abgebildet. So muß die Möglichkeit offen bleiben, ein Domänenmodell im Einzelfall in weitere Subdomänenmodelle – vergleiche Bild 6.8 – aufzuteilen und daraus die spezifischen Entwurfsstufen abzuleiten bzw. die des Referenzmodelles entsprechend anzupassen. So können beispielsweise aus allen Sichten der Spezifikation des Referenzmodelles Teilausschnitte wiederverwendet werden, die die spezifische Subdomäne modellieren. Für alle Sichten der Spezifikation sind weiter verschiedene Varianten in der Konstruktion denkbar; dies hängt von den spezifischen Einflußfaktoren der Wiederverwendung ab. Für die Konstruktion und die Implementierung müssen bestimmte Annahmen hinsichtlich der Zielumgebung gemacht werden, um wiederverwendbare Bauteile zu produzieren. Der Aufbau hierarchisch zusammenhängender Sichten je Entwurfsstufe und die damit zusammenhängende Standardisierung fördert die Wiederverwendbarkeit von Bauteilen. Sie fördert gleichzeitig die Integration der Anwendungssysteme durch die Integration in das Anwendungsportfolio auf Entwurfsebene.

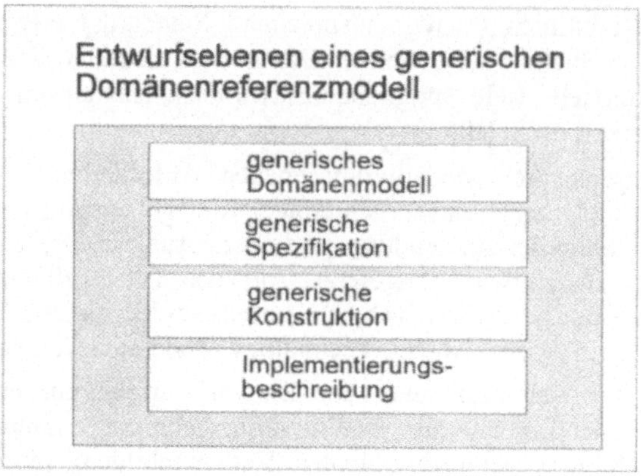

Bild 6.10:   Entwurfsebenen eines generischen Domänenreferenzmodells

Die Variantenbildung im Entwurf sichert die Flexibilität bei der Anpassung des Referenzmodelles bzw. der Bauteile an die unternehmensspezifischen Einflußparameter. Durch die Flexibilität sind diese Modelle leichter wiederverwendbar, eben weil sie modifizierbar bzw. wartbar und portierbar sind. Die Flexibilität des Referenzmodelles in ADONIS wird zudem durch die Auswahl der Sichten – vergleiche Kapitel 6.3.4 – beeinflußt. Das Zulassen von drei Kernsichten reicht nicht immer aus, um die organisatorischen und rechnerbedingten Einflußparameter abzubilden. Es müssen also problemspezifische Sichten zugelassen werden. Da sich zur allgemeinen

Beschreibung der Elemente eines Informationssystems die Architektur von Zachman gut eignet, wird sie im folgenden übernommen.

ADONIS verfügt damit über die vier Entwurfsstufen generisches Domänenmodell, generische Spezifikation, generische Konstruktion und generische domänenspezifische Implementierungsbeschreibung. Damit wird mehr Flexibilität bei der Anpassung an die unternehmensspezifischen Erfordernisse erreicht. Das schließt nicht aus, daß im Einzelfall mehrere Ebenen zusammengefaßt werden. Das Grundkonzept wurde um die Stufe der generischen domänenspezifischen Implementierungsbeschreibungen erweitert. Diese können Bausteine, Implementierungshinweise wie auch Codeschablonen enthalten. Für die Erstellung wiederverwendbarer Bausteine sind Zielumgebungen festzulegen. Diese können in den Implementierungsbeschreibungen enthalten sein. Jede dieser Entwurfsebenen ist Objekt der Wiederverwendung in einer spezifischen Instanziierung bzw. Anpassung und gleichzeitig der Rahmen für die Wiederverwendung der Bauteile der nachfolgenden Entwurfsstufen. Das ADONIS-Domänenreferenzmodell enthält somit vier Entwurfsebenen.

Das Domänenmodell und die Spezifikation konzentrieren sich auf die inhaltliche Abbildung der Domäne; dabei sollen die Bestandteile der Domäne im richtigen Abstraktionsgrad und in dem richtigen Zusammenhang so abgebildet werden, daß sich diese Modelle problemlos, d.h. mit dem richtigen Abstraktionsgrad, in der richtigen Abgrenzung und den richtigen Inhalten wiederverwenden lassen. Die Konstruktionsmodelle sind dagegen ein Oberbegriff für diverse sichtenspezifische Designs, die die Spezifikation in Abhängigkeit der geplanten Betriebs- und Basissystemumgebung umsetzen. Durch das von Basis- und Betriebssystemen abhängige Design können innerhalb des Design einer Sicht mehrere Modulspezifikationen und -implementierungen realisiert werden. Daher ist für die Wiederverwendung von Bauteilen die dem Referenzmodell zugrundegelegte Annahme der Orientierung an offenen Systemen wichtig. Die der Konstruktion zugrundegelegten Annahmen hinsichtlich der Systemumgebungen entscheidet neben der inhaltlichen Abbildung der Domäne über die Wiederverwendbarkeit der Bauteile.

Die Variantenbildung innerhalb der Konstruktion wird auf inhaltlicher Seite durch die Orientierung an Sichten und auf der systemtechnischen Seite durch die Orientierung an den in der Domäne akzeptierten bzw. offene Systeme ermöglichenden Standards realisiert. In jeder Entwurfsebene werden die problemspezifischen Sichten weitergeführt; d.h. in jeder Entwurfsebene sind die Sichten unabhängig voneinander. Daher sind sie leichter austauschbar und anpaßbar bzw. wiederverwendbar. Auf Basis einer Spezifikation können bspw. unterschiedliche Datensichten innerhalb der Konstruktion orientiert, am relationalen oder hierarchischen Modell designed werden.

Eine höhere Wahrscheinlichkeit der Wiederverwendbarkeit haben die Sichten der Konstruktion wie auch die Module der Implementierungsebene, wenn sie auf Basis von Standards, die offenen Systemen dienlich sind, konzipiert werden. Allerdings sind für die Wiederverwendbarkeit von Design und Modulen noch Festlegungen hinsichtlich einer Softwarearchitektur, die über die Ausgestaltung des Designs in der Konstruktion bestimmt, zu treffen.

Da die Wiederverwendung von der Qualität abhängt, sind bei der Definition aller Entwurfsebenen gründliche Qualitätssicherungsmaßnahmen durchzuführen. Sie garantieren nicht nur für die inhaltliche Qualität und "Paßgenauigkeit" für die spätere Anpassung bzw. Instanziierung in der spezifischen Entwicklung. Sie sind auch für die Akzeptanz und Durchsetzbarkeit der vertikalen Wiederverwendung notwendig. Von der Qualität bspw. des Designs ist die Wiederverwendbarkeit der Bausteine auf Modulebene abhängig. Zur Wiederverwendbarkeit realisierter Module sind Implementierungsbeschreibungen notwendig, die bspw. die Qualitätskriterien, Funktionsumfang und Systemumgebung usw. erklären, für die die Module implementiert wurden. D.h. es liegen der vierten Ebene wiederverwendbare Bausteine mit einer detaillierten Implementierungsbeschreibung zugrunde.

ADONIS trägt mit dieser Ausführung des Domänenreferenzmodells sowohl der geforderten Flexibilität bei der Variantenbildung als auch der üblicherweise in den Grobschritten Spezifikation, Design und Implementierung ablaufenden Softwareentwicklung Rechnung. Diese wird durch das domänenspezifische Vorgehensmodell begründet. Es ist zu sehen, daß die Abhängigkeit der Domänen- und Entwurfsebenenmodelle von dem Vorgehensmodell stark mit der bisher in der Domäne akzeptierten und geeigneten Verfahrensweise in Zusammenhang steht.

Die Differenzierung von vier Entwurfsstufen im Domänenreferenzmodell von ADONIS sind erfolgt, um

- ADONIS Flexibilität bei der Austauschbarkeit und Wiederverwendbarkeit von Bauteilen zu verschaffen,

- die Definition und Trennung der Entwurfsstufen zu realisieren,

- die Entwurfsstufen als Vorlage zur unternehmensspezifischen Instanziierung zu verwenden,

- jede Entwurfsebene sowie Teile der Entwurfsebenen (bspw. sichtenspezifisch) unabhängig voneinander wiederverwenden zu können,

- die Entwurfsentscheidungen in Form eines Referenzmodelles für jede Entwurfsebene zu dokumentieren,

- die Entwurfsentscheidungen in der unternehmensspezifischen Umsetzung der Entwurfsebenen zu dokumentieren,

- vielfältige wiederverwendbare Bauteile zu produzieren und einzubauen sowie

- der Variantenbildung Vorschub leisten zu können.

Diese Eignung wird durch die erwähnten Entwurfsprinzipien und Schnittstellenminimalität, hohe Kohäsion, Modularität und Selbstdokumentation der Modelle bedeutsam. Ziel ist die Integration der domänenspezifischen Modelle in einem unternehmensweiten Rahmenmodell zur Planung integrierter Informationssysteme. Dementsprechend kann für die unternehmensspezifische Verwendung eine fünfte Ebene hinzugefügt werden, die die Integration in eine grobe, aufgabenorientierte Architektur betrachtet. Dem eigentlichen Domänenreferenzmodell wird somit bei der Umsetzung in ein unternehmensspezifisches Modell eine fünfte Ebene hinzugefügt. Diese fünfte Ebene symbolisiert dabei ein unternehmensspezifisches Gebilde, das ein grobes Rahmenmodell beinhalten kann, in der das Domänenreferenzmodell in sehr allgemeiner Form enthalten ist. Dies dient der Abgrenzung des Domänenreferenzmodells zu anderen Domänen des Unternehmens und der Formulierung von Schnittstellen zwischen den Domänenreferenzmodellen. Dies ist notwendig, um die Integration der in den Entwurfsebenen des Domänenreferenzmodells enthaltenen Sichten zu planen.

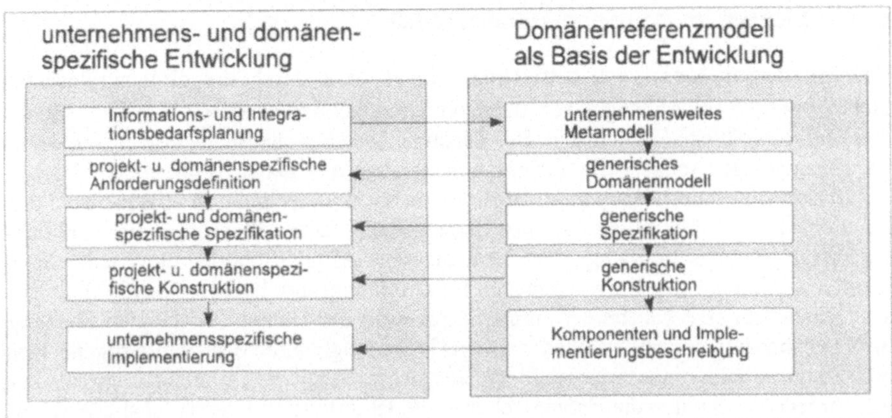

Bild 6.11:   Eingliederung eines Domänenreferenzmodells in den Entwicklungsprozeß

Das Domänenreferenzmodell ist aus Sicht des instanziierenden Unternehmens mit seiner fünften, unternehmensspezifischen Entwurfsstufe in Bild 6.11 dargestellt. Für die Umsetzung in ein unternehmensspezifisches Anwendungssystem müssen die Ebenen des Domänenreferenzmodells instanziiert und evtl. modifiziert werden. Die Ebenen der unternehmensspezifischen Instanziierung entsprechen den vier Ebenen des Domänenreferenzmodells, da dieses vollständig oder teilweise wiederverwendet wird. Die Wiederverwendbarkeit kann sich auf Teile der Entwurfsebenen (bspw. Sichten) oder auch die ganzen Entwurfsebenen zur Anwendungsentwicklung beziehen. Jeder Entwurfsebene des Domänenreferenzmodells wird somit eine Entwurfsebene in der unternehmensspezifischen Instanziierung gegenübergestellt. Die oberste Ebene ist ein unternehmensspezifisches Gebilde, das der gesamtheitlichen, integrationsorientierten Planung dient.

Ein generisches Referenzmodell dient im unternehmensspezifischen Instanziierungs- bzw. Anpassungsprozeß als wiederverwendbare abstrakte Vorlage. Aus dem generischen Domänenmodell wird die unternehmens- und domänenspezifische Anforderungsdefinition abgeleitet. Diese beschreibt die problemrelevanten Sichten der Domäne, die tatsächlich unternehmensspezifisch in ein Anwendungssystem umgesetzt werden sollen. Auf Basis der generischen Spezifikation wird durch Instanziierung der unternehmens- und domänenspezifischen Anforderungsdefinition eine unternehmensspezifische Spezifikation abgeleitet. Sie beschreibt das, was das unternehmensspezifische Anwendungssystem leisten soll ohne Berücksichtigung der Betriebs- und Basissysteme. Auf Basis der generischen Konstruktion wird mit Hilfe der Instanziierung der unternehmens- und domänenspezifischen Spezifikation eine unternehmensspezifische Konstruktion abgeleitet. Sie ist zielumgebungsabhängig; die Orientierung an offenen Systemen trägt zur erhöhten Wiederverwendbarkeit und Integrierbarkeit von Design und Komponenten bei.

6.3.4 Sichten im Domänenreferenzmodell

Der Informationsbedarf aus betrieblicher Sicht wird durch die problemrelevanten Sichten modelliert. Abhängig von der Domäne – vergleiche CIM-OSA[596] – können dies unterschiedliche Sichten sein. Bei Zachman bestehen die Sichten (dort werden sie als Elemente bezeichnet) des Informationssystems aus Daten, Funktionen, Netzen, Mitarbeitern, Zeit und Motivation. Diese Elemente sind geeignet, in allgemeiner Form die Sichten von Informationssystemen darzustellen. Daher sollen diese die inhaltliche Grundlage zur Beschreibung einer Domäne von ADONIS bilden. Für jede dieser Sichten werden auf den Entwurfsebenen Beschreibungsmittel vorgeschlagen. Jede dieser Sichten gibt eine Facette der durch die Auswahl der Sichten festgelegten Elemente des Domänenreferenzmodell wieder. Damit ist es möglich, eine sichtenbezogene Teilarchitekturmodellierung durchzuführen. Eine sichtenbezogene Teilarchitektur bedeutet, daß für jede der Sichten die Entwurfsebenen modelliert werden. Sie ist unabhängig von den anderen sichtenbezogenen Teilarchitekturen, was ihre Übertragbarkeit und Wiederverwendbarkeit (auf jeder Entwurfsstufe) bzw. die Erstellung von Bauteilen vereinfacht.

Die Sichten legen die inhaltlichen Bestandteile der Domäne und ihre Beziehungen zur Beschreibung des Anwendungsfalles fest. Daher müssen hier geeignete Modellierungstechniken angewendet werden. Daten- und Funktionen können durch domänenspezifische Daten- und Funktionsmodelle definiert, die Kommunikationsbeziehungen durch domänenspezifische Informationsflüsse abgebildet und durch Netze realisiert werden. Mitarbeiter haben ebenfalls eine Sicht auf die Anwendungssysteme, die durch die Arbeitsverteilung auf die Mitarbeiter symbolisiert wird. Zudem charakterisieren Mitarbeiter durch die Aufgabenverteilung die Organisationsstruktur. Außer diesen Sichten wird in der Information System Architecture die Zeit modelliert; in die Modellierung der Informationssysteme soll ein zeitlicher Bezug eingebracht werden, der für die Abbildung zeitlicher Abläufe und der sie festlegenden Kontrollstrukturen von Bedeutung ist. Die Motivation macht eine Aussage über die Zweck/Mittel-Beziehungen zur Erreichung der Unternehmensziele bzw. -strategien. Sie stellen eine unabhängige Teilarchitektur dar, die Auswirkungen auf die anderen Teilarchitekturen haben kann und umgekehrt von den anderen Teilarchitekturen beeinflußt wird. Diese Teilarchitektur kann durch die in der Betriebswirtschaftslehre üblichen Darstellungen von Zielhierarchien, Einsatzpläne usw. dargestellt werden. Diese Sichten beschreiben die wesentlichen Elemente von Informationssystemen. Sie sind insofern für eine allgemeine Beschreibung von Domänenmodellen geeignet.

---

[596] Anhand der CIM-domänenbezogenen Architekturen wurde deutlich, daß die Sichten die für den Anwendungsbereich wichtigen Teilarchitekturen eines Informationssystems kennzeichnen. Sie stellen die problemrelevanten Sichten einer Domäne dar; d.h. sie müssen in jeder Domäne bestimmt werden.

Für die Formulierung allgemeiner Sichten in den Domänenreferenzmodellen in ADONIS sollen die Sichten von Zachman übernommen werden. Die Funktions-, die Daten-, die Kommunikations-, die Mitarbeiter- und die Motivationssicht sowie die zeitliche Dimension stellen die wesentlichen Bestimmungsfaktoren von Informationssystemen dar. Die Modellierung von Daten, Funktionen und Kommunikationsbeziehungen stellen die Kernsichten von Informationssystemen dar. Sie sind in allen integrierten Anwendungssystemen zu berücksichtigen. Die Sichten der Mitarbeiter, Motivation und Zeit sind wichtige Elemente des betrieblichen und organisatorischen Umfeldes, in dem das Anwendungssystem bestimmte Funktionen erfüllen soll. Die Modellierung dieser Sichten trägt somit zur anwendungsspezifischen Ausformulierung des Domänenmodells bei. Es ist großer Wert auf die Sichten Mitarbeiter und Motivation zu legen; die Modellierung der Sicht Mitarbeiter sorgt für eine mitarbeiter- und aufgabenbezogene Ressourcenzuteilung. Sie ist keinesfalls durch eine Organisationsmodellierung zu ersetzen; auf die Probleme der Abbildung von bestehenden Strukturen in Anwendungssystemen wurde oben bereits hingewiesen. Die Einbeziehung der Sicht Motivation bewirkt die Orientierung des Domänenreferenzmodells an den betrieblichen Rahmenbedingungen und -strategien. Somit wird auf jeder Entwurfsebene die Entwicklung von strategie- und aufgabenunterstützenden Informationssystemen in der Modellierung unterstützt. Die zeitliche Sicht legt den zeitlichen Ablauf des Zusammenspiels der Elemente aller Sichten fest. Sie übernimmt die Steuerung.

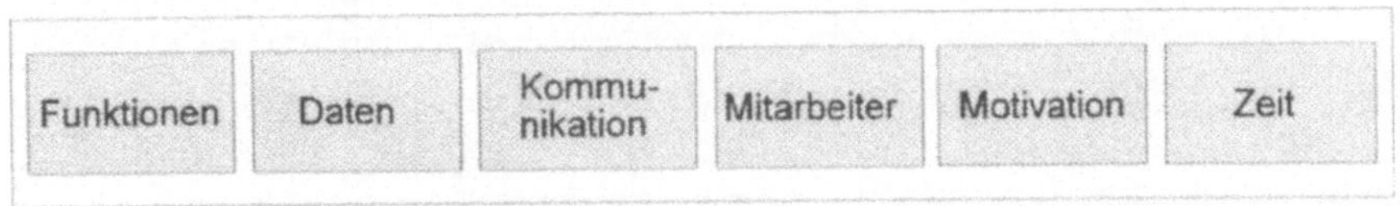

Bild 6.12:   Allgemeine Sichten von Domänenreferenzmodellen in ADONIS

Bei der Umsetzung in ein, auf eine konkrete Domäne bezogenes Referenzmodell, dienen sie als wiederverwendbare bzw. instanziierbare Vorlagen zur vollständigen Formulierung der inhaltlichen Bestandteile und Beziehungen. Es ergibt sich ein inhaltliches Modell der Domäne.

Die Orientierung eines Domänenreferenzmodells an allgemeinen Sichten ist aus verschiedenen Gründen positiv für die Wiederverwendung. Zum einen wird damit ein Rahmen vorgeschlagen, der die vollständige Abbildung aller relevanten Sichten fordert. Die Orientierung an einem solchen Rahmen ist für die Bildung eines Referenzmodells aufgrund der Abbildung aller problemrelevanten Einfluß- und Bestimmungsfaktoren eines Anwendungssystems von Vorteil. Die Modellierung der Einfluß- und Bestimmungsfaktoren läßt eine vollständigere, genauere und damit stabilere Abbildung der Domäne zu, was die Qualität der Aufgabenunterstützung durch das später eingesetzte Informationssystem steigert. Zum anderen werden durch die problem- und domänenspezifische Abbildung, die zu einer Modifikation des Domänenmodell führenden Einflußfaktoren (bspw. Planänderungen in der Sicht Motivation) miterfaßt, domänenspezifisch interpretiert und in dem Domänenmodell modelliert. Damit gewinnt das Modell an Abbildungsgenauigkeit. Sowohl die erhöhte Stabilität als auch die verbesserte Abbildungsgenauigkeit lassen eine spezifischere Abbildung in einem instanziierten Domänenmodell zu. Damit wird Flexibilität für die Instanziierungsfälle geschaffen. Sowohl Stabilität, Abbildungsgenauigkeit als auch Flexibilität machen die Qualität des Domänenreferenzmodells aus.

Ein Domänenreferenzmodell in ADONIS repräsentiert mit je Sicht vier Entwurfsebenen das in den Teilarchitekturen zur Modellierung notwendige Wissen. Da sechs Teilarchitekturen mit je vier Entwurfsebenen existieren, werden 24 Perspektiven auf das Anwendungssystem gebildet. In den jeweiligen, sich einander unterscheidenden Beschreibungen der Teilarchitekturen wird das notwendige domänenspezifische Erfahrungs-, Fakten- und Modellierungswissen repräsentiert. Jede der Perspektiven ist einzigartig; sie wird mit einem definierten, von der Domäne beeinflußten Verfahren modelliert. Im Bild 6.13 sind die Sichten auf das Anwendungssystem durch die Teilarchitekturen dargestellt. Dabei sind die Beschreibungsverfahren beispielhaft zu verstehen; sie hängen von der Domäne und den dort bewährten Verfahren ab. In der Erstellung des Domänenreferenzmodells werden also die problemrelevanten Sichten und die domänenspezifischen Verfahren bestimmt, um die Domäne anwendungsspezifisch zu modellieren.

Sicht \ Ebene	Daten-teilarchitektur	Kommunikations-teilarchitektur	Funktionen-teilarchitektur	Mitarbeiter-teilarchitektur	Zweck/Mittel-Beziehungen-Teilarchitektur	Zeitteil-architektur
Metamodel	Datenmodell	Kommunikationsmodell	Funktionenmodell	Mitarbeitersicht	Motivationssicht	Ereignisliste
Domänenmodell	Entity-Relationship-Modell	Informationslogistik	Prozeßflußdiagramm	Aufgabenverteilungsplan	Zielsystem	Zeitplanung
Spezifikation	relationales Datenmodell	Verteilungsarchitektur	Datenflußdiagramm	Benutzerinteraktionsdiagramm	Grobplanung	Prozeßstruktur
Konstruktion	Datenbasis-Design	Softwaresystemarchitektur	Structure Chart	Mensch-Maschine-interface	detaillierte Teilplanung	zeitabh. Kontrollstruktur
Implementierungsebene	Datenbasis-Beschreibung	Netzwerk-Architektur	funktionale Module	Interface und Zugriffsrechte	Knowledge Definition	Timing Definition

Bild 6.13:   Perspektiven auf das Anwendungssystem

In Bild 6.13 ist die sichtenspezifische Modellierung der Entwurfsebenen mit Hilfe spezifischer Beschreibungsverfahren dargestellt. Die einheitlichen Beschreibungsverfahren sichern die Wiederverwendbarkeit der Architektur. Bauteile, die aus anders definierten Entwurfsebenen stammen, andere Architekturperspektiven abbilden oder durch andere Beschreibungsverfahren dargestellt vorliegen, können nicht oder nur mit hohem Aufwand innerhalb eines solchen Referenzmodelles wiederverwendet werden. In dem ADONIS-Referenzmodell existieren damit 30 Perspektiven. Jede dieser Perspektiven ist unabhängig von allen anderen; sie beschreibt eine einzigartige Sicht auf das System. Jedoch gehört jede dieser Perspektiven zu einer spezifischen Entwurfsebene einer Teilarchitektur. So ist jede der Perspektiven zur Entwicklung eines Anwendungssystems bei Verwendung des Domänenreferenzmodells notwendig. Jede dieser Perspektiven muß bei der Umsetzung des Referenzmodells auf eine spezifische Instanziierung umgesetzt werden, um die anwendungsspezifische Instanziierung zu ergeben. Die unternehmensspezifische Instanziierung kann damit als spezielle Interpretation des Domänenreferenzmodells angesehen werden. Jede dieser Perspektiven stellt somit ein Wiederverwendungsobjekt dar.

Die Funktionenarchitektur stellt sich als Sicht der Funktionen auf das Anwendungssystem mit den methodisch unterstützten Darstellungsformen der Prozeßmodellierung, Datenflußdiagramme, Structure Chart und funktionalen Komponenten auf den Entwurfsebenen beispielhaft dar. Die Datenarchitektur gibt die Sicht der Daten auf das Anwendungsssystem mit den methodisch unterstützten Darstellungsformen des ERM, Relationenmodell und relationalen Datenbasis, sowie Datenbankentwurf auf den Entwurfsebenen wieder. Die Kommunikationsarchitektur läßt sich als Sicht der Kommunikation auf das Anwendungssystem mit den Darstellungsformen der informationslogistischen Netzbetrachtung, der Konzeption einer verteilten Systemarchitektur, der Realisierung einer verteilten Systemarchitektur mit Hilfe definierter Protokolle und Schnittstellen sowie der Netzwerkarchitektur auf den Entwurfsebenen darstellen. Die Mitarbeiterarchitektur charakterisiert die Funktionsübernahme und Sicht der Mitarbeiter auf das System und ist bisher methodisch noch nicht unterstützt. Hier wurden die Ebenen exemplarisch mit einem Aufgabenverteilungsplan, der konzeptuellen Benutzerinteraktionsmodellierung, der Konzeption des Mensch-Maschine-Interfaces sowie Interface und Zugriffsrechten dargestellt. Die Motivationsarchitektur kann durch betriebswirtschaftliche Planungsverfahren in den oberen Entwurfsebenen modelliert werden. So enthält sie hier beispielhaft die Hierarchien der Geschäftsziele, die Grob- und Detailpläne, die letztlich eine Planungs- und Wissensbeschreibung abgeben. Die Zeitarchitektur modelliert die zeitlichen Abhängigkeiten und Folgen zwischen den Elementen aller Sichten auf jeder Entwurfsebene. Sie ist das verbindende Element.

Die Unabhängigkeit der Sichten bzw. der Teilarchitekturen bewirkt eine leichtere Austauschbarkeit von einzelnen Perspektiven innerhalb der Teilarchitekturen. Damit wird eine höhere Flexibilität, Modifizierbarkeit und Erweiterbarkeit bei der Wiederverwendung und Instanziierung domänenspezifischer Referenzmodelle erreicht. Diese Unabhängigkeit wird zwischen den Teilarchitekturen durch die Unabhängigkeit der Sichten erreicht. Das, was als Nachteil der prozeduralen Entwicklung, bspw. im Vergleich zur objektorientierten Modellierung und Entwicklung, angesehen wird, ist für die Wiederverwendbarkeit der Perspektiven von Vorteil. Dieser liegt vor allem in der erhöhten Flexibilität bei der Wiederverwendung des Domänenreferenzmodells und der in ihr enthaltenen Bauteile. Paßt also beispielsweise das vorgegebene Benutzerinteraktions-Modell nicht auf den speziellen Anwendungsfall, können evtl. innerhalb dieser Teilsicht die darüberliegenden Bauteile wiederverwendet werden, auf jeden Fall aber die Bauteile der anderen Sichten bzw. Teilarchitekturen.

Die Unabhängigkeit der Sichten setzt auch voraus, daß es eindeutige, die Semantik der Perspektive beschreibende Darstellungsverfahren gibt. Erst damit wird die Perspektive eindeutig von anderen Sichten abgegrenzt, erhält einen eigenen Sinn und Inhalt und ist somit wiederverwendbar. Desweiteren ist sie mit einem semantisch und syntaktisch eindeutigen Darstellungsverfahren ausgestattet, leichter erkennbar, verstehbar und inhaltlich eindeutig interpretierbar. Darüber hinaus müssen in dem Domänenreferenzmodell Darstellungsverfahren benutzt werden, die in der Domäne verbreitet, anerkannt, akzeptiert und geeignet sind. Leider herrscht an solchen Darstellungsverfahren Mangel, besonders was die neueren Sichten auf ein Anwendungsystem (Kommunikation, Mitarbeiter, Zeit und Motivation) anbelangt.

6.3.5 Anpassung des generischen Referenzmodells

Im folgenden soll auf die Sichten und Ebenen des generischen Referenzmodells eingegangen werden.

- **Generisches Domänenmodell**

Ein generisches Domänenmodell stellt die für die Domäne relevanten Sichten auf das Anwendungssystem in allgemeiner Modellform zur unternehmensspezifischen Anpassung bereit. Wesentliche Anforderungen sind die Abbildung der "richtigen" Objekte der realen Welt und ihrer Beziehungen, der richtige Abstraktionsgrad, die Qualität und die Darstellungsform. Sind die "richtigen" Objekte der realen Welt und ihre Beziehungen in der richtigen Darstellungsform und in einer sehr guten Qualität in einem generischen Domänenmodell abgebildet, kann es für den unternehmensspezifischen Bedarf instanziiert und angepaßt werden.

Bei der Modellierung eines generischen Domänenmodells werden die Sichten zunächst unabhängig voneinander modelliert. Die Bestandteile der Domänen werden, unter Zugrundelegung der Sichten der betrachteten Domänen, durch wiederholte Abstraktion und Detaillierung festgelegt. Die Definition der Sichten wird durch Qualitätskontrollen abgeschlossen. Sie gewährleisten die inhaltliche und formale Richtigkeit.

Über die Festlegung der Sichten sowie ihrer Inhalte bestimmen die zugrundegelegten Domänen. Für die Domäne der Computer Integrierten Fertigung wurden beispielsweise in CIM-OSA die Funktions-, die Informations-, die Ressourcen- und Organisationssicht definiert. Diese Sichten geben für den CIM-Bereich die wesentlichen Inhalte wieder. Dementsprechend bestimmt die zugrundegelegte Domäne sowohl über die relevanten Sichten als auch über ihre Inhalte.

Sind die allgemeinen Inhalte und Zusammenhänge einer Sicht abstrahiert und extrahiert worden, wird dieser Inhalt in einem allgemeinen Domänenmodell festgehalten. Hier ist über den richtigen Abstraktionsgrad zu entscheiden, der auf der Grundlage der betrachteten Domänen bestimmt wird. Die Bildung des allgemeinen Modells ist in Bild 6.14 durch den Pfeil "Generalisierung" von einer konkreten, zugrundegelegten Domäne hin zur generischen Modellebene dargestellt. Der Modellierung einer Sicht im generischen Modell liegen die Varianten dieser Sicht durch die möglichen Entwurfsentscheidungen innerhalb der domänenspezifischen Familie zugrunde. Je mehr Varianten aus der domänenspezifischen Sicht abgebildet werden sollen, desto aufwendiger und abstrakter wird das Domänenmodell. Ein abstraktes Domänenmodell läßt zwar Raum für mehr Entwurfsentscheidungen innerhalb dieser Programmfamilie, die Anpassung ist aber höher und damit auch die Kosten bei Wiederverwendung einer Sicht. Bei der Domänenmodellierung muß auch die Variantenentwicklung geplant werden. D.h. die identifizierten Varianten der Abbildungsdomäne müssen in dem Domänenreferenzmodell "untergebracht" werden; so müssen manche Unterschiede erst auf den unteren Entwurfsstufen einbezogen werden.

Die Modellierung der Sichten auf beispielsweise der Domänenmodellebene im generischen Modell wird iterativ durchgeführt. Die Sichten werden aber auch aufeinander abgestimmt. So hängt die Zeitsicht eng mit der Funktionen- und Netzsicht zusammen und die Motivationssicht hängt eng mit der Funktionensicht zusammen usw. Die Sichten werden auf der generischen Modellebene aufeinander abgestimmt, bevor mit der Instanziierung begonnen werden kann.

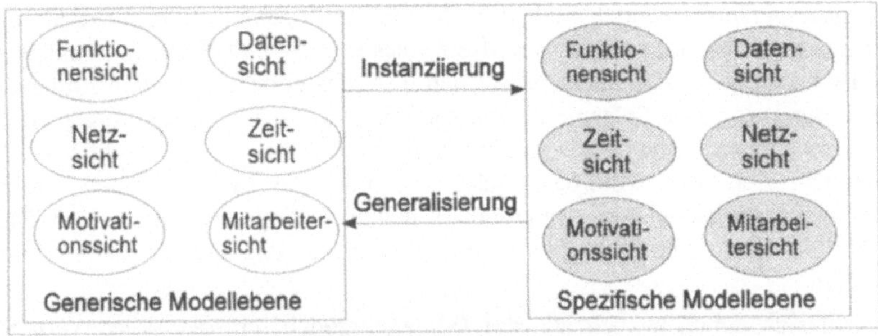

Bild 6.14:   Instanziierung und Generalisierung zur Verwendung bzw.
             Erstellung wiederverwendbarer Modellebenen

Das generische Domänenmodell enthält die Inhalte und Beziehungen der Sichten. Es ist die Grundlage für die Wiederverwendung sowohl der Sichten dieses generischen Modells als auch für die Wiederverwendung der sichtenspezifischen Bauteile folgender Entwurfsstufen. Liegt also beispielsweise ein generisches Domänenmodell vor, kann das Domänenmodell an sich bzw. die in ihm enthaltenen Sichten – also Funktionen-, Daten-, Netz-, Zeit-, Motivations- und Mitarbeitersicht – wiederverwendet werden wie auch die sichtenspezifischen Bauteile folgender Entwurfsstufen. Die Funktionensicht wird beispielsweise in einem Datenflußdiagramm, die Datensicht in einem relationalen Modell, die Netzsicht in einem Verteilungsdiagramm, die Mitarbeitersicht in einem Benutzerinteraktionsdiagramm usw. in der Spezifikation umgesetzt. Mit der Wiederverwendung der entsprechenden Sichten des Domänenmodells besteht die Option, die bestehenden Bauteile der folgenden Stufen ebenfalls wiederzuverwenden.

Die Unabhängigkeit der Sichten bedeutet, daß jede Sicht aus dem Domänenmodell unabhängig voneinander und einzeln – also beispielsweise nur die Daten- und Funktionssicht – wiederverwendet werden kann. Die wiederverwendeten Bauteile werden einzeln in das sie instanziierende Unternehmen übernommen und angepaßt. Die Anpassung muß nachvollziehbar sein und dokumentiert werden, damit sowohl die anderen Sichten als auch die folgenden Entwurfsprodukte entsprechend modifiziert werden können. Neben der Anpassung an die unternehmensspezifischen Besonderheiten muß auch die Abstimmung der Sichten bzw. Teilarchitekturen untereinander erfolgen.

Das Domänenreferenzmodell enthält die oben aufgeführten Sichten für die Entwurfsstufen Domänenmodell, Spezifikation, Konstruktion und Implementierungsebene. Durch die Wiederverwendung der Sichten des Domänenmodells aus dem Domänenreferenzmodell besteht die Möglichkeit, jede der Sichten aus den nachfolgenden Entwurfsstufen Spezifikation, Konstruktion und Implementierungsebene ebenfalls wiederzuverwenden. Da die Sichten unabhängig sind, können einzelne Teilarchitekturen über alle vertikalen Ebenen wiederverwendet werden. Für die Wiederverwendung der nachfolgenden Entwurfsstufen muß die Anpassung dokumentiert werden. Dies erleichtert gleichzeitig die Wartung des späteren Systems.

Mit diesen Entwurfsunterlagen zusammen wird das inhärente Domänen- und Modellierungswissen wiederverwendet. Bedeutung hat das generische Domänenmodell auch für den Abgleich der Inhalte und der Begriffe zwischen Ziel- und Herkunftsdomäne sowie für die Einbindung der domänenspezifischen Referenzmodelle bzw. von Anwendungssystemen, um integrierte Systeme zu konzipieren. Bild 6.14 zeigt eine allgemeine Ebene des Domänenreferenzmodells mit ihren Bestandteilen Daten-, Funktions-, Netz-, Motivations-, Zeit- und Mitarbeitersicht. Auf jeder der Entwurfsstufen erfolgt die unternehmensspezifische Anpassung durch Instanziierung des allgemeinen Modells und unter Berücksichtigung der bereits erfolgten Anpassung anderer Sichten und Entwurfsstufen.

Es handelt sich dabei, ausgehend vom Domänenmodell, um die Wiederverwendung von Sichten jeder Entwurfsstufe. Auf jeder Entwurfsstufe werden die Perspektiven als Bauteile in der unternehmensspezifischen Anpassung wiederverwendet. Das generische Modell in Bild 6.14 stellt das Informationsangebot einer Entwurfsstufe des allgemeinen Referenzmodells dar. Diese Ebene wird auf den spezifischen Informationsbedarf des Anwendungsfalles der Domäne zugeschnitten, indem die Funktionen-, Daten-, Motivations-, Mitarbeiter-, Netz- und Zeitsicht der allgemeinen Form auf die unternehmensspezifischen Besonderheiten angepaßt werden. Dabei wird zur konkreten Nutzung das allgemeine Modell in ein konkretes Modell abgewandelt. Dies wird durch den Pfeil "Instanziierung" beschrieben. Der Aufwand der Instanziierung ist von den Einflußfaktoren des spezifischen Unternehmens abhängig. Jede der Sichten kann unternehmensspezifisch angepaßt werden. Für das Domänenmodell wird aus der allgemeinen Funktionensicht eine unternehmensspezifische Funktionensicht usw. Organisatorische Einflüsse können beispielsweise unterschiedliche Ablauforganisationen oder einfach schon Begriffsbildungen sein. Durch die Anpassung aller Sichten des Domänenmodells auf die unternehmensspezifischen Belange ergibt sich ein organisationsspezifisches Modell. Die Dokumentation der Anpassungsvorgänge erleichtert die Wiederverwendung der folgenden Entwurfsstufen, die ja auch entsprechend angepaßt werden müssen, sowie die spätere Wartung des Systems.

Die generische Domänenmodellebene wird auf den individuellen Anwendungsfall zugeschnitten, indem beispielsweise die Funktionalität eingeschränkt, die Bezeichner verändert, andere Benutzersichten usw. eingeführt werden. Es resultiert ein domänenspezifisches angepaßtes Modell. Die Modellebene des allgemeinen Domänenreferenzmodells bildet den Ausgangspunkt für die Entwicklung der Ebenen der angepaßten Domänenmodelle[597]. Durch die Vorgabe des Domänen- und Vorgehensmodells ist in der

---

[597] Ähnliches bietet CIM-OSA; dort soll ein Domänenmodell entwickelt werden, das auf verschiedene Fertigungstypen und Unternehmensgrößen zugeschnitten wird. Den Unternehmen steht es frei, das passende allgemeine Modell für ihren Bedarf noch weiter zu verändern. Hier spielt bspw. das unternehmenseigene Vokabular und die vorherrschende Organisationsstruktur eine wichtige Rolle.

Anwendungssystementwicklung die Wiederverwendung der generischen (und auch der entwickelten spezifischen) Bauteile anderer Entwurfsstufen möglich.

Das Domänenreferenzmodell stellt einen Idealfall dar. Für die Kernarchitekturen Daten, Funktionen und Kommunikation existieren akzeptierte und verbreitete Beschreibungsmittel und Modellierungstechniken. Daher kann in praxi ein leichter und kostengünstiger realisierbares Modell nur die Kernelemente enthalten. Damit schränkt ein Unternehmen die Modellierungsfreiheit ein, die aus der Abhängigkeit von den Unternehmensstrategien und -aufgaben resultiert. Die Modellierung aller Teilarchitekturen erhöht zwar die Flexibilität des Unternehmens im Entwurf, aber aufgrund fehlender Beschreibungsmittel wird ihre Modellierung evtl. nur eingeschränkt möglich sein. Im folgenden sollen kurz die einzelnen Modelle hinsichtlich ihrer Verwendbarkeit geschildert werden. Nicht explizit berücksichtigt ist die Bedeutung der Vorgehensweise, der methodischen Fundierung und der methodischen- und darstellungstechnischen Standardisierung. Diese Punkte sind für die tatsächliche Anwendbarkeit unentbehrlich. Sie sind den Modellen implizit zugrunde zulegen.

- **Datenmodell**

Daten sind in Anwendungssystemen stabile Elemente, was zur Bildung von Datenmodellen mit dem Ziel der Entwicklung integrierter Informationssysteme und konsistenter Datenbestände führt. Der Aufbau von Datenmodellen wird meist mit Modellierungstechniken auf konzeptueller Ebene, die auf das Entity-Relationship-Modell zurückgehen, durchgeführt. Es wurde festgestellt, daß sich die Übertragung von Datenmodellen – wenn gleiche methodische Beschreibungsmittel gegeben sind – auf andere, in der gleichen Branche oder an der gleichen Aufgabe arbeitenden Unternehmen leicht bewerkstelligen läßt. Der Nutzen liegt in der Übernahme eines validierten Modells zur Entwicklung integrierter Anwendungssysteme und in der Vermeidung der Eigenerstellung. Die Übertragbarkeit ist ein Potential zur Wiederverwendung von spezifischem Wissen (Domänen- und Modellierungswissen) über Daten (Entities, Relationsships, Kardinalitäten und Attribute) einer Domäne. Ein allgemeines Datenmodell kann in allen Elementen modifiziert werden, so daß ein unternehmensspezifisches Datenmodell entsteht. Problematisch ist die Begriffsbildung und die Modellierung der Beziehungen im Detail. Eine Anpassung ist beispielsweise in Bezug auf alle Elemente möglich; so können die Entitäten und Beziehungen hinsichtlich ihrer Benennung und ihrer Attribute modifiziert werden. Das Modell kann ausgeweitet oder reduziert werden usw. Alle vorgenommenen Anpassungen müssen dokumentiert werden, um entsprechend auf die wiederverwendbaren Bauteile der nachfolgenden Entwurfsstufen – beispielsweise der Relationenmodelle – übertragen werden zu können.

Die Übertragbarkeit des Datenmodells auf der Domänenmodellebene bedeutet neben der Wiederverwendung desselben Datenmodells auch die mögliche Wiederverwendbarkeit der darauffolgenden Entwicklungsstufen, bspw. von Tabellen, von Zugriffshäufigkeiten und von Datenelementdefinitionen. Sie müssen vor ihrer Übernahme an die unternehmensspezifischen Besonderheiten angepaßt werden. Die Wiederverwendbarkeit des Datenmodells ist der Ausgangspunkt der Wiederverwendung der anderen Sichten der Domänenmodellebene, aber auch der für die Entwicklung integrierter Anwendungssysteme.

- **Funktionenmodell**

Funktionenmodelle bilden die Funktionen einer Domäne ab. Sie stehen in engem Zusammenhang mit dem Datenmodell. Nach der Übertragung eines Datenmodells ist auch die Übernahme eines Funktionenmodells auf die gleiche Domäne möglich. Mit der Übertragung sind auf dieser konzeptionellen Ebene Modifikationen verbunden, um die Funktionalität der allgemeinen domänenspezifischen Modelle an den tatsächlichen Unterstützungsbedarf anzupassen. So bietet das allgemeine Funktionenmodell ein Angebot an Funktionalität, die entsprechend dem unternehmensspezifischen Bedarf erweitert oder verkürzt wird. Somit werden aus generischen Funktionen, in Abhängigkeit von der organisatorischen Funktionalität, unternehmensspezifische Modelle.

Hervorzuheben ist die Bedeutung des generischen Funktionenmodells für die Feststellung des spezifischen Informationsbedarfs. Die Wiederverwendbarkeit eines generischen Modells bietet die Möglichkeit zur Überprüfung, ob die wichtigsten Funktionen der Domäne durch das geplante Anwendungssystem abgedeckt sind. Da die Sichten des Domänenreferenzmodells unabhängig voneinander sind, können bei einem spezifischen Anpassungsbedarf nur die Funktionen übernommen oder ergänzt werden, die das Unternehmen unabhängig von den Datenmodellen nutzen will[598].

Mit dem Funktionenmodell auf Domänenmodellebene wird das Wissen über die Fakten der Domäne, über die Funktionsmodellierung und dazugehörendes Umsetzungswissen wiederverwendet. Mit der Übertragung eines solchen Modells können auch die danach folgenden Anwendungssystementwicklungsstufen übertragen werden. Dies sind beispielsweise – methodenabhängig – Datenflußdiagramme.

- **Kommunikationsmodell**

Basis der Kommunikationsmodelle ist die Beobachtung von bestehenden Kommunikationsbeziehungen zwischen Organisationsteilnehmern (Menschen, Maschinen). Sie muß zur Unterstützung der Ablauforganisation berücksichtigt werden. Auch bildet sie die Basis für die Umsetzung der Kommunikationsarchitekturbestandteile. Kommunikationsmodelle können stark von der Organisationsstruktur eines Unternehmens abhängen. Sie berücksichtigen damit die notwendigen Informationsflüsse über Netzwerke, die zur Erfüllung der Arbeiten der Mitarbeiter notwendig sind. Für die Modellierung der Kommunikationsmodelle gibt es auch andere als die von Zachman vorgeschlagenen Verfahren. Dargestellt werden kann ein Kommunikationsmodell auf einer konzeptuellen Ebene, beispielsweise mit Informationsflußdiagrammen. Diese orientieren sich wiederum an den Vorgängen und den damit verbundenen Informations- und Kommunikationsflüssen. Die Wiederverwendung eines allgemeinen Modells bedeutet neben der Anpassung des Kommunikationsbedarfs auch die Anpassung an die unternehmensspezifischen Funktionen- und Datenmodelle, um eine ganzheitliche Abbildung zu erreichen. Eine gute Abbildung der unternehmensspezifischen Besonderheiten nutzt die inhärente Flexibilität des Entwurfs von ADONIS aus und führt zu einer unternehmensspezifischen Anwendungsentwicklung.

---

[598] Eine andere Möglichkeit der Wiederverwendung bietet sich durch die Nutzung eines Funktionenmodelles. Anhand des Funktionenmodelles ist es möglich festzustellen, welche Funktionalitäten in Anwendungssystemen realisiert sind. Treten in der Entwicklung redundante Funktionen auf, so können sie wiederverwendet werden.

- **Mitarbeiter-, Motivations- und Zeitmodelle**

Für diese Modelle existieren derzeit kaum akzeptierte Modellierungsverfahren; lediglich der Faktor Zeit kann in bestimmten Methoden und mit Hilfe bestimmter Verfahren[599] abgebildet werden. Die Modellierung der Zeit auf den Entwurfsebenen dient der Abbildung zeitlicher Abläufe in den Entwurfsebenen und der sie jeweils festlegenden Kontrollstrukturen. So bildet die Zeitsicht die Ereignisse, die bestimmte Aktionen auslösen, ab; es kann auch die zeitliche Reihenfolge der Programme bzw. die Prozeßorganisation auf den folgenden Entwurfsstufen abgebildet werden. Die Zeitsicht spielt eine wichtige Rolle bei der Planung der Arbeitsunterstützung im Sinne von Vorgängen beim Entwurf und der Implementierung der Systeme. Wird die Zeitsicht aus dem allgemeinen Referenzmodell übernommen, muß sie entsprechend den Modifikationen der Daten-, Funktionen- und Kommunikationsmodelle an die unternehmensspezifischen Belange angepaßt und dokumentiert werden.

Die Mitarbeitersicht bildet die Interaktionen zwischen Mitarbeitern in einem Unternehmen ab. Da die Interaktionen zwischen Menschen von den organisatorischen Abläufen bestimmt werden, werden diese implizit in dem Modell abgebildet. Diese Sicht ist geeignet, durch einen Aufgabenverteilungsplan die aufgaben- bzw. vorgangsspezifischen Tätigkeiten auf einzelne Mitarbeiter aufzuteilen und die Schnittstellen zu planen. Hier kann eine flexible Zuordnung der aus der Funktionenmodellierung stammenden Funktionalität auf einzelne Mitarbeiter erfolgen. Damit werden die wiederverwendeten Modelle der organisatorischen Struktur des wiederverwendenden Unternehmens angepaßt.

In die Sicht Mitarbeiter fließt eine Aufgabenbeschreibung und die Zuweisung von Verantwortung und Autorität ein. Damit wird die Verbindung zu künftigen Organisationsstrukturen hergestellt. Die Orientierung an Funktionen und Vorgängen in einem domänenspezifischen Modell vereinfacht – wie oben bereits dargelegt – die Übertragbarkeit und damit die Wiederverwendbarkeit der Modelle. Statt die Organisationsstruktur in den Modellen abzubilden, tritt eine Orientierung an Aufgaben, menschlichen Interaktionen und Kommunikationsbeziehungen ein, die helfen können, die Informationssysteme und Organisation künftig aufeinander abzustimmen und effizient zu gestalten. Sie ist Grundlage der Gestaltung der arbeitsplatzbezogenen Anwendungssystemunterstützung sowie des weiteren Entwurfs.

Durch die Sicht Motivation werden die Ziel-Mittel-Beziehungen wie Ziele, Strategien und Bedingungen auf jeder der Entwurfsebenen dargestellt. Mit ihrer Hilfe kann ein Teil der unternehmerischen Semantik in diese Modelle Eingang finden. D.h. die unternehmensspezifischen Gründe für bestimmte Arbeitsschritte werden in die Modellierung einbezogen. Durch die Modellierung der Ziele und Begründungen für einzelne Arbeitsschritte wird die Integration der anderen Sichten Daten, Funktionen, Mitarbeiter, Kommunikation und Zeit in eine Ordnung gebracht. Allerdings sind die aus der Betriebswirtschaftslehre stammenden Verfahren zur Modellierung dieser Sicht bisher nicht in die DV-Systemmodellierung einbezogen worden. Ihre Modellierung ist derzeit nicht üblich, kann aber den inhaltlichen Kontext erläutern und für eine mehr

---

[599] Gebräuchlich ist das State-Transition-Diagram; im Rahmen der objektorientierten Modellierung sind einige, auch methodisch eingebundene Verfahren zur Modellierung des zeitlichen Verlaufes entwickelt worden. Vgl. Shlaer, S.; Mellor, S. /An Object-Oriented Approach/

zielgerichtete Aufgabenunterstützung durch Anwendungssysteme sorgen. Dieses Modell bezieht stärker als die anderen Modelle die unternehmensspezifischen Bewertungen einzelner Tätigkeiten mit in die Modellierung ein. Die Modellierung der Motivationssicht erfordert ebenfalls die Anpassung, nicht nur an unternehmensspezifische Belange, sondern auch an die erfolgten Anpassungen der anderen Modellsichten Funktionen, Daten usw.

Die Modellierung vieler Sichten im Domänenmodell beinhaltet die Chance, die spezifische Domäne sehr detailliert und differenziert abzubilden. Bei Wiederverwendung des allgemeinen Domänenmodells besteht durch die Anpassung an unternehmensspezifische Besonderheiten die Möglichkeit, ein unternehmensindividuelles Abbild zu erzeugen, welches eine gute Grundlage für die zielgerichtete Aufgabenunterstützung durch Anwendungssysteme darstellt.

- **Generisches Spezifikationsmodell**

Die domänenspezifische Spezifikation gibt die Sichten einer Domäne auf das Anwendungssystem auf der Entwurfsstufe der Spezifikation in allgemeiner Form wieder. Jede der Sichten wird in einem bestimmten Modellierungsverfahren – abhängig vom methodischen Vorgehen – dargestellt. So können beispielsweise zur Modellierung der Funktionen Datenflußdiagramme, zur Modellierung der Daten Relationen, zur Modellierung der Mitarbeitersicht Benutzerinteraktionsdiagramme und zur Modellierung der Zeitsicht Prozeßstrukturen verwendet werden.

Die allgemeine Spezifikation ist der Ausgangspunkt für die Erstellung einer unternehmensspezifischen Spezifikation. Da sie die wichtigsten Bestandteile der Sichten einer Domäne wiederspiegelt, muß sie um die detaillierten Bestandteile ergänzt werden. Die Notwendigkeit zur Modellierung einer unternehmensspezifischen Spezifikation hängt stark von dem Abstraktionsgrad des Domänenmodells und entsprechend von der Anzahl der Varianten innerhalb der Domäne ab. Je mehr Varianten geplant und im Domänenmodell abgebildet sind, desto weniger wird das Domänenmodell die spezifischen Unternehmensbedürfnisse zur Anwendungssystemplanung abbilden. Dem hilft eine allgemeine Spezifikation ab, die die spezifischen Unternehmensbedürfnisse eher berücksichtigt. D.h. auch, daß sich u.U. das angepaßte Domänenmodell ebenfalls zur Anwendungssystementwicklung eignet.

Auf dieser Stufe entscheidet die Qualität (Genauigkeit, richtige Abstraktion der realen Welt, richtige Bestandteile, richtige Abgrenzung, richtige Begriffe sowie Modularität usw.) der domänenspezifischen allgemeinen Spezifikation über ihre Verwendbarkeit. Nur wenn die richtigen Inhalte in der generischen Spezifikation mit den in den spezifischen Anwendungsdomänen enthaltenen Inhalten übereinstimmen, ist ihre Wiederverwendung möglich. Dabei kann durchaus eine etwas andere Begriffswahl oder Abgrenzung vorliegen; der wesentliche Effekt der Spezifikationswiederverwendung und -instanziierung durch das sie verwendende Unternehmen liegt in der Ersparnis der Eigenerstellung (Umsetzung des im Domänenmodell enthaltenen Domänenwissens und der Modellierungskosten).

Zu Beginn der Anpassung steht der inhaltliche Abgleich der Sichten der generischen Spezifikation mit denen, die im spezifischen Anwendungssystem abzubilden sind. Die unternehmensspezifische Spezifikation kann wiederum einen Ausschnitt bzw. eine Detaillierung oder auch eine Erweiterung der allgemeinen Spezifikation – also eine spezielle Variante der Familie – darstellen. Dazu muß die Übereinstimmung der Sichten der allgemeinen Spezifikation mit den unternehmensspezifischen Anforderungen an die Sichten überprüft und im nächsten Schritt modifiziert werden. Wie oben unter dem Domänenmodell beschrieben, werden die Sichten einzeln übernommen und – entsprechend den unternehmensspezifischen Änderungen auf Domänenmodellebene – angepaßt. Dazu ist die Überprüfung der Bestandteile sämtlicher Sichten von dem sie übernehmenden Unternehmen vorzunehmen, um erstens die Übertragbarkeit der Inhalte der Sichten sicherzustellen und zweitens die Kenntnis über das Modell zu erwerben.

Schließlich wird eine unternehmensspezifische Spezifikation erarbeitet, bei der die generische Spezifikation die Vorlage bildet, die entsprechend den inhaltlichen oder begrifflichen Vorstellung des sie verwendenden Unternehmens modifiziert bzw. instanziiert wird. Dabei wird beispielsweise – wie auch auf Domänenmodellebene – entschieden, ob der Sprachgebrauch des allgemeinen Modells beibehalten oder modifiziert wird. Mit einer Übernahme eines "unternehmensfremden" Sprachgebrauches aus der generischen Spezifikation wird eine effiziente Alias-Verwaltung und späteres Nachziehen von Veränderungen bei Releasewechseln vermieden. Allerdings können Irritationen unter den beteiligten Mitarbeitern über die "richtige" Begriffswahl zu entsprechenden Folgekosten führen. Die Übernahme des "fremden" Sprachgebrauches hat in der vertikalen Wiederverwendung aber den Vorteil, daß bei den wiederverwendbaren Bauteilen späterer Entwicklungsstufen der "fremde" Sprachgebrauch einfach beibehalten wird und bei der Übernahme weiterer Bauteile aus dem Domänenreferenzmodell keine Änderung, Anpassung etc. notwendig wird. Das bedeutet letztlich weniger Aufwand und die bessere Teilhabe an Verbesserungen des Domänenreferenzmodells.

Durch die Vielzahl der spezialisierten Sichten auf das Anwendungssystem können viele Facetten Berücksichtigung finden, die die spezifischen Bedarfe eines Unternehmens gut abbilden können. Die Unabhängigkeit der Sichten und Entwurfsebenen dient der leichteren Austauschbarkeit und Anpaßbarkeit der Bauteile des Domänenreferenzmodells an spezifische Unternehmen. Gerade bei der Anpassung nimmt die Spezifikation eine wichtige Stellung ein. In ihr werden die unternehmens- und domänenspezifischen Bedarfe auf Basis der generischen Spezifikation in einer spezifischen Spezifikation festgehalten. D.h. die generische Spezifikation wird mit ihren Sichten übernommen, überprüft und angepaßt, so daß eine spezifische Spezifikation resultiert. Damit wird eine umgebungsunabhängige Spezifikation der spezifischen Domäne geschaffen, die über die Wiederverwendung der folgenden umgebungsabhängigen Entwurfsbauteile des Domänenreferenzmodells entscheidet. D.h. sind einige der Sichten der Spezifikation unverändert, können, bei gleicher Umgebungsvoraussetzung, auch die Entwurfsbauteile der Konstruktion aus dem Domänenreferenzmodell wiederverwendet werden. Die veränderten Sichten der Spezifikation können entweder, vor allem bei anderen systemseitigen Annahmen, über die Ablehnung oder Anpassung der folgenden umgebungsabhängigen Entwurfsbauteile des Domänenreferenzmodells entscheiden.

Eine Spezifikation beschreibt das Was eines Anwendungssystems und stellt den Beginn der Anwendungsentwicklung dar. In dieser Entwurfsphase ist die Planung zu den Systemschnittstellen der sonstigen im Unternehmen eingesetzten Anwendungssysteme zu berücksichtigen. Durch die Betrachtung des Anwendungssystemportfolios auf Ebene der systemunabhängigen Beschreibungen können Entscheidungen über die Schnittstellen zwischen Anwendungssystemen und über ihre Integration getroffen werden. Das bedeutet beispielsweise, daß die Datensicht mit der Datensicht eines anderen Anwendungssystems abgeglichen und konsolidiert wird. Die Konsolidierung kann sich sowohl auf die Datenbezeichnungen, -beziehungen und Systemgrenzen beziehen. Die anwendungssystemübergreifende Planung der Datensicht führt bereits auf den Entwurfsebenen zur Integration geplanter und bestehender Anwendungssysteme. Das gleiche gilt für die anderen einbezogenen Sichten.

Die Ähnlichkeit zwischen den allgemeinen und spezifischen Domänen, der Abstraktionsgrad des Modells, die Genauigkeit der abgebildeten Inhalte, die Darstellungsform, die Domänenabgrenzung sowie die Unabhängigkeit der Entwurfsstufen und Sichten sind entscheidende Faktoren der Qualität. Diese entscheiden über die Wiederverwendbarkeit der Spezifikationen des Domänenreferenzmodells. Je ähnlicher eine allgemeine in allen betrachteten Sichten der spezifischen Spezifikation ist, desto einfacher und weniger aufwendig ist ihre Umsetzung.

Am Ende der Phase "Anpassung der allgemeinen Spezifikation auf die unternehmensspezifischen Gegebenheiten" sind zwei Spezifikationen vorhanden, die allgemeine und die spezielle sowie die Dokumentation der Entwurfsentscheidungen. Dies ist für die spätere Weiterentwicklung des allgemeinen und speziellen Modells und für die Umsetzung in folgende Entwurfsstufen wichtig. Sollen beispielsweise außer der Spezifikation auch Teile der Konstruktion wiederverwendet werden, dienen diese Entwurfsentscheidungsdokumentationen zur entsprechenden Anpassung der Sichten der Konstruktion.

Die Spezifikation ist weitestgehend zielsystemunabhängig. Damit besteht eine erhöhte Wahrscheinlichkeit, daß in einer definierten und abgegrenzten Domäne alle oder nur einige der Sichten der Spezifikation vollständig "as-it-is" oder stark bzw. wenig modifiziert wiederverwendet werden können. Auch wenn die folgenden Entwicklungsstufen nicht übernommen werden, können durch die Wiederverwendung der Spezifikation einige Vorteile realisiert werden. Diese sind vor allem die Ersparnis von Aufwendungen der Eigenmodellierung durch Bezug eines validierten Modells, die mögliche Orientierung der eigenen Anwendungsentwicklung an unabhängig und vollständig modellierten Sichten der Domäne sowie die gewonnene Flexibilität durch Übernahme der Sichten einer Spezifikation in der Weiterentwicklung, Wartung und Integrationsplanung der Anwendungssysteme.

- **Generisches Konstruktionsmodell**

Die domänenspezifische generische Konstruktion gibt in einer Domäne die Bestandteile der Sichten auf das Anwendungssystem auf der Entwurfsstufe der Konstruktion in allgemeiner Form wieder. Sie ist der Ausgangspunkt für die Erstellung einer unternehmensspezifischen Konstruktion. Da aber in der Konstruktion eines Anwendungssystems die Umsetzung der Sichten im Hinblick auf die Zielsysteme erfolgt, wird die Berücksichtigung der verschiedenen Betriebs- und Basissysteme notwendig. So wird beispielsweise die Datensicht, die aus der Spezifikation in Form eines ERM vorliegt, abhängig von der zugrundeliegenden Datenbank in ein hierarchisches oder relationales Modell umgesetzt. Die Netzsicht wird abhängig von den zugrundeliegenden Protokollen der Anwendungsarchitektur realisiert. Die Benutzersicht wird ab-

hängig vom gewählten Dialogsystem realisiert. Da hier abhängig von der Hardwareumgebung verschiedene Varianten innerhalb der Sichten möglich sind, ist eine Softwarearchitektur anzustreben, die – orientiert an modularem und schichtenmäßigem Aufbau – es ermöglicht, möglichst viele der möglichen Varianten als Komponenten zuzulassen. Die Übertragbarkeit einer Softwarearchitektur, die möglichst viele Varianten innerhalb der Sichten zuläßt, ist anzustreben. Eine Orientierung an definierten Standards, die möglichst offene Systeme realisieren sollen, ist für die Erstellung einer standardisierten domänenspezifischen Softwarearchitektur von Vorteil, da die zu berücksichtigenden Varianten innerhalb der Komponenten geringer wären.

Wie oben bereits erklärt, beinhaltet die generische Konstruktion die gleichen Sichten wie die Spezifikation, die mit Hilfe einiger Transformationsschritte – angeleitet durch das Vorgehensmodell – auf die sichtenspezifischen Entwürfe abgebildet werden. In jedem Entwurf entscheidet sowohl der Inhalt bzw. die Anforderungen der Domäne sowie die technische Konzeption über die verwendete Entwurfstechnik wie auch das Endprodukt. Das Design bspw. der Datenbasis kann sowohl auf Basis einer relationalen als auch einer hierarchischen Datenbank und innerhalb dieser Wahlmöglichkeit wiederum abhängig von den Betriebs- und Basissystemunterschieden dieser Techniken entworfen werden. Durch die Festlegung spezifischer Standards – orientiert an Protokollen und Schnittstellen offener Systeme – innerhalb des Domänenreferenzmodells, bspw. in einer Anwendungsarchitektur, kann die Wiederverwendbarkeit der Bauteile erhöht als auch die Kompatibilität zu und Integrierbarkeit von verschiedenen Anwendungssystemen erleichtert werden.

Dies erklärt sich aus der erhöhten Wahrscheinlichkeit der Wiederverwendbarkeit, die zur Produktion einer geringeren Anzahl von Bauteilen bei gegebener Nachfrage führt. Durch die Orientierung an offenen Systemen hinsichtlich Datenhaltung, Benutzerschnittstellen und Kommunikationsgestaltung ist eine flexible Anwendungssystemgestaltung möglich. D.h. durch eine konsequente Orientierung an einer offene Systeme soweit wie möglich realisierenden Anwendungsarchitektur wird erstens die Anzahl der Bausteine gering gehalten und zweitens die Entwicklung von Schablonen möglich. Drittens wird die Anbindung und Integration an bestehende und künftige Anwendungssysteme vereinfacht.

Eine Anwendungsarchitektur bildet den Rahmen für die Realisierung der Software im unternehmensspezifischen organisatorischen und technischen Umfeld. Sie stellt den Rahmen für die Wiederverwendbarkeit von Bauteilen jeder Sicht auf der Ebene der Konstruktion und der Implementierungsbausteine dar. Die Vorgabe einer an offenen Systemen bzw. an domänenspezifischen Standards orientierten Anwendungsarchitektur vereinfacht die Realisierung der Wiederverwendbarkeit von sichtenspezifischen Bauteilen durch eine Reduktion der Anzahl der möglichen Implementierungen.

Die Anwendungsarchitektur wird in einer Softwarearchitektur realisiert; letztere wird wiederverwendungsfördernd nach den in Kapitel 3 aufgeführten Entwurfsprinzipien realisiert. Die Festlegung einer Softwarearchitektur muß in Zusammenhang mit der Festlegung von Standards hinsichtlich der Systemumgebungen erfolgen. Die Standardisierung der Softwarearchitektur führt zur Wiederverwendung erstens der sichtenspezifischen Designs innerhalb der Konstruktion und zweitens der Bausteine und Schablonen, die durch das Design bestimmt werden.

Zusammenfassend kann festgehalten werden, daß domänenspezifisch inhaltliches aus der Spezifikation und domänenspezifisch technisches aus der Festlegung der typischen Zielumgebungen des Domänenreferenzmodelles Einfluß auf die Wiederverwendbarkeit der Konstruktion haben. Da für die Realisierung der Softwarearchitektur technisch-organisatorische Konzepte ausschlaggebend sind, ist in ADONIS auf die Konstanz beider Einflußfaktoren zu achten. Dies wird durch ein domänenspezifisches generisches Design, das bestimmte Annahmen hinsichtlich der Systemumgebung setzt, realisiert. Ein generisches Design, in das Komponenten der verschiedenen Implementierungsvarianten eingesetzt werden können, hält die Anzahl der Komponentenvarianten gering. Die Orientierung hinsichtlich der Systemannahmen an offenen Systemen ist für die Hersteller und Anwender der ADONIS-Architekturbestandteile von Vorteil; die Hersteller von Referenzmodellen oder Bauteilen brauchen nur wenige Varianten zu fertigen und können für diese einen Pay-Off erwarten. Die Anwender haben den Vorteil der Migration in Richtung offene Systeme mit Hilfe der ADONIS-Architektur und der Integrationsmöglichkeit mit ihren anderen Anwendungssystemen. Zudem werden die ADONIS-Bauteile, da der Markt größer und weniger spezialisiert entsteht, preiswerter.

Architekturrelevante Merkmale auf Ebene der Konstruktion in ADONIS sind die Faktoren, die die Wiederverwendbarkeit der Konstruktionsbauteile bestimmen. Nachdem oben die Standardisierung der Anwendungsarchitektur und ihre Realisierung in der Softwarearchitektur erklärt wurde, soll nun die Bausteinbildung innerhalb der Ebene der Konstruktion näher betrachtet werden.

Auch die Konstruktion besteht aus sichtenspezifischem Design. Auf den Entwurf der Sichten Daten, Funktionen, Mitarbeiter, Motivation, Zeit und Kommunikation folgt der Entwurf und die Implementierung von Modulen. Dabei bestimmt der Entwurf der Sichten auch über die Wiederverwendbarkeit von Modulen. Jeder der Entwürfe der Sichten kann, da sie unabhängig voneinander sind, ausgetauscht, wiederverwendet und angepaßt werden. Dabei können die in der Implementierung von ADONIS enthaltenen Bausteine in die wiederverwendbaren Sichten integriert werden.

Die in der Spezifikation enthaltenen Inhalte werden im Entwurf in die jeweilige Sicht der Konstruktionsebene unter Wiederverwendung der Konstruktionsbauteile aus ADONIS übertragen. Aus technischer Sicht sind bei der Wiederverwendung von Konstruktionsbauteilen die Einflußfaktoren der jeweiligen Zielumgebung enthalten. Daher erleichtert bei der Erstellung und Verwendung von Bauteilen der Konstruktionsebene die Orientierung an einer gemeinsamen Anwendungsarchitektur die Wiederverwendbarkeit der Bauteile wie auch Module und Schablonen. Wurde bei der Erstellung der Bauteile und Bausteine die Einhaltung der wiederverwendungsfördernden Richtlinien in einer Softwarearchitektur beachtet, ist die spätere Integration der wiederverwendbaren Bauteile und Bausteine einfacher.

Die strikte Einhaltung der wiederverwendungsfördernden Entwurfsprinzipien richtet sich auf den Entwurf wie auch das Ergebnis des Entwurfs. Die darüber hinaus erforderliche Schichtenbildung und Modularisierung wird in einer Softwarearchitektur festgehalten. Durch die Softwarearchitektur wird die Wiederverwendbarkeit des vollstän-

digen oder teilweise sichtenspezifischen Entwurfs und seiner Bausteine gewährleistet und realisiert[600].

Jedes Design setzt sich aus mehreren Bestandteilen zusammen. Beispielsweise wird die systemtypische Funktionalität, wenn sie mit Hilfe von Structured Design modelliert wird, in Modulhierarchien festgehalten. Jedes in dieser Hierarchie enthaltene Modul besteht aus einer Spezifikation und mindestens einer Implementierung. D.h. innerhalb der Funktionensicht auf der Konstruktionsebene sind die Modulaufrufhierarchie, wie auch Teile daraus – einzelne Subprogramme, Module, Kontrollstrukturen –, sowohl in der Spezifikation als auch in der Implementierung wiederverwendbar. D.h. werden beispielsweise die Modulaufrufhierarchie und einzelne Module aus ihr übernommen, kann im Einzelfall, basierend auf der Modulspezifikation, eine andere Modulimplementierung eingefügt werden. Es resultiert die Wiederverwendbarkeit der Modulspezifikationen im Rahmen einer Softwarearchitektur mit der Möglichkeit, die Implementierung zielsystemabhängig durchzuführen. Auf Basis des Entwurfsprinzips der Trennung zwischen Spezifikation und Implementierung kann letztlich eine hohe Vielfalt von, spezifischen Besonderheiten berücksichtigenden, Implementierungen innerhalb von ADONS entstehen.

Daher kann festgehalten werden, daß durch die Wiederverwendung der Spezifikation und die Festlegung einer spezifischen Anwendungsarchitektur eine begrenzte, überschaubare Anzahl von Bausteinen in ADONIS realisierbar ist. Letztlich bedeutet dies eine Anwendung der in Kapitel 3 identifizierten und in den Ansätzen der Kapitel 4 angewendeten wiederverwendungsfördernden Entwurfsprinzipien auf jeden Teil einer Softwarearchitektur.

Zusammenfassend ist festzustellen, daß für die Architekturteile der Konstruktion in ADONIS bestimmte Annahmen hinsichtlich der Anwendungsarchitektur und der sie realisierenden Softwarearchitektur gemacht werden müssen; dabei sind diese Annahmen an den wiederverwendungsfördernden Entwurfsprinzipien und offenen Systemen zu orientieren, um eine Wiederverwendbarkeit der Konstruktion bzw. Teile aus ihr sowie von Bausteinen zu erreichen. Diese fördern die Wiederverwendung der Teile der Konstruktion an sich als auch die der darin konzipierten Module. Sie bringen eine Standardisierung des Entwurfs und des Entwurfsprozesses mit sich, was die Wiederverwendung von Bausteinen erleichtert. Damit wird die Wiederverwendung von domänenspezifischem Fakten-, Entwurfs- und Prozeßwissen realisiert. Letztendlich bringt die Standardisierung erhebliche Produktivitätseffekte, erstens durch die Wiederverwendbarkeit von sichtenspezifischem Design und Modulen bzw. Bausteinen

---

[600] Damit können Module einfach eingehängt werden, so daß die Austauschbarkeit von Modulen mit gleichen Spezifikationen erleichtert wird. Wie in Kapitel 4 gezeigt, kann für die Realisierung einer anderen Anwendungsarchitektur mit diesem Konstruktionsprinzip die Austauschbarkeit der Module vereinfacht werden. Das domänenspezifische Design sollte in einer Designsprache – beispielsweise eine veränderte Form einer MIL – oder in graphischer eindeutiger Darstellung festgehalten werden. Damit Komponenten einsetzbar und austauschbar sind, ist auf die Entwurfskriterien Schnittstellenminimalität, Verkapselung, Information Hiding und Trennung zwischen Spezifikation von Modulen und ihrer Implementierung zu achten. Insbesondere die Trennung zwischen dem Systemdesign und der Modulspezifikation einerseits und der Implementierung andererseits birgt ein hohes Potential an Austauschbarkeit von Moduln. Damit kann ein hohes Maß an Flexibilität zum Modulaustausch und zur Erreichung einer hohen Allgemeinheit und somit Wiederverwendbarkeit des Designs realisiert werden.

und zweitens durch die vereinfachte Einarbeitung und dem Aufbau auf vorhandenem gutem Design.

- **Generische Implementierungsrichtlinien**

Eine begrenzte Anzahl von durch eine Anwendungsarchitektur festgelegten Schnittstellen und Standards läßt eine begrenzte Zahl von Varianten jeder Perspektive bzw. jedes Bauteils zu. Die Begrenzung führt gleichzeitig zu einer limitierten Anzahl von im Vorgehensmodell zu berücksichtigenden Methoden, Richtlinien und Anleitungen. Das Erlassen von Implementierungsrichtlinien führt zum Bau wiederverwendbarer Module für entsprechende Zielumgebungen. Die Trennung von Spezifikation und Implementierung läßt mehr Implementierungsvarianten für dieselbe Funktionalität zu. Gleichzeitig muß für ihre Ableitung eine Richtlinie für den Entwurf und die zu berücksichtigenden Standards beachtet werden; der Entwurf muß sich an den wiederverwendungsfördernden Entwurfsprinzipien (vgl. wiederverwendungsfördernde bzw. -hemmende Richtlinien bei EVB) orientieren. Die Standards richten sich nach der Systemumgebung. Wenn Standards für offene Systeme in den Implementierungsrichtlinien eingebracht werden, ist sogar die Übertragung von codierten Modulen möglich. Auch die Implementierungsrichtlinien richten sich nach der unternehmensspezifischen Anpassung. Werden innerhalb einzelner Sichten andere Modellierungsverfahren im Entwurf und Zielumgebungen für die Implementierung als durch die allgemeinen Modelle vorgegeben eingesetzt, müssen entsprechend die Implementierungsrichtlinien modifiziert werden. Die auf den vorausgegangenen Entwurfsstufen gefallenen Entwurfsentscheidungen und ihre Dokumentation wie auch die Dokumentation der angepaßten Implementierungsbeschreibungen sind für die spätere Versionsverwaltung und Wartung wichtig.

Je größer die in ADONIS einbezogene Flexibilität ist, desto mehr Varianten im Entwurf müssen durch das Vorgehensmodell unterstützt werden.

6.3.6 Vorgehensmodell

Neben dem domänenspezifischen Referenzmodell ist das domänenspezifische Vorgehensmodell der wichtigste Architekturbestandteil von ADONIS. Beide Architekturteile führen als Voraussetzung für die vertikale Wiederverwendung zur Produktion von wiederverwendbaren Bauteilen. Man kann die Erstellungs- von der Verwendungsseite trennen. Die Erstellungsseite berücksichtigt die Methoden und Darstellungsformen des allgemeinen Vorgehensmodells, um wiederverwendbare Bauteile zu erstellen. Dabei ist in dem Vorgehensmodell Flexibilität für die iterative Bildung der richtigen Inhalten der Sichten vorzusehen. Ziel dieser Entwicklung ist die Erstellung allgemeiner, instanziierbarer Bauteile. Die verwendungsorientierte Seite betrachtet hingegen die Verwendung und Instanziierung der erstellten Bauteile. Die verwendungsorientierte Sicht soll eine Anleitung für die methodische und an den wiederverwendungsfördernden Entwurfsprinzipien orientierte Instanziierung der Bauteile aus dem Referenzmodell geben.

Das domänenspezifische Referenzmodell wird durch ein definiertes Vorgehen auf die domänenspezifischen generischen Entwurfsstufen umgesetzt. Bei einer Instanziierung des Referenzmodells muß ein Standard-Vorgehensmodell gewählt werden, damit die Entwicklung zu gleichen Ergebnissen auf den Entwurfsstufen führt. Dies ist notwen-

dig, um vorgefertigte Bauteile auf jeder Entwurfsstufe verwenden und einbauen zu können. Da vom domänenspezifischen Referenzmodell ausgehend die Entwicklung begonnen wird, entsprechen sich die darauf folgenden Spezifikationen in ihren Grundbestandteilen; d.h. die Inhalte der Entwicklung werden zum einen durch das Domänenreferenzmodell und zum anderen durch ein einheitliches Vorgehensmodell "normiert". Damit wird vertikale Wiederverwendbarkeit der einzelnen Perspektiven aus ADONIS möglich.

Die Wiederverwendung erfordert ein einheitliches, gut definiertes Vorgehensmodell, das immer die gleichen möglichst standardisierten Methoden und Beschreibungsmittel einsetzt. Es gibt Vorschläge für standardisierte Vorgehensmodelle; aufbauend auf ISO 9000 wurde ein generisches Vorgehensmodell der Bundeswehr bzw. des Bundesministeriums des Inneren für den standardisierten Einsatz entwickelt[601]. Es wird in seiner generischen Form in allen Entwicklungen eingesetzt und auf die spezifischen Anwendungsfälle zugeschnitten[602]. Ergebnis sind standardisierte Entwicklungsprodukte und festgelegte "Meilensteine" eines jeden Teilvorgehensmodelles. Damit wird zum einen eine bessere Projekt- und Qualitätskontrolle und -steuerung erreicht, aber auch bei Einsatz gleicher Methoden vergleichbare Entwicklungsergebnisse.

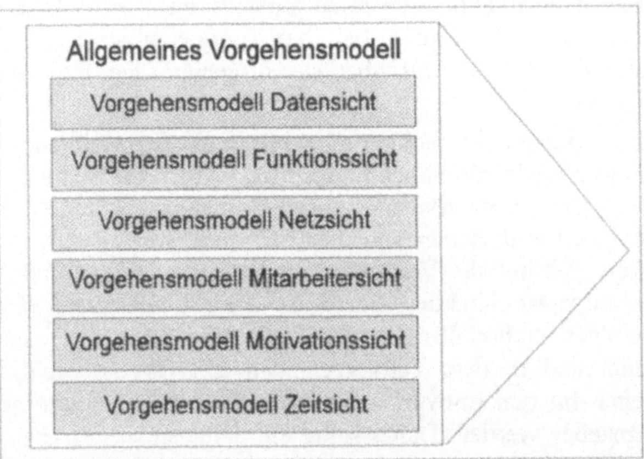

Bild 6.15:   Teilvorgehensmodelle in einem domänenspezifischen allgemeinen Vorgehensmodell

Setzt man einheitliche Vorgehensmodelle mit standardisierten Methoden und Beschreibungsmitteln voraus, so ist der Entwicklungsprozeß einer Anwendung im Rahmen der vorgegebenen Architekturen immer der gleiche. Damit kann aus dem Prozeß der Entwicklung ein standardisierter Prozeß der Entwicklung werden. Logischerweise führt ein standardisierter Prozeß, ausgehend von einem domänenspezifischem Vorgehensmodell, zu den gleichen Endprodukten. D.h. in jeder Entwicklung in der Domäne resultieren auf Basis der Referenzmodelle und derselben Vorgehensmodelle die gleichen

---

601   Vgl. Bröhl, A.-P.; Dröschel, W. (Hrsg.)/Das V-Modell/
602   Es ist in diesem Zusammenhang auf die hohen Wiederverwendungsraten aufgrund des standardisierten Vorgehens in der Flugzeugsteuerung bei NRL (Naval Research Lab) zu erinnern.

Entwurfsergebnisse. Diese Standardisierung ist notwendig, um zu Beginn jeder Phase nach den entsprechenden wiederzuverwendenden Produkten zu suchen, sie einzubauen und so dem Verlauf des Prozesses trotz Wiederverwendung Konstanz zu geben. Die Standardisierung führt zu einem Referenzvorgehensmodell; dieses wird in seiner allgemeinen Form in jeder Entwicklung eingesetzt. Damit einher geht der Aufbau von Erfahrungswissen (hinsichtlich Domäne, Methode und Umsetzung) bei den Entwicklern wie auch die Formalisierung der Entwicklungsschritte. Die Formalisierung der Entwicklungsschritte erleichtert den späteren Aufbau einer Erfahrungsbank und eines Prozeßmodells.

Das domänenspezifische Vorgehensmodell gibt Entwicklern methodisch fundierte Beschreibungsmittel und Vorgehensweisen für jede der Teilarchitekturen an die Hand. In jeder Teilarchitektur leitet das Vorgehensmodell die Transformation der vorhergehenden in die nachfolgenden Ergebnisse an. Das Vorgehensmodell soll eine detaillierte Anleitung zur Durchführung des Entwicklungs- bzw. Wiederverwendungsprozesses geben. Diese enthält standardisierte Methoden, Beschreibungsmittel und Richtlinien.

Die Verfahren und Beschreibungsmittel sollen den Fortschritt der Entwicklung methodisch aufeinander aufbauend anleiten. Richtlinien sollen die Anwendung der wiederverwendungsfördernden Entwurfsprinzipien in allen Stadien der Entwicklung definieren und vorgeben. Somit können am Ende einer Entwicklungs- bzw. Wiederverwendungsphase vergleichbare Ergebnisse bestehen. Vergleichbare Ergebnisse sichern die Wiederverwendbarkeit und Austauschbarkeit von generischen bzw. spezifischen Bauteilen der Architektur.

Durch die Unabhängigkeit der Sichten resultiert auch eine weitgehende Unabhängigkeit der Vorgehensmodelle. Wie oben hergeleitet, werden die Sichten des Domänenreferenzmodells auf jeder Entwurfsstufe zunächst unabhängig voneinander entwickelt. Das Vorgehensmodell muß dementsprechend für jede der Sichten ein Teilvorgehensmodell beinhalten, das auf die Varianten innerhalb der Teilarchitekturen, bspw. die durch die Anwendungsarchitektur bedingten, eingeht. Beispielsweise unterscheidet sich das Design einer relationalen Datenbank erheblich von dem einer hierarchischen. Dementsprechend muß in dem Teilvorgehensmodell für die Sicht Daten ein spezifisches Vorgehen für den Entwurf einer hierarchischen bzw. alternativ relationalen Datenbasis vorgegeben werden. Daher sollte ein domänenspezifisches Referenzvorgehensmodell konzipiert werden, welches alternative Vorgehensweisen für alternative Rechnerumgebungen zuläßt.

Hier erweist sich die Unabhängigkeit der Sichten des vorgeschlagenen Domänenreferenzmodells als Vorteil. Jeder der Teilarchitekturen muß ein eigenes Vorgehensmodell für die Varianten innerhalb der Sicht zugrundegelegt werden.

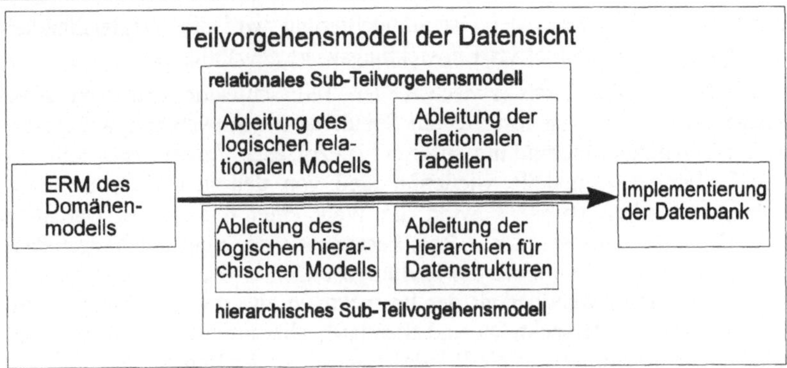

Bild 6.16:   Beispielhafte Aufspaltung des allgemeinen Vorgehensmodells für eine Teilarchitektur

Die Unabhängigkeit der Sichten führt damit zu einer Unabhängigkeit der Teilvorgehensmodelle. Daraus ergibt sich beispielhaft das Teilvorgehensmodell für die Datensicht auf der Konstruktionsebene in Bild 6.16. Aus der Erstellung eines ERM aus der Spezifikation werden alternative Vorgehensweisen für die Ableitung einer relationalen bzw. hierarchischen Datenbasis vorgegeben. Entsprechend muß das Vorgehensmodell die Entwicklungspfade je nach gewähltem Basissystem differenzieren. Die Differenzierung des Teilvorgehensmodells der Datensicht führt auf der Erstellungsseite zu unterschiedlichen wiederverwendbaren Bauteilen. Ein datensichtspezifisches Teilvorgehensmodell kann entweder das Vorgehen für den Aufbau einer relationalen oder einer hierarchischen Datenbank methodisch anleiten. Auf der Verwendungsseite führt es zur Wiederverwendung des ERM-Bauteils aus dem allgemeinen Domänenmodell mit der Option, es entsprechend dem gewählten Basissystem weiterzuentwickeln. Da die Bauteile und Teilvorgehensmodelle der anderen Sichten unabhängig von dieser Datensicht sind, können trotzdem die Bauteile der anderen Sichten "as-it-is" bzw. modifiziert wiederverwendet werden.

Durch die Differenzierung des Teilvorgehensmodells der Datensicht ergeben sich aber Auswirkungen auf die folgenden Produkte dieser Sicht und evtl. anderer Sichten, bspw. Modulimplementierungen. Die Einbeziehung von alternativen Teilvorgehensmodellen bewirkt demnach nicht nur eine erhöhte Flexibilität bei der Wiederverwendung der Bauteile, sondern auch eine erhöhte Variantenanzahl in der Familie. Eine erhöhte Variantenanzahl führt wiederum zu einem höheren Aufwand in der Versionskontrolle.

Für die Teilarchitekturen (Datenteil, Funktionenteil, Benutzerteil, Kommunikationsteil usw.) ist jeweils ein Teilvorgehensmodell in ADONIS notwendig, welches entsprechend den möglichen Systemabhängigkeiten alternative Subteilvorgehensmodelle anbietet. Erreicht wird damit die Wiederverwendbarkeit spezifischer, den Systembedingungen angepaßter Subteilvorgehensmodelle und die Wiederverwendbarkeit der entstehenden Perspektiven. So ist der, auf Basis der Datensicht der Domäne, unter Zugrundelegung eines relationalen DBMS, mit Hilfe eines standardisierten Teilvorgehensmodells entstandene Entwurf der relationalen Datenbasis grundsätzlich wiederverwendbar. Durch die Vorgabe eines bestimmten Ergebnisses (in einer bestimmten Darstellungsform) des Prozesses der Datenmodellierung wird die Vergleichbarkeit und Austauschbarkeit auch alternativer Entwicklungswege gewährleistet.

Hier schließt sich der Kreis zwischen der Teilarchitektur und dem gewählten Vorgehensmodell sowie den festgelegten Standards der Anwendungsarchitektur. Die Ebenen der Teilarchitektur sind nur aufgrund spezifischer Vorgehensmodelle entwerfbar. Die Teilvorgehensmodelle wiederum sind von den gewählten Standards der Anwendungsarchitektur (bspw. bewirkt die Wahl einer relationalen Datenbank die Ableitung der Datenbasis aus dem ERM) beeinflußt. Also muß das Vorgehensmodell akzeptierte und übliche Standards der Zielumgebungen in der Anleitung berücksichtigen, um die Wiederverwendbarkeit der Perspektiven zu erreichen. Damit wurde gezeigt, daß ein auf die Perspektiven und Standards abgestimmtes Vorgehensmodell in wesentlichem Maße Einfluß auf die Wiederverwendung der Bauteile hat.

Die Teilvorgehensmodelle müssen aufeinander abgestimmt werden, um die Integration der Anwendungssysteme zu realisieren. Die technischen Voraussetzungen der Integration (Schnittstellen, Basissysteme, APIs) können als Bedingungen für die Realisierung integrierter Systeme aufgefaßt werden. Die Umsetzung der Sichten in die Implementierung erfordert neben dem Herunterbrechen der Entwurfsschritte entsprechend den Zielumgebungen in dem sichtenspezifischen Teilvorgehensmodell auch die Integration der Teilvorgehensmodelle. So müssen im Beispiel der hierarchischen bzw. relationalen Datenbank, die Datenverwaltung und -bearbeitung in der Daten- und Funktionssicht differenziert werden. D.h. in Verbindung des Teilvorgehensmodells wird für jede Teilarchitektur eine Anzahl von Standards festgelegt, die im Teilvorgehensmodell berücksichtigt werden. So kann sich bspw. die Kommunikationssicht an den kommunikationsspezifischen Standards (OSI oder SNA-CCS) festmachen und in einer Softwarearchitektur diese Standards realisieren.

Die Teilvorgehensmodelle in ADONIS müssen – zusammengefaßt in dem allgemeinen Vorgehensmodell – am Ende jeder Phase Qualitätssicherungsmaßnahmen verbindlich vorsehen. Diese sind für die Erstellung wie für die Verwendung von Bauteilen in Bezug auf die Qualität der Entwicklung und des späteren Anwendungssystems von großer Bedeutung. Erst wenn in der allgemeinen wie spezifischen Version die Bauteile getestet vorliegen, können sie weiterentwickelt werden. Werden allgemeine Bauteile aus dem Referenzmodell für eine spezifische Anwendungsentwicklung übernommen, so sind sie zu instanziieren und zu integrieren. Damit wird auch eine entsprechende Qualitätssicherung bei der Verwendung der Bauteile notwendig. Diese sind von den Zwischenergebnissen (Phasenprodukten) abhängig. Die Teilvorgehensmodelle in ADONIS sollten, zusätzlich zu dem bisher betonten inhaltlichen Vorgehen, am Ende jeder Phase, entsprechend differenzierte Qualitätssicherungsmaßnahmen vorsehen, konzipieren, anleiten und dokumentieren.

Neben dem bisher betrachteten Teilvorgehensmodell sollte das Referenzvorgehensmodell als Prozeßwissen-Akquirierungsinstrument dienen; d.h. daß das mit der Bauteilwiederverwendung erlangte Prozeßwissen dokumentiert und anderen zur Verfügung gestellt wird. Ein standardisiertes Vorgehensmodell kann durch die von vielen Entwicklungsteams gesammelten Erfahrungen ständig verbessert werden und daher mit der Zeit einen beständigen, voraussehbaren Prozeß der Erstellung darstellen und anleiten. Durch die Sammlung des Wissens und der gemachten Erfahrungen kann der Prozeß somit an sich wiederverwendbar werden, als auch das in Kapitel 4 vorgestellte Prozeßwissen an sich zur Verfügung stellen.

Das Vorgehensmodell sollte als Referenzmodell allen Entwicklern bzw. Wiederverwendern zur Verfügung gestellt werden. Erst durch Nachvollziehen vorliegender Lösungen läßt sich kostspieliges Trial-and-Error-Lernverhalten eindämmen. Mit der Definition von Teilvorgehensmodellen innerhalb eines allgemeinen Vorgehensreferenzmodells wird in ADONIS die Realisierung der Architektur auf Basis der Domänenreferenzmodelle erreicht. Im folgenden wird noch die Einbindung von Domänenreferenzmodellen zur Förderung integrierter Anwendungssysteme gezeigt. Damit wird deutlich, daß Wiederverwendung und Integration komplementäre Konzepte sind.

Das domänenspezifische Referenzvorgehensmodell muß zusammenfassend aus methodisch und darstellungstechnisch fundierten, in der Domäne akzeptierten und verwendeten Methoden, Verfahren und Richtlinien bestehen. Richtlinien geben Anleitung und Vorgaben für die Anwendung der wiederverwendungsfördernden Entwurfsprinzipien, der Wiederverwendung von Bauteilen, ihrer Optimierung usw. Sie sollen die wiederverwendungsfördernden Entwurfsprinzipien auf jeder Stufe der Entwicklung umsetzen helfen.

6.3.7 Informationsmodellierung in einem Unternehmen

Die Informationsmodellierung[603] dient der Feststellung des Informationsbedarfs[604], der schrittweisen[605] Erarbeitung der Teilarchitekturen und der Optimierung des Informationsflusses[606]. Mit Hilfe eines Wertkettenvernetzungsdiagramms[607] können die Wertketten in einem Unternehmen und ihre Vernetzung unabhängig von aufbauorganisatorischen Aspekten dargestellt werden. Damit wird eine wirkungsvolle Unterstützung der Funktionen einem Unternehmen mit Hilfe der Informationstechnik erreicht. Eine solche Sichtweise ist an den zu unterstützenden Aufgaben ausgerichtet. Aus einem Wertkettenvernetzungsdiagramm kann auch der Stand und Bedarf an Unterstützung durch Informationssysteme abgelesen werden. Diese Sichtweise führt zum ersten zur Unterstützung der strategischen Ziele des Unternehmens durch geeignete Informationssysteme[608]. Zum zweiten unterstützt sie die Integration von ADONIS in die unternehmensweite Planung integrierter Anwendungssysteme. Das Wertkettenmodell hilft, Domänen für die Anwendungsentwicklung zu identifizieren bzw. die Domäne mit ihrem Automatisierungs- bzw. Unterstützungsbedarf zu integrieren. Darauf aufbauend werden Grobsichten für die spezifischen künftigen Anwendungssysteme entwickelt.

---

603   Vgl. Mertens, P.; Griese, J. /Integrierte Informationsverarbeitung/ S. 15.
604   Vgl. Heinrich, L.J. /Informationsmanagement/ S. 77f.
605   Vgl. Pagé, P. /Strategien in der Software-Produktion/ S. 82.
       Vgl. Vetter, M. /Strategien in der Anwendungssoftware-Entwicklung/ S. 36f.
606   Vgl. Hansen, W.-R. /Informationsmanagement/ S. 5f. Der Informationsfluß in einem Unternehmen erfolgt entlang der zu optimierenden Wertschöpfungskette.
607   Vgl. Martiny, L. /Der Einsatz der DV/ S. 16ff.
608   Vgl. Martiny, L. /Der Einsatz der DV/ S. 21.

Die Informationssicht eines Unternehmens wird durch die gewählten Sichten festgelegt[609]. Für das gesamte Unternehmen (oder zumindest Teilbereiche) können übergreifend Daten-, Funktions-, Kommunikations-, Mitarbeiter, Motivations- und Zeitmodelle entwickelt werden. "Das Informationsmodell des Unternehmens besteht somit aus allen zur Erstellung und Vermarktung der betrieblichen Leistungen erforderlichen Informationen"[610]. Das Informationsmodell setzt sich aus den Sichten der integrierten Domänen zusammen. Es entsteht somit sichtenspezifischer Integrationsbedarf.

Mit der Definition von Aufgaben, die informationssystemunterstützt ablaufen sollen – vgl. Bild 6.17 – wird der Fokus auf die Aufgaben und nicht die bestehende Organisation gelegt[611]. Der Informationssystembedarf der unterschiedlichen Aufgaben kann durch Domänenreferenzmodelle abgebildet und durch ein Informationsmodell des Unternehmens integriert geplant werden.

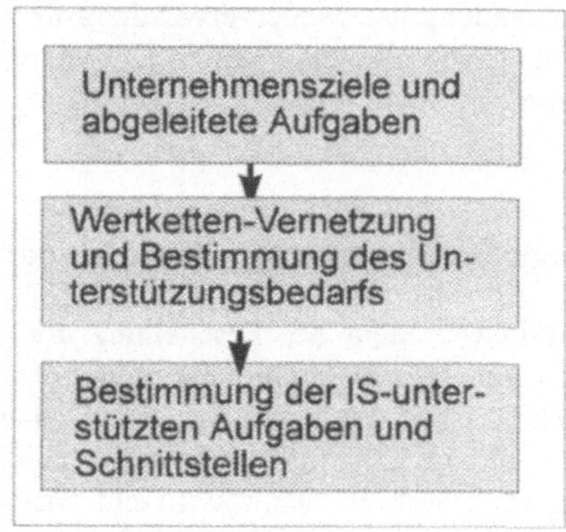

Bild 6.17:   Ableitung von aufgabenspezifischer Informations-
system-Unterstützung aus dem Wertkettenmodell

Der Einsatz von Domänenreferenzmodellen unterstützt erstens durch die Aufgabenorientierung die Unternehmensstrategie. Er dient zweitens durch die Bereitstellung von sichtenspezifischen Teilarchitekturen der integrierten und zielorientierten Planung von Informationssystemen. Drittens wird durch Wiederverwendung die Produktivität der Anwendungsentwicklung gesteigert. Die Vorgabe domänenspezifischer, erprobter und allgemein genutzter Modelle kann somit einen wesentlichen Beitrag zur Planung der unternehmensspezifischen Anwendungssystemintegration leisten. Dieser Beitrag liegt vor allem in der Qualität der wiederverwendeten Perspektiven und in dem in den

---

[609]   Bspw. wird in einem PPS-System durch Stücklisten und Arbeitspläne ein Modell der Vorgangsketten erfaßt, in dem die anzuführenden Arbeitsgänge, die einzusetzenden Produktionsbetriebsmittel und die notwendigen Materialien beschrieben werden. Diese werden in einem PPS-System als Umfeldbeschreibung abgelegt. Die Vorgänge des Informatonstransformationsprozesses, bei denen diese Daten als Umfeldzustände benutzt werden, sind bspw. Arbeitsplanung, Arbeitsvorbereitung.

[610]   S. Klein, J. /Vom Informationsmodell zum integrierten Informationssystem/ S. 10.

[611]   Damit wird die Informationssystemplanung an der Unternehmensstrategie orientiert. Aus der Unternehmensstrategie lassen sich die sie unterstützenden Aufgaben und entsprechend der Informationssystembedarf ableiten.

Modellen implizit bereitgestellten organisatorischen Wissen. Diese Modelle können somit auch der Überprüfung der organisatorischen Aufgabenbearbeitung dienen.

Für die unternehmensspezifische Modellierung wird die in Kapitel 6.3.3 eingeführte Ebene der Unternehmensmodellierung zur Integrationsplanung der Domänenreferenzmodelle genutzt. In diesem Rahmenmodell sind die Aufgaben innerhalb der Wertkette der Ausgangspunkt der Modellierung. Auf dieser Stufe können Aufgabenabgrenzungen gezogen und Schnittstellen zwischen Domänenmodellen definiert werden. D.h. die Domänenreferenzmodelle können an Stelle der definierten Aufgaben in die Rahmenplanung für die integrierte Anwendungssystementwicklung integriert werden. Um die Aufgaben entsprechend der Wertkette zu unterstützen, ist darüber hinaus die notwendige Integration zwischen verschiedenen Domänenreferenzmodellen zu planen. Diese Integrationsplanung entsprechend der Wertketten kann beispielsweise über ein (grobes) Rahmenmodell erfolgen, das zur Einordnung der Domänenreferenzmodelle dient. Die sichtenspezifischen Besonderheiten zwischen Domänenreferenzmodell und zu unterstützender Aufgabe müssen herausgearbeitet werden. Zum anderen wird die sichtenspezifische Integration zwischen den Referenzmodellen geplant. So können beispielsweise Schnittstellen zwischen Datenmodellen mehrerer Domänenreferenzmodelle miteinander verbunden werden, so daß ein einheitliches unternehmensweites Datenmodell entsteht. Zur Planung der sichtenspezifischen Integration kann auch ein grobes Rahmenmodell geeignet sein, das die domänenspezifischen Modelle als Submodelle bestimmt.

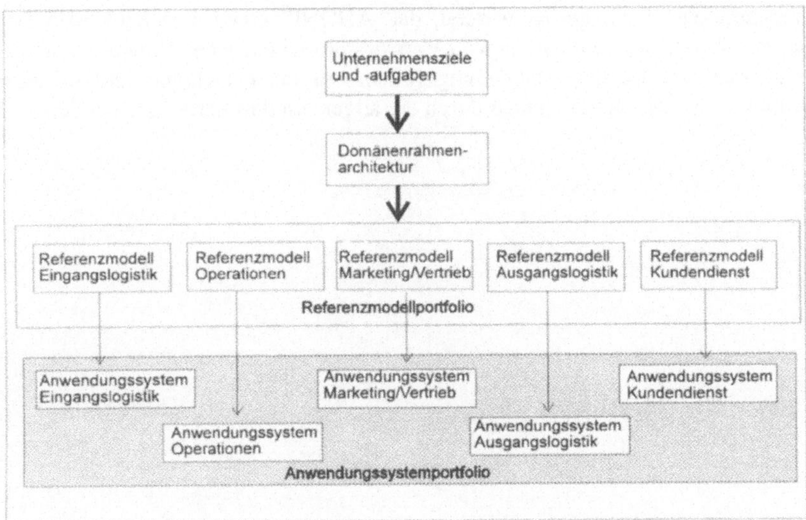

Bild 6.18: Eingliederung der domänenspezifischen Referenzmodelle
in ein Unternehmensmodell

Die Domänenreferenzmodelle werden mit Hilfe der für die Domäne wichtigen Sichten Funktionen, Daten, Kommunikation, Mitarbeiter, Zeit und Motivation modelliert; dies sichert bei vergleichbaren Darstellungen die Integration in ein Unternehmensmodell. Jede der domänenspezifischen Sichten wird – in stark abstrahierter und komprimierter Darstellungsform – auf der Rahmenmodellebene sichtenspezifisch verbunden, so daß ein sichtenspezifisches grobes Unternehmensmodell – die Domänenrahmenarchitektur – entsteht. Diese Domänenrahmenarchitektur ist Ausgangspunkt der Planung der Schnittstellen[612] zwischen den jeweiligen Sichten der Domänenreferenzmodelle. Für jede Sicht werden notwendige Schnittstellen zu Nachbarsystemen definiert. Durch die gemeinsame Planung können entsprechend den Wertketten verbundene bzw. integrierte Informationssysteme – auf der Basis einer gemeinsamen Anwendungsarchitektur – geplant werden. Die allgemein formulierten Sichten jeder Domäne tragen zu ihrer Integration im Domänenreferenzmodell. Die anerkannten und verbreiteten Modellierungsverfahren tragen hier zur einfacheren Integration der Referenzmodelle bei. Mit Hilfe des Unternehmensmodells können Schnittstellen und Überlappungen auf Metaebene festgestellt, sowie die Integration der Modelle und Anwendungssysteme vorbereitet werden. Voraussetzung zur Integration auf Systemebene ist die Realisierung einer integrationsfördernden Anwendungsarchitektur.

Dies ist die Domänenrahmenarchitektur, in die ein domänenspezifisches Referenzmodell für die Anwendungsentwicklung eingepaßt wird. Die eingesetzten Domänenmodelle werden aufgabenbezogen eingehängt. Der Gedanke der Integration wird somit bereits auf konzeptueller Ebene durch die Orientierung der Anwendungssystemmodellierung an dem Wertkettenmodell festgelegt und nicht erst durch den Einsatz gemeinsamer Datenbanken geschaffen.

Zusammenfassend kann gesagt werden, daß ADONIS einen entscheidenden Beitrag erstens zur Wiederverwendbarkeit von Entwurfsprodukten jeder Entwurfsstufe, zweitens zur Realisierung der Anwendungssysteme in einer Domäne und drittens die Integration zwischen den Domänen durch die allgemein definierten Sichten leistet.

---

[612] Wie die Beispiele aus der Datenmodellierung zeigen, ist eine Grobmodellierung ausreichend, um die projektspezifischen konzeptuellen Datenmodelle den Entitäten auf Metaebene zuzuordnen.

7 Ergebnisse der Arbeit und Ausblick

7.1 Beitrag von ADONIS zur vertikalen Wiederverwendung

In ADONIS werden entwurfsbezogene Entwicklungsrichtlinien zur Förderung der Wiederwendbarkeit von Bauteilen in einer Architektur zusammengefaßt. Die entwurfsbezogenen Entwicklungsrichtlinien formen und standardisieren die wesentlichen Bestandteile der Architektur, nämlich das Domänenreferenzmodell als auch das Vorgehensmodell. Ergebnis sind standardisierte, allgemeine Produkte jeder Entwurfsstufe, die die Wiederverwendung sichtenspezifischer Bauteile jeder Entwurfsstufe fördern. Durch die Orientierung an einer Domäne und einem Vorgehensmodell sind die allgemeinen Modelle des Domänenreferenzmodelles als Ausgangspunkt in der speziellen Anwendungsentwicklung wiederverwend- und instanziierbar.

Die Differenzierung verschiedener Sichten in jeder der Entwurfsebenen des Domänenreferenzmodells führt durch die Kombination mit dem standardisierten, nach Teilsichten aufgegliederten, Vorgehensmodell zur unabhängigen Wiederverwendung der einzelnen Perspektiven des Domänenreferenzmodells. Durch die Wahl anderer Teilvorgehensmodelle aus dem Vorgehensreferenzmodell sind innerhalb des Domänenreferenzmodells die benötigten Perspektiven erzeugbar bzw., falls bereits vorhanden, per Instanziierung wiederverwendbar. Damit kann eine vertikale, sichtenspezifische Wiederverwendung der Teilarchitekturen im Domänenreferenzmodell erfolgen.

Gleichzeitig resultiert aus der Domänenorientierung und Standardisierung des Vorgehensmodells eine Standardisierung der Entwicklung jeder Sicht auf jeder Entwurfsstufe. Dies erzeugt die erforderliche Flexibilität bei der Wiederverwendung in spezifischen Anwendungsfällen. Erstens können Sichten unabhängig voneinander wiederverwendet und mit Hilfe des Vorgehensmodells instanziiert bzw. modifiziert werden, so daß vergleichbare Ergebnisse je Entwurfsstufe auch in der spezifischen Instanziierung resultieren. Daraus ergibt sich die Möglichkeit, auf den folgenden Entwurfsstufen die aus dem Domänenreferenzmodell bereitgestellten Bauteile wiederzuverwenden. Zweitens ergibt sich durch die Multiperspektivität der Sichten je Entwurfsstufe eine erhöhte Flexibilität bei der Wiederverwendung, die aus der Anpaßbarkeit und Austauschbarkeit einzelner Sichten resultiert. Damit wird die Wiederverwendung einzelner Entwurfsstufen bzw. einzelner Sichten aus den Entwurfsstufen unabhängig von den anderen, im Domänenreferenzmodell vorgegebenen, Entwurfsstufen möglich.

Auch können einzelne Ebenen des Referenzmodells unabhängig voneinander wiederverwendet werden. So resultiert beispielsweise aus der Wiederverwendung nur des Domänenmodells die Ersparnis ein eigenes, unternehmensspezifisches Domänenmodell mit hohem Aufwand zur Domänenwissensakquisition und -formalisierung sowie der Modellierung und der Validierung zur Planung integrierter Anwendungssysteme aufzustellen. Außer dem Domänenmodell können die folgenden Entwurfsstufen Spezifikation, Konstruktion und Module sowie Implementierungsrichtlinien mit allen Sichten wiederverwendet werden. Darüber hinaus können auch nur einzelne Sichten aus einer Domänenreferenzmodellebene entsprechend dem unternehmensspezifischem Bedarf wiederverwendet werden. Somit können Teilarchitekturen vertikal wiederverwendet werden und dem Bedarf an einer Integrationsplanung entgegenkommen. Durch die Multiperspektivität sichert die Flexibilität eine differenzierte Modellierung der Domäne und damit eine gute Anpaßbarkeit, da auf jeder Entwurfsstufe die unternehmensindividuelle Version durch Instanziierung jeder Sicht gebildet wird. Damit bietet das Domänenreferenzmodell aus ADONIS die Chance zur Realisierung der vertikalen Wiederverwendung unter Berücksichtigung der unternehmensspezifischen Anpassung. Die vertikale Wiederverwendung kann auf jeder Stufe realisiert werden; die Realisierung der Wiederverwendung auf den rechnernäheren Entwurfsstufen hängt von einer an offenen Systemen orientierten Anwendungsarchitektur ab. Durch die Ausformulierung einer Anwendungsarchitektur auf Basis offener Systeme ist überdies eine überschaubare Anzahl von Komponenten auf der untersten Entwurfsstufe erzeugbar, die die Wiederverwendbarkeit der sichtenspezifischen Designs und entsprechender Bausteine innerhalb der Teilarchitekturen erlauben.

Die Architektur realisiert in allgemeiner Form die vertikale Wiederverwendbarkeit innerhalb einer Domäne. Bedeutsam ist vor allem die Wiederverwendbarkeit aller Entwurfsstufen. Damit wird insbesondere die Qualität und die Produktivität der Anwendungsentwickung positiv beeinflußt. In Kapitel 2 wurde ausgeführt, daß die frühen Phasen der Entwicklung, die sich mit der Übertragung des unstrukturiert, informal vorliegenden Nutzerwissens in DV-technisch umsetzbare Darstellungen beschäftigte, die aufwendigsten innerhalb des Entwicklungsprozesses sind. Fehler, die in der Entwicklung aufgrund mangelhafter Spezifikationen und mangelnden Verständnisses entstehen, werden reduziert. Durch die Wiederverwendung domänenspezifischer Referenzmodelle wird der generische Informationsbedarf einer Domäne auf einen unternehmensspezifischen Anwendungsfall übertragen. Die Erhebung des fallspezifischen Domänenwissens wird dadurch vereinfacht bzw. reduziert. Durch die Wiederverwendung – validierter – Domänen- und Spezifikationsmodelle wird der aufwendigste Teil der Entwicklung reduziert. Die vertikale Wiederverwendung wird durch die Bereitstellung von Bauteilen aller nachfolgenden Entwurfsstufen möglich.

Das domänenspezifische Referenzmodell stellt die Sichten auf das Anwendungssystem in einer formalisierten und für die weitere Entwicklung methodisch unterstützten Form dar. Die Sichten des Referenzmodelles sind im besten Fall vollständig anwendbare Modelle, die nur instanziiert werden müssen. Die Sichten des Referenzmodelles können aber auch bei Modifizierungsbedarf als Vorlagen zur Generierung eines eigenen, mehrere Domänen umfassenden, Unternehmensmodells dienen. Dies trifft vor allem dann zu, wenn einzelne Varianten innerhalb der Sichten aufgrund seltener Basissysteme nicht existieren. Durch die Verwendung dieser Vorlagen wird die Vollständigkeit und Richtigkeit des Unternehmensmodells positiv beeinflußt. Es wird damit faktenspezifisches Domänenwissen, Modellierungs- und Erfahrungswissen wiederverwendet.

Neben der aufgezeigten Produktivitäts- und Qualitätssteigerung resultiert aus der Wiederverwendung des Domänenreferenzmodells eine Kostenreduktion in der Wartung. Dies ergibt sich durch die Vorgabe qualitativ hochwertiger Modelle jeder Entwurfsstufe sowie des Vorgehensmodells, die die Entwurfsergebnisse und -entscheidungen dokumentieren und somit die Wartbarkeit des Systems vereinfachen. Zudem kann auf gemachte Entwicklungsinformationen zurückgegriffen werden, die beispielsweise über Implementierungen der Bauteile informieren.

Die Eingliederung in eine Domänenrahmenarchitektur macht die integrierte Systementwicklung möglich. Dazu trägt die Orientierung der Wiederverwendungsarchitektur durch die Wahl offener Systeme auf Anwendungssystemebene bei.

7.2 Integration in das Anwendungsportfolio

ADONIS leistet zwei Beiträge zur Förderung der unternehmensspezifischen Integration von Anwendungssystemen. Der erste Beitrag liegt in der Bereitstellung der relevanten Sichten in einem domänenspezifischem Architektur zur Realisierung integrierter Anwendungssysteme. Die integrierte Entwicklung des domänenspezifischen Anwendungssystems wird durch die konzeptuelle Modellierung der relevanten Teilsichten bzw. der Wiederverwendung der Teilarchitekturen gewährleistet. Durch die vorgeschlagene Sichtenbildung wird eine effiziente Aufgabenunterstützung erreicht.

Der zweite Beitrag liegt in der Förderung der Integrationsplanung von Anwendungssystemen durch die Integrationsmöglichkeit des domänenspezifischen Referenzmodells in ein Unternehmensmodell. Die Integration eines domänenspezifischen Referenzmodells in die Unternehmensmodellierung fördert die Integration der betrieblichen Anwendungssysteme. Das domänenspezifische Referenzmodell gibt sichtenspezifische konzeptuelle Modelle für die anwendungssystemrelevanten Sichten wieder. Damit ist bereits auf dieser Rahmenmodellebene die Integration der Sichten über verschiedene Domänenreferenzmodelle hinweg möglich. Durch die Multiperspektivität in allgemeiner Formulierung von ADONIS ist eine sichtenspezifische Integration auf Unternehmensmodellebene möglich. D.h. jede der domänenspezifischen Sichten wird mit den entsprechenden Sichten anderer Domänenmodelle zusammengeführt, abgeglichen und instanziiert.

Durch den Abgleich von Domänenreferenzmodellen zeitlich vor der Instanziierung kann der integrationsseitige Abänderungsbedarf des einzelnen Domänenreferenzmodelles festgestellt werden. Somit kann – durch die Unterstützung der individuellen Aufgaben durch Domänenreferenzmodelle – der unternehmensweite Integrationsbedarf geplant und in der Instanziierung und Entwicklung des Referenzmodells realisiert werden. Diese Konsolidierung der Domänenreferenzmodelle ermöglicht die Ableitung von notwendigen Schnittstellen zwischen den Modellen einerseits und den späteren Anwendungssystemen andererseits.

Die Orientierung einer Migrations- und Entwicklungsplanung an dem Wertkettenmodell betont die aufgabenorientierte Betrachtung eines Unternehmens durch die aufgabenspezifische Betrachtung in den domänenspezifischen Referenzmodellen. Damit wird die Durchführung der Aufgaben in den Mittelpunkt der Betrachtung und des Effizienz-Bemühens gestellt. Durch die Umsetzung in Anwendungssysteme wird eine effiziente Aufgabenunterstützung gewährleistet. Eine solche Betrachtung kommt der geforderten ganzheitlichen Informationssystemplanung sehr nahe.

Ein Problem bei der Umsetzung einer ganzheitlichen Informationssystemplanung ist die Planung der Anwendungsarchitekturen, da hier die Probleme der nicht in ausreichendem Maße standardisierten Produkte des Hardware- und Softwaremarktes, mit in die Planung einbezogen werden müssen. Letztlich sollte sich die Planung an offenen Systemen orientieren, um die Wiederverwendung sowie die Integration der domänenspezifischen Bauteile und Bausteine zu fördern. Die Ausrichtung an "offenen" Systemen, sofern sie sich heute realisieren lassen, ermöglicht die Integration der Anwendungssysteme auf technischer Ebene. Die Integration der verschiedenen Teilarchitekturen der domänenspezifischen Referenzmodelle nach unternehmensspezifischen Anforderungen in den produzierenden Anwendungssystemen ist schließlich das Migrationsziel in der Anwendungssystemplanung. Dies verdeutlicht, daß es sich bei der Konzeption von ADONIS nicht um eine neues Metamodell, sondern um ein ganzheitliches Konzept zur Planung von integrierten Informationssystemen mit Hilfe der Wiederverwendung handelt.

7.3 Umdenken in der Softwareentwicklung

Die Arbeit mit Domänenreferenzmodellen, standardisierten Vorgehensmodellen sowie Bauteilen erfordert, wie gezeigt wurde, eine völlig neue Organisationsform und Vorgehensweise in der Entwicklung. Vor allem aber ist ein Umdenken in der Softwareentwicklung erforderlich. Beispielsweise muß dann auf Basis von Vorlagen mit Hilfe vorgegebener Entwicklungsschritte gearbeitet und eine Instanziierung und Weiterführung der unternehmensspezifischen Entwurfsentscheidungen auf allen Modellebenen und -sichten durchgeführt werden. Dies weicht von der gewünschten Kreativität vieler Entwickler und Programmierer weit ab. Hier fehlen geeignete Anreizsysteme, um die Wiederverwendbarkeit auch aus Entwicklersicht zu fördern.

Auch verlangt sie ein Umdenken hinsichtlich des "not-invented-here"-Syndroms. Die Entwicklung ist anhand eines standardisierten Vorgehensmodells durchzuführen, die den Einbau von wiederzuverwendenden Bauteilen explizit berücksichtigt. Da Entwicklungsprodukte und Entwicklungsprozeß mit einem großen Anteil vorgegeben werden, wird sich der Ablauf der Softwareentwicklung völlig verändern. Im Einzelfall müssen Entwickler bereit sein, die Softwareentwicklung selbst zu verändern. Die Softwareentwicklung in ihrer prozeßorientierten Ausrichtung räumt in ADONIS dem standardisierten Vorgehensmodell eine bedeutende Rolle ein. Ein Zweck und Ziel des standardisierten Vorgehensmodells ist der Aufbau von auf domänenspezifischen Standards aufbauendem Erfahrungs- und Modellierungswissen. Dieses bindet sich an das gelernte Vorgehen. Daher führt ein standardisiertes Vorgehensmodell zur Normierung der Abläufe und zu einer leichteren Orientierung für Anfänger, da zusätzlich die Produkte in Form von Bauteilen vorgegeben sind. Ziel ist es auch, die gewonnenen Erkenntnisse, Bauteilverbesserungen u.a.m. durch iterative Verbesserung des Vorgehensmodells anderen Entwicklungen zukommen zu lassen. So ist die Dokumentation in einer Entwicklungs-Erfahrungsdatenbank denkbar. Damit steht die gewonnene Erfahrung allen Entwicklern zur Verfügung, was positiv auf die Lern- und Einarbeitungszeiten wirkt. D.h. auch, daß die Unabhängigkeit der Unternehmen von ihren Entwicklungsspezialisten steigt. Dazu trägt auch die Standardisierung und Normierung der Produkte und Prozesse bei[613].

---

[613] Es ist zu vermuten, daß eines der eigentlichen Probleme eher in der menschlichen Eigenschaft, Informationen zu horten und nicht freigiebig weiterzuverteilen, liegt, da dieses Verhalten nicht nur

7.4 Markt für domänenspezifische Bauteile

Die Entstehung von Domänenreferenzmodellen, Vorgehensreferenzmodellen und Bauteilen innerhalb einer Domäne verlangt die Zusammenarbeit zwischen vielen Anbietern und Nachfragern. Erst durch die Realisierung gemeinsamer Interessen kann ein Markt für domänenspezifische Bauteile zustande kommen. Dies ist die Voraussetzung für die Entstehung einer Wiederverwendungsarchitektur wie ADONIS.

Dabei besteht das Problem, daß wirklicher Bedarf nach Referenzarchitekturen dort existiert, wo seit Jahren Probleme bestehen, also beispielsweise im CIM- oder Bürobereich. Diese Domänen sind aber nicht das, was Navaro als "gut abgegrenzt", "gut definiert", und "gut analysiert" bezeichnet. Vielmehr sind dies Domänen, in denen aufgrund hoher Entwicklungskosten, aufgrund fehlenden "Know-hows" Domänenreferenzarchitekturen am ehesten akzeptiert werden und somit durchsetzbar sind. In den angeführten Beispielen waren es die Domänen der Flugkörpersteuerung, verteilten Systeme, Telekooperationssysteme u.ä. mehr, in denen es sich lohnte, Referenzmodelle zu entwickeln. Damit zeigt sich, daß Wiederverwendung grundsätzlich auch in Domänen eingesetzt werden kann, die hohe Anforderung an effiziente Systeme stellen. Das heißt, gerade in diesen Domänen, in denen die Entwicklung der Systeme effizient, verläßlich und korrekt sein sollen, scheint sich die Standardisierung des Entwicklerwissens zu lohnen; dies kann u.a. mit den hohen Entwicklungskosten aufgrund der Komplexität des erforderlichen Wissens, der Unstrukturiertheit und Neuheit der Domäne erklärt werden.

Idealerweise sollten sich Nachfrager zusammenschließen und einen Softwarehersteller mit der Arbeit zur Erstellung eines allgemeinen Domänenreferenzmodelles beauftragen. Sie bilden damit einen Nachfragermarkt und machen sich nicht mehr von einzelnen Anbietern abhängig, denen sie als einzelne Nachfrager ohne Marktmacht gegenüberstehen. Damit wird auch die Gefahr des Wechselns aus der Hardwareabhängigkeit in die Softwareherstellerabhängigkeit aufgrund geringer Marktmacht verhindert. Zudem werden beispielsweise durch eine prototypische Implementierung in einer unternehmensspezifischen Anwendungsarchitektur die Probleme der Entwicklung nachfolgender Entwicklungsstufen, der Validierung und Bewährung des Referenzmodells eliminiert.

Die Interessen der Anbieterfirmen konzentrieren sich i.a. auf den Ausbau der Marktanteile, beispielsweise durch die Formulierung von eigenen Standards und Inkompatibilitäten zu den Produkten der Konkurrenten. Eine Domänenreferenzarchitektur mit entsprechenden Bauteilen trägt hingegen dazu bei, daß die Nachfrage nach Systementwicklungsleistungen stark zurückgeht. Mit dem Angebot solcher Referenzarchitekturen entzieht sich die Entwicklungsfirma selber den Markt. D.h. sie werden an einer Realisierung einer solchen Konzeption wenig Interesse haben. Alternativ müßten Systemhäuser auf die Standardisierung und Normierung durch Domänenreferenzarchitekturen eingehen, indem sie ebenfalls an der Erstellung von Bauteilen mitwirken. Ein solcher Markt würde Anwenderunternehmen helfen, herstellerunabhängige Anwendungssysteme auf portabler und integrierbarer Basis zu entwickeln.

---

sozial anerkannt ist, sondern auch zu einer gewissen Machtstellung (Unentbehrlichkeit, Finanzieller Anreiz) führt.

7.5 Ausblick

Die Chancen von ADONIS sind in einem Umfeld, das nach Domänenmodellen einerseits und Integration andererseits sucht, als gut zu beurteilen. So wird heute in vielen Ansätzen die Bildung von Domänenmodellen zur Integration von Anwendungssystemen und zur effizienten Aufgabenunterstützung empfohlen. Zwar befindet sich heute die Praxis noch in den Anfängen, doch ist bereits absehbar, daß Domänenmodelle in Zukunft einige der Probleme der Anwendungssystementwicklung lösen werden. Neben der aufgezeigten Verbesserung der Integration von betrieblichen Anwendungssystemen bietet ADONIS eine Konzeption zur Realisierung der vertikalen Wiederverwendung. Damit wird eine Lösung für das Problem geringer Produktivität in der Softwareentwicklung und geringer Qualität in der Entwicklung und Wartung geleistet. ADONIS fördert die Integration von Anwendungssystemen, die Produktivität der Entwicklung und die Qualität der Anwendungssysteme durch einen ganzheitlichen Ansatz. ADONIS ist daher ein logischer und zukunftsweisender Schritt in Richtung auf einen Markt für Komponenten, der die bisherigen Ansätze vereint.

Literaturverzeichnis

Adelson, B.; Soloway, E. /The role of domain experience in software design/
Adelson, B.; Soloway, E.: The role of domain experience in software design. In: IEEE Transactions on Software Engineering, 11/1985. S. 1351 - 1360.

Agresti, W.; McGarry, F. /The Minnowbrook Workshop/
Agresti, W.; McGarry, F.: The Minnowbrook Workshop on Software Reuse: A Summary Report. In: Tracz, W. (Ed.): Software Reuse: Emerging Technology. Los Angeles, 1988. S. 33 - 40.

Ahuja, V. /Common Communications Support/
Ahuja, V.: Common Communications Support in Systems Application Architecture. In: IBM Systems Journal, 3/1988. S. 264 - 280.

Aird, T.; Rice, J./ PROTRAN/
Aird, T.; Rice, J.: PROTRAN: Problem solving software. In: Advances in Engineering Software, 5/1983. S. 202 - 206.

Alten, W. /Industrielle Software-Produktion/
Alten, W.: Industrielle Software-Produktion. Würzburg 1990.

Arango, G.; Baxter, I.; Freeman, P.; Pidgeon, C. /TMM/
Arango, G.; Baxter, I.; Freeman, P.; Pidgeon, C.: TMM: Software Maintenaince by Transformation. In: Freeman, P. (Ed.): Tutorial on Software Reusability.Washington, 1987. S. 213 - 225.

Arnold, R.; Blackburn, M.; Bollinger, T.; Gaffney, J. /Mechanisms for Extending/
Arnold, R.; Blackburn, M.; Bollinger, T.; Gaffney, J.: Mechanisms for Extending the Applicability of Reusable Components. In: Tracz, W. (Ed.): Software Reuse: Emerging Technology. Los Angeles, 1988. S. 325 - 328.

Arnold, S.; Stepoway, S. /The Reuse System/
Arnold, S.; Stepoway, S.: The Reuse System: Cataloging and Retrieval of Reusable Software. In: Tracz, W. (Ed.): Software Reuse: Emerging Technology. Los Angeles, 1988. S. 138- 141.

Arthur Andersen & Co /Quick Reference/
Arthur Andersen & Co: Quick Reference zu Foundation, Method/1. O.O., 1987.

Balzer, R. /A Fifteen-Year Perspective on Automatic Programming/
Balzer, R.: A Fifteen-Year Perspective on Automatic Programming. In: Biggerstaff, T.; Perlis, A. (Ed.): Software Reusability Volume II - Applications and Experience. New York, 1989. S. 289 - 312.

Balzer, R. /Transformational Implementation/
Balzer, R.: Transformational Implementation: An Example. In: Transactions on Software Engineering, 1/1981. S. 3-14.

Balzert, H. /Allgemeine Prinzipien/
Balzert, H.: Allgemeine Prinzipien des Software Engineering. In: Angewandte Informatik, 1/85. S. 1 - 8.

Balzert, H. /Ökonomische Software-Wartung/
Balzert, H.: Ökonomische Software-Wartung durch adäquate Software-Konstruktion. In: Wix, B.; Balzert, H. (Hrsg.): Softwarewartung. In: Mannheim, 1990. S 1. - 85.

Barnes, B.; Durek, T.; Gaffney, J.; Pyster, A. /A Framework and Economic Foundation/
Barnes, B.; Durek, T.; Gaffney, J.; Pyster, A.: A Framework and Economic Foundation for Software Reuse. In: Tracz, W. (Ed.): Software Reuse: Emerging Technology. Los Angeles, 1988. S. 77 - 88.

Baron, W. /Klassifikation und Auswahl/
Baron, W.: Klassifikation und Auswahl von wiederverwendbaren Programmmoduln. In: Neumann, D.; Sekerinski, E.; Tick, J.; Weber, F. (Hrsg.): Software-Wiederverwendung. FZI-Publikation, Karlsruhe November, 1991. S. 57 - 65.

Bartels, R. /Entwicklungsumgebung für Telekooperationssysteme/
Bartels, R.: Entwicklungsumgebung für Telekooperationssysteme. In: Unveröffentliches Paper zum Workshop "Organisation der computergestützten kooperativen Arbeit" am 4.6.93 an der TU Berlin. Berlin, 1993.

Basili, V. /Experience Factory/
Basili, V.: The Experience Factory: Packaging Software Experiences. In: Woda, H.; Schynoll, W.(Hrsg.): Konferenzbegleitband der ESPRIT "International Conference on Lean Software Development", in Stuttgart, am 22./23.10.1992. S. 3-1 - 3-22.

Bassett, P. /Brittle Software/
Bassett, P.: Brittle Software: A Programming Paradox. In: Journal of Information Systems Management, July 1987. S. 8 -14.

Bassett, P. /Frame-Based Software Engineering/
Bassett, P.: Frame-Based Software Engineering. In: Tracz, W. (Ed.): Software Reuse: Emerging Technology. Los Angeles, 1988. S. 121 - 128.

Baxter, I. /Design Maintenance Systems/
Baxter, I.: Design Maintenance Systems. In: Communications of the ACM, 4/1992. S. 73 - 89.

Baxter, I. /Reusing Design Histories/
Baxter, I.: Reusing Design Histories via Transformational Systems. In: Tracz, W. (Ed.): Software Reuse: Emerging Technology. Los Angeles, 1988. S. 329 - 336.

Bennet, J.: /The Design and Implementation of Distributed Smalltalk/
Bennet, J.: The Design and Implementation of Distributed Smalltalk. In: Proceedings of OOPSLA'87. S. 318 - 330.

Berard, E. /Software Reusability/
Berard, E.: Software Reusability cannot be considered in a vacuum. In: Proceedings of COMPCON, 23. - 27.02.1987. Washington, 1987. S. 390 - 391.

Berry, R. /Common User Access/
Berry, R.: Common User Access - A consistent and usable human-computer interface for the
SAA environments. In: IBM Systems Journal, 3/1988. S. 281 - 300.

Berzins, V.; Gray, M.; Naumann, D. /Abstraction-Based Software Development/
Berzins, V.; Gray, M.; Naumann, D.: Abstraction-Based Software Development. In:
Communications of the ACM, 5/1986. S. 402 - 415.

Best. L. /Application Architecture/
Best. L.: Application Architecture – Modern large-scale information processing. New York,
1989.

Beutler, K. /Ähnlichkeitsmaße/
Beutler, K.: Untersuchung von quantitativen Ähnlichkeitsmaßen bei der Suche nach wiederverwendbaren Ergebnissen aus Automatisierungsprojekten. Dissertation 1990, Institut für Re-
gelungstechnik und Prozeßautomatisierung, Universität Stuttgart, 1990.

Beutler, K. /Auswertung von quantitativen Ähnlichkeitsmaßen/
Beutler, K.: Auswertung von quantitativen Ähnlichkeitsmaßen bei der Suche nach wiederver-
wendbarer Software. In: ITG-Fachbericht 109, Softwaretechnik in Automatisierung und
Kommunikation - Wiederverwendbarkeit von Software. Berlin, 1989. S. 173 - 184.

Biggerstaff, T.; Richter, C. /Reusability Framework/
Biggerstaff, T.; Richter, C.: Reusability Framework, Assessment, and Directions. In:
Biggerstaff, T.; Perlis, A. (Ed.): Software Reusability Volume I - Concepts and Models. New
York, 1989. S. 1 - 18.

Biggerstaff, T. /Reusability is the essence of design/
Biggerstaff, T.: A Radical Hypthesis: Reusability is the essence of design. In: Paper der IEEE
Computer Society 0730-3157/84/0000/0474$01.00. S. 474 - 475.

Boehm, B. /Small-Scale-Application/
Boehm, B.; An Experiment in Small-Scale Application Software Engineering. In: IEEE Transactions on Software Engineering, 5/1984. S. 482 - 493.

Boehm, B. /Software Engineering Economics/
Boehm, B.: Software Engineering Economics. Englewood Cliffs, 1981.

Boehm, B. et al. /Characteristics/
Boehm, B.; Brown, J.; Kaspar, H.; Lipow, M.; MacLeod, G.; Merrit, M.: Characteristics of
Software Quality. Amsterdam, 1978.

Booch, G. /Object Oriented Design/
Booch, G. /Object Oriented Design with Applications. Redwood City, 1991.

Booch, G. /Software Components/
Booch, G.: Software Components with ADA. Menlo Park, 1986.

Booch, G. /Software Engineering with ADA/
Booch, G.: Software Engineering with ADA. 2. Ed., Menlo Park, 1987.

Borgida, A. /Modelling Class Hierarchies/
Borgida, A.: Modelling Class Hierarchies with Contradictions. In: Proceedings of the ACM
SIGMOD International Conference on the Management of Data. 1.-3. Juni Chigaco. New
York, 1988. S. 434 - 443.

Borning, A. /Classes versus Prototyping in object-oriented languages/
Borning, A.: Classes versus Prototyping in object-oriented languages. In: ACM /IEEE Fall
Joint Computer Conference Washington, 1986. S. 36 - 40.

Börstler, J. /Wiederverwendbarkeit und Softwareentwicklung/
Börstler, J.: Wiederverwendbarkeit und Softwareentwicklung - Probleme, Lösungsansätze und
Bibliographie. Fachgruppe Informatik der RWTH (Hrsg.): Aachener Informatik-Berichte Nr.
89 - 5.

Boyle, J.; Muralidharan, M. /Program Reusability/
Boyle, J.; Muralidharan, M.: Program Reusability through Program Transformation. In:
Freeman, P. (Ed.): Tutorial on Software Reusability.Washington, 1987. S. 235 - 250.

Boyle, J. /Abstract Programming and Program Transformation/
Boyle, J.: Abstract Programming and Program Transformation – An Approach to Reusing
Programs. In: Biggerstaff, T.; Perlis, A. (Ed.): Software Reusability Volume I - Concepts and
Models. New York, 1989. S. 361 - 413.

Braun, U., Schmid, H. /Wiederverwendbare ADT/
Braun, U., Schmid, H.: Wiederverwendbare abstrakte Datentypen und deren Auswahl durch
ein Expertensytem. In: Informatik Forschung und Entwicklung, 3/1988. S. 164 - 181.

Brice, L. /Existing Computer Applications/
Brice, L.: Existing Computer Applications maintain or redesign: How to decide? In: Arnold,
Tutorial on Software Restructuring. New York, 1986. S. 263 - 292.

Bröhl, A.-P.; Dröschel, W. (Hrsg.) /Das V-Modell/
Bröhl, A.-P.; Dröschel, W. (Hrsg.): Das V-Modell. Der Standard für die Softwareentwicklung
mit Praxisleitfaden. München, 1993.

Brown, P.J.: /Why does Softare die?/
Brown, P.J.: Why does Softare die? In: Arnold, Tutorial on Software Restructuring. New
York, 1986. S. 109 - 116.

Broy, M. et. al. /Abstrakte Datentypen/
Broy, M.: Dosch, W.; Möller, B.; Wirsing, M.: Abstrakte Datentypen. In: Informatik-Spektrum, 5/1982. S. 189.

Buchwald, L.; Davison, R.; Stevens, W. /Integrating Application with SAA/
Buchwald, L.; Davison, R.; Stevens, W.: Integrating Application with SAA. In: IBM Systems
Journal, 3/1988. S. 315 - 324.

Burns, K. /Using Automated Techniques/
Burns, K.: Using Automated Techniques to improve the Maintainability of existing Software.
In: Arnold, Tutorial on Software Restructuring. New York, 1986. S. 183 - 189.

Buton, B.; Aragon, R.; Bailey, S.; Koehler, K.; Mayes, L. /The Reusable Software Library/
Buton, B.; Aragon, R.; Bailey, S.; Koehler, K.; Mayes, L.: The Reusable Software Library. In:
Tracz, W. (Ed.): Software Reuse: Emerging Technology. Los Angeles, 1988. S. 129 - 137.

CA /CA90s/
Computer Associates: CA90s – DV-Architektur für die neunziger Jahre. 2. Aufl., o.O., 1992.

Caldiera, G.; Basili, V. /Identifying and Qualifying/
Caldiera, G.; Basili, V.: Identifying and Qualifying reusable Software Components. In: IEEE
Computer, Feb. 1991. S. 61 - 70.

Canber, R. /Integrated Project Support Environments/
Canber, R.: Integrated Project Support Environments. In: Encyclopedia of Computer Science
and Technology. New York, Suppl. 5, 1989. S. 262 - 286.

Canning, R.G. /The Maintenance Iceberg/
Canning, R.G.: The Maintenance Iceberg. In: EDP Analyzer, 10/1972. S. 1 - 14.

Carbonell, J. /Derivational analogy/
Carbonell, J.: Derivational analogy: a theory of reconstructive problem solving and expertise
acquistion. Technical Report CMU-CS-85-115, Computer Science Department, Carnegie-
Mellon-University. March 1985.

Cavaliere, M. /Reusable Code at the Hartford Insurance Group/
Cavaliere, M.: Reusable Code at the Hartford Insurance Group. In: Biggerstaff, T.; Perlis, A.
(Ed.): Software Reusability Volume II - Applications and Experience. New York, 1989. S. 131
- 142.

Cheatham, T.; Holloway, G.; Townley, J. /Program Refinement by Transformations/
Cheatham, T.; Holloway, G.; Townley, J.: Program Refinement by Transformations. In:
Proceedings of the 5th International Conference of Software Engineering, San Diego, Cali-
fornia, 9.-12.03.1981. S. 430 - 437.

Cheatham, T. /Reusability through Transformation/
Cheatham, T.: Reusability through Transformations. In: Biggerstaff, T.; Perlis, A. (Ed.):
Software Reusability Volume I - Concepts and Models. New York, 1989. S. 321 - 336.

Chroust, G. /Vertikale Verlagerung/
Chroust, G.: Vertikale Verlagerung. In: Informatik-Spektrum, 7/1984. S. 243 - 248.

Clemins, E. /Investments in Information Technology/
Clemins, E.: Investments in Information Technology. In: Communications of the ACM, 1/
1991. S. 23 - 36.

Coad, P.; Yourdon, E. /Object-Oriented Analysis/
Coad, P.; Yourdon, E.: Object-Oriented Analysis. 2. Aufl., Prentice-Hall, 1991.

Conn, R. /The Ada Software Repository and Reusability/
Conn, R.: The Ada Software Repository and Software Reusability. In: Tracz, W. (Ed.):
Software Reuse: Emerging Technology. Los Angeles, 1988. S. 238 - 246.

Cronin, B.; Davenport, E. /Strategic information management/
Cronin, B.; Davenport, E.: Strategic information management. In: Cronin, B.; Klein, S. (Ed.):
Informationsmanagement in Wissenschaft und Forschung. Braunschweig, 1990. S. 25 - 40.

Curtis, B.; Krasner, H.; Iscoe, N. /Field Study of the Software Design Process/
Curtis, B.; Krasner, H.; Iscoe, N.: Field Study of the Software Design Process for Large Systems. In: Communications of the ACM, 11/1988. S. 1268 - 1285.

Curtis, B.; Kellner, M.; Over, J. /Process Modelling/
Curtis, B.; Kellner, M.; Over, J.: Process Modeling. In: Communications of the ACM, 9/1992.
S. 75 - 90.

Curtis, B. /Cognitive Issues/
Curtis, B.: Cognitive Issues in Reusing Software Artifacts. In: Biggerstaff, T.; Perlis, A. (Ed.):
Software Reusability Volume II - Applications and Experience. New York, 1989. S. 269 - 288.

Demers, R. /Distributed files for SAA/
Demers, R.: Distributed files for SAA. In: IBM Systems Journal, 3/1988. S. 348 - 361.

Denert, E, /Software-Engineering/
Denert, E.: Software-Engineering. Berlin, 1992.

Dennis, R. /Reusable Ada Software Guidelines/
Dennis, R.: Reusable Ada Software Guidelines. In: Tracz, W. (Ed.): Software Reuse: Emerging Technology. Los Angeles, 1988. S. 257 - 264.

Deutsch, P. /Reusability in Smalltalk-80/
Deutsch, P.: Reusability in the Smalltalk-80 Programming System. In: Freeman, P. (Ed.):
Tutorial on Software Reusability. Washington, 1987. S. 91 - 95.

Deutsch, P. /Design Reuse and Frameworks/
Deutsch, P.: Design Reuse and Frameworks in the Smalltalk-80 System. In: Biggerstaff, T.;
Perlis, A. (Ed.): Software Reusability Volume II - Applications and Experience. New York,
1989. S. 57 - 72.

Diehl, M. /Software-Wiederverwendung durch Programmtransformation/
Diehl, M.: Software-Wiederverwendung durch Programmtransformation. In: Neumann, D.;
Sekerinski, E.; Tick, J.; Weber, F. (Hrsg.): Software-Wiederverwendung. FZI-Publikation,
Karlsruhe. November, 1991. S. 11 - 18.

Druffel, L. /Potential Effect of Ada/
Druffel, L.: The Potential Effect of Ada on Software Engineering in the 1980's. In: Ferrari, D.;
Bolognani, M.; Goguen, J. (Ed.): Theory and Practice of Software Technology; Proceedings of
the International Seminars on Software Engineering, Capri 1980 & 1982. S. 135 - 143.

Dubinsky, E.; Freudenberger, S.; Shonberg, E.; Schwartz, J. /Reusability of Design/
Dubinsky, E.; Freudenberger, S.; Shonberg, E.; Schwartz, J.: Reusability of Design for Large
Software Systems: An Experiment with the SETL Optimizer. In: Biggerstaff, T.; Perlis, A.
(Ed.): Software Reusability Volume I - Concepts and Models. New York, 1989. S. 275 - 294.

Dunfee, W.; McGehe, J.; Rauf, R.; Shipp, K. /Designing SAA applications/
Dunfee, W.; McGehe, J.; Rauf, R.; Shipp, K.: Designing SAA applications and user interfaces.
In: IBM Systems Journal, 3/1988. S. 325 - 347.

Ege, R.; Stary, C. /Designing Maintainable, Reusable Interfaces/
Ege, R.; Stary, C.: Designing Maintainable, Reusable Interfaces. In. IEEE Software, 11/92. S.
24 - 32.

Elzer, P.; Jones, R.; Witt, J. /Practionier/
Elzer, P.; Jones, R.; Witt, J.: Practitioner - realistische Wiederverwendung von Software. In:
Informatik-Fachberichte, 227/1989. Berlin, 1989. S. 507 - 515.

Embley, D., Woodfield, S. /Knowledge Structure/
Embley, D.; Woodfield, S.: A Knowledge Structure for Reusing Abstract Data Types. In:
Tracz, W. (Ed.): Software Reuse: Emerging Technology. Los Angeles, 1988. S. 309 - 317.

Emery, J. /Small-Scale Software Components/
Emery, J.: Small-Scale Software Components. In: ACM SIGSOFT Software Engineering
Notes, 4/1979. S. 18 - 21.

Emond, C. /CIM-OSA/
Emond, C.: CIM-OSA: Key Concepts - Overview and Demonstration. In: Proceedings of the
5th annual ESPRIT Conference "Putting the Technology to use". Brussels, 14. - 17. Nov
1988. Amsterdam, 1988. S. 1509 - 1527.

Endl, R.; Fritz, B. /Integration/
Endl, R.; Fritz, R.: Integration von Standardsoftware in das unternehmensweite Datenmodell.
In: Information Management, 3/92. S. 38 - 44.

Endres, A. /Grundlagen der Software-Wiederverwendung/
Endres, A.: Einige Grundlagen der Software-Wiederverwendung und deren Lösungsmöglich-
keiten. In: ITG-Fachbericht 109, Softwaretechnik in Automatisierung und Kommunikation –
Wiederverwendbarkeit von Software. Berlin, 1989. S. 1- 18.

Endres, A. /Software-Wiederverwendung/
Endres, A.: Software-Wiederverwendung: Ziele, Wege und Erfahrungen. In: Informatik-
Spektrum, 11/1989. S. 85 - 95.

Engel, H. /SAA - Standard der Zukunft/
Engel, H.: SAA - Standard der Zukunft. In: Wirtschaftsinformatik, 5/1990. S. 422 - 428.

ESPRIT Consortium AMICE (Ed.) /Open System Architecture for CIM/
ESPRIT Consortium AMICE (Ed.): Open System Architecture for CIM. ESPRIT-Project 688
AMICE. Berlin, 1989.

Favaro, J. /Tutorial on Software Reuse/
Favaro, J.: Tutorial I on Software Reuse. In: Woda, H.; Schynoll, W.(Hrsg.): Konferenzbegleitband der ESPRIT BOOTSTRAP "International Conference on Lean Software Development", in Stuttgart, am 22./23.10.1992.

Fay, S. /Help: I have to update an undocumented program/
Fay, S.: Help: I have to update an undocumented program. In: Arnold, Tutorial on Software
Restructuring. New York, 1986. S. 164 - 172.

Feather, M. /Reuse in the Context of a Transformation-Based Methodology/
Feather, M.: Reuse in the Context of a Transformation-Based Methodology. In: Biggerstaff,
T.; Perlis, A. (Ed.): Software Reusability Volume I - Concepts and Models. New York, 1989.
S. 337 - 360.

Feather, M. /Reuse in the context/
Feather, M.: Reuse in the Context of a Transformation Based Methodology. In: Freeman, P.
(Ed.): Tutorial on Software Reusability. Washington, 1987. S. 226 - 234.

Fernström, C.; Närfelt, K.-H.; Ohlsson, U. /Software Factory Principles/
Fernström, C.; Närfelt, K.-H.; Ohlsson, U.: Software Factory Principles, Architecture, and
Experiments. In: IEEE Software, 3/1992. S. 36 - 44.

Finkelstein, A. /Re-use of formatted requirements specifications/
Finkelstein, A.: Re-use of formatted requirements specifications. In: Software Engineering
Journal, 3/1988. S. 186 - 197.

Frakes, W.; Nejmeh, B. /An Information System for Software Reuse/
Frakes, W.; Nejmeh, B.: An Information System for Software Reuse. In: Tracz, W. (Ed.):
Software Reuse: Emerging Technology. Los Angeles, 1988. S. 142 - 151.

Frakes, W. /LATTIS/
Frakes, W.: LATTIS: A Corporate Library and Information System for the UNIX Environment. In: Proceedings of the 1986 National Online Meeting. New York, 1986. S. 137 - 142.

Frakes, W. et al. /Software Reuse/
Frakes, W.; Biggerstaff, T.; Prieto-Díaz, R.; Matsumara, K.; Schaefer, W.: Software Reuse: It
is Delivering? In: Proceedings of the 13th International Conference on Software Engineering,
13. - 16.5.1991, Austin, Texas. Washington, 1991. S. 52 - 59.

Frank, U.; Klein, S. /Unternehmensmodelle als Basis und Bestandteil/
Frank, U.; Klein, S.: Unternehmensmodelle als Basis und Bestandteil integrierter betrieblicher
Informationssysteme. Arbeitspapiere der GMD 629. St. Augustin. März 1992.

Frank, U. /Multiperspektivische Unternehmensmodellierung/
Frank, U.: Multiperspektivische Unternehmensmodellierung - Theoretischer Hintergrund und
Entwurf einer objektorientierten Entwicklungsumgebung. Habilitationsschrift. Universität
Marburg 1993.

Franzen, B. /Sprachunterstützung/
Franzen, B.: Sprachunterstützung zur Wiederverwendbarkeit. In: ITG-Fachbericht 109, Soft-
waretechnik in Automatisierung und Kommunikation - Wiederverwendbarkeit von Software.
Berlin, 1989. S. 31 - 42.

Freeman, P. /A Perspective on Reusability/
Freeman, P.: A Perspective on Reusability. In: Freeman, P. (Ed.): Tutorial on Software
Reusability. Washington, 1987. S. 2- 8.

Freeman, P. /Conceptual Analysis of the Draco Approach/
Freeman, P.: A Conceptual Analysis of the Draco Approach to Constructing Software Systems
In: Freeman, P. (Ed.): Tutorial on Software Reusability.Washington, 1987. S. 192 - 212.

Freeman, P. /Reusable Software Engineering/
Freeman, P.: Reusable Software Engineering Concepts and Research Directions. In: Freeman,
P. (Ed.): Tutorial on Software Reusability. Washington, 1987. S. 10 - 23.

Fuatatsugi, K.; Goguen, J.; Meseguer, J.; Okada, K. /Parameterized Programming in OBJ2/
Fuatatsugi, K.; Goguen, J.; Meseguer, J.; Okada, K.: Parameterized Programming in OBJ2. In:
Tracz, W. (Ed.): Software Reuse: Emerging Technology. Los Angeles, 1988. S. 337 - 346.

Fugini, M; Nierstrasz, O.; Pernici, B. /Application Development through Reuse/
Fugini, M; Nierstrasz, O.; Pernici, B.: Application Development through Reuse: the ITHACA
Tools Environment. In: SIGOIS Bulletin, 2/1992. S. 38 - 47.

Futatsugi, K.; Goguen, J.; Meseguer, J.; Okada, K. /Parameterized Programming/
Futatsugi, K.; Goguen, J.; Meseguer, J.; Okada, K.: Parameterized Programming in OBJ2. In:
Balzer (Hrsg.): Proceedings of the 9th International Conference on Software Engineering.
IEEE Computer Society Press, 1987. S. 51 - 60.

Gaffney, J.; Durek, T. /Software reuse/
Gaffney, J.; Durek, T.: Software reuse – key to enhanced productivity: some quantitative models. In: Information and Software Technology, 31/1989. S. 258-267.

Gälweiler, A. /Portfolio-Management/
Gälweiler, A.: Portfolio-Management. In: Szyperski, N.; Winand, U. (Hrsg.): Handwörterbuch
der Planung. 9. Aufl., Stuttgart, 1989. Sp. 1559 - 1568.

Gargaro, A./Reusability Issues and Ada/
Gargaro, A.; Pappas: Reusability Issues and Ada. In: Tracz, W. (Ed.): Software Reuse:
Emerging Technology. Los Angeles, 1988. S. 229 - 237.

Gates, A.; Cook, D. /Relationship between Software Reuse and Software Synthesis/
Gates, A.; Cook, D.: On a Fundamental Relationship between Software Reuse and Software
Synthesis. In: Proceedings of the 25th Hawaii International Conference on System Sciences II,
Los Alamitos. S. 539 - 548.

Gaudel, M.; Moineau, T. /A theory of software reusability/
Gaudel, M.; Moineau, T.: A theory of software reusability. In: Ganzinger (Hrsg.): 1988 2.
European Symposium on Programming, ESOP '88. Springer Lectures Notes in Computer
Science 300. Berlin, 1988. S. 115 - 130.

Gentner, D. /Structure-Mapping/
Gentner, D.: Structure-Mapping: a theoretical framework for analogy. In: Cognitive Science,
7/1983. S. 155 - 170.

Gerhart, S. /Reusability Lessons from Verification Technology/
Gerhart, S.: Reusability Lessons from Verification Technology. In: Freeman, P. (Ed.): Tutorial
on Software Reusability. Washington, 1987. S. 273 - 284.

Gibbs, S.; Tsichritzis, D.; Casais, E.; Nierstrasz, O.; Pintado, X. /Class Management/
Gibbs, S.; Tsichritzis, D.; Casais, E.; Nierstrasz, O.; Pintado, X.: Class Management for
Software Communities. In: Communications of the ACM, 9/1990. S. 90 - 103.

Gibson, V.; Senn, J. /System Structure and Software Maintenance Performance/
Gibson, V.; Senn, J.: System Structure and Software Maintenance Performance. In: Communications of the ACM, 3/1989. S. 347 - 358.

Gietl, J. /Software-Baukasten/
Gietl, J.: Ein Softwarebaukasten für dedizierte Realzeit-Betriebssysteme. In: ITG-Fachbericht
109, Softwaretechnik in Automatisierung und Kommunikation - Wiederverwendbarkeit von
Software. Berlin, 1989. S. 127 - 138.

Gilb, T. /Neue praxisnahe Management-Methoden und -Technologien/
Gilb, T.: Neue praxisnahe Management-Methoden und -Technologien zur Steuerung von
Software-Wartungskosten, Produktivität und Wartbarkeit. In: Wix, B.; Balzert, H. (Hrsg.):
Softwarewartung. Mannheim, 1990. S. 173 - 198.

Giloi, W.; Güth, R. /Das Prinzip der Datenstruktur-Architekturen/
Giloi, W.; Güth, R.: Das Prinzip der Datenstruktur-Architekturen und seine Realisierung im
STARLET-Rechner. In: Informatik-Spektrum, 5/1982. S. 21-37.

Goguen, J.; Meseguer, J. /Programming with Parameterized Abstract Objects in OBJ/
Goguen, J.; Meseguer, J.: Programming with Parameterized Abstract Objects in OBJ. In: Ferrari, D.; Bolognani, M.; Goguen, J. (Ed.): Theory and Practice of Software Technology;
proceedings of the International Seminars on Software Engineering, Capri 1980 & 1982. S.
144 - 173.

Goguen, J. /Parameterized Programming/
Goguen, J.: Parameterized Programming. In: IEEE Transactions on Software Engineering,
5/1984. S. 528 - 543.

Goguen, J. /Principles of Parameterized Programming/
Goguen, J.: Principles of Parameterized Programming. In: Biggerstaff, T.; Perlis, A. (Ed.):
Software Reusability Volume I - Concepts and Models. New York, 1989. S. 159 - 226.

Goguen, J. /Reusing and Interconnecting/
Goguen, J.: Reusing and Interconnecting Software Components. In: Freeman, P. (Ed.):
Tutorial on Software Reusability. Washington, 1987. S. 251 - 263.

Goguen, J.A. /Mathematical Representation of Hierarchically Organized Systems/
Goguen, J.A.: Mathematical Representation of Hierarchically Organized Systems. In: Attinger,
E. (Hrsg.): Global-Systems-Dynamics, International Symposium Charlottesville, Va. 1969,
Basel, 1970. S. 112 - 128.

Goj, D. /Einführung in Software-Wiederverwendung/
Goj, D.: Einführung in Software-Wiederverwendung. In: Neumann, D.; Sekerinski, E.; Tick,
J.; Weber, F. (Hrsg.): Software-Wiederverwendung. FZI-Publikation, Karlsruhe. November,
1991. S. 1 - 10.

Gomaa, H. /Object-oriented domain analysis and modeling method/
Gomaa, H.: An Object-oriented domain analysis and modeling method for software reuse. In:
Proceedings of the 25th Hawaii International Conference on System Sciences, Vol. II, 1992.
o.O. S. 46 - 56.

Goodell, M. /Recurring Functions/
Goodell, M.: What Business Programs Do: Recurring Functions in a Sample of Commercial
Applications. In: Biggerstaff, T.; Perlis, A. (Ed.): Software Reusability Volume II – Applica-
tions and Experience. New York, 1989. S. 197 - 212.

Gora, W./ Informatikarchitektur/
Gora, W.: Informatikarchitektur für Europa – Strategien, Richtlinien, Projekte. Bergheim,
1991.

Griss, M.; Adams, S.; Baetjer, H.;Cox, B.; Goldberg, A. /The Economics of Software Reuse/
Griss, M.; Adams, S.; Baetjer, H.;Cox, B.; Goldberg, A.: The Economics of Software Reuse.
In: Proceedings of OOPSLA'91. New York, 1991. S. 264 - 270.

Griss, M. /Economics of Software Reuse/
Griss, M. et al.: The Economics of Software Reuse. Panel Discussion. In: Paepcke, A. (Ed.):
Conference Proceedings of OOPSLA '91. New York, 1991. S. 264 - 270.

Grundmann, M.; et al. /Betriebssystembasis/
Grundmann, M.; Nowak, R.; Pflaum, U.: Eine Betriebssystembasis für wiederverwendbare
Kommunikations-Software. In: ITG-Fachbericht 109, Softwaretechnik in Automatisierung und
Kommunikation - Wiederverwendbarkeit von Software. Berlin, 1989. S. 139 - 150.

Guindon, R.; Curtis, B./Control of cognitive processes/
Guindon, R.; Curtis, B.: Control of cognitive processes during software design: What tools are
needed? In: Soloway, E.; Frye, D.; Sheppard, S. (Eds.): Proceedings of CHI '88 Conference:
Human Factors in Computer Systems. New York, 1988. S. 263 - 269.

Guindon, R. /Designing the Design Process/
Guindon, R.: Designing the Design Process: Exploiting opportunistic thoughts. In: Human-
Computer Interaction, 5/1990. S. 305 - 344.

Haberman, A.; Flon, L.; Cooprider, L. /Modularization and Hierarchy/
Haberman, A.; Flon, L.; Cooprider, L.: Modularization and Hierarchy in a Family of Operating
Systems. In: Communications of the ACM, 5/1976. S. 266 - 272.

Hall, P. /Software Components/
Hall, P.: Software Components and Reuse - Getting More out of Your Code. In: Tracz, W.
(Ed.): Software Reuse: Emerging Technology. Los Angeles, 1988. S. 12 - 17.

Hansen, H. R. /Wirtschaftsinformatik/
Hansen, H. R.: Wirtschaftsinformatik I. Stuttgart, 1992.

Hansen, W.-R. /Informationsmanagement/
Hansen, W.-R.: Informationsmanagement – Realität und Verantwortung in der Anwender-
schaft. In: Leinweber, G. (Hrsg.): Software- und Anwendungsmanagement, Strategien und
Entscheidungshilfen für die Unternehmenspraxis. München, 1992. S. 3 - 43.

Hasenkamp, U. /Anwendungsarchitektur/
Hasenkamp, U.: Anwendungsarchitektur – Basis für systemunabhängige Lösungen. In:
Wirtschaftsinformatik, 5/90. S. 393 - 395.

Hausen, H.; Müllerburg, M; Schmidt, M. /Prüfen, Messen und Bewerten/
Hausen, H.; Müllerburg, M; Schmidt, M.: Über das Prüfen, Messen und Bewerten von Software In: Informatik-Spektrum, 10/1987. S. 123 - 144.

Hausler, P.; Pleszkoch, M.; Linger, R.; Hevner, A. /Using Function Abstraction/
Hausler, P.; Pleszkoch, M.; Linger, R.; Hevner, A.: Using Function Abstraction to Understand
Program Behavior. In: IEEE Software, Jan. 1990. S. 55 - 63.

Haynes, W.; Dewell, M.; Herman, P. /The Cross System Product application generator/
Haynes, W.; Dewell, M.; Herman, P.: The Cross System Product application generator: An
evolution. In: IBM Systems Journal, 3/1988. S. 384 - 390.

Hecker, J.; Mück, K. /Wiederverwendung und objektorientierte Sprachen/
Hecker, J.; Mück, K.: Wiederverwendung und objektorientierte Sprachen. In: Neumann, D.;
Sekerinski, E.; Tick, J.; Weber, F. (Hrsg.): Software-Wiederverwendung. FZI-Publikation,
Karlsruhe. November, 1991. S. 30 - 43.

Heinrich, L.J.; Roithmayr, F. /Komponente/
o.V.: Komponente. In: Heinrich, L.J.; Roithmayr, F. (Hrsg.) Wirtschaftsinformatik-Lexikon. 3.
Aufl., München, 1989. S. 271f.

Heinrich, L.J.; Roithmayr, F. /Software/
o.V.: Software. In: Heinrich, L.J.; Roithmayr, F. (Hrsg.) Wirtschaftsinformatik-Lexikon. 3.
Aufl., München, 1989. S. 426f.

Heinrich, L.J. /Informationsmanagement/
Heinrich, L.J.: Informationsmanagement. 4. Aufl., München, 1992.

Helm, R.; Maarek, Y. /Integration Information Retrieval and Domain Specific Approaches/
Helm, R.; Maarek, Y.: Integration Information Retrieval and Domain Specific Approaches for
Browsing and Retrieval in Object-Oriented Class Libraries. In: Proceedings of OOPSLA'91.
New York, 1991. S. 47 - 61.

Herzog, H.; Stork, B. /Auswirkungen des Standardisierungsprozesses/
Herzog, H.; Stork, B.: Auswirkungen des Standardisierungsprozesses auf die Wiederver-
wendbarkeit von Software. In: ITG-Fachbericht 109, Softwaretechnik in Automatisierung und
Kommunikation - Wiederverwendbarkeit von Software. Berlin, 1989. S. 19 - 30.

Heß, H. /Wiederverwendung von Software/
Heß, H.: Wiederverwendung von Software - Framework für betriebliche Informationssysteme.
Wiesbaden, 1993.

Heß, H.; Scheer, A.-W./Retrieval wiederverwendbarer Bausteine/
Heß, H.; Scheer, A.-W.: Retrieval wiederverwendbarer Softwarebausteine. In: Wirtschaftsinformatik, 2/1990. S. 190 - 200.

Heydenreich, N. /Ziel- und risikoorientierte Strategien/
Heydenreich, N.: Ziel- und risikoorientierte Strategien der Anwendungsentwicklung. In: Leinweber, G. (Hrsg.): Software- und Anwendungsmanagement, Strategien und Entscheidungshilfen für die Unternehmenspraxis. München, 1992. S. 173 - 212.

Hildebrand, K. /Referenzmodell/
Hildebrand, K.: Ein Referenzmodell für Informationssystem-Architekturen. In: Information
Management, 3/92. S. 6 - 12.

Hoare, C. /Monitors/
Hoare, C.: Monitors: An Operating System Structuring Concept. In: Communications of the
ACM, 10/1974. S. 549-557.

Hohlfeld, B. /Aspekte der Wiederverwendbarkeit bei verteilten Systemen/
Hohlfeld, B.: Aspekte der Wiederverwendbarkeit bei verteilten Systemen. In: ITG-Fachbericht
109, Softwaretechnik in Automatisierung und Kommunikation - Wiederverwendbarkeit von
Software. Berlin, 1989. S. 43 - 52.

Hollaar, L. /The Utah Text Retrieval Project/
Hollaar, L.: The Utah Text Retrieval Project – A Status Report. In: Van Rijsbergen, J. (Hrsg.):
Research and Development in Information Retrieval, Cambridge, Cambridge University Press
1984.

Holt, R.; Boehm-Davis, D. /Mental Representations of Programs/
Holt, R.; Boehm-Davis, D.: Mental Representations of Programs for student and professional
programmers. In: Olson/Sheppard/Soloway (Ed.): Second Workshop on Empirical Studies of
Programmers. Washington, 1987. S. 33 - 46.

Honiden, S.; Sueda, N.; Hoshi, A.; Uchihira, N.; Mikame, K. /Software Prototyping/
Honiden, S.; Sueda, N.; Hoshi, A.; Uchihira, N.; Mikame, K.: Software Prototyping with
Reusable Components. In: Tracz, W. (Ed.): Software Reuse: Emerging Technology. Los
Angeles, 1988. S. 113 - 120.

Horowitz, E.; Munson, J. /An Expansive View of Reusable Software/
Horowitz, E.; Munson, J.: An Expansive View of Reusable Software. In: Biggerstaff, T.;
Perlis, A. (Ed.): Software Reusability Volume I - Concepts and Models. New York, 1989. S.
19 - 42.

Horowitz, E.; Munson, J. / An Expansive View of Reusable Software Engineering/
Horowitz, E.; Munson, J.: An Expansive View of Reusable Software. In: Freeman, P. (Ed.):
Tutorial on Software Reusability.Washington, 1987. S. 39- 49.

Houtz, C. /Software Improvement Program (SIP)/
Houtz, C.: Software Improvement Program (SIP): A Treatment for software senility. In:
Proceedings of the 19th Computer Performance Evaluation Users Group, Oct. 83. National
Bureau of Standards Special Publication 500-104. S. 92 - 107.

Humphrey, W.; Kitson, D.; Gale, J. /A Comparision of U.S. and Japanese/
Humphrey, W.; Kitson, D.; Gale, J.: A Comparision of U.S. and Japanese Software Process
Maturity. In: Proceedings of the 13th International Conference on Software Engineering, 13. -
16.5.1991, Austin, Texas. Washington, 1991. S. 38 - 49.

IBM /Writing Applications: A Design Guide/
IBM (Hrsg.): Writing Applications: A Design Guide. 2. Aufl., o.O.1988.

Ichbiah, J. /On the Design of Ada/
Ichbiah, J.: On the Design of Ada. In: Freeman, P. (Ed.), Tutorial on Software Reusability.
Washington, 1987. S. 59 - 68.

Incorvaia, A.; Davis, A.; Fairley, R. /Case Studies in Software Reuse/
Incorvaia, A.; Davis, A.; Fairley, R.: Case Studies in Software Reuse. In: IEEE COMPSAC'90,
Washington, 1990. S. 301 - 306.

Iscoe, N. /Domain Specific Reuse/
Iscoe, N.: Domain-Specific Reuse: An Object-Oriented and Knowledge-Based Approach. In:
Tracz, W. (Ed.): Software Reuse: Emerging Technology. Los Angeles, 1988. S. 299 - 308.

Jäkle, S. /DRAGON/
Jäkle, S.: Fallstudie über Wiederverwendbarkeit und Verteilung von ADA-Software im
ESPRIT-Projekt DRAGON (p1550). In: ITG-Fachbericht 109, Softwaretechnik in Automati-
sierung und Kommunikation - Wiederverwendbarkeit von Software. Berlin, 1989. S. 65 - 74.

Jameson, K. /Model for Reuse of Software Design Information/
Jameson, K.: A Model for the Reuse of Design Information. In: Proceedings of the 11th
International Conference onSoftware Engineering. 15. - 18.5.1989, Pittsburgh, USA. New
York, 1989. S. 205 - 216.

Jette, C.; Smith, R. /Examples of Reusability/
Jette, C.; Smith, R.: Examples of Reusability in an Object-Oriented Programming Environ-
ment. In: Biggerstaff, T.; Perlis, A. (Ed.): Software Reusability Volume II - Applications and
Experience. New York, 1989. S. 73 - 102.

Johnson, R.; Foote, B. /Designing Reusable Classes/
Johnson, R.; Foote, B.: Designing Reusable Classes. In: JOOP Journal of Object-Oriented Programming, June/July 1988. S. 22 -30, 35.

Johnson, W.; Feather, M.; Harris, D. /Applying domain and design knowledge/
Johnson, W.; Feather, M.; Harris, D.: Applying domain and design knowledge to requirements
engineering. In: SIGOIS Bulletin, 2/1992. S. 48 - 57.

Jones, G. /Methodology/Environment Support for Reusability/
Jones, G.: Methodology/Environment Support for Reusability. In: Tracz, W. (Ed.): Software
Reuse: Emerging Technology. Los Angeles, 1988. S. 190 - 193.

Jones, G. /Software Reusability/
Jones, G.: Software Reusability: Approaches and Issues. Hrsg.: IEEE Computer Society Press,
1984, S. 476 - 478.

Jones, T. /Reusability in Programming/
Jones, T.: Reusability in Programming: A Survey of the State of the Art. In: Freeman, P. (Ed.):
Tutorial on Software Reusability. Washington, 1987. S. 50 - 56.

Jorysz, H.; Vernadat, F. /CIM-OSA Part 1/
Jorysz, H.; Vernadat, F.: CIM-OSA Part 1: Total Enterprise Modelling and Function View. In:
International Journal of Computer Integrated Manufacturing, 3/1990. S. 144 - 156.

Jorysz, H.; Vernadat, F. /CIM-OSA Part 2/
Jorysz, H.; Vernadat, F.: CIM-OSA Part 2: In: International Journal of Computer Integrated
Manufacturing, 3/1990. S. 157 - 167.

Jul, E.; Levy, H.; Hutchinson, N.; Black, A. /Fine-Grained Mobility in the Emerald System/
Jul, E.; Levy, H.; Hutchinson, N.; Black, A.: Fine-Grained Mobility in the Emerald System. In:
ACM Transactions on Computer Systems, 1/1988. S. 109 - 133.

Kaiser, G.; Garlan, D. /Synthesizing Programming Environments from Reusable Features/
Kaiser, G.; Garlan, D.: Synthesizing Programming Environments from Reusable Features. In:
Biggerstaff, T.; Perlis, A. (Ed.): Software Reusability Volume II - Applications and Experi-
ence. New York, 1989. S. 35 - 56.

Kaiser, G.; Garlan, D. /Melding Software/
Kaiser, G.; Garlan, D.: Melding Software Systems from Reusable Building Blocks. In: Tracz,
W. (Ed.): Software Reuse: Emerging Technology. Los Angeles, 1988. S. 267 - 274.

Kang, K. /A Reuse - Based Software Development Methodology/
Kang, K.: A Reuse - Based Software Development Methodology. In: Tracz, W. (Ed.):
Software Reuse: Emerging Technology. Los Angeles, 1988. S. 194 - 196.

Katz, S.; Richter, C.; The, K. /PARIS; A System/
Katz, S.; Richter, C.; The, K.: PARIS: A System for Reusing Partially Interpreted Schemas. In:
Tracz, W. (Ed.): Software Reuse: Emerging Technology. Los Angeles, 1988. S. 290 - 298.

Kernighan, B. /The Unix System/
Kernighan, B.: The Unix System and Software Reusability. In: Freeman, P. (Ed.): Tutorial on
Software Reusability. Washington, 1987. S. 145 - 150.

Klein, J. /Vom Informationsmodell zum integrierten Informationssystem/
Klein, J.: Vom Informationsmodell zum integrierten Informationssystem. In: Information
Management, 2/90. S. 6 - 16.

Klein, S. /Informationsmanagement in Wissenschaft und Forschung/
Klein, S.: Informationsmanagement in Wissenschaft und Forschung – ein situativer Bezugs-
rahmen. Cronin, B.; Klein, S. (Ed.): Informationsmanagement in Wissenschaft und Forschung.
Braunschweig, 1990. S. 3 - 24.

Klotz, M.; Strauch, P. /Strategieorientierte Planung/
Klotz, M.; Strauch, P.: Strategieorientierte Planung betrieblicher Informations- und Kommunikationssysteme. Berlin, 1990.

Klotz, M. /Neu- und Umgestaltung/
Klotz, M.: Neu- und Umgestaltung der Aufbau- und Ablauforganisation als Grundlage eines
sinnvollen Rechnereinsatzes. In: Krallmann, H.; Pietsch, T. (Hrsg.): Systeme der Informationsverarbeitung, Instrumente und Konzepte für Manager. Wiesbaden, 1992. S. 31 - 68.

Knabe, C. /Praxis der Wiederverwendung/
Knabe, C.: Die Praxis der Wiederverwendung mit einer BOIE-basierten Software-Produktions-Umgebung. In: ITG-Fachbericht 109, Softwaretechnik in Automatisierung und Kommunikation - Wiederverwendbarkeit von Software. Berlin, 1989. S. 151 - 160.

Koch, G. /The Bootstrap Initiative/
Koch, G.: The Bootstrap Initiative – Reported Benefits for the industry. In: Woda, H.; Schynoll, W. (Hrsg.): Konferenzbegleitband der ESPRIT "International Conference on Lean Software Development", in Stuttgart, am 22./23.10.1992. S. 2-1 - 2- 35.

König, H.; Ridder, L. de /CIMOSA/
König, H.; Ridder, L. de: CIMOSA: Architektur für Offene Systeme und Modellierung von Unternehmensprozessen. In: CIM-Management 4/92, S. 4 - 11.

Krasner, H. et al. /Lessons Learned from a Software Process Modeling System/
Krasner, H.; Terrel, J.; Linehan, A.; Ett, P.; Ett, W.: Lessons Learned from a Software Process Modeling System. In: Communications of the ACM, 9/1992. S. 91 - 100.

Krcmar, H. /Bedeutung und Ziele von Informationssystemarchitekturen/
Krcmar, H.: Bedeutung und Ziele von Informationssystemarchitekturen. In: Wirtschaftsinformatik, 5/1990. S. 395 - 402.

Krcmar, H. /Integration in der Wirtschaftsinformatik/
Krcmar, H.: Integration in der Wirtschaftsinformatik – Aspekte und Tendenzen. In: Jacob, H.; Becker, J.; Krcmar, H.: Integrierte Informationssysteme. Schriften zur Unternehmensführung, Wiesbaden, 1991. S. 3 - 18.

Kreikebaum, H. /Strategische Unternehmungsplanung/
Kreikebaum, H.: Strategische Unternehmungsplanung. 4. Aufl., Stuttgart, 1991.

Küffmann, K. /Wiederverwendung und Wartung/
Küffmann, K.: Wiederverwendung und Wartung - unterschiedliche oder verwandte Konzepte. Fachbericht 2/1994 der Abteilung Wirtschaftsinformatik der Universität Marburg. Marburg, 1994.

Kurbel, K. /Datenabstraktion und Modularisierung/
Kurbel, K.: Datenabstraktion und Modularisierung. In: Informatik-Spektrum, 7/1984. S. 127 - 137.

Lanergan, R.; Grasso, C. /Software Engineering with Reusable Code/
Lanergan, R.; Grasso, C.: Software Engineering with Reusable Designs and Code. In: IEEE Transactions on Software Engineering, 5/1984. S. 498 - 501.

Lanergan, R.; Grasso, C. /Software Engineering/
Lanergan, R.; Grasso, C.: Software Engineering with Reusable Designs and Code. In: Freeman, P. (Ed.): Tutorial on Software Reusability. Washington, 1987. S. 151 - 154.

Lange, B.; Moher, T. /Some Strategies of Reuse/
Lange, B.; Moher, T.: Some Strategies of Reuse in an Object-Oriented Programming Environment. Proceedings of CHI'89, May 1989. New York, 1989. S. 69 - 73.

Latour, L. /SEE – An Automated Tool to Facilitate Reuse in Ada Project Development/
Latour, L.: SEE – An Automated Tool to Facilitate Reuse in Ada Project Development. In:
Tracz, W. (Ed.): Software Reuse: Emerging Technology. Los Angeles, 1988. S. 318 - 324.

Lauber, R. /Rechnerunterstützung/
Lauber, R.: Rechnerunterstützung für die Wiederverwendung vorhandener Projektergebnisse
und -Erfahrungen für Folgeprojekte. In: it, 3/91. S. 143 - 149.

Lauber, R. /CASE/
Lauber, R.: Reuse of CASE-Based Automation project Results. In: Proceedings of the IFAC
International Federation of Automatic Control. World Congress 11/1990 in Tallinn. Vol. 1. S.
254 - 259.

Leavit, D. /Reusable Code/
Leavit, D.: Reusable Code chops 60% off creation of business programs. In: Chicago Compu-
terworld, Oct. 1979. S. 1 u.4.

Lehman, M. /Programs, Life Cycles/
Lehman, M.: Programs, Life Cycles, and Laws of Software Engineering. In: Proceedings of the
IEEE, 9/1980. S. 1060-1076.

Lehner, F. /Nutzung und Wartung von Software/
Lehner, F.: Nutzung und Wartung von Software. München, 1989.

Lempp, P. /An Environment to Promote Software Reusability/
Lempp, P.: An Environment to Promote Software Reusability of the Design Level. In: Annual
Northwest Pacific Software Quality Conference, 19./20.10.1987 Portland. S. 201 - 222.

Lenz, M.; Schmid, H.; Wolf, P. /Software Reuse through Building Blocks/
Lenz, M.; Schmid, H.; Wolf, P.: Software Reuse through Building Blocks. In: Tracz, W. (Ed.):
Software Reuse: Emerging Technology. Los Angeles, 1988. S. 100 - 108.

Levendel, Y. /Improving Quality/
Levendel, Y.: Improving Quality with a Manufacturing Process. In: IEEE Software, 3/1991. S.
13 - 25.

Lewis, J.; Henry, S.; Kafura, D. /Empirical Study/
Lewis, J.; Henry, S.; Kafura, D.; Schulman, R.: An Empirical Study of the Object-Oriented
Paradigm and Software Reuse. In: Proceedings of OOPSLA'91. New York, 1991. S. 184 -
196.

Lhotzky, B.; Fritschi, K. /Wiederverwendbarkeit von Software-Komponenten/
Lhotzky, B.; Fritschi, K.: Wiederverwendbarkeit von Software-Komponenten: Ein anwen-
dungsorientiertes Projekt. In: ITG-Fachbericht 109, Softwaretechnik in Automatisierung und
Kommunikation - Wiederverwendbarkeit von Software. Berlin, 1989. S. 75 - 84.

Liebherr, K.; Riel, A.; Demeter, A. /Case Study of Software Growth/
Liebherr, K.; Riel, A.; Demeter, A.: A Case Study of Software Growth. In: Journal of Object-
Oriented Programming, Aug/Sept. 1988. S. 8 - 22.

Lindheim, W. /Strategieplanung für die Technische EDV/
Lindheim, W.: Strategieplanung für die Technische EDV, Baustein zur Realisierung von CIM-Systemen. Wiesbaden, 1988.

Liskov, B.; Zilles, S. /Specification Techniques/
Liskov, B.; Zilles, S.: Specification Techniques for Data Abstractions. In: IEEE Transactions on Software Engineering, 1/1975. S. 17-24.

Liskov, B.; Guttag, J. /Abstraction and Specification/
Liskov, B.; Guttag, J.: Abstraction and Specification in Program Development. New York, 1989.

Liskov, B. /Programming with Abstract Data Types/
Liskov, B.: Programming with Abstract Data Types. In: ACM SIGPLAN Notices, 4/1974. S. 50 - 59.

Litvintchouk, S.; Matsumoto, A. /Design of Ada Systems/
Litvintchouk, S.; Matsumoto, A.: Design of Ada Systems Yielding Reusable Compontens: An Approach using structured algebraic specification. In: Freeman, P. (Ed.): Tutorial on Software Reusability. Washington, 1987. S. 264 - 272.

Litvintchouk, S.; Matsumoto, A. /Design of Ada Systems Yielding Reusable Components/
Litvintchouk, S.; Matsumoto, A.: Design of Ada Systems Yielding Reusable Components: An Approach Using Structured Algebraic Specification. In: Biggerstaff, T.; Perlis, A. (Ed.): Software Reusability Volume I - Concepts and Models. New York, 1989. S. 227 - 246.

Löhr, K.-P. /Architektur von Betriebssystemen, Teil 1/
Löhr, K.-P.: Architektur von Betriebssystemen, Teil 1. In: Informatik-Spektrum, 3/1980. S. 229 - 245.

Löhr, K.-P. /Architektur von Betriebssystemen, Teil 2/
Löhr, K.-P.: Architektur von Betriebssystemen, Teil 2. In: Informatik-Spektrum, 4/1981. S. 40 - 48.

Love, T. /Economics of Reuse/
Love, T.: The economics of reuse of software. In: COMPCON Spring 1988; 33. IEEE COmputer Society International Conference 29.2. - 3.3.1988, San Francisco, 1988. S. 238 - 241.

Lubars, M.; Harandi, M. /Adressing Software Reuse/
Lubars, M.; Harandi, M.: Addressing Software Reuse through Knowledge-Based Design. In: Biggerstaff, T.; Perlis, A. (Ed.): Software Reusability Volume II - Applications and Experience. New York, 1989. S. 345 - 377.

Lubars, M.; Harandi, M. /Intelligent Support for Software Specification and Design/
Lubars, M.; Harandi, M.: Intelligent Support for Software Specification and Design. In. IEEE Expert, Winter 1986.

Lubars, M. /Code Reusability in the Large versus Code Reusability in the Small/
Lubars, M.: Code Reusability in the Large versus Code Reusability in the Small. In: Tracz, W. (Ed.): Software Reuse: Emerging Technology. Los Angeles, 1988. S. 68 - 76.

Lubars, M. /Wide-Spectrum Support/
Lubars, M.: Wide-Spectrum Support for Software Reusability. In: Tracz, W. (Ed.): Software
Reuse: Emerging Technology. Los Angeles, 1988. S. 275 - 281.

Lyons, M. /Salvaging your software assets/
Lyons, M.: Salvaging your software assets (tools based maintainance). In: Arnold (Hrsg.):
Tutorial on Software Restructuring. New York, 1986. S. 190 - 194.

Maher, B.; Sleeman, D. /Automatic Programm Improvement/
Maher, B.; Sleeman, D.: Automatic Program Improvement: Variable Usage Transformations.
In: ACM Transactions on Programming Languages and Systems, 2/1983. S. 236 - 264.

Mährländer, H.-J. /Strategische CASE-Planung/
Mährländer, H.-J.: Strategische CASE-Planung: CASE-Architekturen, Methoden- und Werk-
zeugkonzepte. In: Leinweber, G. (Hrsg.): Software- und Anwendungsmanagement, Strategien
und Entscheidungshilfen für die Unternehmenspraxis. München, 1992. S. 105 - 136.

Maiden, N.; Sutcliffe, A. /Exploiting Reusable Specifications/
Maiden, N.; Sutcliffe, A.: Exploiting Reusable Specifications through Analogy. In: Communications of the ACM, 4/1992. S. 55 - 64.

Maiden, N. /Analogy as a paradigms for specification reuse/
Maiden, N.: Analogy as a paradigms for specification reuse. In: Software Engineering Journal,
1/1991. S. 3 - 15.

Maiden, N.; Sutcliffe, A. /Analogical Matching for specification reuse/
Maiden, N.; Sutcliffe, A.: Analogical Matching for specification reuse. In: Proceedings of the
Sixth Knowledge-Based Software Engineering Conference, Syracuse, 22.- 24.09.1991, Los
Alamitos, 1991. S. 108 - 116.

Maiocchi, M. /ESPRIT BOOTSTRAP/
Maiocchi, M. /ESPRIT BOOTSTRAP: The European Kickoff of Higher Process Maturity in
Software Development. In: Woda, H.; Schynoll, W. (Hrsg.): Konferenzbegleitband der
ESPRIT "International Conference on Lean Software Development", in Stuttgart, am
22./23.10.1992. S. 1-1 - 1-51.

Martin, J.; McClure, C. /CASE/
Martin, J.; McClure, C.: Structured Techniques – The Basis for CASE. 2. Aufl., Englewood
Cliffs, 1985.

Martiny, L. /Der Einsatz der DV/
Martiny, L.: Der Einsatz der Datenverarbeitung als Instrumentarium zur Steuerung der Unternehmensfunktionen. In: Krallmann, H.; Pietsch, T. (Hrsg.): Systeme der Informationsverarbeitung, Instrumente und Konzepte für Manager. Wiesbaden, 1992. S. 11 - 30.

Marty, R. /Objektorientierte Softwaretechnik bei der BSG/
Marty, R.: Objektorientierte Softwaretechnik bei der BSG – Erfahrungen, Resultate, Ausblick.
In: Digital (Veranst.): DEC-College "Objektorientierte Anwendungsentwicklung" vom 19.-
21.2.92 in München. EY-S0915-2C.G001

Matsumoto, Y. /A Software Factory/
Matsumoto, Y.: A Software Factory: An overall Approach to Software Production. In:
Freeman, P. (Ed.), Tutorial on Software Reusability.Washington, 1987, S. 155 - 178.

Matsumoto, Y. /Some Experiences in Promoting Reusable Software/
Matsumoto, Y.: Some Experiences in Promoting Reusable Software: Presentation in Higher
Abstract Levels. In: Biggerstaff, T.; Perlis, A. (Ed.): Software Reusability Volume II - Appli-
cations and Experience. New York, 1989. S. 157 - 186.

McCabe T. / Complexity Measure/
McCabe T.: Complexity Measure. In: IEEE Transactions on Software Engineering, 6/1976. S.
308 - 320.

McCain, R. /Software development methodology/
McCain: R: A Software Development Methodology for Reusable Components. In: Proceedings of the International System Science Conference Hawaii 1985, S. 319 - 323.

McCall; R.; Richard, W. /Factors in Software Quality/
McCall; R.; Richard, W.: Factors in Software Quality – Concepts and Definitions of Software
Quality, NTIS Springfield 1977.

McGregor, J.; Sykes, D. /Object-Oriented Software Development/
McGregor, J.; Sykes, D.: Object-Oriented Software Development: Engineering Software for
Reuse. New York, 1992.

McIlroy, M. /Mass Produced/
McIlroy, M.: Mass Produced Software Components. In: Buxton, J.; Naur, P.; Randell B.
(Hrsg.): Software Engineering Concepts and Techniques. In: Proceedings of the 1968 NATO
Conference on Software Engineering. S. 88 - 98.

McNurlin, B.C. /Implementing a new systems architecture/
McNurlin, B.C.: Implementing a new systems architecture. In: I/S analyzer, 10/1988. S. 1 - 15.

Mertens, P.; Griese, J. /Integrierte Informationsverarbeitung/
Mertens, P.; Griese, J.: Integrierte Informationsverarbeitung 1, Administrations- und Disposi-
tionssysteme in der Industrie. 9. Aufl., Wiesbaden, 1993.

Meyer, B. /Eiffel; Reusability and Reliability/
Meyer, B.: Eiffel: Reusability and Reliability. In: Tracz, W. (Ed.): Software Reuse: Emerging
Technology. Los Angeles, 1988. S. 216 - 228.

Meyer, B. /Objektorientierte Softwareentwicklung/
Meyer, B.: Objektorientierte Softwareentwicklung. Wien, 1990.

Meyer, B. /Reusability/
Meyer, B.: Reusability: The Case for Object-Oriented Design. In: Biggerstaff, T.; Perlis, A.
(Ed.): Software Reusability Volume II - Applications and Experience. New York, 1989. S. 1 -
34.

Meyer, B. /Reusability: The Case for Object-Oriented Design/
Meyer, B.: Reusability: The Case of Object-Oriented Design. In: Tracz, W. (Ed.): Software
Reuse: Emerging Technology. Los Angeles, 1988. S. 201 - 215.

Nagl, M. /Softwaretechnik/
Nagl, M.: Softwaretechnik: Methodisches Programmieren im Großen. Berlin, 1990.

Nawrot, B. /objectiF/
Nawrot, B.: objectiF – eine durchgängige objektorientierte Software Entwicklungsumgebung
für die industrielle Fertigung. In: Digital (Veranst.): DEC-College "Objektorientierte Anwendungsentwicklung" vom 19.-21.2.92 in München. EY-S0915-2D.G001

Nehmer, J. /Monitorkonzept /
Nehmer, J.: Monitorkonzept. In: Informatik-Spektrum, 3/1988. S. 272 - 273.

Neighbors, J. /Draco Approach/
Neighbors, J.: The Draco Approach to Constructing Software from Reusable Components. In:
Freeman, P. (Ed.): Tutorial on Software Reusability. Washington, 1987. S. 181 - 191.

Neighbors, J. /Draco/
Neighbors, J.: Draco: A Method for Engineering Reusable Software Systems. In: Biggerstaff,
T.; Perlis, A. (Ed.): Software Reusability Volume I - Concepts and Models. New York, 1989.
S. 295 - 320.

Neighbors, J. /The Draco Approach/
Neighbors, J.: The Draco Approach to Constructing Software from Reusable Components. In:
Transactions on Software Engineering, 10/1984. S. 564 - 574.

Neu, P. /Strategische Informationssystem-Planung/
Neu, P.: Strategische Informationssystem-Planung, Konzept und Instrumente. Berlin, 1991.

o.V. / Introduction/
o.V. / Introduction. In: Biggerstaff, T.; Perlis, A. (Ed.): Software Reusability Volume I -
Concepts and Models. New York, 1989. S. xv - xxv.

o.V. /Produktivität/
o.V.: Produktivität. In: Gabler Wirtschaftslexikon. 11. Aufl., Wiesbaden 1983. Sp. 853.

Onuegbe, E. /Software Classification as an Aid to Reuse/
Onuegbe, E.: Software Classification as an Aid to Reuse: Initial Use as Part of a Rapid Proto-
typing Syste,. In: Tracz, W. (Ed.): Software Reuse: Emerging Technology. Los Angeles, 1988.
S. 161 - 167.

Oskarson, Ö. /Reusability of Modules with Strictly Local Data and Devices/
Oskarson, Ö.: Reusability of Modules with Strictly Local Data and Devices - A Case Study. In:
Biggerstaff, T.; Perlis, A. (Ed.): Software Reusability Volume II - Applications and Expe-
rience. New York, 1989. S. 143 - 156.

Österle, H.; Brenner, W.; Hilbers, K. /Unternehmensführung und Informationssystem/
Österle, H.; Brenner, W.; Hilbers, K.: Unternehmensführung und Informationssystem: der
Ansatz des St. Galler Informationssystem-Managements. Stuttgart, 1991.

Osterweil, L. /Software Processes are Software too/
Osterweil, L.: Software Processes are Software too. In: Proceedings of the 9th International
Conference on Software Engineering. 30.3. - 2.4.87 in Monterey, California.o.O. S. 2 - 13.

Pagé, P. /Strategien in der Software-Produktion/
Pagé, P.: Strategien in der Software-Produktion. In: Leinweber, G. (Hrsg.): Software- und
Anwendungsmanagement, Strategien und Entscheidungshilfen für die Unternehmenspraxis.
München 1992. S. 43 - 104.

Page-Jones, M. /Structured Systems Design/
Page-Jones, M.: The Practical Guide to Structured Systems Design. Prentice-Hall, Englewood
Cliffs 1988.

Parnas, D.; Clements, P.; Weiss, D. /Enhancing Reusability/
Parnas, D.; Clements, P.; Weiss, D.: Enhancing Reusability with Information Hiding. In:
Freeman, P. (Ed.): Tutorial on Software Reusability.Washington, 1987. S. 83 - 90.

Parnas, D.; Clements, P.; Weiss, D. /Enhancing Reusability with Information Hiding/
Parnas, D.; Clements, P.; Weiss, D.: Enhancing Reusability with Information Hiding. In:
Biggerstaff, T.; Perlis, A. (Ed.): Software Reusability Volume I - Concepts and Models. New
York, 1989. S. 141 - 158.

Parnas, D. /Designing Software/
Parnas, D.: Designing Software for Ease of Extension and Contraction, in: IEEE Transactions
on Software Engineering, 2/1979. S. 128f.

Parnas, D. /On the Design and Development of Program Families/
Parnas, D.: On the Design and Development of Program Families. In: IEEE Transactions on
Software Engineering, 1/1976. S. 1 - 9.

Parnas, D. /Information Distribution Aspects of Design Methodology/
Parnas, D.: Information Distribution Aspects of Design Methodology. In: International Fede-
ration for Information Processing (IFIP), 1.02.1972, Amsterdam. Congress Series 5, Vol 71.
S. 339 - 344.

Partsch, H.; Steinbrüggen, R. /Program Transformation Systems/
Partsch, H.; Steinbruggen, R.: Program Transformation Systems. In: Computing Survey,
3/1983. S. 199 - 236.

Peercy, D. /A Software Maintainability Evaluation Methodology/
Peercy, D.: A Software Maintainability Evaluation Methodology. In: IEEE Transactions on
Software Engineering, 4/1981. S. 343 - 351.

Pepper, P. et. al. /Abstrakte Datentypen/
Pepper, P. et. al.: Abstrakte Datentypen - Die algebraische Spezifikation von Rechenstruktu-
ren. In: Informatik-Spektrum, 2/1982. S. 107 - 119.

Pepper, P. /Neue Ansätze zur Wiederverwendbarkeit von Software/
Pepper, P.: Neue Ansätze zur Wiederverwendbarkeit von Software. In: ITG-Fachbericht 109,
Softwaretechnik in Automatisierung und Kommunikation - Wiederverwendbarkeit von
Software. Berlin, 1989. S. 99 - 116.

Perry, J.: Roder, J.: Rosene, F. /Reusability Benefits/
Perry, J.: Roder, J.: Rosene, F.: Reusability Benefits of a Structure which Supports a Development Methodology and Environment. In: Tracz, W. (Ed.): Software Reuse: Emerging Technology. Los Angeles, 1988. S. 197 - 200.

Porter, M. /Wettbewerbsvorteile/
Porter, M. : Wettbewerbsvorteile: Spitzenleistungen erreichen und behaupten. Frankfurt 1986.

Pressman, R. /Software-Engineering/
Pressman, R.: Software-Engineering, Grundkurs für Praktiker. Hamburg, 1989.

Prieto-Díaz, R.; Jones, G. /Breathing New Life/
Prieto-Díaz, R.; Jones, G.: Breathing New Life. In: Tracz, W. (Ed.): Software Reuse: Emerging Technology. Los Angeles, 1988. S. 152 - 160.

Prieto-Díaz, R.; Neighbors, J. /Module Interconnection Languages/
Prieto-Díaz, R.; Neighbors, J.: Module Interconnection Languages. In: Freeman, P. (Ed.): Tutorial on Software Reusability.Washington, 1987. S. 117 - 144.

Prieto-Díaz, R. / Domain Analysis for Reusability/
Prieto-Díaz, R.: Domain Analysis for Reusability. In: Tracz, W. (Ed.): Software Reuse: Emerging Technology. Los Angeles, 1988. S. 347 - 353.

Prieto-Díaz, R. /Status Report/
Prieto-Díaz, R.: Status Report: Software Reusability. In: IEEE Software, 5/1993. S. 61 - 66.

Prieto-Díaz, R. /Classification of Reusable Modules/
Prieto-Díaz, R.: Classification of Reusable Modules. In: Biggerstaff, T.; Perlis, A. (Ed.): Software Reusability Volume I - Concepts and Models. New York, 1989. S. 99 - 124.

Prieto-Díaz, R.; Freeman, P. /A Software Classification Scheme for Reusability/
Prieto-Díaz, R.; Freeman, P. /A Software Classification Scheme for Reusability. In: Freeman, P. (Ed.): Tutorial on Software Reusability.Washington, 1987. S. S. 106 - 116.

Prywes, N.; Lock, E. /Use of the Model Equational Language and Program Generator/
Prywes, N.; Lock, E.: Use of the Model Equational Language and Program Generator By Management Professionals. In: Biggerstaff, T.; Perlis, A. (Ed.): Software Reusability Volume II - Applications and Experience. New York, 1989. S. 103 - 130.

Raj, R.; Levy, H. /A Compositional Model for Software Reuse/
Raj, R.; Levy, H.: A Compositional Model for Software Reuse. Report TR 89-01-04 vom Department of Computer Science, FR-35, University of Washington. 1989.

Ramming, F. /Neuere Trends der Hardwareentwurfsmethodik/
Ramming, F.: Neuere Trends der Hardwareentwurfsmethodik als Richtschnur für die Softwareentwicklung. In: ITG-Fachbericht 109, Softwaretechnik in Automatisierung und Kommunikation - Wiederverwendbarkeit von Software. Berlin, 1989. S. 53 - 64.

Rice, J.; Schwetman, H. /Interface Issues in a Software Parts Technology/
Rice, J.; Schwetman, H.: Interface Issues in a Software Parts Technology. In: Biggerstaff, T.;
Perlis, A. (Ed.): Software Reusability Volume I - Concepts and Models. New York, 1989. S.
125 - 140.

Rice, J.; Schwetman, H. /Interface Issues/
Rice, J.; Schwetman, H.: Interface Issues in a Software Parts Technology. In: Freeman, P.
(Ed.): Tutorial on Software Reusability.Washington, 1987. S. 96 - 105.

Rich, C.; Waters, R. /Formalizing Reusable Software Components/
Rich, C.; Waters, R.: Formalizing Reusable Software Components. In: Biggerstaff, T.; Perlis,
A. (Ed.): Software Reusability Volume II - Applications and Experience. New York, 1989. S.
313 - 344.

Rich, C.; Waters, R. /Formalizing Reusable Software Components/
Rich, C.; Waters, R.: Formalizing Reusable Software Components. In: Proceedings of the
Workshop on Reusability in Programming. Newsport, 1983. S. 152 - 159.

Riedl, R. /Strategische Planung von Informationssystemen/
Riedl, R.: Strategische Planung von Informationssystemen. Methode zur Entwicklung von
langfristigen Konzepten für die Informationsverarbeitung. Heidelberg 1991.

Röhrich, J. /Hierarchische Systeme/
Röhrich, J.: Hierarchische Systeme. In: Informatik-Spektrum, 2/1982. S. 123-124.

Rombach, H.; Basili, V. /Quanitative Software-Qualitätssicherung/
Rombach, H.; Basili, V. /Quanitative Software-Qualitätssicherung - Eine Methode zur Definition und Nutzung geeigneter Maße. In: Informatik-Spektrum, 10/1987. S. 145 - 158.

Rombach, H. D. /Software reuse/
Rombach, H. D.: Software reuse: a key to the maintenance problem. In: Information and
Software Technology, 1/1991.

Rugaber, S.; Ornburn, S.; LeBlanc, R./ Recognizing/
Rugaber, S.; Ornburn, S.; LeBlanc, R.: Recognizing Design Decisions in Programs. In: IEEE
Software, 1/1990. S. 46 - 54.

Russell, G. /Experiences implementing reusable data structures/
Russell, G.: Experiences Implementing a Reusable Data Structure Component Taxonomy. In:
Tracz, W. (Ed.): Software Reuse: Emerging Technology. Los Angeles, 1988. S. 47 - 256.

Saffran, A. /Wiederverwendung und Ada/
Saffran, A.: Wiederverwendung und Ada. In: Neumann, D.; Sekerinski, E.; Tick, J.; Weber, F.
(Hrsg.): Software-Wiederverwendung. FZI-Publikation, Karlsruhe. November, 1991. S. 44 -
56.

Scheer, A.-W. /Architektur integrierter IS/
Scheer, A.-W.: Architektur integrierter Informationssysteme: Grundlage der Unternehmensmodellierung. Berlin, 1991.

Scheer, A.-W. /Modellierung betriebswirtschaftlicher Informationssysteme/
Scheer, A.-W.: Modellierung betriebswirtschaftlicher Informationssysteme. In: Wirtschaftsinformatik, 5/1990. S. 403 - 421.

Scheibl, H.-J. /Kommerzielle Software-Entwicklung/
Scheibl, H.-J.: Kommerzielle Software-Entwicklung. Ehningen, 1989.

Scheibl, H.-J. /Software-Entwicklung - Eine unendliche Geschichte/
Scheibl, H.-J.: Software-Entwicklung - Eine unendliche Geschichte. Report der Technischen
Akademie Esslingen. Ostfildern, 1986.

Schierenbeck, H. /Grundzüge der Betriebswirtschaftslehre/
Schierenbeck, H.: Grundzüge der Betriebswirtschaftslehre. 11. Aufl., München, 1993.

Schill, A. /Verteilte objektorientierte Systeme/
Schill, A.: Verteilte objektorientierte Systeme: Grundlagen und Erweiterungen. In: Informatik-
Spektrum, 6/1991. S. 14 - 27.

Schmid, P. /SAA/
Schmid, P.: SAA – Die IBM System-Anwendungsarchitektur. Grundlagen, Konzepte, Trends.
München, 1990.

Schmitz, P. /Testen von Software/
Schmitz, P.: Testen von Software. In: Mertens, P. (Hhrsg.): Lexikon der Wirtschaftsinformatik. 2. Aufl., Berlin, 1993. S. 429 - 430.

Schmitz, P.; Seibt, D. / Einführung in die anwendungsorientierte Informatik/
Schmitz, P.; Seibt, D.: Einführung in die anwendungsorientierte Informatik I – Systemtech-
nische Grundlagen. 3. Aufl., München 1985.

Schmitz, L. /Wiederverwendbarkeit von Smalltalk/
Schmitz, L.: Wiederverwendbarkeit von Smalltalk - eine Fallstudie anhand von Ada und
Smalltalk. In: Informatik-Spektrum, 13/1990. S. 71 - 85.

Schönthaler, F.; Németh, T. /Software-Entwicklungswerkzeuge/
Schönthaler, F.; Németh, T.: Software-Entwicklungswerkzeuge: Methodische Grundlagen.
Stuttgart, 1990.

Schüle, H.; Schuman, M. /CASE-basierte Unternehmensmodelle/
Schüle, H.; Schuman, M.: Entwicklung und Einsatz CASE-basierte Unternehmensmodelle zur
CIM-Planung. In: CIM-Management, 4/92. S. 32 - 39.

Schulz, A. /Software-Entwurf/
Schulz, A.: Software-Entwurf. Methoden und Werkzeuge, 2. Aufl. München, 1990.

Seckler, J. /Das Verfahren der umfeldorientierten Suche/
Seckler, J.: Das Verfahren der umfeldorientierten Suche zur Ermittlung wiederverwendbarer
Entwurfsspezifikationen. In: ITG-Fachbericht 109, Softwaretechnik in Automatisierung und
Kommunikation - Wiederverwendbarkeit von Software. Berlin, 1989. S. 161 - 172.

Seibt, D. /Phasenkonzept/
Seibt, D.: Phasenkonzept. In: Mertens, Peter (Hrsg.): Lexikon der Wirtschaftsinformatik. 2.
Aufl., Berlin, 1990. S. 326-328.

Seibt, D. /Systemsoftware/
Seibt, D.: Systemsoftware. In: Schneider, J. (Hrsg.): Lexikon der Informatik und Datenverarbeitung. 3. Aufl., München, 1991. S. 799f.

Seibt, D. /Controlling des Lebenszyklus/
Seibt, D.: Controlling des Lebenszyklus von DV-Anwendungssystemen. In: CW Communications (Hrsg.), EDV-Controlling, Wirtschaftlichkeit und Sicherheit in der Informationsverarbeitung. CW-Publikationen Verlagsgesellschaft, München, 1983. S. 235-257

Selby, R. /Empirically Analyzing Software Reuse in a Production Environment/
Selby, R.: Empirically Analyzing Software Reuse in a Production Environment. In: Tracz, W.
(Ed.): Software Reuse: Emerging Technology. Los Angeles, 1988. S. 176 - 189.

Selby, R. /Quantitative Studies of Software Reuse/
Selby, R.: Quantitative Studies of Software Reuse. In: Biggerstaff, T.; Perlis, A. (Ed.): Software Reusability Volume II - Applications and Experience. New York, 1989. S. 213 - 234.

Seppänen, V. /Reusability in Software Engineering/
Seppänen, V.: Reusability in Software Engineering. In: Freeman, P. (Ed.): Tutorial on
Software Reusability. Washington, 1987. S. 286 - 297.

Shlaer, S.; Mellor, S. /An Object-Oriented Approach/
Shlaer, S.; Mellor, S.: An Object-Oriented Approach to Domain Analysis. In: ACM SIGSOFT,
Software Engineering Notes, 5/1989. S. 66 - 77.

Simon, H. /The structure of ill structured problems/
Simon, H.: The structure of ill structured problems. In: Artificial Intelligence, 4/1973. S. 145 -
180.

Simos, M. /The Domain-Oriented Software Life Cycle/
Simos, M.: The Domain-Oriented Software Life Cycle: Towards an Extended Process Model
for Reusability. In: Tracz, W. (Ed.): Software Reuse: Emerging Technology. Los Angeles,
1988. S. 354 - 364.

Sneed, H. /Softwarewartung/
Sneed, H.: Softwarewartung und -wiederverwendung. Köln, 1991.

Sneed, H. /Software-Sanierung/
Sneed, H.: Software-Sanierung. In: Wix, B.; Balzert, H. (Hrsg.): Softwarewartung. Mannheim,
1990. S. 123 - 144.

Sneed, H. /Software Engineering Management/
Sneed, H.: Software Engineering Management. New York, 1989. S. 66-78.

Soloway, E.; Ehrlich, K. /Empirical Studies of Programming Knowledge/
Soloway, E.; Ehrlich, K.: Empirical Studies of Programming Knowledge. In: Biggerstaff, T.;
Perlis, A. (Ed.): Software Reusability Volume II - Applications and Experience. New York,
1989. S. 235 - 268.

Sommerville, J. /Software Engineering/
Sommerville, J.: Software Engineering. 3. Aufl., Wokingham, 1989.

Sowa, J.; Zachman, J. /Extending and formalizing/
Sowa, J.; Zachman, J.: Extending and formalizing the framework for information systems architecture. In: IBM Systems Journal, 3/1992. S. 590 - 616.

Speek, J. /Erhöhung der Software/
Speek, J.: Erhöhung der Software-Wartbarkeit - Erfahrungen der Bertelsmann Datenverarbeitung. In: Wix, B.; Balzert, H. (Hrsg.): Softwarewartung. Mannheim, 1990. S. 87 - 105

Stahlknecht, P. /Einführung in die Wirtschaftsinformatik/
Stahlknecht, P.: Einführung in die Wirtschaftsinformatik. 5.Aufl., Berlin, 1991.

Stevens, W.; Myers, G.; Constantine, L. /Structured Design/
Stevens, W.; Myers, G.; Constantine, L.: Structured Design. In: IBM Systems Journal, 2/1974.
S. 115 - 139.

Stotko, E. /CIM-OSA/
Stotko, E.: CIM-OSA. Europäische Initiative für offene CIM-System-Architektur. In: CIM-
Management, 1/89. S. 9 - 15.

Strunz, H. /Anwendungsarchitektur/
Strunz, H.: Anwendungsarchitektur. In: Mertens, P. (Hhrsg.): Lexikon der Wirtschaftsinformatik. 2. Aufl., Berlin, 1990. S. 43 - 45.

Strunz, H. /Lehre von der Architektur/
Strunz, H.: Zur Begründung einer Lehre von Architektur informationstechnikgestützter In-
formations- und Kommunikationssysteme. In: Wirtschaftsinformatik, 5/1990. S. 439 - 445.

Szyperski, N.; Kolf, F. /Integration/
Szyperski, N.; Kolf, F.: Integration der strategischen Informationssystem-Planung (SISP) in die
Unternehmens-Entwicklungsplanung. In: Hansen, H.-R. (Hrsg.): Entwicklungstendenzen der
Systemanalyse. Wien, 1978. S. 59 -91.

Szyperski, N.: Winand, U. /Grundbegriffe der Unternehmungsplanung/
Szyperski, N.: Winand, U.: Grundbegriffe der Unternehmungsplanung. Stuttgart, 1980.

Thurner, R. /Technologie der Software-Wartung/
Thurner, R.: Technologie der Software-Wartung. In: Wix, B.; Balzert, H. (Hrsg.): Softwarewartung. Mannheim, 1990. S. 145 - 172.

Tonndorf, M. /ADA Software/
Tonndorf, M.: Das ADA Software Repository, Eine öffentliche Sammlung wiederverwendbarer Software. In: ITG-Fachbericht 109, Softwaretechnik in Automatisierung und Kommunikation - Wiederverwendbarkeit von Software. Berlin, 1989. S. 185 - 196.

Tracz, W. /Ada Reusability Efforts/
Tracz, W.: Ada Reusability Efforts: A Survey of the State of the Practice. In: Tracz, W. (Ed.):
Software Reuse: Emerging Technology. Los Angeles, 1988. S. 23 - 32.

Tracz, W. /Software Reuse Myths/
Tracz, W.: Software Reuse Myths. In: Tracz, W. (Ed.): Software Reuse: Emerging
Technology. Los Angeles, 1988. S. 18 - 22.

Tracz, W. /Confessions of a Used Program Salesman/
Tracz, W.: Confessions of a Used Program Salesman. In: Tracz, W. (Ed.): Software Reuse:
Emerging Technology. Los Angeles, 1988. S. 92 - 96.

Tracz, W. /Reusability Comes of Age/
Tracz, W.: Reusability Comes of Age. In: Tracz, W. (Ed.): Software Reuse: Emerging
Technology. Los Angeles, 1988. S. 89 - 91.

Tracz, W. /RMISE Workshop on Software Reuse Meeting Summary/
Tracz, W.: RMISE Workshop on Software Reuse Meeting Summary. In: Tracz, W. (Ed.):
Software Reuse: Emerging Technology. Los Angeles, 1988. S. 41 - 53.

Tracz, W. /Software Reuse: Motivators and Inhibitors/
Tracz, W.: Software Reuse: Motivators and Inhibitors. In: Tracz, W. (Ed.): Software Reuse:
Emerging Technology. Los Angeles, 1988. S. 62 - 67.

Uhlir, S. /Enabling the User Interface/
Uhlir, S.: Enabling the User Interface. In: IBM Systems Journal, 3/1988. S. 306 - 314.

Vetter, M. /Strategie der Anwendungssystementwicklung/
Vetter, M.: Strategie der Anwendungssystementwicklung: Planung, Prinzipien, Konzepte. 2.
Aufl., Stuttgart, 1990.

Volpano, D.; Kieburtz, R. /The Templates Approach/
Volpano, D.; Kieburtz, R.: The Templates Approach to Software Reuse. In: Biggerstaff, T.;
Perlis, A. (Ed.): Software Reusability Volume I - Concepts and Models. New York, 1989. S.
247 - 256.

Wagner, B. /Reverse Engineering/
Wagner, B.: Reverse Engineering mit RE-SPEC und EPOS. In: HMD, 156/1990. S. 130 - 141.

Wagner, B. /Wissensbasierte Unterstützung/
Wagner, B.: Wissensbasierte Unterstützung für Automatisierungsprojekte bei der Wiederverwendung früherer Projektergebnisse. In: Tagungsband des Interkama-Kongreß 1989. 1989. S.
614 - 622.

Wagner, B. /Reverse Engineering/
Wagner, B.: Reverse Engineering - Ein Weg zur Wiederverwendung erprobter Software. In:
ITG-Fachbericht 109, Softwaretechnik in Automatisierung und Kommunikation - Wiederver-
wendbarkeit von Software. Berlin, 1989. S. 85 - 98.

Wald, E. /Software Engineering with Reusable Parts/
Wald, E.: Software Engineering with Reusable Parts. In: Tracz, W. (Ed.): Software Reuse:
Emerging Technology. Los Angeles, 1988. S. 109 - 112.

Wandel, H.-U. /Expertensysteme in der strategischen Planung/
Wandel, H.-U.: Expertensysteme in der strategischen Planung. Göttingen 1992.

Ward, P.T. /How to integrate Object orientation with Structured Analysis/
Ward, P.T.: How to integrate Object orientation with Structured Analysis and Design. In:
IEEE Software, March 1989. S. 74 - 82.

Warren, S. /MAP/
Warren, S.: MAP: A Tool for Understanding Software. In: Arnold, Tutorial on Software Restructuring, S. 153 - 162.

Wegge, D.; Gryczan, G. /Subjektorientierte Arbeitsformen/
Wegge, D.; Gryczan, G.: Subjektorientierte Arbeitsformen - Objektorientierte Softwareentwicklung. In: Reuter, A. (Hrsg.): GI-20. Jahrestagung II, Informatik auf dem Weg zum Anwender. Stuttgart 8.-12.10.1990. S. 444 - 453.

Wegner, P. /Capital-Intensive Software Technology/
Wegner, P.: Capital-Intensive Software Technology. In: Biggerstaff, T.; Perlis, A. (Ed.):
Software Reusability Volume I - Concepts and Models. New York, 1989. S. 43 - 98.

Wegner, P. /Varieties of Reusability/
Wegner, P.: Varieties of Reusability. In: Freeman, P. (Ed.): Tutorial on Software
Reusability.Washington, 1987. S. 24 - 38.

Wheeler, E.F.; Ghanek, A. /Introduction to SAA/
Wheeler, E.F.; Ghanek, A.: Introduction to Systems Application Architecture (SAA). In: Information Management, 2/90. S. 18 - 25.

Wheeler, E.F.; Ghanek, A.G. /Introduction to Systems Application Architecture/
Wheeler, E.F.; Ghanek, A.G.: Introduction to Systems Application Architecture. In: IBM
Systems Journal, 3/1988. S. 250 - 263.

Willmer, H. /Systematische Software-Qualitätssicherung/
Willmer, H.: Systematische Software-Qualitätssicherung anhand von Qualitäts- und Pro-
duktmodellen. Dissertation Karlsruhe. Karlsruhe, 1984.

Wirsing, M. /Algebraic Description of Reusable Software Components/
Wirsing, M.: Algebraic Description of Reusable Software Components. In: Technische Berichte der Universität Passau, Fakultät für Mathematik und Informatik. MIP - 8816, 1988.

Wirsing, M. /Reusable Specifications Components/
Wirsing, M.: Reusable Specifications Components. In: Technische Berichte der Universität
Passau, Fakultät für Mathematik und Informatik. MIP - 8817, 1988.

Wirth, N. /Program Development/
Wirth, N.: Program Development by Stepwise Refinement. In: Communications of the ACM,
4/1971. S. 221 - 227.

Wirtz, K. /Software Engineering/
Wirtz, K.: Software Engineering. In: Mertens, P. (Hhrsg.): Lexikon der Wirtschaftsinformatik.
2. Aufl., Berlin, 1990. S. 387 - 389.

Wittenstein, F.-J. /Applikationswiederverwendung/
Wittenstein, F.-J.: Applikationswiederverwendung: Beschreibung eines konkreten Vorgehens.
In: ITG-Fachbericht 109, Softwaretechnik in Automatisierung und Kommunikation -
Wiederverwendbarkeit von Software. Berlin, 1989. S. 117 -126.

Wöhe, G. /Einführung in die BWL/
Wöhe, G.: Einführung in die BWL. 17. Aufl., München, 1993.

Wolf, A.; Clarke, L.; Wileden, J. /Ada-Based Support/
Wolf, A.; Clarke, L.; Wileden, J.: Ada-Based Support for Programming in the Large. In:
Freeman, P. (Ed.): Tutorial on Software Reusability. Washington, 1987. S. 69 - 82.

Wolford, D. /Application enabling in SAA/
Wolford, D.: Application enabling in SAA. In: IBM Systems Journal, 3/1988. S. 301 - 305.

Woodfield, S.; Embley, D.; Scott, D. /Can Programmers Reuse Software?/
Woodfield, S.; Embley, D.; Scott, D.: Can Programmers Reuse Software? In: Tracz, W. (Ed.):
Software Reuse: Emerging Technology. Los Angeles, 1988. S. 168 - 176.

Würges /Parameter/
Würges: Parameter. In: Schneider, J. (Hrsg.): Lexikon der Informatik und Datenverarbeitung.
3. Aufl., München, 1991. S. 573.

Yeh, R.; Mittermeir, R.; Roussopoulos, N.; Reed, J. /A Programming Environment/
Yeh, R.; Mittermeir, R.; Roussopoulos, N.; Reed, J.: A Programming Environment Framework
based on reusability. In: IEEE Computer Society Press 3/1984. S. 277 - 280.

Yeh, et al. /A commonsense Management Model/
Yeh, R.; Naumann, D.; Mittermeir, R.; Schlemmer, R.; Gilmore, W.; Sumrall, G.: Lebaron, J.:
A commonsense Management Model. In: IEEE Software, 11/1991. S. 23 - 33.

Yin, W.; Tanik, M.; Yun, D.; Lee, T.; Dale, A. /Software Reusability/
Yin, W.; Tanik, M.; Yun, D.; Lee, T.; Dale, A.: Software Reusability: A Survey and a Reusability Experiment. In: Proceedings of the 1987 Fall Joint Computer Conference, Dallas 25.-
29.10.1987. S. 65 - 72.

Zelkovitz, M. /Perspectives in Software Engineerg/
Zelkovitz, M.: Perspectives in Software Engineerg. In: ACM Computing Surveys, 2/1978. S.
197 - 216.

Zöller, H. /Wiederverwendbare Software-Bausteine/
Zöller, H.: Wiederverwendbare Software-Bausteine in der Automatisierung. Düsseldorf 1990.

Zürn, D. /Der Applikationsgenerator DRACO/
Zürn, D.: Der Applikationsgenerator DRACO. In: Neumann, D.; Sekerinski, E.; Tick, J.;
Weber, F. (Hrsg.): Software-Wiederverwendung. FZI-Publikation, Karlsruhe November, 1991.
S. 19 - 29.

Sachwortverzeichnis

Qualitätsoptimierung der Software-Entwicklung

von Georg Erwin Thaller

1993. VIII, 417 Seiten (Zielorientiertes Software-Development; herausgegeben von Stephen Fedtke) Gebunden mit Schutzumschlag. ISBN 3-528-05287-2

Aus dem Inhalt: Software in der modernen Industriegesellschaft – Software-Entwicklung und das Capability Maturity Model – Der Weg zum Erfolg: Projektmanagement, Configuration Management, Qualitätssicherung, Peer Reviews, Metriken, Optimizing

Dieses Buch ist das erste einer Reihe, die es sich zum Ziel gesetzt hat, die Effizienz und die Qualität der Software-Entwicklung zu optimieren. In Fragen der Qualitätsverbesserung, die für viele Unternehmen geradezu überlebensnotwendig wird, ist das Capability Maturity Model (CMM) von herausragender Bedeutung. Mit ihm kann dem Programm-Wildwuchs in Unternehmen effektiv und Schritt für Schritt begegnet werden: durch Verfolgung der Kosten und des Aufwandes, Qualitätskontrolle, Training, quantitative Messungen und, last not least, ständiges „Optimizing".

Über den Autor: Dipl.-Ing. Georg Erwin Thaller ist Projektbeauftragter im Bereich Qualitätssicherung und in der EDV-Beratung und -Schulung tätig. Im übrigen ist er als Buchautor bekannt als jemand, der nicht nur kompetent ist, sondern auch schreiben kann.

Verlag Vieweg · Postfach 58 29 · 65048 Wiesbaden